Elias

ILLUSTRATED

Junior

Dictionary
ENGLISH - ARABIC

Edited by
Karen Glasgow
Eva Elias

قاموس الياس المصور للنـــاشئة

إنجليزى - عربى

إعـــداد
كارين جلاسجو
إيڤا الياس

Elias Modern Publishing House

Chief Editors: Karen Glasgow, Eva Elias
Editor and Linguistic Advisor: Khalil Kalfat
Associate Editor: Ginan Mostafa
Assistant Editors: Tony Calderbank, Zeinab Mobarak
Consultants: Peter Daniel, Edward E. Elias, Waheed Sami
Cover Design and Layout: Elias Modern Publishing House
Illustrator: Ahmed Dessouki
Computer Coordinator: Amal Gameel

Published by Elias Modern Publishing House
1 Kenisset El Rum El Kathulik St., Daher, Cairo, Egypt
Tel: (202) 5903756 - 5939544   Fax: (202) 5880091
http://www.eliaspublishing.com

© Elias Modern Publishing House, 1999, 2005
Hard cover
   ISBN: 977-304-013-5
   Deposit No.: 14544/99
Paperback
   ISBN: 977-304-014-3
   Deposit No.: 15185/99

Printed and bound in Egypt by Elias Modern Press

Contents

Introduction

The *Elias Illustrated Junior Dictionary* is dedicated to young learners of the English language at an intermediate to advanced level. Because it addresses both the needs and interests of young people, this dictionary is not only instructive, but also fun and easy to use. The wide range of practical and entertaining information it contains is presented in such a way as to make it immediately accessible to the user.

The dictionary's 7,500 entries have been selected with a view to meeting the demands of the school curriculum as well as the needs of students who read English books and magazines at an intermediate to advanced level. Over 300 full-colour illustrations are included to complement the Arabic translations and clarify the meaning of entry words.

The entry words are listed in alphabetical order and translated concisely into Arabic. When a word has more than one meaning, each definition is translated separately and numbered. The definitions have been chosen on the basis of their usefulness to the young learner. For some definitions, the colloquial expression is employed because it best conveys the English meaning. In the interest of clarity, the Arabic is written with the internal voweling.

When two words have the same spelling but different meanings, they are listed as separate entries.

For example:

bat (n.)	مِضْرَب (مثلاً: مِضْرَب البيسْبُول أو الكريكيتّ)
bat (n.)	وَطْواط

The abbreviation in parentheses following each entry word indicates the part of speech, or grammatical form, of the word. If a word has more than one grammatical function, each form is listed as a separate entry except when the Arabic translation is the same for the different forms.

For words with alternative spellings, the British spelling is listed first, followed by the American alternative. Colour or color (n.) is one example.

To aid in finding the right word quickly, a pair of guide words appears at the top of each page. The guide words are the first and last words listed on the page.

The example sentences serve to illustrate the meaning of a word in context. Indeed, an example of how a word is used can be the most effective way to convey its meaning and proper usage. The example sentences treat a wide variety of cultural and historical topics of interest to young people. Following many of the example sentences, there is a brief explanation identifying the people, places, events or objects mentioned. These explanations are translated into Arabic in a special section at the end of the dictionary, with page references given. The user will undoubtedly find that this encyclopedic information is one of the most informative and enjoyable features of the dictionary.

The *Elias Illustrated Junior Dictionary* also includes:

- A conjugation table of the irregular English verbs listed as entry words.
- A section featuring the nations of the world, with information on flags, capital cities, official languages and currencies.
- A glossary of computer and Internet terms. The Arabic translation for several of these terms is supplemented by an explanation in simple language to aid the young learner in developing the skills needed to benefit from using computers and the Internet.

We hope that young learners of English will often refer to the *Elias Illustrated Junior Dictionary,* and that they will use it not only as a tool for the discovery of language, but also as a valuable source of information about the world around us.

Karen Glasgow
Eva Elias

October 1999

مقدمـــــة

مرحبا بك على صفحات **قاموس الياس المصور للناشئة**. ونحن نقدم هذا القاموس إلى الدارسين والدارسات من الناشئة الذين يتمتعون بمستوى متوسط أو متقدم فى اللغة الإنجليزية والذين لديهم – وهذا هو الأهم – اهتمامات متنوعة. وواضعين احتياجات الناشئة فى اعتبارنا ، أردنا إعداد قاموس مفيد ، ومسلٍّ ، و – قبل كل شىء – سهل الاستعمال. وقد تم تحديد سمات هذا القاموس لتيسير الحصول المباشر على أنواع كثيرة من المعلومات المفيدة والمسلية التى يتضمنها.

ويحتوى هذا القاموس على حوالى **٧٥٠٠ من المداخل**. وقد أخذنا فى اعتبارنا عند اختيارها متطلبات المقررات الدراسية ، واحتياجات الطلاب والطالبات فى مستوى متوسط أو متقدم فى الإنجليزية ، ومجالات متباينة للاهتمامات المشتركة لديهم.

وكلمات المداخل فى القاموس مرتبة ترتيبا ألفبائيا . وفى أعلى كل صفحة توجد كلمات إرشادية تعرف منها أول وآخر مدخل فى كل صفحة. ويجعل هذا من السهل عليك أن تجد الكلمة التى تبحث عنها.

وفى حالة وجود **هجاءين بديلين** لكلمة واحدة – مثلا إذا كان لها هجاء أمريكى وهجاء بريطانى – يتم إدراج البديل البريطانى أولا ثم البديل الأمريكى.

مثلا:

يُحَلِّل **analyse or analyze** *v.*

أما الكلمات التى لها نفس الهجاء ، مع أن لها معانى مختلفة ، فيتم إدراجها كمداخل مستقلة:

مثلا:

مِضْرَب (مثلاً: مِضْرَب البِيسبُول أو الكِرِيكيت) **bat** *n.*

وَطْواط **bat** *n.*

وتشير مختصرات **أقسام الكلام** إلى الصيغة النحوية للمدخل. وعندما يتضمن نفس المدخل أكثر من قسم من أقسام الكلام (كأن يكون فعلا واسما مثلا) فإنه يتم إدراج كل قسم من أقسام الكلام كمدخل مستقل ، إلا إذا كان المعنى العربى مشتركا.

وتقدم **المعانى العربية** معنى الكلمة الإنجليزية بالعربية. وإذا كانت الكلمة الإنجليزية تدل على أكثر من معنى فإن المعانى العربية تأخذ أرقاما (١ ، ٢ ، ٣ . إلخ). ويقدم هذا القاموس مجموعة من المعانى الوثيقة الصلة باحتياجات الفئة العمرية التى تم إعداده من أجلها. وقد بذلنا كل جهد لجعل المعانى العربية دقيقة بقدر الإمكان. وفى سبيل تجنب اللبس، تم تشكيل الكلمات العربية.

وتوضح **الجمل النموذجية** معنى كلمة فى سياق. وهى مترجمة أيضا إلى اللغة العربية. ويتم إبراز الكلمة التى تمثل بؤرة الجملة النموذجية باللون الأحمر فى كل من النصّين الإنجليزى والعربى. وتعكس هذه الجمل مجموعة واسعة من المجالات المعاصرة ذات الأهمية الدراسية والإنسانية نأمل أن تفيد الناشئة.

وسيجد هؤلاء الناشئة أيضا أن **المداخل الموسوعية** تمثل سمة من أكثر سمات هذا القاموس فائدة وإمتاعا. وتقدم شروح هذه المداخل معلومات مفصَّلة عن الشخصيات والأحداث والأشياء التى وردت فى الجمل النموذجية. وقد اختيرت هذه المداخل فى سبيل توسيع الإدراك التاريخى للطالب والطالبة وإبراز عمق وتنوع ثقافة البشر. وفى نهاية القاموس سوف تجد قسما خاصا يحتوى على ترجمة للمواد الموسوعية إلى اللغة العربية، مع الإحالة إلى صفحات الإطارات التى تتضمن هذه المواد.

و **قاموس الياس المصور للناشئة** يحتوى أيضا على:

- تصريف الأفعال الإنجليزية الشاذة (غير القياسية) الواردة فى القاموس.
- قسم خاص عن مصطلحات الكمبيوتر والإنترنيت.
- قسم تظهر فيه بلدان العالم، وأعلامها الوطنية، وعواصمها، ولغاتها، وعملاتها.

وكما تدل هذه الأقسام فإن هذا القاموس يتوخى تزويد الطلبة والطالبات بالمهارات الضرورية لتوسيع مداركهم. فاللغة الإنجليزية صارت أداة لا غنى عنها للحصول على المعلومات عن العالم من حولنا. كذلك يقدم الإنترنيت أساسا متينا للبحث الشخصى والمدرسى. وهذا هو السبب فى أن هذا القسم الخاص عن مصطلحات الكمبيوتر والإنترنيت لا يكتفى بترجمة المصطلحات إلى اللغة العربية، بل يقوم أيضا بشرح الكثير من هذه المصطلحات بلغة بسيطة.

ونحن نأمل أن يقوم الدارسون والدارسات من الناشئة مرارا وتكرارا بتناول **قاموس الياس المصور للناشئة** من أرفف الكتب، وسوف يتضح أنه أداة مفيدة فى سبيل اكتشاف اللغة، وأنه أيضا مصدر قيم للمعلومات عن العالم الذى نعيش فيه.

كارين جلاسجو
إيڤا الياس

أكتوبر ١٩٩٩

HOW TO USE THE DICTIONARY

guide words

join • jump rope

example sentence in English

entry
المدخل

join *v.* **١- يَصِل . يَرْبُط**

A secret passage joins the castle tower with the dungeon.

يَصِل مَمَرّ سِرّىّ بين بُرْج القَلْعة والسِّجْن فى قَبْوِها .

الجملة النموذجية

٢- يَلْتَحِق بِ . يَنْضَمّ إلى

The famous actor Cary Grant joined the circus when he was a boy.

الْتَحَق المُمَثِّل المَشْهور كارى جرانت بالسِّيرْك وهو صَبِىّ .

Entries are in red in example sentences

المعنى العربى للكلمة المستخدمة فى الجملة باللون الأحمر

encyclopedic entry
معلومة موسوعية

Cary Grant (1904-1986)
American actor who was born in England. He has acted in more than 70 films and became one of the most popular film stars of the 20th century. Among his most famous movies are "The Philadelphia Story" and "North by Northwest".

entry word in English
الكلمة الإنجليزية

joint *n.* **مَفْصِل . وُصْلة**

معنى الكلمة الإنجليزية

part of speech
أقسام الكلام

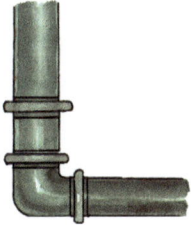

illustration

joke *n.* **نُكْتة . هِزار**
joke *v.* **يَمْزَح . يُنَكِّت**
joker *n.* **١- كَثير المِزاح . كَثير النُّكَت**
٢- الجُوكَر فى الكُوتْشينة

المعانى المختلفة للكلمة الإنجليزية الواحدة

jolly *adj.* **مَرِح . مُبْتَهِج**
jolt *n.* **رَجّة مُفاجِئة**
jolt *v.* **١- يَرْتَجّ . يَهْتَزّ فَجْأة**
٢- يَرُجّ . يَهُزّ فَجْأة
journal *n.* **١- مَجَلّة**

a symbol meaning that the entry is continued on the following column or page

هذا المثلث يشير إلى أن الكلمة تستكمل فى العمود التالى أو الصفحة التالية

Abbreviations used in the dictionary: اختصارات مستخدمة فى القاموس

n. = noun	اسم	*n.pl.* = noun plural	اسم بصيغة الجمع
v. = verb	فعل	*adj.* = adjective	صفة
adv. = adverb	ظرف	*prep.* = preposition	حرف جر
conj. = conjunction	أداة عطف	*pron.* = pronoun	ضمير
abbr. = abbreviation	اختصار	*interj.* = interjection	صوت أو لفظة تعجب

antelope
accordion

abandon *v.* يَتَخَلَّى عن . يَتْرُك . يَهْجُر

abbreviation *n.* اِخْتِصار

U.N. is the abbreviation for United Nations.

اِخْتِصار عبارة United Nations هو U.N.

abdomen *n.* بَطْن

ability *n.* قُدْرة

able *adj.* قادِر على (يَسْتَطيع أن)

Will the injured bird be able to fly again?

هل يَسْتَطيع هذا الطّائر الجَريح أنْ يَطير مِنْ جَديد ؟

aboard *adv.* على مَتْن سَفينة أو قِطار أو طائِرة

about *prep.* ١-عن . بِشَأْن

Herodotus wrote about his travels in Egypt in the 4th century B.C.

كَتَب هيرودوت عن رِحْلاتِه فى مِصْر فى القَرْن الرّابِع قَبْل الميلاد .

> *Herodotus (484-420 B.C.)*
> *The Greek historian and explorer known as the father of history. His encyclopedic work, Historia, is one of the classic reference works on ancient civilizations.*

٢- هُنا وهُناك . فى كُلِّ جِهة

The bird flew about looking for a place to build its nest.

طار الطّائر هُنا وهُناك باحِثاً عن مَكان لِبناء عُشِّه .

٣- على وَشْك

I was about to catch the butterfly when it flew away.

كُنْت على وَشْك أنْ أَمْسِك الفَراشة لكنها طارَتْ .

about *adv.* حَوالَى . تَقْريباً

The moon is about 384,400 km from the earth.

القَمَر عَلى بُعْد حَوالَىْ ٣٨٤٤٠٠ كيلومِتْرٍ مِن الأَرْض .

above *prep.* ١-فَوْقَ

When a dog swims it keeps its head above water.

عِنْدَما يَسْبَح الكَلْب فهو يُبْقِى رَأْسَه فوق سَطْح الماء .

٢- أَعْلَى مِنْ

The new skyscraper rises above all the other buildings in the city.

تَرْتَفِع ناطحة السَّحاب الجَديدة أَعْلَى مِنْ كُلِّ المَبانى الأُخْرَى فى المَدينة .

abracadabra *interj.* جَلا جَلا

abroad *adv.* فى الخارِج . فى بَلَد أَجْنَبِىّ

absent *adj.* غائِب . غَيْر مَوْجود

absent-minded *adj.* شارِد الفِكْر . كَثير النِّسْيان

absolutely *adv.* تماماً . مُطْلَقاً

absorb *v.* يَمْتَصّ . يَتَشَرَّب

academic *adj.* دراسىّ . علْمىّ

academy *n.* كُلِّيّة مُتَخَصِّصة . معْهَد (مثلاً: كُلِّيّة الشُّرْطة)

accelerate *v.* يُسَرِّع . يزيد السُّرْعة

accent *n.* ١-طَريقة النُّطْق . لَهْجة . لَكْنة

The Irish speak English with a different accent than the Scots.

تَخْتَلف طَريقة نُطْق الإنْجليزية لَدَى الإيرلنديين عن الإسْكُتْلَنْدِيِّين.

٢- تَشْديد . تَأْكيد

accept *v.* يَقْبَل

accessory *n.* شَىْء كَمالِىّ . أَكْسِسْوار

accident *n.* ١-حادث (مثلاً: حادث سَيّارة)
٢- صُدْفة

Sir Alexander Fleming discovered penicillin by accident.

اِكْتَشَف سِير فِلِمنْج البِنْسِلين بِالصُّدْفة.

Alexander Fleming (1881-1955)
British scientist who, in 1928, discovered the life saving antibiotic, penicillin, when he accidentally left a dish of bacteria uncovered. He noticed that some of the bacterial culture was killed by contamination from a mold that he identified as penicillium notatum.

accidentally *adv.* دُونَ قَصْد

She accidentally sat on her glasses and broke them.

جَلَسَت على نَظّارَتها دُونَ قَصْد فكَسَرَتْها.

accompany *v.* يُرافِق . يَصْحَب

accomplish *v.* يُنْجِز . يُتِمّ

according to *prep.* وَفْقاً لِ . حَسَبَ

According to the fortuneteller I'll live to be 100 years old!

وَفْقاً لِكَلام قارئ البَخْت سوف أَعيش مائة سَنة!

accordion *n.* أُكورْديون (آلة موسيقيّة)

account *n.* ١-حِساب (مثلاً: حِساب فى البَنْك)
٢- وَصْف . رِواية

Admiral Byrd wrote an account of his expedition to the South Pole.

كَتَب الأَدْميرال بيرْد وَصْفاً لِرِحْلَته الاِسْتِكْشافيّة فى القُطْب الجَنوبِىّ.

Admiral Byrd (1888-1957)
US explorer who made the world's first flight over the North Pole on May 9, 1926. He then became interested in the Antarctica, leading his first expedition there in 1928, and in 1929 he flew over the South Pole. During another expedition from 1933-1935, he spent 5 months alone in a weather station describing his experience in a book entitled Alone (1938).

accurate *adj.* دَقيق . مَضْبوط

accuse *v.* يَتَّهِم

Never accuse someone without proof.

لا تَتَّهِمْ أَحَداً بِشَىْءٍ دُون وُجود دَليل.

ace *n.* آس : الواحِد فى ورَق الكوتْشينة

ache *n.* وَجَع . ألَم مُسْتَمِرّ

ache *v.* يَتألَّم . يُؤلِم . يَوْجَع

achieve *v.* يُنْجِز . يُحَقِّق

Algeria achieved independence 10 years after Egypt.

حَقَّقَت الجَزائِر اسْتِقْلالَها بَعْد مِصر بِعَشْر سَنَوات .

achievement *n.* إنْجاز

acid *n.* حَمْض . حامِض

acne *n.* حَبّ الشَّباب

acorn *n.* جَوْزَة البَلُّوط

acoustics *n.* سَمْعِيّات . جَوْدَة الصَّوْت فى قاعة أو مَسْرَح

acquaintance *n.* شَخْص تَعْرِفُه . أحَد المَعارِف

acquire *v.* يَكْتَسِب . يَحْصُل على

acre *n.* أكْر: مِقْياس لِمساحة أرْض أو أطْيان (= حَوالَى ٤٠٠٠ مِتْر مُرَبَّع)

acrobat *n.* بَهْلَوان . لاعِب الأكْروبات (لاعِب يَقوم بِحَرَكات الجُمْباز والتَّوازُن فى السِّيرْك)

across *adv.* على الجانِب الآخَر

Europe is across the Mediterranean Sea from Africa.

تَقَع أُوروبّا على الجانِب الآخَر من البَحْر الأبْيَض المُتَوَسِّط بالنِّسْبة لإفْرِيقْيا .

across *prep.* عَبْر . مِن جانِب إلى الجانِب الآخَر

A brilliant rainbow stretched across the sky after the storm.

امْتَدّ قَوْس قُزَح زاهِي الألْوان عَبْرَ السَّماء بَعْدَ العاصِفة .

act *n.* ١- عَمَل . فِعْل
٢- فَصْل (فى مَسْرَحِيّة)

act *v.* ١- يَتَصَرَّف

The firemen acted quickly to put out the fire.

تَصَرَّف رِجال المَطافِئ بِسُرْعة لإطْفاءِ الحَريق .

٢- يُمَثِّل

action *n.* ١- تَصَرُّف . تَحَرُّك . فِعْل
٢- حَرَكة

The action in silent movies looks fast and jerky.

تَبْدو الحَرَكة فى الأفْلام الصّامِتة سَريعة ومُتَقَطِّعة .

active *adj.* **نَشيط**

Ants are very active in summer.

النَّمل نَشيطٌ جداً فى الصَّيْف .

activity *n.* **نَشاط . حرَكة**

actor *n.* **ممَثِّل**

actress *n.* **ممَثِّلة**

actual *adj.* **واقعِىّ . فعلِىّ**

Ancient maps don't show the actual size of the oceans.

لا تُبَيِّن الخَرائط القَديمة الأَحْجام الفِعْليّة للْمُحيطات .

AD *abbr.* **م: اخْتِصار ميلادىّ أو ميلاديّة (مثلاً: سنة ٢٠٠٠م)**

adapt *v.* **يتَأَقْلَم**

Most tropical plants cannot adapt to cold weather.

مُعْظَم النَّباتات الاسْتِوائِيّة لا تَتَأَقْلَم مع الطَّقْس البارِد .

add *v.* **١- يُضيف إلى**

If you add yellow to blue you get green.

إذا أَضَفْتَ اللَّوْن الأَصْفَر إلى الأَزْرَق فسوف تَحْصُل على اللَّوْن الأَخْضَر .

٢- يَجْمَع (الأَعْداد)

addition *n.* **عَمَليّة الجَمْع (فى الحِساب)**

address *n.* **عُنْوان**

address *v.* **يُلْقِى خِطاباً**

The president will address the People's Assembly this morning.

سَيُلْقِى الرَّئيس خِطاباً أمام مَجْلِس الشَّعْب صَباح اليَوْم .

adjective *n.* **صِفة . نَعْت (فى قَواعِد النَّحو)**

adjust *v.* **١- يَضْبِط . يُعَدِّل**

The photographer adjusted his lights before taking the picture.

ضَبَط المُصَوِّر الإضاءَة قبل أَنْ يَلْتَقِط الصّورة .

٢- يتَأَقْلَم . يعْتاد

It takes a while for your eyes to adjust to the dark.

تَحْتاج العَيْن إلى فَتْرة لِتَعْتاد على الظَّلام .

admiral *n.* **أَدْميرال . فريق بحرى . أَمير البَحْر**

admire *v.* **يُعْجَب بِ**

admission *n.* **دُخول (مثلاً: رَسْم دُخول السّينما)**

admit *v.* **١- يَعْتَرِف بِ**

The driver admitted that the accident was his fault.

اعْتَرَف السّائق بِمَسْؤوليّته عن الحادث .

٢- يَسْمَح أو يأْذَن بِالدُّخول

No one will be admitted after the concert has begun.

لن يُسْمَح بالدُّخول بَعْد بَدْءِ الحَفْلَة الموسيقيّة .

adolescent *n.* **مُراهِق أو مُراهِقة**

adopt *v.* **يتَبَنَّى**

adore *v.* **يُحِبّ جداً**

adult *n.* **شَخْص تعَدَّى سِنّ المُراهَقة**

advance *v.* **يتَقَدَّم . يتَحرَّك إلى الأمام**

advanced *adj.* **١- مُتَقَدِّم . مُتَطَوِّر**

A robot is the product of advanced technology.

الرُّبوت ثَمَرةٌ من ثِمار التِّكْنولوچْيا المُتَطَوِّرة .

٢- عالِى المُسْتَوَى

advantage *n.* **مِيزَة**

It's an advantage to speak a foreign language.

التَّحَدُّث بِلُغة أَجْنَبيّة مِيزَة .

adventure *n.* **مُغامَرة**

adverb *n.* **١- كَلِمة تُوَضِّح طَريقة حُدوث الفِعْل فى قَواعِد النَّحْو (مثلاً: كلِمة slowly)**

٢- ظَرْف مَكان أو زَمان (مثلاً : كلِمَتا soon , here)

adversary *n.* **غَريم . خَصْم**

advertise *v.* **يُعلِن**

advertisement *n.* **إعْلان**

advice *n.* **نَصيحة**

advise *v.* **يَنصَح**

aerial *n.* **إرْيال . هَوائىّ**

aerobics *n.pl.* **نوعٌ من التَّمْرينات الرِّياضيّة (تُنَشِّط القَلْب والرِّئَتَيْن)**

aeroplane or airplane *n.* **طائرة**

affect *v.* **يُؤَثِّر فى**

affection *n.* **حَنان . حُبّ**

afford *v.* **يَملِك .**
يَكُون عِندَهُ ما يَكْفيه مِن النُّقود لِشراء شَىْء

I'm saving my money until I can afford to buy a skateboard.

أَدَّخِر النُّقود حتّى يَكون عِندى ما يَكْفينى لِشِراء لَوْحَة تَزَحْلُق .

afloat *adv.* **طافياً على سَطْح الماء**

afloat *adj.* **طافٍ على سَطْح الماء**

afraid *adj.* **خائف**

after *prep.* **بَعْدَ**

afternoon *n.* **بَعْدَ الظُّهر**

afterwards *adv.* **بَعْدَ ذلك**

again *adv.* **مَرّةً أُخْرَى . مِنْ جَديد**

against *prep.* **١- ضِدّ . مُخالِف**

Stealing is against the law.

السَّرِقة ضِدّ القانون .

٢- بِجانِب . علَى

age *n.* **١- عُمْر . سِنّ**
٢- عَصْر . فَتْرة زَمَنيّة فى التّاريخ

Scientists search in caves for paintings from the Stone Age.

يَبْحَث العُلَماء عَنْ رُسوم مِن العَصْر الحَجَرىّ فى الكُهوف .

The Stone Age
The earliest period of human culture, during which man relied on stone as material to make weapons and tools.

agent *n.* **وَكيل . مَنْدوب**

This travel agent takes groups on safari in Kenya.

تُرافِق مَنْدوبة من شَرِكة السِّياحة الأَفْواج فى رِحْلات السَّافارى إلى كينيا .

aggressive *adj.* **هُجومِىّ . عُدْوانِىّ**

agile *adj.* **خَفيف الحَرَكة**

ago *adv.* **مُنْذ**

Our cat had kittens two days ago.

وَلَدَتْ قِطَّتُنا مُنْذُ يَوْمَيْن .

agree *v.* **١- يُوافِق على . يَقْبَل**

Fifty-one countries agreed to establish the U.N. after World War II.

وافَقَتْ إحْدَى وخَمْسون دَوْلَة على إنْشاءِ الأُمَم المتَّحِدة بعد الحَرْب العالَميّة الثّانية .

World War II (1939-1945)
A war between the Allied Powers (Great Britain and Commonwealth, France, Soviet Union, USA, and China) on one side and the Axis Powers (Germany, Italy and Japan) on the other. The war was caused by the failure of the Paris Peace conference after WWI to provide international security and by the territorial ambition of Nazi Germany.

٢- يَتَّفِق مع (فى الرَّأْى)

agreement *n.* **اتِّفاق**

agricultural *adj.* **زِراعِىّ**

agriculture *n.* **الزِّراعة**

ahead *adv.* ١- أمامَ . إلى الأمام

The explorers moved ahead in spite of the snowstorm.

واصلَ المُسْتَكْشِفون تَحرُّكَهُمْ إلى الأمام بالرَّغْم من العاصفة الثَّلْجيّة .

٢- على بُعْدِ (إلى الأمام)

There is a traffic light 50 metres ahead.

هُناك إشارة مُرور على بُعْدِ ٥٠ متْراً إلى الأمام .

ahead of *prep.* مُتَقَدِّمٌ

Leonardo da Vinci's ideas were ahead of their time.

كانَتْ أفْكار ليونارْدو داڤينْشى مُتَقَدِّمة بِالنِّسْبة لِعَصْرِها .

aid *v.* يُعاوِن . يُساعِد

aim *n.* هَدَف

aim *v.* يُصَوِّبُ (إلى هَدَف)

air *n.* هَواء

air-conditioning *n.* تَكْييف الهَواء

aircraft *n.* طائِرة . جَميع أنْواع الطّائِرات

air force *n.* قُوّات جَوِّيَّة

airline *n.* شَرِكة خُطوط جَوِّيَّة

airplane or aeroplane *n.* طائرة

airport *n.* مَطار. ميناء جَوِّيّ

aisle *n.* مَمَرٌّ بَيْنَ مَقاعِد (مثلاً: مَمَرّ فى مَسْرَح)

alarm *n.* ١- إشارة إنْذار

٢- إحْساس بالخَوْف أو القَلَق

alarm clock *n.* مُنَبِّه . ساعة مُنَبِّهة

album *n.* ١- أَلْبوم : كِتاب لحِفْظ الصُّوَر أو الطَّوابِع

٢- أُسْطُوانة تَضُمّ عِدّة أغانٍ أو قِطَع موسيقيّة

alcohol *n.* كُحُول

alert *adj.* مُتَيَقِّظ . مُتَنَبِّه

algae *n. pl.* طَحالِب (نَبات مائِىّ)

algebra *n.* الجَبْر . عِلْم الجَبْر

alien *adj.* غَريب

alien *n.* شَخْص أو مَخْلوق غَريب

alike *adj.* مُتَشابِهون . مُتَماثِلون

No two people have fingerprints exactly alike.

لا يُوجَد شَخْصان لهما بَصَمات مُتَماثِلَةٌ تَماماً .

alive *adj.* حَىّ . على قَيْد الحَياة

all *adj.; pron.* كُلّ . جَميع

all along *prep.* طَوالَ . على طُول

The city council planted trees all along the road.

زَرَعَ مَجْلِس المَدينة أشْجاراً على طُول الطَّريق .

all along *adv.* مُنْذُ البِداية

The intelligence chief suspected all along that she was an enemy spy.

كان رَئيس المُخابَرات يَشُكّ مُنْذُ البِداية فى أنها جاسوسة للعَدُوّ .

all right *adj.* سَليم . بِخَيْر

all right *adv.* حَسَناً . طَيِّب

All right, we're willing to try something new.

حَسَناً ، نَحْنُ مُسْتَعِدّون لِتَجْرِبة شَىْءٍ جَديد .

all-round *adj.* **مُتَعَدِّدُ المَهارات**

The gymnastics coach at our school is an all-round athlete.

مُدَرِّبَةُ الجُمْبازِ فى مَدْرَسَتِنا رِياضِيَّةٌ مُتَعَدِّدَةُ المَهارات .

allergy *n.* **حَسّاسِيّة (مثلاً: حسّاسيّة للتُّراب)**

alley *n.* **ممَرّ . حارة . زُقاق**

alligator *n.* **تِمْساح أمْريكِىّ**

allow *v.* **يَسْمَح . يأْذَن**

allowance *n.* **مَصْروف**

ally *n.* **حَليف . صَديق**

almond *n.* **لَوْزة (من المُكَسَّرات)**

almost *adv.* **تَقْريباً**

Beethoven was almost deaf by the time he was 30 years old.

كان بيتْهُوفِنْ أَصَمَّ تَقْريباً عِنْدَما أَتَمّ الثَّلاثين مِنْ عُمْرِه .

alone *adj.* **بِمُفْرَدِه . وَحْدَهُ**

along *prep.* **١- على طُول**

People stood along the race route to cheer the cyclists.

وَقَف النّاس على طُولِ الطَّريق لِتَشْجيع المُتَسابِقين فى سِباق الدَّرّاجات .

٢- فى مُحاذاة . بِجانِب

There is a footpath along the river bank.

هناك مَمْشَى فى مُحاذاة ضَفَّة النَّهْر .

along with *adv.* **مَعَ . مَع**

If you know the song, sing along with us.

إذا كُنْت تَعْرِف هذه الأُغْنيّة فَغَنِّ مَعَنا .

alongside *prep.; adv.* **جَنْباً إلى جَنْبٍ**

aloud *adv.* **بِصَوْتٍ عالٍ**

To recite poetry means to say it aloud.

أَنْ تُلْقى الشِّعْر مَعْناهُ أَنْ تَقولَهُ بِصَوْتٍ عالٍ .

alphabet *n.* **الأَلِفْباء . حُروف الهِجاء**

already *adv.* **١- مِنْ قَبْل**

The parachutist has already completed over 50 training jumps.

قامَ رِياضِيّ المظَلّات بِأَكْثَر مِنْ خَمْسين قَفْزة تَدْريبيّة مِنْ قَبْلُ .

٢- قَدْ

When I arrived at the cinema my friends had already gone in.

كان أَصْدِقائِى قَدْ دَخَلوا دار السِّينما عندما حَضَرْت .

also *adv.* **أَيْضاً**

altar *n.* **مَذْبَح . مَكان مُقَدَّس فى الكَنيسة**

alternate *v.* **يَتَناوَب**

alternative *n.* **بَديل . خِيار**

although *conj.* **مَعَ أَنَّ . رَغْمَ أَنَّ**

altitude *n.* **ارْتِفاع . عُلُوّ**

Jets fly at higher altitudes than helicopters.

تَصِل الطّائِرات النَّفّاثة إلى ارْتِفاعاتٍ أَعْلَى مِنْ طائِرات الهلِيكُوبْتَر .

aluminium *n.* **مَعْدِن الأَلومِينْيوم**

always *adv.* **دائماً**

a.m. *abbr.* **ص. صَباحاً . قَبْلَ الظُّهْر (مثلاً: السّاعة ٨ ص)**

7

amateur *adj.*	هاوٍ . غَيْر مُحْتَرِف
amaze *v.*	يُذْهِل . يُدْهِش
amazing *adj.*	مُدْهِش . مُذْهِل
ambassador *n.*	سَفير
ambition *n.*	طُموح
ambulance *n.*	سيَّارة إسْعاف
amen *interj.*	آمين : كلِمة تَخْتِم الصَّلاة
ammunition *n.*	ذَخيرة (للأسْلِحة)
amnesia *n.*	فُقْدان الذّاكِرة
amoeba *n.*	أميبا : حيَوان صغير جدّاً مُكَوَّن من خَلِيَّة واحِدة
among *prep.*	بَيْنَ . فيما بَيْن . وسَطْ
amount *n.*	عَدَد . كمِّيَّة . مِقْدار

The gauge shows the amount of air in the tank.

يُبَيِّن العدّاد كمِّيّة الهَواء فى الخَزّان .

amphibian *n.*	حيَوان بَرْمائى : حيَوان يَعيش فى الماء وأيْضاً على البَرّ
amplifier *n.*	مُكَبِّر الصَّوْت
amuse *v.*	يُسَلِّى . يُضْحِك
amusement *n.*	تَسْلِية
anaesthetic *n.*	بِنْج . مُخَدِّر
analyse or analyze *v.*	يُحَلِّل

In science class we analysed the behaviour of ants.

حَلَّلْنا سُلوك النَّمْل فى حصّة العُلوم .

anatomy *n.*	١- بِناء أو تَرْكيب الجِسْم ٢- عِلم التَّشْريح
ancestor *n.*	أحَد الأجْداد أو الأسْلاف

My ancestors came from Turkey a long time ago.

هاجَرَ أجْدادى من تُرْكيا مُنْذُ زمَنٍ طَويلٍ .

anchor *n.*	هِلْب . مِرْساة : خُطّاف ثَقيل لِمَنْع السَّفينة من التَّحرُّك

ancient *adj.*	أثَرىّ . قَديم جدّاً
angel *n.*	مَلاك
anger *n.*	غَضَب
angle *n.*	زاوِية
angry *adj.*	غاضِب . زَعْلان
animal *n.*	حيَوان
ankle *n.*	كاحِل : المَفْصِل بَيْنَ السّاق والقَدَم
anniversary *n.*	ذكْرَى سنَوِيَّة . عيد سنَوِىّ
announce *v.*	يُعْلِن . يَنْشُر
announcement *n.*	إعْلان . بيَان . تَصْريح

There was an announcement about the book fair in the newspaper.

كان فى الصَّحيفة تَصْريحٌ عن مَعْرِض الكتاب .

annoy *v.*	يُضايِق . يُزْعِج
annual *adj.*	سنَوىّ
anonymous *adj.*	مَجْهول الاسْم . لَيْس له اسْم
another *adj.*	آخَر . ثانٍ

Another chamber has just been discovered in the pharaoh's tomb.

تَمَّ اِكْتِشاف حُجْرَةٍ أُخْرَى فى مَقْبَرة الفِرْعَوْن .

answer *n.* إجابة . رَدّ

answer *v.* يُجيب . يَرُدّ على

ant *n.* نَمْلة

antarctic *adj.* خاص بالقُطْب الجَنوبِيّ

antelope *n.* الظَّبْى

antenna *n.* ١ - قَرْن الاسْتِشْعار للحَشَرة

٢ - إرْيال . هَوائِىّ

anthem *n.* نَشيد

The Egyptian national anthem was written by Sayed Darwish.

نَشيد مِصْر الوَطَنىّ مِنْ تَلْحين سَيِّد دَرْويش .

***Sayed Darwish* (1892-1923)**
Darwish was an innovator of Arabic music and songs. He dealt with a wide range of topics in his songs, from the national and the passionate, to the social and the sarcastic. His songs were very popular because they reflected people's true feelings. He composed 26 musicals for the stage, and about 260 songs. In fact, the words of Egypt's national anthem were derived from a famous speech by the national leader Mostapha Kamel, and the music was composed by Sayed Darwish.

anticipate *v.* يَتَوَقَّع

antique *n.* تُحْفة قَديمة

antiquities *n. pl.* آثار

antonym *n.* عَكْس الكَلِمة

anxiety *n.* قَلَق

anxious *adj.* ١ - مُضْطَرِب . قَلِق

٢ - مُتَحَمِّس . مُتَلَهِّف

The audience was anxious for the play to start.

كان الجُمْهور مُتَحَمِّساً لِبَدْء المَسْرَحِيّة .

any *adj.* ١ - أىّ

Owls can focus their eyes instantly for any distance.

تَسْتَطيع البومة أنْ تُعَدِّلَ نَظَرَها فى الحال إلى أىّ مَسافَة كانَتْ .

٢ - بَعْض . مِقْدار مِنْ

Does the farmer export any of the cotton he grows?

هل يُصَدِّر الفَلاّح مِقْداراً مِنْ القُطْن الذى يَزْرَعُه ؟

anybody or anyone *pron.* أىّ شَخْص . أىّ واحِد

The guard dog barks if anyone comes near.

يَنْبَح كَلْب الحِراسة إذا اقْتَرَب أىّ شَخْص .

anyhow *conj.* على أىّ حالٍ

anything *pron.* أىّ شَىْء

You can't hear anything in space.

لا يُمْكِنُك أنْ تَسْمَع أىّ شَىْءٍ فى الفَضاء .

anywhere *adv.* فى أىّ مَكان

apart *adv.* مُنْفَصِلاً . مُنْفَصِلاً عن

My brother and I have never been apart before.

أنا وأخى لَمْ نَعِشْ مُنْفَصِلَيْن مِنْ قَبْل .

apartment *n.* شَقّة

ape *n.* قِرْد ضَخْم بدون ذَيْل

apiece *adv.* للواحِد . لِكُلٍّ واحِد

The antique chairs were sold at auction for £ 1,000 apiece.

تَمّ بَيْع الكَراسىّ الأَثَرِيّة فى المَزاد بأَلْف جُنَيْه للواحِد .

apologize *v.* يَعْتَذِر . يَتَأَسَّف

apology *n.* **اعْتِذار**

apostrophe *n.* **علامة تُستَخْدَم فى حالة حَذْف حرف أو حُروف (مثلاً: don't = do not) أو فى حالة المُضاف إليه (مثلاً : cat's)**

A cat's whiskers don't curl.

شارب القِطّ لا يَلْتَوى .

appear *v.* **يَظْهَر**

appearance *n.* **١ - شَكْل . مَظْهَر خارِجى**

Some frogs change their appearance to frighten enemies away.

بَعْض الضَّفادِع تُغَيِّر شَكْلَها لِتُخيف أعْداءَها .

٢ - ظُهور

The appearance of the new moon marks the start of a lunar month.

يُحَدِّد ظُهور الهِلال بِداية الشَّهْر القَمَرى .

appendix *n.* **مُلْحَق**

appetite *n.* **شَهيّة**

applaud *v.* **يُصَفِّق**

applause *n.* **تَصْفيق**

apple *n.* **تُفّاحة**

appliance *n.* **أداة . جِهاز (مثلاً: أجْهِزة كَهْرَبائيّة)**

application *n.* **١- تَطْبيق**

٢- طَلَب

apply *v.* **١ - يُقَدِّم طَلَبًا**

Hundreds of people applied for jobs in the new textile factory.

قَدَّم المِئات طَلَبات لِلعَمَل فى مَصْنَع النَّسيج الجديد .

٢ - يَنْطَبِق على

Those rules don't apply to this game.

تِلْك القَواعِد لا تَنْطَبِق على هذه اللُّعْبة .

appointment *n.* **مَوْعِد . ميعاد**

appreciate *v.* **يُقَدِّر**

The director of the orphanage appreciates any help from volunteers.

يُقَدِّر مُدير المَلْجَأ أىَّ مُساعَدَة مِنْ المُتَطَوِّعين .

apprentice *n.* **شَخْص يَتَدَرَّب على حِرْفة أو مِهْنَة**

approach *v.* **يَقْتَرِب**

appropriate *adj.* **مُناسِب**

approval *n.* **موافَقة**

approve *v.* **يَرْضَى عن . يُوافِق على**

approximately *adv.* **تَقْريباً**

apricot *n.* **مِشْمِشة**

April *n.* **إبْريل: الشَّهْر الرّابِع فى السَّنة الميلاديّة**

apron *n.* **مَرْيَلة (يَرْتَديها المرءُ فَوْقَ المَلابِس أثْناء الطَّبْخ مثلاً)**

aquarium *n.* **١ - حَوْض أسْماكٍ**

٢ - مَعْرِض الأحْياءِ المائيّة

arch *n.* **قَوْس . قَنْطَرَة**

archaeology *n.* **عِلْم الآثار**

architect *n.* **مُهَنْدِس مِعْمارىّ**

architecture *n.* فَنّ العمارة

arctic *adj.* خاصّ بالقُطب الشَّمالىّ

area *n.* ١ - مِنْطَقة

A savannah is a large area of grassland with no trees.

السّاڤانا مِنْطَقة واسعة مِنْ الأَعْشاب لَيْسَ بها أَشْجار .

٢ - مِساحة . مكان مُسطّح (مثلا : مِساحة الدّائرة)

argue *v.* يُجادِل

argument *n.* مُجادَلة

aristrocrat *n.* أَرِسْتُقْراطىّ

arithmetic *n.* الحِساب . عِلْم الحِساب

arm *n.* ذِراع

armchair *n.* فُوتيل . كُرْسىّ بذِراعَيْن

armour or armor *n.* دِرْع ؛ زِىّ مَعْدِنىّ كان يَرْتَديه المُحارِبون القُدَماء

arms *n. pl.* أَسْلِحة

army *n.* جَيْش

around *prep.* ١ - حَوْلَ

The caterpillar spun a cocoon around itself.

غَزَلَت الدّودة شَرْنَقة حَوْلَ نَفْسِها .

٢ - هُنا وهُناك . فى كلّ جِهة

The vendor goes around the neighbourhood selling pure honey from a jar.

يَتَجوّل البائع هُنا وهُناك فى الحَىّ لِيَبيع العَسَل النَّقىّ الذى يَحْمِله فى بَلاّص .

around *adv.* حَوالَىْ . تَقْريباً

A peacock's tail is around one metre long.

ذَيْل الطّاووس طُوله حَوالَىْ مِتْرٍ .

arrange *v.* يُرَتِّب . يُنَظِّم • يُنَسِّق

Let's arrange the chairs in a circle and start the game.

لِنُرَتِّبْ الكَراسِىَّ فى دائِرَةٍ ونَبْدَأ اللُّعْبة .

arrest *v.* يَقْبِض على

arrival *n.* وُصول

arrive *v.* يَصِل إلى

arrogant *adj.* مُتَكَبِّر . مُتَغَطْرِس

arrow *n.* سَهْم

art *n.* فَنّ

artery *n.* شِرْيان

article *n.* ١ - شَىْء

٢ - مَقالة (مثلاً: مَقالة فى صَحيفة)

٣- أداة تَعْريف أو تنكير (the , a , an)

artificial *adj.* صِناعىّ . غَيْر طَبيعىّ (مثلاً: وَرْد صِناعىّ)

artist *n.* فَنّان أو فَنّانة

as *adv.* كَ . مِثْل . فى شَكْل

She came to the party dressed as a monkey.

جاءَتْ إلى الحَفْل مُتَنَكِّرة فى شَكْلِ قِرْد .

as *conj.* عِنْدَما . أَثْناء

We waved as the parade passed us.

لَوَّحْنا بالتَّحِيّة عِنْدَما مَرّ المَوْكِب أَمامَنا .

as well *adv.* أيضاً

ashamed *adj.* ١ - خَجول . مُسْتَحٍ

٢ - شاعِر بالخِزْى . خَجْلان

The businessman was ashamed of his company's involvement in the scandal.

كان رَجُل الأَعْمال شاعِراً بالخِزْى من تَوَرُّط شَرِكته فى الفَضيحة .

ashes *n. pl.* رَماد ؛ ما يَتَبَقَّى بَعْدَ الاحْتِراق

ashore *adv.* على الشّاطِىء

aside *adv.* جانِباً . على جَنْب

ask *v.* ١ - يَسْأَل

If you don't understand, **ask** a question.

إذا لم تَفْهَمْ فَاسْأَلْ .

٢ - يَطْلُب

Each night the king **asked** Scheherazade to finish her story.

فى كُلّ لَيْلَة كان المَلِك يَطْلُب مِنْ شهرزاد أن تُكْمِلَ حِكايَتَها .

Please see: **Scheherazade,** page 144

asleep *adj.* نائِم . غَيْر مُسْتَيْقِظ

asphalt *n.* أَسْفَلْت

aspirin *n.* أَسْبِرين

ass *n.* حمار

assassinate *v.* يَغْتال

assemble *v.* ١ - يَتَجَمَّع . يَحْتَشِد

The entire troupe **assembled** on stage for the curtain call.

تَجَمَّعَت الفِرْقة بأَكْمَلِها على خَشَبَة المَسْرَح لِتَحِيَّة الجُمْهور .

٢ - يُرَكِّب

Follow the instructions when you **assemble** the model plane.

اتَّبِعْ التَّعْليمات عِنْدَما تُرَكِّب نموذَج الطّائِرة .

assign *v.* يُحَدِّد . يُخَصِّص

assignment *n.* مُهِمّة مُحَدَّدة

The photographer was sent on a special **assignment** to photograph the volcano.

أُرْسِل المُصَوِّر فى مُهِمّة خاصّة لِتَصْوير البُرْكان .

assist *v.* يُساعِد

assistant *n.* مُساعِد

association *n.* جَمْعِيّة

asthma *n.* مَرَض الرَّبْو

astonish *v.* يُذْهِل . يُدْهِش

astronaut *n.* رائِد أو رائِدة فَضاء

astronomy *n.* عِلْم الفَلَك

at *prep.* ١ - فى . عِنْد

Mercury boils **at** 360°C.

يَغْلى الزِّئْبَق عِنْد ٣٦٠ دَرَجة مِئَوِيّة .

٢ - بِـ

The museum gates are locked **at** night.

تُغْلَق بَوّابات المَتْحَف باللَّيْل .

٣ - على . إلى

Aim directly **at** the centre of the target.

صَوِّبْ إلى مَرْكَز الهَدَف بالضَّبْط .

at once *adv.* حالاً . فَوْراً

ate *v.* ماضى فعل to eat

athlete *n.* رياضى أو رياضِيَّة . شَخْص رياضيّ

Atlantic Ocean *n.* المُحيط الأَطْلَنْطى

atlas *n.* أَطْلَس ؛ كتاب يَضُمّ مَجْموعة خَرائِط جُغْرافِيّة

atmosphere *n.* الغِلاف الجوِّيّ
المُحيط بالكُرة الأَرْضيّة

atom *n.* ذَرَّة

atomic energy *n.* الطّاقة الذَّرِّيّة

attach *v.* يَضُمّ إلى . يَرْبُط

attach *n.* هُجُوم

attack *v.* يُهاجِم

attempt *n.* مُحاوَلة

attempt *v.* يُحاوِل

attend *v.* يَحْضُر

attendance *n.* حُضُور

attention *n.* انْتِباه

Driving a car requires full attention.

قِيادة السَّيّارة تَتَطَلَّب انْتِباهاً تامًّا .

attic *n.* سَنْدَرة : حُجْرة واسعة
للتَّخْزين تَحْت سَقْف البَيْت

attitude *n.* مَوْقِف . اتِّجاه

Society's attitude towards deaf people should change.

يَجب أن يَتَغَيَّر مَوْقِف المُجْتَمَع مِنْ الصُّمّ .

attract *v.* يَجْذِب

Light attracts insects.

الحَشَرات يَجْذِبُها الضَّوْء .

attractive *adj.* جَذّاب

aubergine *n.* باذِنْجانة

auction *n.* مَزاد

audience *n.* جُمْهور : المُشاهِدون أو المُسْتَمِعون

auditorium *n.* قاعة كبيرة

August *n.* أَغُسْطُس : الشَّهْر الثامِن
فى السَّنة الميلاديّة

aunt *n.* عَمّة أو خالة

authentic *adj.* أَصيل . حَقيقىّ . أَصْلِىّ

author *n.* مُؤَلِّف . كاتِب

authority *n.* ١ - سُلْطة . نُفوذ

The referee has the authority to kick players off the field.

حَكَم المُباراة له سُلْطة طَرْد اللاّعِبين إلى خارِج المَلْعَب .

٢ - شَخْص مَسْئُول

The headmistress is the highest authority in our school.

النّاظِرة هى أَعْلَى مَسْئُولٍ فى مَدْرَسَتنا .

autobiography *n.* سيرة ذاتيّة

autograph *n.* أُوتُوجْراف :
إمْضاء أو تَوْقيع شَخْصيّة شَهيرة

automatic *adj.* ١ - أُوتُوماتيكى . ذاتىّ الحَرَكة

Set the automatic camera and it will take a picture by itself.

أُضْبُطْ الكاميرا الأُوتُوماتيكيّة وسوف تَلْتَقِط الصُّورة بِنَفْسها .

٢ - تِلْقائىّ

Blinking is an automatic reaction to bright light.

العين تَطْرِف كَرَدِّ فِعْل تِلْقائىٍّ لِلنّور السّاطِع .

automobile *n.* سَيّارة

autumn *n.* خَريف . فَصْل الخَريف

available *adj.* مُتَوَفِّر . مَوْجُود . مُتاح

13

avalanche *n.* **اِنْهيار جليدىّ**

avenue *n.* **شارِع واسِع**

average *adj.* **عادىّ . مُتَوَسِّط**

What is the average height of a giraffe?

ما الطُّول العادىّ للزَّرافة؟

average *n.* **مُعَدَّل . مُتَوَسِّط**

The average of 7, 11 and 12 is 10.

مُتَوَسِّط الأَعْداد ٧ و ١١ و ١٢ هو ١٠ .

avoid *v.* **يَتَجَنَّب . يَتَفادَى**

awake *adj.* **صاحٍ . مُسْتَيْقِظ**

award *n.* **جائزة**

award *v.* **يَمْنَح جائزة**

aware *adj.* **مُدْرِك . واعٍ**

Was Pinocchio aware that his nose grew longer when he lied?

هل كان پينُوكْيُو مُدْرِكاً أنّ أنْفَه يَطُول عِنْدَما يَكْذِب؟

> ***Pinocchio***
> *The character in an Italian children's story in which a lonely toy maker makes a wooden puppet that starts talking and moving and which ends up becoming a real boy. Pinocchio is famous for having a nose that grows longer and longer every time he tells a lie.*

away *adj.* **غائِب . غَيْر مَوْجود**

away *adv.* **١ - بَعْدَ**

Opening night is one week away and the set isn't finished yet!

افْتتاحُ المَسْرَحيّة بَعْدَ أُسْبوع ولَمْ يَتِمَّ تَجْهيز الدِّيكور حتى الآن

٢- على بُعْد . بَعيداً

Some stars are millions of light years away from earth.

بَعْض النُّجوم على بُعْد مَلايين السِّنين الضَّوْئيّة من الأَرْض .

٣ - فى اتِّجاه آخَر

I had to look away because the light was so bright.

اضْطُرِرْتُ إلى أنْ أنْظُرَ فى اِتِّجاه آخر لأن الضَّوء كان ساطعاً جداً .

awful *adj.* **فَظيع . شَنيع**

awhile *adv.* **لِفَتْرة . لمُدّة قَصيرة**

awkward *adj.* **١ - أَخْرَق . غَيْر ماهِر**
(مثلاً: شَخْص أَخْرَق)
٢ - مُرْبِك . مُزْعِج (مثلاً: مَوْقِف مُرْبِك)

ax or axe *n.* **فَأْس . بَلْطة**

axle *n.* **مِحْوَر العَجَلة .**
القَضيب الذى تَدور عليه العَجَلة

B

b

baboon _n._ رُبَاح: قِرد ضَخْم وَجْهُهُ مِثْل وَجْه الكَلْب

baby _n._ رَضيع . طِفْل

baby-sitter _n._ شَخْص يَرعَى الأطْفال فى غياب والديهِمْ

bachelor _n._ أعْزَب: رجُل غَيْر مُتَزَوِّج

back _adv._ ١ - إلى الوَراء

The dancers took two steps forward then jumped back.

تَحَرَّك الرّاقصون خُطْوَتَيْن إلى الأَمام ثُمَّ قَفَزوا إلى الوَراء .

٢ - يَرُدّ بالرَّدّ المُقابل

Even if your brother hits you, don't hit him back.

حتى إذا ضَرَبَك أخوك فلا تَرُدّ له الضَّرْبة .

٣ - مِن جَديد . كما كان

When you break a fingernail it always grows back.

إذا كَسَرْت ظُفْرًا فهو يَنْمو دائمًا مِن جَديدٍ .

back _n._ الخَلْف . الجُزْء الخَلْفىّ

The index is at the back of the book.

الفِهْرِس فى الجُزْء الخَلْفىّ من الكِتاب .

٢ - ظَهْر

back out _v._ يَنْسَحِب من . يَتَراجَع عن

The star backed out of the play after one week of rehearsals.

انْسَحَب البَطَل من المَسْرَحيّة بَعْد أُسْبوع من البُروفات .

back up _v._ ١ - يَرْجِع إلى الوَراء

٢ - يُؤَيِّد . يُساند

Does the scientist have any evidence to back up his weird theory?

هل لَدَى هذا العالم أىُّ أدِلّة تُؤَيِّد نَظَريَّتَه الغريبة؟

backgammon _n._ النَّرْد . لُعْبة الطَّاوِلَة

background _n._ خَلْفيّة

backpack _n._ حقيبة الظَّهْر

backstage *n.* كواليس المسرح

backward *adj.* مُتَخَلِّف . غيْر مُتَطَوِّر

backwards *adv.* إلى الوراء . فى اتِّجاهٍ عَكْسىٍّ

Time never moves backwards.

الزَّمَن لا يَرْجِع أبداً إلى الوَراء .

bacon *n.* بيكُن ؛ لَحْم خنْزير مُدَخَّن

bacteria *n.pl.* بَكْتيريا . جَراثيم

bad *adj.* سَىِّء . رَدِىء

badge *n.* شارة انْتِساب

The sheriff wears a badge in the shape of a star.

يَرْتَدى المَأْمور شارَةً على شَكْل نَجْمة .

bag *n.* ١ - كيس

٢ - حَقيبة . شَنْطة

baggage *n.* أَمْتِعة . حَقائِب السَّفَر

baggy *adj.* فَضْفاض . واسِع (للمَلابِس)

bagpipes *n. pl.* مِزْمار القِرْبة

bait *n.* طُعْم (لصَيْد السَّمَك مثلاً)

bake *v.* يَخْبِز فى الفُرْن

bakery *n.* مَخْبَز . فُرْن

balance *n.* ١ - ميزان . جِهاز لقِياس الوَزْن

٢ - تَوازُن

balance *v.* ١ - يَتَوازَن

The circus elephant can balance on one leg.

يَسْتَطيع فيل السِّيرْك أن يَتَوازَن على ساقٍ واحِدَة .

٢ - يُوازِن . يُساوِى

balcony *n.* ١ - بَلْكونة . شُرْفة

٢ - بَلْكون (فى مَسْرَح أوسينما)

bald *adj.* أَصْلَع . أَقْرَع

bale *n.* رِزْمة كبيرة . بالة (مثلاً: بالة قُطْن)

ball *n.* كُرة . شَىْء مُسْتَدير

ball *n.* حَفْلة راقِصة كبيرة

ballerina *n.* راقِصة باليه

ballet *n.* باليه

balloon *n.* بالونة

ballpoint-pen *n.* قَلَم حِبْر جافّ

bamboo *n.* بامْبو ؛ خَشَب الخَيْزُران

banana *n.* مَوْزة

band *n.* ١ - شَريط

٢ - فِرْقة

The band at the wedding played requests from the guests.

عَزَفَت الفِرْقة فى حَفْلة الزَّفاف ما طلبه المدعوّون من أَغانٍ .

bandage *n.* ضِمادة . رِباط

bandit *n.* قاطِع طَريق . لِصّ

bang *n.* ١ - فَرْقَعة (مثل صَوْت مُسدَّس)
٢ - ضَرْبة شَديدة . خَبْطة

bang *v.* ١ - يَضْرِب بِشدّة . يَخْبِط

Young children love to bang on kitchen pans with a spoon.

يُحبّ الأَطْفال أن يَخْبِطوا على حِلَل المَطْبَخ بمِلْعَقة .

٢ - يَصْفِق (الباب مثلاً)

bangs *n.pl.* قُصّة : شَعْرٌ قَصيرٌ على الجَبين

banjo *n.* البانجو (آلة موسيقيّة وَتَريّة)

bank *n.* بَنْك . مَصْرِف

bank *n.* ضِفّة . شاطِئ النَّهْر

banner *n.* بَيْرَق . راية

The trade unions carried banners in the parade.

حَمَل أَعْضاء النِّقابات العُمّاليّة البَيارِق في المَوْكِب .

banquet *n.* وليمة . مأْدُبة طَعام

baptize *v.* يُنَصِّر . يُعَمِّد

bar *n.* ١ - قِطْعة مُسْتَطيلة (مثلاً: قِطْعة شيكولاتة)
٢ - قَضيب

There are iron bars on the prison windows.

هناك قُضْبان حَديديّة على نَوافِذ السِّجْن .

٣ - حانة

barbarian *n.* هَمَجيّ

barbecue *n.* ١ - شَوّاية
٢ - حَفْلة في الهَواء الطَّلْق يُؤْكَل فيها لَحْم مَشْويّ

barbecue *v.* يَشْوي لَحْماً على الفَحْم

barbed wire *n.* سِلْك شائِك

barber *n.* حَلاّق

bare *adj.* عارٍ . بِدون غِطاء

barefoot *adv.* حافٍ . حافي القَدَمَيْن

barely *adv.* ما كادَ . بالْكاد

The thief had barely touched the safe when the alarm rang.

ما كادَ اللِّصّ يَلْمِس الخَزينة حَتّى دَقّ جَرَس الإنْذار .

bargain *n.* ١ - شَرْوة رَخيصة . لُقْطة
٢ - صَفْقة

bargain *v.* يُساوِم . يُفاصِل في الثَّمَن عِنْدَ الشِّراء

barge *n.* صَنْدَل : قارِب مُسَطَّح لِنَقْل البَضائِع

barge in *v.* يَقْتَحِم مكاناً فَجْأةً دُون إذْن

bark *n.* لِحاء الشَّجَر

bark *v.* يَنْبَح (الكلْب يَنْبَح)

barn *n.* مَخْزَن غِلال . حَظيرة ماشية

barometer *n.* بارُومِتْر : مقْياس للضَّغْط الجوِّىّ

barracks *n.pl.* ثُكْنَة: مَبْنَى لإقامة العَساكِر

barrel *n.* بِرْميل

barrier *n.* حاجِز . مانِع

base *n.* قاعِدة . أَساس (مثلاً: قاعِدة تِمْثال)

baseball *n.* رِياضة البيسْبُول

basement *n.* بَدْرُون . بَدْرُوم

bashful *adj.* خَجول . مُسْتَحٍ

basic *adj.* أَساسِىّ

basin *n.* حَوْض

basket *n.* سَلَّة . سَبَت

basketball *n.* كُرة السَّلَّة

bass *n.* ١ - باص (آلة وَتَرِيّة موسيقيّة)
٢ - باص : مُغَنٍّ صَوْتُه من أَوْطَأ طَبَقات الصَّوْت الرِّجالِىّ

bassoon *n.* باسون (آلة نَفْخ موسيقيّة)

bat *n.* مِضْرَب (مثلاً: مِضْرَب البِيسْبُول أو الكِرِيكيت)

bat *n.* وَطْواط

batch *n.* دُفْعة . مَجْموعة

The first batch of biscuits was burnt.

احتَرَقت الدُّفْعة الأُولى من البَسْكَويت .

bath *n.* حَمّام . اسْتِحْمام

bath or bathtub *n.* بانْيُو . حَوْض الاسْتِحْمام

bathe *v.* ١ - يَسْبَح (فى البحر)
٢ - يَسْتَحِمّ

bathing costume or bathing suit *n.* مايُوه

bathrobe *n.* رُوب أو بُرْنُس الحَمّام

bathroom *n.* حَمّام

baton *n.* عَصا (مثلاً: عَصا قائِد الأُورْكِسْتْرا)

battery *n.* بَطّارِيّة

The car won't start if the battery is flat.

لن تَقُوم السَّيّارة إذا كانَتْ البَطّارِيّة فارِغة .

battle *n.* مَعْرَكة

bawl *v.* يَبْكِى بِصَوْتٍ عالٍ . يَصْرُخ

The baby started bawling when the lights went out.

أَخَذ الطِّفْل يَصْرُخ عِنْدَما انْطَفَأَتْ الأَنْوار .

bay *n.* خَليج صغير

bazaar *n.* ١ - سُوق فى البِلاد الشَّرْقِيّة (مثلاً: خان الخليلى فى القاهرة)
٢ - سوق يُقام لمُناسَبة مُعَيَّنة (مثلاً: سوق خَيْرِيّة)

B.C. *abbr.* **قَبْل الميلاد**

Cleopatra died in 30 B.C.

ماتَت كليوباترا سَنة ٣٠ قَبْل الميلاد.

***Cleopatra* (69-30 B.C.)**
Cleopatra VII was one of the queens of Egypt of the Ptolomeic dynasty which ruled the country for three centuries. She was famous for her beauty and intelligence. She was loved by Julius Caesar and then by Mark Anthony. She committed suicide at the same time as Mark Anthony when they were defeated in a sea-battle.

be *v.* **يكون**

beach *n.* **شاطِئ البَحْر**

bead *n.* **خَرَزَة**

beak *n.* **مِنْقار الطّائِر**

beaker *n.* **إناء زُجاجىّ بدون يَد (يُسْتَخْدَم فى المَعْمَل)**

beam *n.* **١ - شُعاع**

Eye surgeons use laser beams in delicate operations.

يَسْتَخْدِم جرّاحو العُيون أَشِعَّة اللّيزَر فى العَمَليّات الدّقيقة.

٢ - عارِضة . لَوْح (مثلاً : عارِضة خَشَبيّة)

bean *n.* **حَبّة**

Fuul is a kind of bean.

الفول نَوْع من الحَبّ.

bear *n.* **دُبّ**

bear *v.* **يَتَحَمَّل**

beard *n.* **ذَقْن . لِحْية**

beast *n.* **بَهيمة . حَيَوان**

beat *n.* **نَغْمة . إيقاع (فى الموسيقَى)**

beat *v.* **١ - يَضْرِب . يَدُقّ**

Some African tribes beat drums to send messages from one village to another.

بَعْض القَبائِل الأَفْريقيّة تَدُقّ على الطُّبول لِتَبْعَث الرَّسائِل مِنْ قَرْيَة إلى قَرْيَةٍ أُخْرَى.

٢ - يَخْفُق (القَلْب)

٣ - يَغْلِب . يَهْزِم

Our team beat them 5 - nil.

غَلَبَهم فَريقُنا خَمْسة أَهْداف لِلاشَىْء.

beautiful *adj.* **جَميل**

beauty *n.* **جَمال**

beaver *n.* **قُنْدُس**

became *v.* to become ماضى فعل

because *conj.* لأنَّ . بِسَبَب . لأجْل

become *v.* يُصْبِح

bed *n.* ١ - سَرير . فِراش

٢ - قاع النَّهْر أو البَحْر

bedouin *n.* بَدَوِى

bedroom *n.* غُرْفة النَّوْم

bedspread *n.* مفْرَش السَّرير

bedtime *n.* مَوْعِد النَّوْم

9 p.m. is a reasonable bedtime for children.

تُعْتَبَر السّاعة التّاسِعة مَوْعِداً مُناسِباً لِنَوْم الأَطْفال .

bee *n.* نَحْلة

beef *n.* لَحْم البَقَر

beehive *n.* خَلِيّة نَحْل

beep *n.* صَوْت زُمّارة أو آلة التَّنْبيه

beep *v.* يُزَمِّر (بِآلة تَنْبيه مثلاً)

beet or beetroot *n.* بَنْجَر

beetle *n.* حَشَرة الخُنْفُساء

before *prep.* ١ - قَبْلَ

The countdown starts 10 seconds before blast-off.

يَبْدَأ العدّ التَّنازُلىّ قَبْلَ انْطِلاق الصّاروخ بعَشْر ثوانٍ .

٢ - أمامَ

The fair princess stood before the mirror.

وَقَفَت الأَميرة الحَسْناء أَمامَ المِرآة .

before *conj.* قَبْل أن

People used candlelight before electricity was discovered.

كان النّاس يَسْتَخْدِمون الشَّمْع للإضاءة قَبْلَ أن تُكْتَشَف الكَهْرَباء .

before *adv.* مِن قَبْل

Tonight Houdini will do an underwater escape that no-one has attempted before.

سَيَقوم هودينى اللّيلة بحركة هُروب من تحت الماء لم يُحاوِل أَحدٌ القيام بها من قَبْل

Harry Houdini (1874-1926)
Hungarian born magician and escape artist who went to New York, and became famous for his incredible escapes from handcuffs, straitjackets and locked containers, even when underwater.

beg *v.* ١ - يَتَوَسَّل إلى

The children begged the storyteller to tell another tale.

تَوَسَّل الأَطْفال إلى الرّاوِى لِيَحْكِى لَهُمْ قِصّةً أُخْرَى .

٢ - يَشْحَذ

beggar *n.* شَحّاذ . شَحّات

begin *v.* ١ - يَبْدَأ

٢ - يَبْتَدِىء

beginner *n.* مُبْتَدِئ

beginning *n.* بِداية

behave *v.*　　　يَتَصَرَّف . يَسْلُك

Some people behave strangely when the moon is full.

يَتَصَرَّف بَعْض النّاس بِطَريقة غَريبة عِنْدَما يَكُون القَمَر بَدْرًا .

behaviour *n.*　　　سُلوك . تَصَرُّف

behind *prep.*　　　وَراءَ . خَلْفَ

The mouse hid behind the cupboard.

اخْتَبَأ الفَأْر وَراءَ الخِزانة .

behind *adv.*　　　مُتَأَخِّرًا فى . مُتَخَلِّفًا عن

Kuwait was behind in economic development until it started producing oil.

كانَت الكُوَيْت مُتَأَخِّرة فى النُّمُو الاقْتِصادىّ حتى بَدَأَت اسْتِخْراج البِتْرول .

beige *adj.*　　　بيج

beige *n.*　　　اللَون البيج

believe *v.*　　　١ – يُصَدِّق

٢ – يُؤْمِن بـ

bell *n.*　　　جَرَس

belly *n.*　　　١ – بَطْن

٢ – كِرْش

belong *v.*　　　١ – يَكون مِلْك شَخْص أو هَيْئَة

This land belongs to the government.

هذه الأَرْض مِلْك الحُكومة .

٢ – يَكون فى المَكان المُناسِب

The milk belongs in the refrigerator.

الثَّلاجة هى المَكان المُناسِب لِحِفْظ اللَّبَن .

belongings *n.pl.*　　　مُمْتَلَكات

below *prep.*　　　تَحْتَ . دُون . أَقَل مِنْ

In Moscow winter temperatures often drop below 0°C.

كثيراً ما تَنْخَفِض دَرَجة الحَرارة فى مُوسْكُو إلى ما تَحْتَ الصِّفْر فى الشِّتاء .

below *adv.*　　　تَحْتَ . فى الأَسْفَل

The captain ordered the passengers to stay below during the storm.

أَمَر القُبْطان الرُّكّاب بأَن يَبْقوا تَحْتَ أثناء العاصفة .

belt *n.*　　　حِزام

bench *n.*　　　دِكّة . مَقْعَد طويل

bend *v.*　　　يَلْوى . يَثْنى

beneath *prep.; adv.*　　　تَحْتَ . أَسْفَل

Underground water runs beneath layers of sand and rock.

تَجْرى المياه الجَوْفيّة تَحْتَ طَبَقات الرِّمال والصُّخور .

benefit *n.*　　　فائدة . مَنْفَعة

benefit *v.*　　　يَسْتَفيد مِنْ . يَنْتَفِع بـ

bent *adj.*　　　مَلْتَو . مُنْحَنٍ (عكس مُسْتَقيم)

berry *n.*　　　نَوْع من الفاكِهة (مثلاً: التُوت و الفَراوِلة)

berserk *adj.*　　　مَجْنون غَضَبًا

beside *prep.* إلى جانِب . بِجانِب

The old woman lives in a shack beside the henhouse.

تَعيش المَرْأة العَجوز فى كُوخ بِجانِب عُشّ الدَّجاج .

besides *prep.; adv.* عِلاوَةً على . بالإضافة إلى

Besides the usual bread, the bakery sells special holiday cakes.

علاوةً على الخُبْز يَبيع المَخْبَز كَعْكًا فى الأَعْياد .

best *adj.;adv.* الأفْضَل . الأحْسَن

bet *n.* رِهان . مُراهَنة

bet *v.* يُراهِن

betray *v.* يَخُون . يَغْدُر بِ

better *adj.; adv.* أفْضَل (مِنْ) . أحْسَن (مِنْ)

between *adv.; prep.* بَيْنَ

beverage *n.* مَشْروب

beware *v.* يَحْتَرِس أو يَحْذَر من

The sign says, "Beware of Dog!"

اللافتة مَكْتوب عليها «احْتَرِسْ من الكَلْب!» .

beyond *adv.;prep.* وَراءَ . أبْعَد مِنْ

Travellers in unexplored territory never know what lies beyond the horizon.

لا يَعرِف الرَّحّالة فى الأَراضى غَيْر المُسْتَكْشَفة ما يَنْتَظِرهُم وَراءَ الأُفُق .

bib *n.* باڤيتَة: صَدْرِيّة الطِّفْل تُلْبَس أثْناء الطَّعام

Bible *n.* الكِتاب المُقَدَّس عند المَسيحيّين

bicycle or bike *n.* دَرّاجة

big *adj.* كَبير . واسِع

bill *n.* فاتُورة . كَشْف حِساب

bill *n.* مِنْقار الطّائِر

billboard *n.* لَوْحة إعْلانات كَبيرة

billiards *n.pl.* لُعْبة البِلْيارْدو

billion *adj.; n.* مِلْيار . بِلْيون

bin *n.* ١ - صُنْدوق كَبير
٢ - صُنْدوق القُمامة

bind *v.* ١ - يَرْبُط . يَحْزِم

After cotton is ginned, workers bind it into bales.

يَحْزِم العُمّال القُطْن فى بالات بعد حَلْجِه .

٢ - يُجَلِّد (كِتابًا)

bingo *n.* البِنْجو : لُعْبة حَظّ تَعْتَمِد على جَمْع عَشْوائىّ للأرْقام

binoculars *n.pl.* مِنْظار بِعَيْنَيْن يُقَرِّب المَسافات البَعيدة

biography *n.* سيرَة . قِصّة حَياة شَخْص

biology *n.* البَيُولُوجْيا . عِلْم الأحْياء

bird *n.* طائِر . طَيْر

birth *n.* مَوْلِد . ميلاد

birthday *n.* عيد ميلاد

birthmark *n.* وَحْمة : عَلامة على الجِلْد يُولَد بها الشَّخْص

biscuit *n.* بَسكَويت

bit *n.* قِطْعة صغيرة أو كَمِّيّة قَليلة

The cook added only a bit of hot pepper to the stew.

أضاف الطَّبّاخ كَمِّيَة قَليلة من الشَّطّة إلى اليَخْنَة.

bite *n.* ١ - عَضّة (مثلاً: عَضّة كلب)

٢ - قَرْصة (مثلاً: قَرْصة ناموس)

٣ - قَضْمة (مثلاً: قَضْمة مِنْ سَنْدَوتْش)

bite *v.* يَعُضّ

bitter *adj.* مُرّ

blab *v.* يُثَرْثِر . يَتَكلّم دُون تَرَيُّث

blabbermouth *n.* ثَرْثار . شَخْص كثير الكَلام

black *adj.* أَسْوَد

black *n.* اللَّوْن الأَسْوَد

blackboard *n.* سَبُّورة

blackout *n.* تَعْتيم : الإطْفاء التّام للأنْوار

blacksmith *n.* حَدّاد

The farmer took his horse to the blacksmith for new horseshoes.

أَخَذ الفَلاّح حِصانَه إلى الحَدّاد ليَضَع له حِدْوات جديدة.

blade *n.* شَفْرة (مثلاً: شَفْرة السِّكِّين)

blame *v.* يَلوم . يُعاتِب

blank *adj.* فارِغ . خالٍ

blank *n.* فَراغ

Fill in the blank with the best answer.

امْلأْ الفَراغ بأَفْضَل إجابة.

blanket *n.* بَطّانِيّة

blast *n.* انْفِجار . صَوْت انْفِجار

blast *v.* يُفَجِّر

Workers blast the stone in quarries with dynamite.

يُفَجِّر العُمّال الصُّخور فى المَحاجِر بالدِّيناميت.

blast-off *n.* انْطِلاق صاروخ أو سَفينة الفَضاء

blazer *n.* جاكيت . سُتْرة

bleach *n.* كُلُور . مادّة للتَّبْييض

bleachers *n.pl.* مَقاعِد بِدُون ظَهْر على مُدَرَّج (فى اسْتاد مثلاً)

bleat *v.* يُمَأْمِئ (الخَروف يُمَأْمِئ)

bleed *v.* يَنْزِف

blend *v.* يَمْزُج . يَخْلِط

bless *v.* يُبارِك . يَتَمَنّى بَرَكة أو نِعْمة لِ

blessing *n.* بَرَكة . نِعْمة

blew *v.* ماضى فِعْل to blow

blind *adj.* أَعْمَى . كَفيف

blindfold *n.* عِصابة للعَيْنَيْن

blink *v.* تَرْمِش . تَطْرِف (العَيْن)

We blink automatically to keep our eyes moist.

تَرْمِش عُيونُنا تِلْقائِيًّا لِنَحْتَفِظ بالسّائِل الذى يُرَطِّب العَيْن.

blister *n.* الْتِهاب مُتَقَرِّح فى الجِلْد

blizzard *n.* عاصِفة ثَلْجِيّة بِرِياح عَنيفة

blob *n.* كُتْلة لَيْس لها شَكْل مُحَدَّد

block *n.*

١ - مُكَعَّب . لَوْح

٢ - مَبْنَى مَكاتِب . عِمارة سَكَنيّة

٣ - المَسافة مِنْ شارِع إلى آخر

We walk our dog in the park two **blocks** from here.

نَأْخُذ كَلْبَنا لِيَتَنَزَّه فى الحَديقة التى تَقَع على مَسافة شارعَيْن مِنْ هُنا .

block *v.* يَسُدّ . يُعِيق

blond or blonde *adj.* أَشْقَر أو شَقْراء

blood *n.* دَم . دِماء

bloom *v.* يَزْدَهِر . يُزْهِر

blossom *n.* زَهْرة

blot *n.* بُقْعة (مثلاً؛ بُقْعة حِبْر)

blouse *n.* بلوزة

blow *n.* خَبْطة . ضَرْبة

With one **blow** the karate champ broke a stack of ten bricks.

بخَبْطة واحِدة حَطَّم بَطَل الكاراتيه كَوْمة مُكَوَّنة مِنْ عَشْر طوبات .

blow *v.* ١ - يَهُبّ

A cold wind is **blowing** from the north.

تَهُبّ رياح باردة من الشَّمال .

٢ - يَنْفُخ

Blow on the soup if it's too hot.

أنْفُخ فى الشُّورْبة إذا كانَتْ ساخِنة جِدًّا .

٣ - يَتَمَخَّط . يَنِفّ

blow out *v.* يُطْفِئ (شَمْعة مثلاً)

blow up *v.* ١ - يَنْفُخ . يَمْلأ بالهَواء (بالونة مثلاً)

٢ - يَنْفَجِر

٣ - يُفَجِّر . يَنْسِف

The mad scientist **blew up** his lab during the experiment.

فَجَّر العالِم المُتَهَوِّر مَعْمَلَه أثْناءَ التَّجْرِبة .

blue *adj.* أَزْرَق

blue *n.* اللَّوْن الأَزْرَق

blunder *n.* غَلْطة . خَطَأ

blunt *adj.* ١ - غَيْر حادّ . غَيْر قاطِع

٢ - صَريح

blur *v.* يُشَوِّش . يُغَشِّى

blurred *adj.* مُشَوَّش . غَيْر واضِح

Everything looks **blurred** until you focus the camera.

يَبْدُو كلّ شَىْء مُشَوَّشًا فى مِنْظار الكاميرا حتى تَضْبِط العَدَسة .

blush *v.* يَحْمَرّ خَجَلاً

boa-constrictor *n.* أَصَلة . أَفْعَى كبيرة

board *n.* لَوْح خَشَبىّ طَويل ومُسَطَّح

board *v.* يَرْكَب سَفينةً أو قِطاراً أو طائرةً

boarding school *n.* مَدْرَسة داخِليّة

boast *v.* يَتَباهَى . يَمْتَدِح نَفْسَه

boat *n.* مَرْكَب . قارِب

bobby pin *n.* دَبُّوس شَعْر . بِنْسة

body *n.* جِسْم

bodyguard *n.* حارِس خاصّ لِشَخْصِيّة هامّة

boil *v.* يَغْلِى

bold *adj.* جَرِىء

Oliver Twist was **bold** enough to ask for more food.

كان أُوليڤَرْ تُويسْتْ **جَرِيئًا** لِدَرَجةِ أنَّه طَلَب المَزيد ► من الطَّعام.

Oliver Twist
The fictional orphan who gives his name to the classic novel by 19th century English novelist Charles Dickens. Oliver's adventures are precipitated by his request for a second serving of food. "Please sir, can I have some more?" is one of the best known lines in English literature.

bolt *n.*   مِسْمار قَلاوُوظ تُلَفّ حوْلَه صَمُولة

bolt *v.*   يُغْلِق بالتِّرْباس

bolt *v.*   يَنْطَلِق . يَجرى فَجأةً

The racehorses **bolted** out of the starting gate.

انْطَلَقَتْ الخَيْل مِنْ بوّابة بداية السِّباق .

bomb *n.*   قُنْبلة

bomb *v.*   يُفَجِّر قنبلة . يَقصِف بالقَنابِل

bone *n.*   عظْم . عَظمة

bonfire *n.*   نار كبيرة يتِم إشعالها فى الهواء الطَّلْق

١ - قُبَّعة تُرْبَط تحت الذَّقْن بشَريط   **bonnet** *n.*

٢ - غِطاء المُوتُور (فى السَّيّارة مثلاً)

١ - صَوْت يُخيف شَخْصاً   **boo** *interj.*

٢ - صَوْت يُعَبِّر عن عدَم الرِّضا (أَثْناءَ عرْض مَسْرحيَّة مثلاً)

booby trap *n.*   فَخّ خادع

book *n.*   كتاب

book *v.*   يَحجِز (تَذاكر قطار مثلاً)

bookcase *n.*   خِزانة للكُتُب

bookworm *n.*   شخْص مُولَع بالقراءة

boom *n.*   صوْت قَصْف

boomerang *n.*   بُوميرانْج (تُقْذَف فتَعُود إلى الرّامى)

boost *v.*   يُقَوِّى . يُعَزِّز

Winning first prize in the competition **boosted** the young pianist's ego.

فَوْز عازِف البيانو الشّاب بالجائزة الأُولَى فى المُسابَقة **عَزَّزَ** ثِقَتَه بنَفْسه .

boot *n.* ١ - بُوتْ . حِذاءٌ عالٍ

٢ - الصُّنْدُوق الخَلْفِي في سَيَّارة

booth *n.* ١ - كُشْك (في سوق مثلاً)

٢ - كابِينة (تليفون عام مثلاً)

booty *n.* غَنِيمة

border *n.* ١ - حُدُود : خَطّ فاصِل بين أراضِي دَوْلة وأُخْرَى

٢ - حَرْف . حافَّة (مثلاً: حَرْف مِفْرَش)

bore *v.* يُمِلّ . يُسْئِم

bored *adj.* شاعِر بِمَلَل

boring *adj.* مُمِلّ

born *v.* وُلِد

Mohammed Ali was **born** in Macedonia in 1769.

وُلِدَ مُحَمَّد عَلِيّ في مَقْدُونْيا سنة ١٧٦٩ .

Mohammed Ali (1769-1849)
Known as the founder of modern Egypt, he became ruler in 1805, defeated the British in 1807 and put an end to the reign of the Mamelukes in 1811, when he invited them to a banquet at the citadel and massacred them all. Many industries and other aspects of modernization developed under his rule.

borrow *v.* يَسْتَلِف . يَقْتَرِض

boss *n.* رَئِيس . قائِد . مُدِير

botanical gardens *n.pl.* حَدِيقة نَباتات

botany *n.* عِلْم النَّبات

both *adj.; pron.* كُلّ مِنْ . كِلا . كِلْتا

Both the French and Spanish languages come from Latin.

تَنْحَدِر اللُّغَتان الفَرَنْسِيّة والإسْبانِيّة كِلْتاهُما من اللُّغة اللاّتِينِيّة .

bother *v.* يُضايِق . يُزْعِج

Neighbours **bother** each other when they play loud music.

يُضايِق الجِيران بَعْضهم بَعْضاً عِنْدَما يَسْمَعون المُوسِيقى العالِية .

bottle *n.* زُجاجة

bottom *n.* الجُزْء الأَسْفَل . قاع

The tea leaves sank to the **bottom** of the teapot.

تَرَسَّب الشّاي في قاع الإبْرِيق .

bought *v.* ماضِي فِعْل to buy

boulder *n.* صَخْرة ضَخْمة

boulevard *n.* شارِع واسِع

bounce *v.* ١ - يَرْتَدّ . يَتَنَطَّط

The ball **bounced** and went out the window.

ارْتَدَّتْ الكُرة وخَرَجَت من النّافِذة .

٢ - يُنَطِّط

The player **bounced** the ball once and took a shot.

نَطَّط اللاّعِب الكُرة مَرّةً واحِدةً ثمّ صَوَّب إلى الهَدَف .

bound *adj.* مُؤَكَّد . من المُؤَكَّد

The beach is **bound** to be crowded on such a hot day.

من المُؤَكَّد أنَّ الشّاطِئ مُزْدَحِم اليَوْم بِسَبَب شِدّة الحَرارة .

boundary *n.* حَدّ . خَطّ فاصِل

bouquet *n.* باقة (زُهور)

bow *n.* ١ - عُقْدة . فيُونْكة
٢ - قَوْس تُطْلَق به السِّهام
٣ - قَوْس آلة موسيقيّة وتَريّة

bow *n.* مُقدِّمة السَّفينة

bow *v.* يَنْحَنِى أدباً أو احْتِراماً

bow-legged *adj.* مُتَقَوِّس السّاقَيْن

bow-wow هَوْهَوْ: صَوْت نُباح الكَلْب

bowl *n.* سُلْطانيّة

box *n.* صُنْدوق . عُلْبة

box *v.* يُلاكِم

boxing *n.* مُلاكَمة

boy *n.* صَبِىّ . وَلَد

brace *n.* دِعامة . سَنَد

The carpenter used metal braces to support the stage set from behind.

اسْتَخْدَم النَّجّار دِعامات حديديّة لتَقْوية دِيكُور المَسْرَح من الخَلْف .

bracelet *n.* سِوار . سُوار

braces *n.pl.* ١ - حمّالة البَنْطَلون
٢ - سِلْك تَقْويم الأسْنان

brag *v.* يَتَفاخَر . يَتَباهَى

braid *n.* ضَفيرة

braid *v.* يُضَفِّر

braille *n.* بِرايل : طَريقة كِتابة بِنقاط بارِزة للمَكْفوفين

brain *n.* مُخّ

brake *n.* فَرْمَلة

branch *n.* فَرْع (مثلاً: فَرْع شَجَرة)

brand *n.* ماركة سِلْعة تِجاريّة

brass *n.* نُحاس أصْفَر

brat *n.* طِفْل شَقِىّ

brave *adj.* شُجاع . جَرِىء

bray *v.* يَنْهَق (الحِمار يَنْهَق)

bread *n.* خُبْز . عَيْش

break *n.* فَتْرة راحة . اسْتِراحة

The factory workers get a half-hour break for lunch.

يأْخُذ عُمّال المَصْنَع نِصْف ساعة اِسْتِراحة لوَجْبة الغَداء .

break *v.* ١ - يَتَكَسَّر . يَنْكَسِر

An eggshell breaks easily.

تَنْكَسِر قِشْرة البَيْضة بسُهولة .

٢ - يُكَسِّر . يَكْسِر

The ferocious dog broke his leash and ran off.

كَسَر الكَلْب الشَّرِس سِلْسِلَتَه وهَرَب .

break down *v.* يَتَعَطَّل . يَتَوَقَّف

Controlling the satellite was impossible after the communications system broke down

أَصْبَح التَّحَكُّم فى القَمَر الصِّناعِىّ مُسْتَحيلاً عِنْدَما تَعَطَّل نِظام الاتِّصال .

break off *v.* ١ - يَنْفَصِل . يَنْقَطِع

The Sphinx's beard broke off long ago.

انْفَصَلَتْ ذَقْن أَبى الهَوْل عَنْ وَجْهِه مُنْذ زَمَنٍ بَعيد .

The Sphinx
A mythological creature with a lion's body and a human head, appearing in the art and legends of ancient Near and Middle Eastern civilizations. The most famous example is the Great Sphinx at the foot of the Giza pyramids in Egypt, dating from the 3rd millennium B.C.

٢ - يَنْزِع . يقْطَع

Storm winds broke off several of the tree's branches.

نَزَعَتْ رياح العاصفة فُرُوعاً كَثيرة مِنْ جذْع الشَّجَرة .

break up *v.* ١ - يَتَحطَّم . يَنْكَسِر

As the ship sank, it began to break up.

بَدَأَت السَّفينة تَتَحطَّم وهى تَغْرَق .

٢ - يُحَطِّم . يُكَسِّر

The farmer used a pick to break up the dry earth.

اسْتَخْدَمَ الفلاّح فَأْساً لِيُكَسِّر التُّرْبة الجافّة .

breakfast *n.* إفْطار

breast *n.* صَدْر

breath *n.* نَفَس

breathe *v.* يَتَنَفَّس

breeches *n.pl.* بَنْطَلُون (لِرُكُوب الخَيْل خاصَّةً)

breed *n.* نَوْع مُعَيَّن من حَيَوان

Siamese is a breed of cat.

القطّ السِّيامىّ نَوْع مِنْ أَنْواع القِطَط .

breed *v.* يُرَبِّى حَيَوانات للتَّوالُد

breeze *n.* نَسيم . نَسْمة هَواء

brick *n.* طُوبَة حَمْراء تُسْتَخْدَم فى البِناء

bride *n.* عَرُوس

bridegroom *n.* عَريس

bridge *n.* جِسْر . كُوبْرى

bridle *n.* لِجام ؛ طَقْم شَرائِط جِلْدِيّة تُوضَع على رأْس حِصان لقِيادته

brief *adj.* مُوجَز . مُخْتَصَر . قَصير

bright *adj.* ساطِع . لامِع

Venus looks like a bright star near the horizon.

يَبْدُو كَوْكَب الزُّهَرة وكأنَه نَجْمٌ ساطِعٌ عِنْدَ الأُفُق .

brilliant *adj.* ١ - ساطِع أو لامِع جداً

٢ - هائِل

٣ - ذَكِىّ جداً . عَبْقَرِىّ

Mozart was a brilliant musician even as a child.

كان مُوتْسارْت موسيقيًّا عَبْقَريًّا حتى وهو طِفْلٌ .

Wolfgang Amadeus Mozart (1756-1791)
Austrian composer who showed signs of extraordinary musical talent at the age of four. He composed piano sonatas and symphonies and such masterpieces as the operas The Marriage of Figaro , The Magic Flute and Don Giovanni.

brim *n.* حافَة . حَرْف (مثلاً: حَرْف فِنْجان)

bring *v.* يُحْضِر . يَجْلِب . يَجِىء بِـ

bring back *v.* يُعيد . يُرْجِع

Please bring back the magazine you borrowed.

أَرْجوك أن تُعيد المَجَلّة التى اسْتَعَرْتها مِنّى .

bring up *v.* ١ - يُرَبِّى

The child's aunt brought him up after his parents died.

ربَّت الخالة الطِّفْل بَعْد وَفاة والِدَيْه.

٢ - يُثير. يطْرَح

The diplomats will bring up important issues in the negotiations.

سوف يُثير الدِّبْلُوماسيّون نِقاطًا مُهِمّة أثْناء المُفاوَضات.

brittle *adj.* ناشِف و قابِل للكَسْر

broad *adj.* عَريض . واسِع

broadcast *v.* يُذيع (فى الرّاديو أوالتّليفِزْيون)

broke *adj.* مُفْلِس

broke *v.* to break ماضى فِعْل

broken *adj.* ١ - مَكْسُور

٢ - مُعطَّل

bronze *n.* بُرونْز: مَزيج مَعْدنىّ من النُّحاس والقَصْدير

brooch *n.* بِرُوش . دَبّوس زينة

brook *n.* جَدْوَل . نَهْر صغير

broom *n.* مِكْنَسة

broth *n.* مَرَقة

brother *n.* أَخ . شَقيق

brought *v.* to bring ماضى فِعْل

brow *n.* جَبين . جَبْهة

brown *adj.* بُنِّىّ

brown *n.* اللَّوْن البُنِّىّ

brownie *n.* ١ - فَتاة مِنْ الكَشّافة

٢ - نَوْع مِنْ كيك الشّيكولاتة

bruise *n.* كَدْمة . زُرْقة فى الجِلْد نَتيجة خَبْطة

brush *n.* فُرْشاة

brush *v.* يُسرِّح أو يُنَظِّف بفُرْشاة

bubble *n.* فُقّاعة (مثلاً: فُقّاعة صابون)

bucket *n.* دَلْو . جَرْدَل

buckle *n.* إبْزيم (مثلاً: إبْزيم حزام)

buckle *v.* يَرْبُط بإبْزيم . يَشْبك

bud *n.* بُرْعُم زَهْرة قَبْل أنْ تَتَفتَّح

buddy *n.* صَديق أو صَديقة

budge *v.* يَتزَحْزَح . يَتحرَّك قَليلاً

Goha pulled and pulled but his donkey wouldn't budge.

شَدَّ جُحا وجَذَب ولكنّ حِمارَهُ لَمْ يَتَزَحْزَحْ.

Goha
All Arabs consider Goha, the fool with his donkey, to be part of their heritage. The Goha stories are funny , often because in his foolishness there is somehow something wise.

budget *n.* مِيزانيّة

buffalo *n.* ١ - جامُوس

٢ - بَقَر بَرِّىّ أمريكىّ

bug *n.* حَشَرة

buggy *n.* عَرَبة حَنْطور

bugle *n.* نَفير

build *v.* يَبْنى . يُنْشئ

building *n.* مَبْنًى . عِمارة

bulb *n.* ١ - لَمبة
٢ - جذر نبات على شكل بَصلة

bulge *n.* نُتُوء

bulge *v.* ينتأ . ينتفخ

The weightlifter's muscles bulged as he posed for the photo.

انْتَفَخَت عَضلات رافِع الأَثْقال عِنْدَما أخذ وَضْعاً خاصًّا للتَّصْوير.

bull *n.* ثَوْر

bull's-eye *n.* مَركز الهدَف

bulldozer *n.* جرّافة . بُلْدُوزَر

bullet *n.* رَصاصة

bully *n.* بَلْطجي : شَخْص يُخيف الأضْعف مِنْه

bum *n.* شَخْص مُتَشَرِّد . صُعْلوك

bumblebee *n.* نَحلة ضَخْمة

bump *n.* ١ - مَطَبّ (في الطَّريق مثلاً)
٢ - كَدْمة : وَرَم ناتج عن خَبْطة (في الرَّأس مثلاً)

bump *v.* يَصْطَدِم بِ . يَخْبِط

I was looking up at the sky when I bumped into a lamppost.

كُنْتُ أَنْظُر إلى السَّماءِ عِنْدَما اصْطَدَمْتُ بِعَمود النّور.

bumper *n.* حاجِز الاصْطِدام (في سيّارة مثلاً)

bun *n.* فَطيرة أو قِطْعة خُبْز على شَكْل قُرْص

bunch *n.* ١ - مَجْموعة أشْياء مَرْبوطة أو مُتَّصِلة (مثلاً: عُنْقود العِنَب أو سُباطة البلَح)
٢ - مَجْموعة . جَمْع

We heard a bunch of people arguing in the street.

سَمِعْنا جَمْعاً من النّاس يَتَجادَلون في الشّارِع.

bundle *n.* بُقْجة . صُرّة

My mother tied the dirty laundry in a bundle.

رَبَطَت أُمّي الغَسيل المُتَّسِخ في بُقْجة.

bunk beds *n.pl.* سَريران أحدُهما فَوْق الآخَر

buoy *n.* عوّامة أو عَلامة طافية على الماء

burden *n.* حِمْل . ثِقْل

burglar *n.* لِصّ . حَرامي

burial *n.* دَفْن الميِّت

burn *v.* ١ - يَحْتَرِق

Incense gives off a sweet smell when it burns.

تَنْبَعِث من البَخور رائحة طيِّبة عندما يَحْتَرِق.

٢ - يُحْرِق

The sand on the beach was so hot it burned my feet.

كانَتْ الرِّمال على الشّاطِئ ساخِنة جِدًّا فَأَحْرَقَت قَدَمَيّ.

٣ - يَشْتَعِل (شَمْعة مثلاً)

burn down *v.* ١ - يَحْتَرِق تماماً

Many buildings burned down in the The Great Fire of London in 1666.

احْتَرَقَت مَبانٍ كثيرة تَماماً فى حَريق لَنْدَن الكبير سنة ١٦٦٦.

The Great Fire of London in 1666.
A major fire that started in a baker's shop in Pudding Lane, and lasted four days. It destroyed more than 13,000 buildings in London.

٢ - يُحْرِق تماماً

A small fire started accidentally can burn down an entire forest.

يُمْكِن لحَريق صغير يَشْتَعِل بِدُون قَصْد أن يُحْرِق غابة بأكْمَلها تَماماً.

burn out *v.* **١ - يَحْتَرِق (لَمْبة مثلاً)**
٢ - يَنْطَفِئ

When there was no more oil the lantern burned out.

عندما نَفَدَ الزَّيْت انْطَفَأ القِنْديل.

burp *v.* **يَتَكَرَّع . يَتَجَشَّأ**

burst *v.* **يَنْفَجِر. يُفَرْقِع**

The clown blew and blew until the balloon burst.

نَفَخَ المُهَرِّج فى البالُونة حتى فَرْقَعَت.

bury *v.* **يَدْفِن**

bus *n.* **أُتوبِيس**

bush *n.* **شُجَيْرة . شَجَرة صغيرة**

business *n.* **١ - تِجارة**
٢ - شُغْل . عمَل

A secretary should know how to write a proper business letter.

يجب أن يَعْرِف السِّكرتير كيف يَكْتُب خِطاب عَمَل سَليماً.

busy *adj.* **مَشْغول**

busybody *n.* **شَخْص يَتَدَخَّل فى شُئون الآخرين**

but *conj.* **لَكِنَّ . لَكِنْ**

butcher *n.* **جَزّار**

butter *n.* **زُبْدة . زُبْد**

butterfly *n.* **فَراشة**

butterscotch *n.* **حَلْوَى مُعَدّة مِنْ الزُّبْد والسُّكَر**

button *n.* **زِرّ . زِرار**

buy *v.* **يَشْتَرِى**

buzz *v.* **يَزِنّ (النَّحل يَزِنّ)**

by *prep.* **١ - بِجانِب . بِقُرْب**

There are thickets of bamboo growing by the river.

هُناك غابات من البامْبو بِجانِب النَّهْر.

٢ - بِ

People in Venice travel by boat on the canals.

يَتَنَقَّل النّاس فى مدينة البُنْدُقيّة بالمَراكِب فى القَنوات.

Venice
A city in Northern Italy which is built on over 100 islands. Transport in the city is by water-buses and gondolas on the 170 canals that form waterways linking the islands.

by heart *adv.* **عن ظَهْر قَلْب . من الذّاكِرة**

The poet can recite all of her poems by heart.

تَسْتَطيع الشّاعِرة أن تُلْقِى كُلّ قَصائِدِها عن ظَهْر قَلْب.

bye-bye *interj.* **مع السَّلامة . وَداعاً**

C c

compass

centipede

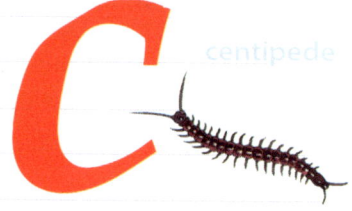

cab *n.*	تاكْسى
cabbage *n.*	كُرُنْب
cabin *n.*	١ - بَيْت صغير (مَبْنىَ من الخَشَب عادةً)
	٢ - كابينة (فى طائرة أو سفينة)
cabinet *n.*	خِزانة صغيرة برُفُوف
cable *n.*	١ - حَبْل سميك
	٢ - كابِل (يَتَكَوَّن مِنْ أَسْلاك كَهْرَبائِيَّة مَبْرومة)
	٣ - تِلغْراف . بَرْقِيَة سِلْكِيَّة
cable TV *n.*	نِظام بَثّ تليفزيونىّ عن طريق
	الأَسْلاك بَدَلاً مِن المَوْجات اللاسِلْكِيَّة
cactus *n.*	صبَّار
cafeteria *n.*	كافيتيريا : مَطْعَم
	يَخْدِم فيه الزَّبون نَفْسهُ
cage *n.*	قَفَص
cake *n.*	تُورْتة أو كيك
calcium *n.*	كَلْسيوم
calculate *v.*	يَحْسِب
calculator *n.*	آلة حاسِبة
calendar *n.*	تَقْويم . نَتيجة
calf *n.*	عِجْل . صغير البقَر
calf *n.*	سمّانة الرجْل
call *v.*	١ - يُنادى على
	٢ - يُسمَّى

Abdel Halim Hafez was **called** "The Nightingale."

سُمّىَ عَبْد الحَليم حافظ بـ ﴿ العَنْدَليب ﴾

	٣ - يَتَّصِل بالتِّليفون
call off *v.*	يُلْغى
call on *v.*	يَزور . يَمُرّ على

The British prime minister **calls on** the queen every Tuesday.

يَزور رَئيس الوُزَراء البريطانىّ المَلِكة كلّ ثلاثاء .

calm *adj.*	هادئ . ساكت
calm down *v.*	١ - يَهْدَأ

The fishermen took their boats out when the sea **calmed down**.

خَرَج الصيّادون بمَراكبِهِم بعد أن هَدَأَ البَحْر الهائِج .

	٢ - يُهَدِّئ
camcorder *n.*	كاميرا فيديو مُتَنَقّلة
	تَحْوى جهاز تَسْجيل الصَوْت .
came *v.*	to come ماضى فِعْل
camel *n.*	جَمَل
camera *n.*	كاميرا . آلة التّصْوير

32

camouflage *n.* تَمْويه

camouflage *v.* يَتَخفَّى بِتَغْيير الشَّكْل

Some fish camouflage themselves as stones lying on the ocean floor.

تَتَخفَّى بعض الأَسْماك بِتَغْيير شَكْلِها إلى صُخورٍ ثابتة فى قاع المُحيط.

camp *n.* مُخَيَّم . مُعَسْكَر

camp *v.* يُخَيِّم . يُعَسْكِر

The mountaineers stopped at sunset and camped on a great ledge.

تَوَقَّف مُتَسَلِّقو الجبال عند الغُروب وخَيَّموا على حافَّة واسعة.

campaign *n.* حَمْلة (مَثلاً : حملة انْتِخابيّة)

campus *n.* حَرَم الجامِعة

can *n.* عُلْبة صَفيح

can *v.* ١ - يَسْتَطيع أن . يَقْدِر أن

٢ - يُمْكِن أن (مُمْكِن)

Can I go to the store to buy a bar of chocolate?

هَل يُمْكِن أن أَذْهَب إلى البَقّال لأَشْتَرِىَ قِطْعة شيكولاتة؟

canal *n.* قَناة (مثلاً: قَناة السُّوَيْس)

canary *n.* كَنارى (طائر مُغَرِّد لَوْنُه أَصفَر)

cancel *v.* يُلْغى

cancer *n.* مَرَض السَّرَطان

candidate *n.* مُرَشَّح (فى انْتِخابات مثلاً)

candle *n.* شَمْعة

candlestick *n.* شَمْعدان

candy *n.* حَلْوَى (مثلاً: بُنْبُون أو شيكولاتة أو مُلَبِّس).

cane *n.* ١ - عَصا

٢ - عُكّاز

cannibal *n.* إنْسان يأْكُل لَحْم البَشَر

cannon *n.* مِدْفَع

canoe *n.* كانو (قارِب طويل ضَيِّق)

canvas *n.* ١ - قُماش سَميك (لصُنْع الخيام مثلاً)

٢ - إطار مَشْدود عليه قُماش مُعَدّ للرَّسْم

canyon *n.* وادٍ ضَيِّق عَميق

cap *n.* ١ - كاسْكيت . قَلَنْسُوَة

٢ - غِطاء زُجاجة أو بَرْطَمان

capable *adj.* قادِر . كُفْء

capacity *n.* ١ - قُدْرة . طاقة

The air conditioners were running at full capacity during the heat wave.

كانَت أَجْهِزة التَّكْييف تَعْمَل بأَقْصَى طاقتها أَثْناء المَوْجة الحارّة.

٢ - سَعة

Supertankers have a carrying capacity of 75,000 tons .

تَصل سَعة حُمولة ناقلات البِتْرول إلى ٧٥٠٠٠ طُنّ.

cape *n.* عَباءة فَضْفاضة

capital *n.* ١ - عاصِمة

٢ - حَرْف اسْتِهْلالىّ (مثلاً : حَرف R فى كلمة Russia)

capsule *n.* ١ - كَبْسولة (دَواء مثلاً)

٢ - حُجْرة الرُّكّاب فى سَفينة الفَضاء

captain *n.* ١ - قُبْطان (فى البَحْريّة مثلاً)

٢ - رَئيس فَريق . كابْتِن

capture *v.* ١ - يأسِر . يَمْسِك . يقبض
A chameleon captures insects with its long sticky tongue.
تَمْسِك الحرباء الحَشَرات بِلِسانِها الطَّويل اللَّزِج .
٢ - يَسْتَوْلِى على

car *n.* سيَّارة . عَرَبة

car park *n.* مَوْقف عامّ للسيَّارات

caramel *n.* كاراميل : حَلْوَى مُعَدّة من السُكَّر المَحْروق

caravan *n.* ١ - عَرَبة مُجهَّزة للمَعيشة
٢ - قافلة : مَجْموعة من العَرَبات أو الجمال تَسير معًا

carbon *n.* كَرْبون

card *n.* ١ - كارْت . بطاقة
٢ - ورَقة كوتْشينة

cardboard *n.* كَرْتُون

care *v.* يَهْتَمّ بـ

care for *v.* ١ - يَرْعَى . يَعْتَنِى بـ
٢ - يَوَدّ . يُحِبّ

career *n.* عمَل . مِهْنة

careful *adj.* حَريص . حَذِر

careless *adj.* مُهْمِل
The careless cook put salt in the cake instead of sugar.
أضاف الطَّبَّاخ المُهْمِل المِلح بَدَلاً مِنْ السُّكَّر إلى الكيك .

caretaker *n.* عامل نَظافة . (فى مَدْرَسة مثلاً)

cargo *n.* شَحْنة . حُمولة

carnation *n.* زَهْرة القَرَنْفُل

carnival *n.* مهْرَجان: احتِفالٌ مَوسِمِىّ

carnivorous *adj.* آكِل لُحوم

carol *n.* تَرْنيمة أو أُغْنية تُغَنَّى فى الكِريسْماسْ

carousel *n.* دوّارة الخَيْل (فى المَلاهى)

carpenter *n.* نَجّار

carpet *n.* سَجّادة . بِساط . مُوكيت

carriage *n.* ١ - عَرَبة يَجُرّها حِصانان أو أكْثَر
٢ - عَرَبة قِطار أو مِتْرو الأنْفاق

carrot *n.* جَزَرة

carry *v.* يَحْمِل . يَشيل

carry on *v.* يَسْتَمِرّ . يُواصِل
The music stopped but he carried on singing.
تَوَقَّفَت الموسيقى ولكنَّه اسْتَمَرّ فى الغناء .

carry out *v.* يُنَفِّذ . يُنْجِز

cart *n.* ١ - عَرَبة كارُو
٢ - عَرَبة صغيرة بدون غِطاء

carton *n.* عُلْبة أو صُنْدوق كَرْتون

cartoon *n.* ١ - رُسوم مُتَحَرِّكة
٢ - رَسْم كاريكاتيرِىّ

carve *v.* يَنْحت . يَنْقُش

case *n.* ١ - شَنْطة
٢ - صُنْدوق

case *n.* ١- حالة
In case of fire, don't use the elevator to leave the building.
فى حالة حُدوث حَريق لا تَسْتَعْمِلْ المِصْعَد لمُغادَرة المَبْنَى .
٢- قضيّة . مَسْألة

cash *n.* نَقْد . نُقود

cash register *n.* خَزينة : آلة تَسْجيل النُّقود

cashier *n.* صَرّاف . أمين الخَزينة

cassette *n.* كاسيت: عُلْبة شَريط تَسْجيل أو فيدْيو

cast *n.* جِبْس

cast *n.* طاقِم المُمَثِّلين (فى مَسْرَحيّة مثلاً)

cast *v.* يَرْمِى . يَقْذِف

Together the three fishermen cast their huge net into the water.

رَمَى الصَّيّادون الثَّلاثة شَبَكَتَهُم الضَّخْمة فى الماء سَوِيًّا .

castle *n.* قَصْر . قَلْعة

casual *adj.* ١ - غَيْر رَسْمِىّ

It's unusual for the princess to appear in public wearing casual clothes.

مِنْ غَيْر المُعْتاد أَنْ تَظْهَر الأَميرة بالمَلابِس غَيْر الرَّسْمِيّة .

٢ - غير مُكْتَرِث

The boxer smiled nervously and tried to appear casual before the fight.

ابْتَسَم المُلاكِم مُضْطَرِباً وحاوَل أَنْ يَبْدو غَيْر مُكْتَرِثٍ قَبْل المُباراة .

cat *n.* قِطّة . هِرّة

catastrophe *n.* كارِثة . مُصيبة

catch *v.* ١ - يَمْسِك . يُمْسِك

٢ - يَصْطاد

catch on *v.* يَفْهَم . يُدْرِك

catch up (with) *v.* يَلْحَق

When a cheetah runs no other animal can catch up with it.

لا يَسْتَطيع أَىُّ حَيَوانٍ أن يَلْحَق بالشّيتاه وهى تَجْرى .

catching *adj.* مُعْدٍ

Laughter is catching; once someone starts everyone joins in.

الضَّحك مُعْدٍ ، ما أَنْ يَشْرَع أَحدٌ فيه حتى يَنْضَمَّ إليه الآخَرون .

category *n.* نَوْع . فِئة

caterpillar *n.* دودة الفَراشة

cathedral *n.* كاتِدْرائيّة . كَنيسة كبيرة

cattle *n.* ماشية

caught *v.* ماضى فِعْل to catch

cauliflower *n.* قَرْنَبيط

cause *n.* سَبَب

cause *v.* يُسَبِّب

caution *n.* ١ - احْتِراس . حَذَر

٢ - تَحْذير

cavalry *n.* خَيّالة : جُنود يَرْكَبون الخَيْل

cave *n.* كَهْف

caveman *n.* إنْسان الكُهوف

cavity *n.* ثُقْب . خُرْم
(مثلاً: ثُقْب فى الأسْنان بِسَبَب التَّسَوُّس)

CD *abbr.* سى دى:
اخْتِصار لِعبارة compact disc

cedar *n.* شَجَرة الأرْز

ceiling *n.* سَقْف

celebrate *v.* يَحْتَفِل بـ

celebration *n.* احْتِفال

celebrity *n.* شَخْص مَشْهور

celery *n.* كَرَفْس

cell *n.* ١ - زِنْزانة

٢ - خَلِيّة

cellar *n.* ١ - قَبْو ؛ غُرْفة
كَبيرة تَحْت الأرْض للتَّخْزين
٢ - بَدْرون . بَدْروم

cello *n.* تشلُّو (آلة موسيقيّة وَتَرِيّة)

cement *n.* أَسْمَنْت

cemetary *n.* مَقْبَرة . مَدْفَن

cent *n.* سَنْت (١٠٠ سَنْت = دولار)

centigrade or Celsius *adj.* مِئَوِىّ .
سَنْتيغرادِىّ (نِظام لِقِياس دَرَجة الحَرارة
ويُخْتَصَر إلى : c)

centimetre or centimeter *n.* سَنْتيمِتْر
(١٠٠ سَنْتيمِتْر = مِتْرا)

centipede *n.* حَشَرة أُمّ أَرْبعة و أَرْبعين

central *adj.* مَرْكَزِىّ

centre or center *n.* ١ - وَسَط
٢ - مَرْكَز

century *n.* قَرْن (مائة عام)

ceramic *adj.* فَخّارِىّ . خَزَفِىّ

cereal *n.* أَكْلة مُعَدّة من الحُبوب و تُؤْكَل على
وَجْبة الإفْطار (مثلاً: كورْن فليكْس)

ceremony *n.* احْتِفال رَسْمِىّ (مثلاً: حَفْلة تَخَرُّج)

certain *adj.* ١ - مُؤَكَّد
٢ - مُتَأَكِّد

Scientists are never certain exactly when an earthquake will occur.

لا يُمْكِن لِلعُلَماء أنْ يَكونوا مُتأَكِّدين تماماً مِنْ مَوْعِد حُدوث زِلْزال .

٣ - مُعَيَّن

Certain species of trees live to be thousands of years old.

يَمْتَدّ عُمْر أَنْواعٍ مُعَيَّنة من الأَشْجار لآلاف السِّنين .

certificate *n.* شَهادة

chain *n.* ١ - سِلْسِلة
٢ - قَيْد

chair *n.* كُرْسىّ

chalk *n.* طَباشير

challenge *n.* تَحَدٍّ

challenge *v.* **يَتَحدَّى**

Sherlock Holmes challenged Dr. Watson to solve the murder mystery .

تَحَدَّى شَرْلُوكْ هولْمزْ الدُّكْتور واطْسون أنْ يَجِدَ حَلاً لغُموض جَريمة القَتْل .

> ***Sherlock Holmes***
> *The world's most famous detective who, with his friend and colleague Dr. Watson, battled crime in the 56 short stories and 4 novels which were written by Sir Arthur Conan Doyle.*

chameleon *n.* **حرباء**

champion *n.* **بَطَل : الفائِز فى مُسابَقة أو لُعْبة**

championship *n.* **بُطولة**

chance *n.* **١ - احْتِمال**

There's no chance of finding lice on a bald person's head.

ليس هُناك أىّ احْتِمال لوُجود قَمْل على رَأْس شَخْصٍ أقْرَع .

٢ - فُرْصة

We get the chance to see Halley's comet once every 76 years.

هناك فُرْصة لرُؤْية مُذَنَّب هالى مرّة واحدة كلّ ٧٦ سنة .

> ***Halley's comet***
> *The comet that appears every 76 years, was first identified by Edmund Halley (1656-1742), a British astronomer and was named after him. It appeared last in 1986 and is expected again in the year 2062.*

٣ - حَظّ . صُدْفة

chandelier *n.* **نَجَفة**

change *n.* **تَغْيير**

change *v.* **١ - يَتَغَيَّر**

٢ - يُغَيِّر

channel *n.* **قَناة**

chaos *n.* **فَوْضَى**

chap *n.* **رَجُل أو شابّ**

chapter *n.* **فَصْل أو باب فى كِتاب**

character *n.* **١ - شَخْصية . طَبْع**

Mahatma Gandhi was a gentle man with a strong character.

كان الماهاتْما غانْدى رَجُلاً رَقيقاً قوىّ الشَّخْصيّة .

> ***Mohandas Karamchand Gandhi [aka Mahatma] (1869-1948)***
> *Indian national leader who helped India achieve independence from the British rule through a campaign of non-violence and civil disobedience. Gandhi adopted a simple, ascetic way of life and was regarded as a saint by many of his followers.*

٢ - شَخْصيّة (فى رِواية أو مَسْرَحيّة أو فيلْم)

characteristic *n.* **صفة**

charades *n.pl.* **لُعْبة تَخْمين تَعْتَمِد على التَّعْبير بالحَرَكات وبِدُون كَلام**

charcoal *n.* **فَحْم الخَشَب . فَحْم نَباتىّ**

charge *v.* **١ - يَهْجِم**

The bull charged directly at the bullfighter's red cape.

هَجَم الثَّور مُباشَرة على القُماشة الحَمْراء لِمُصارِع الثّيران .

٢ - يُطالِب بِثَمَن

٣ - يَشْتَرِى على الحِساب

٤ - يَشْحَن بَطّاريّة

chariot *n.* عَرَبة بعجلَتَيْن يَجرُّها خَيْل

charity *n.* ١ - صَدَقة
٢ - هَيْئة خَيْريّة

charm *n.* ١ - حِلْية تَجلِب الحظّ
٢ - جاذبيّة . فِتْنة

charming *adj.* جَذّاب . فتّان

chart *n.* ١ - رَسْم أو جَدْوَل بَيانى
٢ - خَريطة (مثلاً: خَريطة بَحْريّة)

chase *v.* يُطارِد . يَجْرى وَراء

chat *n.* دَرْدَشة

chat *v.* يُدَرْدِش

chatter *v.* ١ - يُثَرْثِر . يَتَكلّم بسُرْعة وباستِمْرار
٢ - تَصْطَكّ (الأَسْنان مِنْ البَرْد)

chatterbox *n.* ثَرْثار . شَخْص لا يَتَوقَّف عن الكلام

chauffeur *n.* سائق سَيّارة خُصوصىّ

cheap *adj.* رَخيص

cheapskate *n.* شَخْص بَخيل

cheat *v.* يَغُشّ . يَنْصِب على

check *v.* ١ - يَكْشِف على
٢ - يُراجِع

At the airport, the airlines staff check every passenger's ticket.

يُراجِع مُوَظَّف شَركة الطَّيَران تَذْكِرة كُلِّ مُسافِر فى المَطار .

check-up *n.* كَشْف أو فَحْص طِبِّىّ

checkers *n.* لُعْبة الدّاما

cheek *n.* ١ - خَدّ
٢ - صَفاقة . وَقاحة

cheeky *adj.* قليل الحَياء

cheer *v.* يَهْتِف

The fans cheered wildly when their team marked the winning goal.

هَتَفَ المُشَجِّعون بحَماسٍ شديدٍ عندما سَجَّل فَريقُهُم هَدَف الفَوْز .

cheer up *v.* ١ - يَنْشَرِح صَدْرُه

The hospital patient cheers up when someone comes to visit him.

يَنْشَرِح صَدْرُ المريض عندما يَزورُه شَخْص ما فى المُسْتَشْفَى .

٢ - يَرْفَع المَعْنَوِيّات . يُشَجِّع

cheerful *adj.* مَرِح . بَشُوش

cheese *n.* جُبْن . جُبْنة

cheetah *n.* فَهْد . شيتاه

chef *n.* طَبّاخ (فى مَطْعَم)

chemical *n.* مادّة كيميائيّة

chemist *n.* ١ - عالِم كيميائىّ
٢ - صَيْدَلىّ

chemistry *n.* الكيمياء . عِلْم الكيمياء

cheque or check *n.* شيك

cherry *n.* كَرَز . كَرَزة

chess *n.* لُعْبة الشَّطْرَنْج

chest *n.* ١ - صَدْر
٢ - سَحّارة . صُنْدوق كبير (من الخَشَب عادةً)

chestnut *n.* كَسْتَناء . أبو فَرْوَة

chew *v.* يَمْضَغ

chewing gum *n.* لُبان . عِلْكة

chick *n.* كَتْكوت

chicken *n.* ١ - دَجاجة
٢ - لَحْم الدَّجاج

chicken out *v.*	يَتَراجَع عن جُبْن
chief *n.*	رئيس . قائد
child *n.*	١ - طِفْل
	٢ - ابْن أو ابْنة
childhood *n.*	طُفولة
childish *adj.*	طُفولي
children *n.pl.*	جَمْع كَلِمة child
chilly *adj.*	بارد باعْتِدال
chime *v.*	يَرِنّ (الجَرَس)
chimney *n.*	مِدْخَنة
chimpanzee *n.*	شيمْبانْزي
chin *n.*	ذَقْن
china *n.*	أطْباق صيني
chip *n.*	رُقاقة (مثلاً: رُقاقة من الخَشَب)
chip *v.*	١ - يَتَشقَّق

The mirror didn't break when it fell, but the
edge chipped.

لَم تَنْكَسِر المِرْآة حين وَقَعَت لكن تَشقَّقَت حافَّتُها .

	٢ - يُشقِّق
chipmunk *n.*	سِنْجاب مُخطَّط
chips *n.*	١ - بَطاطِس مُحمَّرة
	٢ - تِشيبْسْ : رَقائِق بَطاطِس
chirp *v.*	يُصوْصِو . يُزَقْزِق (العُصْفور يُزَقْزِق)
chisel *n.*	إزْميل
chocolate *n.*	شيكولاتة
choice *n.*	اخْتِيار
choir *n.*	مَجموعة من المُغنِّين

choke *v.*	١ - يَخْتَنِق
	٢ - يَخْنُق
choose *v.*	يَخْتار
chop *n.*	شَريحة لَحْم
chop *v.*	يَقْطَع
chord *n.*	عدَّة نَغَمات تُعْزَف معاً في تَوافُق موسيقى
chore *n.*	مُهمَّة . عَمَل واجِب
chorus *n.*	١ - كورَس : مَجموعة من المُغنِّين
	٢ - قَرار الأغْنية: جُزْء الأغْنية الذي يُكرَّر عِدَّة مَرَّات
Christian *n.*	مَسيحى
Christmas *n.*	عيد الميلاد . الكريسْماس
chubby *adj.*	مُمْتلِئ الجِسْم
chuckle *v.*	يَضْحَك بصوْت هادِئ
chunk *n.*	قِطْعة كبيرة
church *n.*	كَنيسة
cigar *n.*	سيجار
cigarette *n.*	سيجارة
cinema *n.*	١ - دار سينما
	٢ - السينما . الأفْلام السينمائيَّة
cinnamon *n.*	قِرْفة (نَوْع من البهارات)
circle *n.*	دائرة . حَلْقة
circuit *n.*	مَسار دائري . دائرة
circular *adj.*	دائري
circulation *n.*	دَوَران . دَوْرة

The circulation of blood supplies oxygen to
the entire body.

تَمُدّ الدَّوْرة الدَّمَويّة الجِسْم بالأُكْسِجين .

circumference *n.*	مُحيط (مثلاً: مُحيط دائرة)
circumstance *n.*	ظَرْف . حالة
circus *n.*	سيرْك
citizen *n.*	مُواطِن
citrus fruit *n.*	فاكِهة من المَوالِح (مثلاً: اللّيْمون أو البُرْتُقال)
city *n.*	مَدينة

civil war *n.* حَرْب أهْلِيّة

civilian *adj.; n.* مَدَنىّ . غَيْر عَسْكَرِىّ

civilization *n.* حَضارة

claim *v.* ١ - يُطالِب بـ

The people of Tibet claim their right to an independent homeland.

يُطالب أَهْل التّيبت بِحَقِّهِمْ فى دَوْلة مُسْتَقِلَّة .

> ***Tibet***
> *Located north of the Himalayas, Tibet is the highest country in the world. Tibet declared its independance in 1911, but fell again under Chinese control in 1950. Its people, who have their distinct religion and language, have struggled for their autonomy all through the 20th century.*

٢ - يَدَّعِى

This woman claims to be the maharaja's long-lost sister.

تَدَّعِى هذه المرأة أنها أُخْت المَهْراجا التى اخْتَفَت مُنْذ زَمَنٍ طَويل .

clamp *n.* قامِطة . مِشْبَك ؛ أداة للْمَسْك بِقُوّة

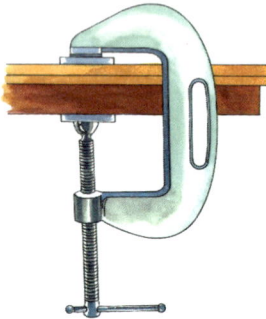

clap *v.* يُصَفِّق

clarify *v.* يُوَضِّح

clarinet *n.* الكلارِينيت (آلة نَفْخ موسيقيّة)

clasp *n.* إبْزيم . مِشْبَك

clasp *v.* يَمْسك بِقُوّة . يَضُمّ

class *n.* ١ - صَفّ

٢ - طَبَقة . دَرَجة (مثلاً: دَرَجة ثانية فى القِطار)

classic *adj.* كلاسيكىّ

classic *n.* عَمَل أدَبىّ أو فَنّىّ مَشْهور ومُعْتَرَف بقيمتِه

classify *v.* يُصَنِّف

classroom *n.* فَصْل . حُجْرة فى المَدْرَسة

clatter *v.* يُقَعْقِع

claw *n.* مِخْلَب

clay *n.* طين . صَلْصال

clean *adj.* نَظيف

clean *v.* يُنَظِّف

cleaner *n.* عامِل أو عامِلة نَظافة

clear *adj.* ١ - سالِك

The way is clear.

الطَّريق سالِكٌ .

٢ - صافٍ

On a clear night you can see thousands of stars.

عندما تَكُون السَّماءُ صافية لَيْلاً نَسْتَطيع أنْ نَرَى آلاف النُّجوم .

٣ - واضِح

clear *v.* يُنَظِّف . يُخْلِى

clear up *v.* ١ - يَصْفُو . يروق (الطَّقس مثلاً)

٢ - يُرَتِّب . يُنَظِّف

٣ - يُوَضِّح . يُفَسِّر (سُوءَ التَّفاهُم مثلاً)

clerk *n.* كاتِب . مُوَظَّف كِتابىّ فى مَكْتَب أو بَنْك

clever *adj.* شاطِر . ماهِر

click *n.* طَقْطَقة

click *v.* يُطَقْطِق

client *n.* زَبون . عَميل

cliff *n.* جُرْف (عند الشّاطِىء مثلاً)

climate *n.* طَقْس . مُناخ

climb *v.* يَصْعَد . يتَسَلّق

cling *v.* يَتَمَسَّك بـ . يَتَشَبَّث بـ

clinic *n.* عِيادة

clip *n.* مِشْبَك

clip *v.* ١ - يَشْبِك (أوْراقاً مثلاً)

٢ - يَقُصّ (الأظافِر مثلاً)

cloak *n.* عَباءة فَضْفاضة

clobber *v.* يَضْرِب بِشِدّة

clock *n.* ساعة (ساعة حائط أو مُنَبِّه)

clockwise *adj.* فى اتِّجاه عَقارِب السّاعة

clog *n.* قُبْقاب

clog *v.* يَسُدّ

close *adj.* قَريب مِنْ . قَريب

close *adv.* قَريباً مِنْ

Sit close to the fire to keep warm.

اجْلس قَريباً مِنْ النّارِ لِتَتَدَفَّأ .

close *v.* يُغْلِق

close-up *n.* لَقْطة قَريبة (فى التَّصْوير)

closet *n.* حُجْرة صغيرة تُسْتَخْدَم كَدولاب

cloth *n.* ١ - قُماش . نَسيج

٢ - فُوطة (للتَّنْظيف مثلاً)

clothes or clothing *n.* مَلابِس . ثِياب

cloud *n.* سَحابة . غَيْمة

cloudy *adj.* غائم . مُغَيِّم (السَّماء)

clove *n.* قَرَنْفُل (نَوْع مِن البُهارات)

clover *n.* بِرْسيم

clown *n.* مُهَرِّج . بِلْياتْشو

club *n.* هِراوة . عَصا ثَقيلة

club *n.* نادٍ (مثلاً : نادِى الفُروسيّة)

clue *n.* مِفْتاح . دَليل

The clues on the treasure map were written in code.

كُتِبَت الأدِلّة على خَريطة الكَنْزِ بِالشَّفْرة .

clumsy *adj.* أخْرَق . غَيْر ماهِر أو رَشيق

clutter *v.* يَتَراكَم . يتَكَوَّم بِدون تَرْتيب

Piles of dusty old books cluttered the professor's office.

تَراكَمَت أكْوام من الكُتُب القَديمة والمُتْرِبة فى مَكْتَب الأُسْتاذة .

coach *n.* ١ - أُتُوبيس

٢ - عَرَبة بِأرْبَعة عَجَلات يَجُرُّها الخَيْل

coach *n.* مُدَرِّب

coach *v.* يُدَرِّب . يُمَرِّن

coal *n.* فَحْم

coast *n.* ساحِل

coat *n.* مِعْطَف . بالْطو

cobbler *n.* إسْكافىّ . صانع الأحْذية أو مَنْ يصلحها

cobblestone *n.* حَجَر رَصْف الشّوارع

cobra *n.* حيّة الكُوبْرا

cobweb *n.* نَسيج العَنْكَبوت

cock *n.* ١ - ديك

٢ - ذَكَر الطّائر

cockpit *n.* كابينة الطّيّار (فى الطّائِرة)

cockroach *n.* صُرْصور . صِرْصار

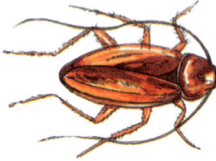

cocky *adj.* مَغْرور

cocoa *n.* كاكاو

coconut *n.* جَوْز هِنْد

cocoon *n.* شَرْنَقة

code *n.* شَفْرة . لُغة سِرّيّة

coffee *n.* ١ - قَهْوة

٢ - بُنّ

coffin *n.* تابُوت . نَعْش

coil *n.* لَفّة . مِلَفّ

coil *v.* يَلُفّ

The monkey coiled his tail around the branch and swung down.

لَفّ القِرْد ذَيْلَه حَوْل فَرْع الشَّجَرة وتدَلّى إلى الأَسْفَل .

coin *n.* قِطْعة نَقْد مَعْدنِيّة

coincidence *n.* صُدْفة

cold *adj.* بارِد

cold *n.* ١ - بَرْد . بُرودة

٢ - زُكام . رَشْح

collage *n.* لَوْحة تُلْصَق عليها

أشْياء مُتَنَوِّعة بشَكْل فَنّىّ

collapse *v.* يَنْهار . يَقَع

collar *n.* ياقة

colleague *n.* زَميل أو زَميلة

collect *v.* يَجْمَع . يَلُمّ

collection *n.* مَجْموعة (مثلاً: مَجْموعة طَوابِع)

college *n.* ١ - جامِعة

٢ - كُلِّيّة

collide *v.* يَصْطَدِم . يَتَصادَم

colonel *n.* عَقيد (فى الجَيْش)

colony *n.* مُسْتَعْمَرة

colour or color *n.* لَوْن

colour or color *v.* يُلَوِّن

The Chinese colour eggs red for the New Year.

يُلَوِّن الصّينيُّون البَيْض باللّوْن الأَحْمَر فى رَأْس السَّنة .

colour-blind *adj.* مُصاب بعَمَى الألْوان

coloured *adj.* مُلَوَّن

colourful *adj.* كَثير أو زاهى الألْوان

colouring book *n.* كِتاب تَلْوين

colt *n.* مُهْر

column *n.* عَمُود

comb *n.* مِشْط (للشَّعْر)

comb *v.* يُسَرِّح الشَّعْر بالمِشْط

combination *n.* مَزيج . خَليط

Bronze is a combination of copper and tin.

البُرونْز خَليط من النُّحاس والقَصْدير .

combine *v.* يَضُمّ . يَجْمَع . يُدْمِج

come *v.* يَجِيء . يأْتِى

come about *v.* يَحْدُث . يَجْرِى

come across *v.* يُصادِف . يُلاقِى

come apart *v.* يَتَفَكَّك

The old book came apart when I opened it.

تَفَكَّكَ الكتاب القَدِيم عِنْدَما فَتَحْتُهُ .

come back *v.* يَرْجِع . يَعُود

come off *v.* يَنْفَصِل

come on *interj.* هَيّا

come out *v.* ١ - يَخْرُج

When Aladdin rubbed the magic lantern, the genie came out.

عندما دَعَك عَلاء الدِّين المِصْباح السِّحْرِىّ خَرَج منه الجِنِّىُّ .

> ***Aladdin's Lamp***
> *The story of a poor boy who finds a magic lamp with a genie inside. His life changes completely and after many adventures, he becomes rich and marries a princess.*

٢ - يَظْهَر

Al-Ahram newspaper first came out in 1876.

ظَهَر أَوَّل عَدَدٍ مِنْ جَرِيدة الأَهْرام سَنة ١٨٧٦ .

> ***Al-Ahram newspaper***
> *Established in Cairo in December 27, 1875, by the Takla brothers who where of Lebanese origin. Al-Ahram has been known for its serious reporting and wide-spread circulation. Today it is one of the major Egyptian newspapers.*

comedian *n.* كُومِيدِىّ

comedy *n.* كُومِيدْيا

comet *n.* مُذَنَّب : نَجْم سَيّار يدور حَوْل الشَّمْس وله ذَنَبٌ مُضىء

comfort *n.* راحة . رَفاهية

comfort *v.* يُرِيح . يُواسِى

comfortable *adj.* ١ - مُرِيح (مثلاً : كَنَبة مُرِيحة)
٢ - مُرْتاح

comics *n.pl.* رُسوم هَزْلِيّة (مثلاً: تان تان)

comma *n.* فاصلة (مِنْ عَلامات التَّرْقيم فى الكِتابة)

command *n.* أَمْر

command *v.* يأْمُر

commander *n.* قائِد

comment *n.* تَعْلِيق

comment *v.* يُعلِّق على

commercial *adj.* تِجارِىّ

commercial *n.* إعْلان فى التِّلِيفِزْيون أو الرّادْيو

commit *v.* يَرْتَكِب (جَرِيمة مثلاً)

committee *n.* لَجْنة . مَجْلِس

common *adj.* ١ - مُنْتَشِر . مأْلوف

The bicycle is a very common means of transport in China.

الدَّرّاجة وَسِيلة انْتِقال مُنْتَشِرة جداً فى الصِّين .

٢ - عادِىّ . غير مُتَمَيِّز

For centuries common salt has been used to preserve food.

لِزَمَن طَوِيل اُسْتُخْدِم المِلْح العادِىّ لِحِفْظ الأَغْذِية .

٣ - مُشْتَرَك

The Arab countries have a common language.

لِلبِلاد العَرَبِيّة لُغةٌ مُشْتَرَكَةٌ .

common sense *n.* حُسْن الإدْراك . فِطْنة

commonplace *adj.* عادِىّ . غَيْر مُتَمَيِّز

commotion *n.* اضْطِراب . دَرْبَكَة

communicate *v.* ١ - يَتَّصِل بِـ

Sitt Khadra claims that she can communicate with the spirits.

تَدَّعى السِّتّ خَضْرة أنها تَسْتَطِيع أن تَتَّصِل بالأَرْواح .

٢ - يَتَفاهَم معَ

Dolphins are very intelligent and can communicate with humans.

الدَّرافيل ذَكيّة جِداً وتَسْتَطيع أن تَتَفاهَم مَعَ الإنْسان .

communication *n.* ١ - اتِّصال

٢ - تَفاهُم

community *n.* مجتمع . جَماعة : النّاس الذين يَعيشون فى مَنْطقةٍ واحِدةٍ

compact disc *n.* أُسْطُوانة موسيقيّة مَضْغوطة تُسَجِّل وتُقْرأ عن طَريق أَشِعّة اللِّيزر

companion *n.* رَفيق

company *n.* ١ - شَرِكة

٢ - صُحْبَة . زَمالة

Dr. Doolittle preferred the company of animals.

فَضَّلَ دُكْتور دُوليتِلْ صُحْبَة الحَيَوانات .

Dr. Doolittle
A story that was made into a famous film, starring Rex Harrison as Dr. Doolittle, who can communicate with all animals like seals, ducks, cows or chimpanzees. With his companions he sails on a journey to find the pink seal.

٣ - ضُيوف

compare *v.* يُقارِن

comparison *n.* مُقارَنة

compartment *n.* مَقْصورة . قِسْم

compass *n.* بُوصْلة

compass or compasses *n.pl.* بَرْجَل

compete *v.* يُنافِس . يَتَنافَس

competition *n.* مُنافَسة . مُسابَقة

competitive *adj.* تَنافُسىّ

complain *v.* يَشْتَكِى . يَشْكو

complaint *n.* شَكْوى

complete *adj.* كامِل . تامّ

complete *v.* يُتِمّ . يُكْمِل . يُكَمِّل

complex *adj.* مُعَقَّد . مُرَكَّب

complexion *n.* بَشْرة الوَجْه

complicated *adj.* مُعَقَّد

compliment *n.* مُجامَلة . مَدْح

compose *v.* ١ - يُكَوِّن . يُرَكِّب

She composed a patchwork design using coloured squares of cloth.

كَوَّنَتْ نَموذَجاً مُرَكَّباً باسْتِخْدام مُرَبَّعات قُماشٍ مِنْ أَلْوان مُخْتَلفة .

٢ - يُؤَلِّف . يُلَحِّن

composer *n.* مُلَحِّن . مُؤَلِّف موسيقىّ

composition *n.* ١ - مُؤَلَّف

Chopin is best known for his piano compositions.

شُوبان مَعْروف بِمُؤَلَّفاتِه للبيانو .

Frédéric Chopin (1810-1849)
Polish composer and pianist of French descent. He studied in Warsaw and later settled in Paris. Many of his compositions were influenced by Polish folk music, and he developed a characteristic style of piano compositions.

٢ - مَوْضوع إنْشاء

comprehend *v.* يَفْهَم

compromise *n.* حَلّ وَسَط . تَنازُل

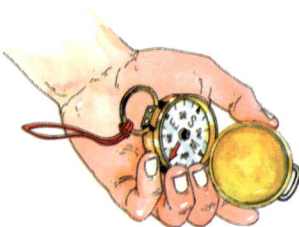

compromise *v.* يَتَنازَل . يَتَفِق على حلٍّ وَسَطٍ

Both sides will have to compromise in order to reach an agreement.

على كُلٍّ مِنْ الطَّرَفَيْن أَنْ يَتَنازَلَ لِيَصِلا إلى حَلٍّ وَسَط .

computer *n.* كُمْبيُوتَر . حاسِب آليّ . حاسُوب

concave *adj.* مُقَعَّر (عَكْس مُحَدَّب)

conceal *v.* يُخْفِى . يُخَبِّئ

conceited *adj.* مَغْرور . مُعْجَب بِنَفْسِه

concentrate *v.* يُرَكِّز على

concern *n.* اهْتِمام

concern *v.* يَهُمّ . يَخُصّ

The problem of overcrowded schools concerns the Ministry of Education.

مُشْكِلة الازْدِحام فى المَدارِس تَخُصُّ وِزارة التَّرْبية والتَّعْليم .

concert *n.* حَفْلة موسيقيّة أو غِنائيّة

conclusion *n.* ١ - اسْتِنْتاج

٢ - خاتِمة . نِهاية

concrete *n.* خَرَسانة

condition *n.* ١ - حالة

Before buying a used car, check that the engine is in good condition.

قَبْلَ شِراءِ سَيّارةٍ مُسْتَعْمَلةٍ تَأَكَّد مِنْ أَنَّ المُحَرِّك فى حالة جَيِّدة .

٢ - شَرْط

Every new building must meet the conditions of the safety code.

يَجِبُ أَنْ تَسْتَوْفى المَبانى الجَديدة شُروط الأَمان .

conduct *n.* سُلوك

conduct *v.* ١ - يُدير

٢ - يَدُلّ . يَقود

conductor *n.* ١ - قائِد أُورْكِسْترا أو فِرْقة مُوسيقيّة

٢ - كُمْسارى

cone *n.* ١ - كُوز

٢ - مَخْرُوط (فى عِلْم الهَنْدَسة)

conference *n.* مُؤْتَمَر

confess *v.* يَعْتَرِف

confetti *n.* قُصاصات وَرَق مُلَوَّن صغيرة تُلْقَى فى الهواء فى المُناسَبات السَّعيدة

confidence *n.* ثِقة . إيمان

confident *adj.* عنده ثِقة بالنَّفْس

conflict *n.* نِزاع . شِجار

conform *v.* يَتَمَشَّى مَعَ

confuse *v.* يُرْبِك . يُحَيِّر

confused *adj.* مُرْتَبِك . مُحْتار

confusion *n.* ارْتِباك . لَخْبَطة

congratulate *v.* يُهَنِّئ

congratulations *interj.* مَبْروك

congratulations *n.* تَهْنِئة

conjunction *n.* أداة عَطْف (مثلاً : كَلِمَتا and, but)

connect *v.* يُوَصِّل

connection *n.* ١ - ارْتِباط . صِلَة

٢ - وَصْلَة

conquer *v.* يَغْلِب . يَفْتَح (بَلَداً)

conscience *n.* ضَمير

conscious *adj.* واعٍ . مُدْرِك

consequence *n.* نَتيجة

conservation *n.* ١ - حِفْظ . مُحافَظة على (الطّاقة مثلاً)

٢ - حِماية (الطَّبيعة مثلاً)

conservative *adj.* مُحافِظ . مُقاوِم للتَّغْيير

consider *v.* ١ - يُفَكِّر فى

٢ - يَعْتَبِر

Most people consider Um Kalthoum the greatest of all Arab singers.

يَعْتَبِر مُعْظَم النّاس أُمّ كُلْثوم أَعْظَم مُطْرِبةٍ عَرَبيّة .

Um Kalthoum (1898-1975)
Famous Egyptian singer who started her career in Cairo at the beginning of the century, and achieved a fame that reached all over the world. She was welcome all over the Arab World where people crowded to listen to her sing. Her death in 1975 left a big void in the arts scene, and until today, her songs are broadcast in Egypt, on a special radio channel.

considerate *adj.* مُراعٍ لشعُور الآخَرين
consist of *v.* يَتكَوَّن مِنْ
consonant *n.* حَرْف ساكِن
(مثلاً : حرف s أو حَرْف k)
constable *n.* شُرْطِيّ
constant *adj.* دائم . مُستَمِرّ
constantly *adv.* باستِمْرار . مراراً وتَكْراراً
constellation *n.* مَجْموعة نُجوم
(مثلاً : الدُبّ الأكْبَر)
constitution *n.* دُسْتور
construct *v.* يَبْنى
construction *n.* بِناء
consume *v.* ١ - يَستَهْلِك
٢ - يأكُل

Elephants consume vast amounts of grass every day.

تأكُل الأفيال كَمّيّاتٍ كَبيرةٍ مِنْ العُشْب يَوْميًّا .

contact *n.* اتِّصال
contact *v.* يَتَّصِل بِ
contact lens *n.* عَدَسة لاصِقة (لِلعَيْن)
contagious *adj.* مُعْدٍ
contain *v.* يَحْتَوى
container *n.* وِعاء
contemporary *adj.* مُعاصِر .
(يَحْدُث فى الوَقْت الحاضِر)

content *adj.* راضٍ . مَسْرور
contents *n.* مُحْتَوَيات

The table of contents is at the beginning of the book.

فِهْرِس المُحْتَوَيات فى أوَّل الكِتاب .

contest *n.* مُسابَقة . مُنافَسة
continent *n.* قارّة (مثلاً: قارّة أفْريقيا)
continue *v.* يَستَمِرّ
continuous *adj.* مُستَمِرّ . بِدُون انْقِطاع
contract *n.* عَقْد
contradict *v.* يُخالِف . يُعارِض
contrary *adj.* ١ - مُضادّ . عَكْسيّ
٢ - مُعانِد . مُخالِف

The young prince is contrary whenever someone disagrees with him.

يكون الأمير الشاب مُعانِداً كلما عارَضه أحَد .

contrast *v.* ١ - يَخْتَلِف عن
٢ - يُقارِن
contribute *v.* ١ - يَتَبَرَّع
٢ - يُساهِم فى

The Mamelukes contributed greatly to Islamic architecture.

ساهَم المَماليك كثيراً فى العِمارة الإسْلاميّة .

contribution *n.* تَبَرُّع
control *n.* سَيْطَرة . تَحَكُّم
control *v.* يُسَيْطِر على . يَتَحَكَّم فى
convenient *adj.* مُناسِب . عَمَليّ . مُريح
convent *n.* دَيْر للرّاهِبات
conversation *n.* مُحادَثة . حِوار
convex *adj.* مُحَدَّب (عكس مُقَعَّر)
convince *v.* يُقْنِع
coo *v.* يَهْدِل (الحَمام يَهْدِل)
cook *n.* طَبّاخ . طاه
cook *v.* يَطْبُخ . يَطْهُو

cook up *v.* يَحبُك . يَبتَكِر

The mystery writer cooked up a clever surprise ending for the story.

كاتبة الرِّوايات البوليسيّة حَبَكَتْ نِهاية ذَكيّة وغَيْرَ مُتَوَقَّعة للقصّة .

cooker *n.* فُرْن مَنْزِلِىّ . بوتاجاز

cookery *n.* طَبْخ . طَهْى

cool *adj.* بارِد باعْتِدال

cool off *v.* ١ - يَبْرُد

٢ - يَهْدأ

The angry strikers cooled off when the boss agreed to negotiate.

هَدأ المُضْربون الثّائِرون عندما وافَق المُدير على التَّفاوُض .

cooperate *v.* يَتَعاوَن

cooperation *n.* تَعاوُن

cop *n.* شُرْطِىّ

copper *n.* نُحاس أحْمَر

copy *n.* نُسْخة

copy *v.* ١ - يَنْقُل . يَنْسَخ

٢ - يُقَلِّد

Many singers have copied Elvis Presley's style.

قَلَّد الكَثير من المُغَنِّيين أُسْلوب إلْفيس پرِسْلِى .

Elvis Presley (1935-1977)
Famous pop star, Elvis the "King", helped to create the style that became known as rock'n'roll. Among his most famous hits are "Love Me Tender" and "Are You Lonesome Tonight"

copy-cat *n.* شَخْص يُقَلِّد الآخَرين

coral *n.* مَرْجان

cord *n.* ١ - حَبْل

٢ - سِلْك (مثلاً: سِلْك الرّادْيو)

core *n.* قَلْب . الجُزْء المَرْكَزِىّ

cork *n.* ١ - فِلّين

٢ - سِدادة من الفِلّين (لزُجاجة مثلاً)

corn *n.* ذُرة

corner *n.* ١ - رُكْن

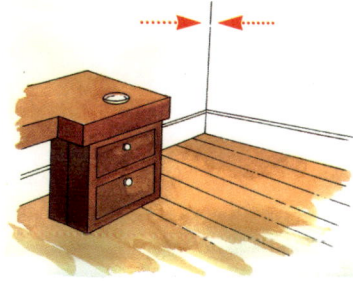

٢ - ناصية (شارع)

cornflakes *n.* كُورْن فليكْس :

طَعام يُؤْكَل فى وَجْبة الإفطار

corpse *n.* جُثّة

correct *adj.* صَحيح . مَضْبوط

correct *v.* يُصَحِّح

correction *n.* تَصْحيح . تَصْليح

correspond *v.* ١ - يَتَطابَق

٢ - يُراسِل . يُكاتِب

corridor *n.* طُرْقة . دِهْليز

cosmetics *n.pl.* مُسْتَحْضَرات تَجْميل

cost *n.* ثَمَن

cost *v.* يُكَلِّف

costume *n.* ١ - زِىّ

The folkdancers perform in traditional costumes.

يرْتَدى أَعْضاء فِرْقة الفولْكُلور أَزْياءً تَقْليديّةً أَثْناء العُروض.

٢ - مَلابِس تَنَكُّريّة

cosy *adj.* دافِئ ومُريح

The cottage is cosy when a fire is lit in the fireplace.

البَيْت الرِّيفىّ دافِئ ومُريح عند اشْعال النّار فى مدْفَأَته.

cot *n.* ١ - سَرير الرَّضيع

٢ - سَرير خَفيف نَقّالى

cottage *n.* بَيْت صغير (خاصّةً فى الرِّيف)

cotton *n.* قُطْن

cotton wool *n.* قُطْن طِبِّىّ

couch *n.* كَنَبة

cough *n.* سُعال . كُحّة

cough *v.* يَسْعُل . يَكُحّ

could *v.* ماضى فِعل can

council *n.* مَجْلِس

count *v.* يَعُدّ

count on *v.* يَعْتَمِد على

countdown *n.* عَدّ تَنازُلىّ

أو عَكْسىّ (٥-٤-٣-٢-١-٠)

counter *n.* طاوِلة طَويلة وضَيِّقة

(فى مَطْبَخ أو كافيتِرْيا أو دُكّان)

counterfeit *adj.* مُزَيَّف (مثلاً: نُقود مُزَيَّفة)

country *n.* ١ - بَلَد . دَوْلة

٢ - الرِّيف

The author goes to a quiet place in the country to write.

تَذْهَب الرِّوائيّة إلى مَكانٍ هادِئٍ فى الرِّيف لِتَكْتُب.

countryside *n.* الرِّيف

county *n.* إقْليم . مُقاطَعة

couple *n.* اثْنان . زَوْج

courage *n.* شَجاعة . جُرْأة

courageous *adj.* شُجاع

courgette *n.* كوسة

course *n.* ١ - مَجْرَى . سَبيل

The course of the stream changed after the flood.

تَغَيَّر مَجْرَى التُّرْعة بَعْدَ الفَيَضان.

٢ - مادّة دِراسيّة (مثلاً: الجُغْرافْيا)

٣ - دَوْرة دِراسيّة

The computer course lasts for three months.

دَوْرة تَعْليم الكُمْبيوتَر مُدَّتُها ثَلاثة أَشْهُرٍ.

court *n.* ١ - مَحْكَمة

٢ - مَلْعَب (مثلاً: مَلْعَب تِنِس)

courteous *adj.* مُهَذَّب . مُؤَدَّب

courtyard *n.* حَوْش

cousin *n.* ابْن أو ابْنة العَمّ أو العَمّة.

ابْن أو ابْنة الخال أو الخالة

cover *n.* غِطاء

cover *v.* يُغَطِّى

cover up *v.* يُخْفِى . يُخَبِّئ

cow *n.* بَقَرة

coward *n.* جَبان

cowboy *n.* راعِى البَقَر

crab *n.* كابوريا

crack *n.* شَقّ . شَرْخ (مثلاً: شَرْخ فى مِرآة)

crack *v.* ١ - يَنْشَقّ

٢ - يَشْرُخ . يَشُقّ

A parrot cracks nuts with its strong beak.

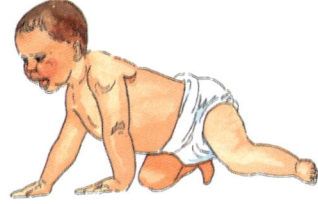

يَشُقّ الببْغاء المُكَسَّرات بمِنْقارِه القوىّ.

cracker *n.* بَسْكَويت رَفيع . قَرْقُوشة

crackle *v.* يُطَقْطِق . يُفَرْقِع

cradle *n.* مَهْد

craft *n.* حِرْفة . صَنْعة (مثلاً: التَّطْريز)

crafty *adj.* مَكّار . شاطِر

cram *v.* ١ - يُكَدِّس . يَحْشُر . يَحْشُو

The bankrobber crammed the money into a bag and escaped.

حَشَا اللِّصّ النُّقود التى سَرَقَها مِنْ البَنْك فى الحَقيبة وهَرَب.

٢ - يُذاكِر بسُرْعة قَبْل الامتحان

cramp *n.* شَدّ عَضَلىّ

crane *v.* ونْش: آلة رَفْع كَبيرة على شَكْل بُرْج (تُسْتَخْدَم فى البِناء مثلاً)

crash *n.* ١ - اِصْطِدام
٢ - حادِثة
٣ - صَوْت عَنيف

crash *v.* ١ - يَصْطَدِم
٢ - يَقَع مُحْدِثاً صَوْتاً عَنيفاً

crate *n.* صُنْدوق كَبير (للشَّحْن مثلاً)

crater *n.* ١ - فُوَّهة البُرْكان
٢ - حُفْرة كَبيرة فى الأَرْض يُحْدِثُها شِهاب أو قُنْبُلة

crawl *v.* ١ - يَزْحَف
٢ - يَحْبُو (الطِّفْل)

crayon *n.* قَلَم شَمْع مُلَوَّن

crazy *adj.* مَجْنون

creak *v.* يُزَيِّق . يَصِرّ

Old wooden stairs creak.

السَّلالِم الخَشَبيّة القَديمة تُزَيِّق بِصَوْتٍ مُرْتَفِعٍ.

cream *n.* ١ - قِشْدة . كريمة
٢ - كريم (مُسْتَحْضَر تَجْميلٍ أو طِبِّى)

create *v.* يَخْلُق . يُبْدِع

creative *adj.* ١ - مُبْدِع (مثلاً: فَنّان مُبْدِع)
٢ - إبْداعىّ . مُبْتَكَر (مثلاً: فِكْرة مُبْتَكَرة)

creature *n.* مَخْلوق . كائِن

credit card *n.* بِطاقة يُدْفَع بها على الحِساب

creek *n.* نُهَيْر . تُرْعة طَبيعيّة

creep *n.* شَخْص بَغيض

creep *v.* يَتَسَلَّل . يَزْحَف

crest *n.* قِمّة (مثلاً: قِمّة الجبَل)

crew *n.* طاقِم العامِلين (فى سَفينةٍ أو طائِرةٍ مثلاً)

crib *n.* سَرير الرَّضيع

cricket *n.* جُدْجُد . صَرّار اللَّيْل

cricket *n.* رِياضة الكِريكِت

crime *n.* جَريمة

criminal *n.* مُجْرِم

crippled *adj* مُعَوَّق

crisis *n.* أَزْمة

crisp *adj.* مُقَرْقِش . هَشّ (بَسْكَويت مثلاً)

crisps *n.pl.* تشيبْس : رَقائِق بَطاطِس

crisscross *v.* يَتَقاطَع

criticize *v.* يَنْتَقِد

People criticized Hoda Shaarawi for removing her veil.

انْتَقَد النّاس هُدَى شَعْراوِى لأنّها خَلَعَتْ النِّقاب .

> ***Hoda Shaarawi (1879-1947)***
> *One of the first Egyptian feminists, who, with her friend Céza Nabarawi, broke civil tradition and removed the veil in public at the Cairo train station, on their return from an international women's conference in Rome. She went on to devote her life to the liberation of women in the Middle East.*

croak *v.* يُنَقْنِق (الضِّفْدَع يُنَقْنِق)

crochet *n.* كُرُوشِيه . حِياكة

crocodile *n.* تِمْساح

crook *n.* حَرامىّ . نَصّاب

crooked *adj.* ١ - أعْوَج (عكس مُسْتَقيم)

An olive tree has crooked branches.

فُروع شَجَرة الزَّيْتون عَوْجاءُ

٢ - نَصّاب

crop *n.* مَحْصول

croquet *n.* لُعْبة الكُرُوكيه

cross *adj.* غَضْبان . غاضِب

cross *n.* ١ - علامة «+»

٢ - صَليب

cross *v.* يَعْبُر

cross out *v.* يَشْطُب . يُلْغِى

cross-eyed *adj.* أحْوَل

crossing *n.* مَعْبَر . مَكان للعُبور

crossword puzzle *n.* كَلِمات مُتَقاطِعة

crouch *v.* ١ - يُقَرْفِص

٢ - يَرْبُض (القِطُّ مثلاً)

crow *n.* غُراب

crowd *n.* زِحام

crowded *adj.* مُزْدَحِم

crown *n.* تاج

cruel *adj.* قاسٍ . عَديم الرَّحْمة أو الشَّفَقة

cruise *n.* جَوْلة سِياحيّة بَحْريّة

cruise *v.* يَتَجَوَّل . يَسير

crumb *n.* فَتْفُوتة

crumble *v.* ١ - يَتَفَتَّت

Underground water caused the base of the stone statue to crumble.

تَفَتَّتَتْ قاعِدة التِّمْثال الحَجَرىّ بِسَبَب المِياه الجَوْفيّة .

٢ - يُفَتِّت

crunch *v.* يُقَرْقِش

crush *v.* يُحَطِّم . يُدَغْدِغ

crust *n.* قِشْرة

The earth's crust is 5 km thick under the oceans.

سُمْك القِشْرة الأرْضيّة تَحْتَ المُحيطات خَمْسة كيلومِتْراتٍ .

crutch *n.* عُكّاز

cry *v.* ١ - يَبْكى

٢ - يَصْرُخ . يَصيح

crystal *n.* ١ - بِلَّور

Quartz is a common form of crystal

الكُوارْتز نَوْعٌ مُنْتَشِرٌ مِنْ البَلُّورِ

٢ - كِريسْتال

cub *n.* **صغير الثَّعْلَبِ أو الأَسَدِ أو الذِّئْبِ**

cube *n.* **مُكَعَّب**

cuckoo *n.* **وَقْواق (طائر مُغَرِّد)**

cucumber *n.* **خِيارة**

cuddle *v.* **يَحْضُن و يُداعِب**

Everyone wants to pet and cuddle our new kitten.

الكُلُّ يُريد أنْ يُداعِب ويَحْضُن قطّتنا الجَديدة.

cuff *n.* **١ - طَرَف كُمّ القَميص**

٢ - ثَنْية البَنْطَلون

cultivate *v.* **يَزْرَع**

culture *n.* **١ - حَضارة**

Alexander the Great brought Greek culture to Egypt.

أَدْخَل الإسْكَنْدَر الأكْبَر الحَضارة الإغْريقيّة إلى مِصْر.

> ***Alexander the Great***

٢ - ثَقافة

The Ministry of Culture organizes concerts and art exhibitions.

تُنظِّم وزارة الثَّقافة حَفلات موسيقيّة ومَعارِض فَنِّيّة.

cunning *adj.* **مَكّار. خَبيث**

cup *n.* **فِنْجان**

cupboard *n.* **دولاب**

curb or kerb *n.* **حافّة الرَّصيف**

cure *n.* **عِلاج**

cure *v.* **يَشْفِي. يُعالِج**

curfew *n.* **حَظْر التَّجوُّل**

curiosity *n.* **فُضول**

curious *adj.* **١ - فُضوليّ**

The curious child never stops asking questions.

لا تَتوَقَّف الطِّفْلة الفُضوليّة عن طَرْح الأَسْئِلة.

٢ - غَريب

Alice met many curious characters in Wonderland.

قابَلَتْ أَليس عِدّة شَخْصيات غَريبة في بِلاد العَجائِب.

> ***Alice in Wonderland***

curl *n.* **جَعْدة. حَلَقة (في شَعْر أو شَريط)**

curl *v.* **١ - يَتَجعَّد. يَلْتَفّ**

٢ - يُجعِّد. يَلُفّ

curlers *n.pl.* **رُولُوهات لِلَفّ الشَّعْر**

current *adj.* حالىّ . جارٍ

Newspapers report current events.

تَعْرِض الصَّحيفة الأَحْداث الجارية .

current *n.* تَيّار (مائىّ أو هوائىّ أو كَهْرَبائىّ)

curry *n.* كارى : أَكْلة مُعَدّة بِالبَهارات الهِنْدِيّة

curse *n.* لَعْنة

curse *v.* يَلْعَن

cursive *n.* خَطّ بِحُروفٍ مُتَّصلة (خَطّ مُشَبَّك)

curtain *n.* سِتارة

curtsey *v.* تَنْحَنِى (المَرْأة) احْتِراماً

curve *n.* قَوْس . مُنْحَنَى

curve *v.* ١ - يَتَقَوَّس . يَنْحَنِى

An elephant's tusks curve as they grow.

تَتَقَوَّس أَنْياب الفيل أَثْناءَ نُمُوِّها .

٢ - يُقَوِّس . يُحْنِى

cushion *n.* وِسادة

custard *n.* كَسْتَرْد : حَلْوَى مُعَدّة من اللَّبَن والبَيْض والسُّكَّر

custodian *n.* فَرّاش . عامِل النَّظافة (فى مَدْرَسة مثلاً)

custom *n.* تَقْليد . عادة

Offering coffee to guests is a well-known bedouin custom.

تَقْديم القَهْوة للضُّيوف تَقْليد بَدَوىّ مَعْروف .

customer *n.* زُبُون . عَميل

customs *n.pl.* جُمْرُك

cut *v.* يَقْطَع . يَقُصّ

cut off *v.* يَقْطَع . يَفْصِل

The plumber cut the water off while he repaired the pipe.

فَصَل السَّبّاك الماء أَثْناء إصْلاح الماسُورة .

cut out *v.* ١ - يَقُصّ . يُفَصِّل

٢ - يَكُفّ عن . يُبَطِّل

cut up *v.* يُقَطِّع . يُمَزِّق

cute *adj.* ظَريف

cycle *n.* دَوْرة

cycling *n.* رُكُوب الدَّرّاجة

The Tour de France is the best known annual cycling race.

«التُّورْ دى فَرانْس» أَشْهَر سِباق سَنَوىّ لِرُكُوب الدَّرّاجات فى العالَم .

cylinder *n.* أُسْطُوانة

cymbal *n.* صُنُوج (آلة نَقْر موسيقيّة)

dad or daddy *n.* **بابا**

daffodil *n.* **نَوْع مِنْ زَهْرة النَّرْجِس الأصْفَر**

daft *adj.* **أَبْلَه . سَخيف**

dagger *n.* **خَنْجَر**

daily *adv.* **يَوْمِيًا**

dairy *n.* **١ - مَعْمَل أَلْبان : مَكان تُصْنَع فيه الأَلْبان (الزُّبْدة والزَّبادى والجُبْن مثلاً)**

٢ - مَحَلّ تُباع فيه الأَلْبان

daisy *n.* **زَهْرة الأُقْحُوان**

dam *n.* **سَدّ . قَنْطَرة**

damage *n.* **ضَرَر . خَسارة**

damage *v.* **يَضُرّ**

Farmers can damage good soil by using too much chemical fertilizer.

يَضُرّ الفلاّحون الأَرْض الزِّراعيّة إذا أَفْرَطوا فى اسْتِخْدام السَّماد الكيماوىّ.

damp *adj.* **رَطْب**

Mushrooms grow in damp, dark places in the forest.

يَنْمو عَيْش الغُراب فى الأَماكن الرَّطْبة والمُظْلِمة فى الغابة.

dance *n.* **١ - رَقْصة (مثلاً : رَقْصة الفالْس)**

٢ - حَفْلة راقِصة

dance *v.* **يَرْقُص**

dancer *n.* **راقِص أو راقِصة**

dandelion *n.* **زَهْرة سِنّ الأَسَد**

danger *n.* **خَطَر**

Some trapeze artists perform without a safety net despite the danger.

يَقوم بَعْض لاعبى التَّرابيز فى السِّيرك بحَرَكاتِهم بِدُون شَبَكة أمان بالرَّغْم مِن الخَطَر.

dangerous *adj.* **خَطِر**

dare *v.* **١ - يَجْرُؤ على**

Only the lion tamer dares to get close to the lions.

مُدَرِّب الأُسود هو الشَّخْص الوَحيد الذى يَجْرُؤ على الاقْتِراب منْها.

٢ - يَتَحَدَّى

I dare you to dive off the high board !

أَتَحَدّاك أن تَقْفز من المَنَطّ العالى !

daredevil *n.* **شَخْص يَقوم بحَرَكات خَطِرة**

daring *adj.* **جَرِئ . شُجاع**

dark *adj.* ١ - مُظْلِم

During a solar eclipse it can be dark even at noon.

أَثْناء الكُسوف الكُلِّيّ للشَّمْس تُصْبِح السَّماء مُظْلِمة حتى لَوْ كانَت السَّاعة الثانية عَشْرة ظُهْراً .

٢ - غامِق (مثلاً، لَوْن غامِق)

darling *n.* حَبيب أو حَبيبة

dart *n.* سَهْم

dart *v.* يَنْدَفِع أو يَنْطَلِق فَجْأَة

A mouse darted across the kitchen when I put on the light.

انْطَلَق فَأْر فَجْأَةً عَبْر المَطْبَخ عندما أَضَأْت النّور .

darts *n.pl.* لُعْبة قَذْف سِهام صغيرة على هَدَف

dash *n.* شَرْطة (مثلاً، شَرْطة بَيْن كَلِمَتَيْن)

dash *v.* يَنْدَفِع . يَنْطَلِق بِسُرْعة

Everyone dashed for shelter when it started to rain.

انْدَفَع الجَميع بِسُرْعة لِيَخْتَبِئوا عِنْدَما أَمْطَرَت السَّماء .

date *n.* ١ - تاريخ (اليَوْم والشَّهْر والسَّنة)

٢ - مَوْعِد لِقاء

date *n.* بَلَحة . تَمْرة

daughter *n.* ابْنة

dawn *n.* فَجْر

dawn on *v.* يُدْرِك

Suddenly it dawned on us that the solution was extremely simple.

أَدْرَكنا فَجْأَةً أَنّ الحَلّ في غاية البَساطة .

day *n.* ١ - يَوْم

٢ - النَّهار

The farmer worked all day long harvesting his crop.

عَمِل الفَلّاح طَوال النَّهار لِحَصْد مَحْصوله .

daydream *n.* حُلْم اليَقَظة

daydream *v.* يَسْرَح في أَحْلام اليَقَظة

daytime *n.* النَّهار

Bats sleep in the daytime and are active at night.

يَنام الوَطْواط أَثْناء النَّهار ويَنْشَط في اللَّيْل .

dead *adj.* مَيِّت

deaf *adj.* أَطْرَش . أَصَمّ

deal *n.* اتِّفاق . صَفْقة

The businessmen concluded their deal with a handshake.

أَتَمّ رِجال الأَعْمال الصَّفْقة بالتَّصافُح بالأَيْدي .

deal *v.* يُفَرِّق أو يُوَزِّع وَرَق الكوتْشينة

deal with *v.* يَتَعامَل مع

The prison counsellor helps convicts to deal with their personal problems.

يُساعِد المُشْرِف الاجْتِماعيّ للسِّجْن المَساجين على أَن يَتَعامَلوا مع مَشاكِلهم .

dear *adj.* ١ - عَزيز

٢ - غالٍ . ثَمين

Emeralds and rubies are dear because they're so rare.

الزُّمُرُّد والياقوت الأَحْمَر حَجَران كَريمان غاليان لأنهما نادِران جدّاً .

death *n.* مَوْت . وَفاة

debate *n.* مُناظَرة . نِقاش

debt *n.* دَيْن

decade *n.* عقْد (عَشْر سَنَوات)

decay *v.* يَتَعفَّن . يفْسُد

deceive *v.* يَخْدَع

The Greeks deceived the Trojans by hiding in the wooden horse.

خَدَع الإغْريق أَهْل طُرْوادة بالاخْتِباء داخِل الحِصان الخَشَبِىّ .

The Trojan War
Legend has it that Paris, the Trojan prince, provoked the war by abducting Helen, the beautiful wife of Menelaus, king of Sparta in Greece. After nine years of war and the death of their finest hero, Achilles, the Greeks took the city of Troy by building a huge wooden horse, hiding the best of their warriors inside it and then fooling the Trojans into letting it into the city.

December *n.* ديسَمْبِر: الشَّهْر الثّانى عَشَر فى السَّنة الميلاديّة

decent *adj.* ١ - مُحْتَرَم
٢ - مَعْقول . مَقْبول

We had already caught a decent number of fish by noon.

كنّا قد اصْطدنا عَدَداً مَعْقولاً من السَّمَك قَبْل الظُّهْر .

decide *v.* يُقَرِّر

decimal *adj.* عَشْرىّ (مثلاً: الكَسْر العَشْرىّ)

decision *n.* قَرار

deck *n.* ١ - سَطْح السَّفينة
٢ - باكو كُوتْشينة

declare *v.* يُعْلِن

Eritrea declared its independence in 1993.

أَعْلَنَت أَريتْريا اسْتِقْلالَها سَنة ١٩٩٣ .

decode *v.* يَفُكّ شَفْرة

decorate *v.* يُزَيِّن

decoration *n.* زينة

decrease *v.* ١ - يَنْقُص . يَصْغُر . يَنْخَفِض

Family size in China has decreased since the 1980s.

صَغُر حَجْم الأُسْرة الصّينيّة منذ الثَّمانينات .

٢ - يُنْقِص . يُخَفِّض

Friction on a moving wheel decreases its speed.

يُنْقِص الاحْتِكاك مِن سُرْعة دَوَران العَجَلة .

deed *n.* عَمَل . فِعْل

Mother Teresa received the Nobel Prize for her good deeds in India.

حَصَلَت الأم تيريزا على جائزة نُوبِل لأَعْمالِها الخَيِّرة فى الهِنْد .

Mother Teresa (1910-1997)
European born Roman Catholic nun who went to Calcutta and devoted her life to helping the poor while living among them. In 1950 she established her own order, The Missionaries of Charity, and went on to found centers, hospitals, schools and orphanages all over the world. She was awarded the Nobel prize for peace in 1979.

deep *adj.* عَميق

deer *n.* أَيِّل

defeat *n.* هزيمة
defeat *v.* يَهْزِم . يَنْتَصِر على
defence or defense *n.* دفاع . حماية
defend *v.* يُدافع عن . يَحْمِي
define *v.* يُحَدِّد . يُعَرِّف
definite *adj.* ١ - مُحَدَّد

The date of the popstar's concert is still not definite.

مَوْعِد حَفْل نَجْم الغِناء غَيْر مُحَدَّد حتَّى الآن .

٢ - مُؤكَّد . أكيد

Some people believe there's no definite proof of the theory of evolution.

يَعْتَقِد بَعْض النّاس أنه لا يُوجَد بُرْهانٌ أكيدٌ لنَظَرِيّة التَّطَوُّر .

definition *n.* تَعْريف؛ وَصْف مُحَدَّد لمَعْنَى كَلِمَة أو فِكْرَة
degree *n.* ١ - دَرَجة

There are 90 degrees in a right angle.

الزّاوِية القائمة ٩٠ دَرَجة .

٢ - شَهادة جامعيّة

delay *n.* تأخُّر
delay *v.* يُؤَخِّر
deliberate *adj.* مُتَعَمَّد . مَقْصُود
delicate *adj.* ١ - رَقيق
٢ - ضَعيف أو رَقيق الصِّحّة
delicatessen *n.* مَحَلّ لبَيْع سَنْدَوِتْشات أو أكْل جاهِز
delicious *adj.* شَهِيّ . لَذيذ الطَّعْم
delight *v.* يَسُرّ . يُبْهِج
delinquent *n.* حَدَث . مُنْحَرِف
deliver *v.* يُوَصِّل (طَرْد بَريد مثلاً)
delivery *n.* تَسْليم . تَوْصيل
delta *n.* دِلْتا
deluxe *adj.* فاخِر . لُوكْس

demand *n.* مُطالَبة . طَلَب مُلِحّ
demand *v.* يُطالِب بـ
democracy *n.* ديمقْراطيَّة
demon *n.* جِنّ . شَيْطان
demonstrate *v.* يَعْرِض . يُبَيِّن
demonstration *n.* ١ - عَرْض . شَرْح

People were thrilled by the Wright brothers' first flying demonstrations.

انْبَهَر النّاس بعُرُوض الطَّيَران الأُولَى التى قام بها الأخَوان رايت .

Orville Wright (1871-1948) and Wilbur Wright (1867-1912)
Pioneers in aircraft building, they performed the world's first mechanical air-flight in 1903. Their record breaking flights in the United States and France made them world famous.

٢ - مُظاهَرة

den *n.* ١ - حُجْرة المَعيشة
٢ - عَرين (الأسد مثلاً)
dense *adj.* ١ - كَثيف

Thousands of species of plants are found in Brazil's dense rain forest.

تُوجَد آلاف الأنْواع مِن النَّباتات فى غابات البَرازيل الكَثيفة .

٢ - غَبِيّ . بَطيء الفَهْم

dent *n.* انْبِعاج . نُقْرة
dentist *n.* طَبيب أو طَبيبة أسْنان
dentures *n.pl.* طَقْم أسْنان صِناعيّة
deny *v.* يُنْكِر
department *n.* قِسْم
department store *n.* مَحَلّ كَبير تُباع فيه سِلَع مُتَنَوِّعة
depend on *v.* يَعْتَمِد على

deposit *n.* ١ - عَرْبون
٢ - وَديعة
٣ - راسِب

The sea water left salt deposits on the hull of the ship.

تَركَتْ مياه البَحْر رَواسِب أمْلاح على جِسْم السَّفينة الخارجيّ .

deposit *v.* يُودع (مالاً فى البَنْك مثلاً)

depressed *adj.* مُكْتَئِب

depth *n.* عُمْق

derrick *n.* آلة ضَخْمة على شَكْل البُرْج (تُسْتَخْدَم فى حَفْر آبار البِتْرول مثلاً)

describe *v.* يَصِف

description *n.* وَصْف

desert *n.* صَحْراء

deserted *adj.* مَهْجور . خالٍ

The streets of the Greek village are completely deserted after dark.

تُصْبِح شَوارِع القَرْية اليونانِيّة خالية تَماماً بَعْد الغُروب .

deserve *v.* يَسْتَحِقّ

Anyone who can wiggle his ears deserves a prize.

مَنْ يَسْتَطيع أن يَهُزّ أُذُنَيْه يَسْتَحِقّ جائِزة .

design *n.* تَصْميم . رَسْم

design *v.* يُصَمِّم

Architects design buildings.

يُصَمِّم المُهَنْدِسون المِعْمارِيّون المَباني .

desire *n.* رَغْبة

desire *v.* يَرْغَب فى

desk *n.* مَكْتَب

despise *v.* يَحْتَقِر

despite *prep.* بالرَّغْم مِنْ

dessert *n.* حُلْو يُؤْكَل فى نِهاية الوَجْبة

destination *n.* جِهة وُصول . غاية لِرحْلة

Christopher Columbus's intended destination was India.

كانَتْ غاية رِحْلة كِريسْتوفَر كولومْبُس هى الهِنْد .

> ***Christopher Columbus (1446-1506)***
> *The Italian navigator who, in the service of the Spanish, discovered America, the new continent in 1492.*

destroy *v.* يُدَمِّر . يَهْدِم

destruction *n.* دَمار . تَدْمير . هَدْم

detail *n.* تَفْصيل

You need a magnifying glass to see the details of a fly's body.

إنَّك تَحْتاج إلى عَدَسة مُكَبِّرة لِتَرَى تَفاصيل جِسْم الذُّبابة .

detective *n.* مُخْبِر

detergent *n.* مَسْحوق أو سائِل التَّنْظيف

determination *n.* تَصْميم . عَزيمة

With great determination Helen Keller overcame her disabilities.

تَغَلَّبَت هيلين كِيلَرْ على عاهاتِها بقُوّة العَزيمة

> ***Helen Keller (1880-1968)***
> *Helen Keller lost her hearing and sight when she was 18 months old, yet she was able to learn to speak, type and read Braille. She went to university and graduated with honors. She then went on to write books, lecture all over the world and become an inspiration to all who came across her, especially the handicapped whose cause she promoted.*

determined *adj.* مُصَمِّم على . مُصِرّ

detour *n.* تَحْويل مُؤَقَّت فى الطَّريق

develop *v.* ١ - يَنْشأ . يَتَطَوَّر

Karate developed in the17th century as a means of self-defence.

نَشَأ الكاراتيه فى القَرْن السّابِع عَشَر كوَسيلة للدِّفاع عن النَّفْس .

٢ - يُطَوِّر

Avicenna did much to develop the science of medicine.

قَدَّم ابْن سينا الكَثير ليُطَوِّر عُلوم الطِّبّ .

> ***Avicenna [Ibn Sina] (980-1037)***
> *Arab doctor and philosopher who spent much of his life in Moorish Spain. His medical encyclopedia and his philosophical writings have influenced much of western and Arab thought.*

development *n.* تَطَوُّر . تَنْمية

device *n.* جِهاز . أداة

devil *n.* إبْليس . شَيْطان

dew *n.* نَدَى

diabetes *n.* مَرَض السُّكَّر

diagonal *adj.* قُطْرِيّ . مائِل (مثلاً : خطّ قُطْرِيّ)

diagram *n.* رَسْم بَيانِىّ أو تَخْطيطِىّ

dial *n.* ١ - مينا السّاعة
٢ - قُرْص التِّليفون

dial *v.* يَطْلُب رَقْم تِليفون

dialect *n.* لَهْجة

dialogue *n.* حِوار (بَيْن شَخْصَيْن)

diameter *n.* قُطْر (مثلاً: قُطْر الدّائرة)

diamond *n.* ماس . أَلْماس

diaper *n.* كافُولة

diary *n.* يَوْمِيّات : مُفكِّرة أو مُذَكِّرة تُكْتَب فيها الأَحْداث اليَوْمِيّة

dice *n.pl.* زَهْر (مثلاً : زَهْر الطّاوِلة)

dictator *n.* ديكْتاتور . حاكِم مُطْلَق

dictionary *n.* قاموس . مُعْجَم

did *v.* ماضى فِعْل to do

die *v.* يَموت . يُتَوَفَّى

diet *n.* ١ - رِجيم : نِظام غِذائىّ للتَّحَكُّم فى الوَزْن
٢ - تَغْذِية . نِظام غِذائىّ

Dates are important in the bedouin diet.

البَلَح عُنْصُر هامّ فى النِّظام الغِذائىّ للبَدْو .

difference *n.* فَرْق . اخْتِلاف

different *adj.* مُخْتَلِف

difficult *adj.* صَعْب . عَسير

dig *v.* يَحْفِر

digest *v.* يَهْضِم (الطَّعام)

digit *n.* أىّ رَقْم مِن صِفْر إلى تِسْعة

dignity *n.* كَرامة . عِزّة النَّفْس

dim *adj.* خافِت (مثلاً : نُور خافِت)

dining room *n.* حُجْرة الطَّعام

dinner *n.* عَشاء

dinosaur *n.* **ديناصُور**

dip *n.* **تَجْويف . مُنْحَدَر**

We all screamed when the rollercoaster went into a sudden dip.

أَطْلَقنا جَميعاً صَرْخة عِنْدَما نَزَل قِطار المَلاهِى فَجْأةً فى مُنْحَدَر .

dip *v.* **يَغْمِس . يُغَطِّس**

diploma *n.* **شَهادة دِراسيّة**

diplomat *n.* **دِبْلوماسىّ أو دِبْلوماسيّة**

direct *adj.* **مُباشِر**

Charles Lindbergh made the first direct solo flight across the Atlantic.

قام تشارلز لِنْدبرْج بأَوَّل رِحْلة طَيَران فَرْديّة ومُباشِرة عَبْر المُحيط الأَطْلَنْطى .

Charles Lindbergh (1902-1974)
The famous American aviator who made the first non-stop solo Atlantic flight, flying from New York City to Paris, in his specially designed plane "The Spirit of St. Louis."

direct *v.* **١ - يَدُلّ . يُرْشِد**

In the airport, signs direct passengers to the baggage claim.

تُوجَد فى المَطار عَلامات تُرْشِد الرُّكّاب إلى مَكان اسْتِلام حَقائِبِهِمْ .

٢ - يُدير

direction *n.* **اتِّجاه**

directions *n.pl.* **تَعْليمات . إرْشادات**

director *n.* **١ - مُدير**

٢ - مُخْرِج مَسْرحىّ أو سينِمائىّ

dirt *n.* **١ - تُرْبة**

٢ - وَساخة . قَذارة

dirty *adj.* **قَذِر . وَسِخ**

disadvantage *n.* **عائِق . عَيْب**

One of the disadvantages of cars is that they pollute the air.

مِنْ عُيوب السَّيارات أَنَّها تُلَوِّث الجَوّ .

disagree *v.* **يَخْتَلِف فى الرَّأْى**

disappear *v.* **يَخْتَفى**

disappoint *v.* **يُخَيِّب الأَمَل**

disapprove *v.* **يَسْتَنْكِر . لا يَرْضَى**

Many people disapprove of violence in films and TV programmes.

يَسْتَنْكِر كَثير من النّاس العُنْف فى الأَفْلام وبَرامِج التِّليفِزْيون .

disaster *n.* **كارِثة . مُصيبة**

disc jockey *n.* **مُذيع أو مُذيعة بَرْنامَج الموسيقَى فى الرّادْيو أو فى ديسْكُو**

disc or disk *n.* **قُرْص . أُسْطُوانة**

discipline *n.* **انْضِباط**

discourage *v.* **١ - يُحْبِط العَزيمة**

٢ - يُثْنِى عن . يُحاوِل المَنْع مِنْ

discover *v.* **يَكْتَشِف**

discovery *n.* **اكْتِشاف**

discuss *v.* **يُناقِش**

discussion *n.* **مُناقَشة**

disease *n.* **مَرَض خَطِر (مثلاً : مَرَض الكُولِيرا)**

disguise *n.* **تَنَكُّر . قِناع**

The spy used disguises to change her appearance.

كانَتْ الجاسُوسة تَسْتَخدِم الأَقْنِعة لِتَغْيير شَكْلِها .

disguise *v.* **يُنَكِّر؛ يُغَيِّر المَظهَر بالتَّنَكُّر**

dish *n.* **١ - صَحْن . طَبَق**

٢ - أَكْلة

Ginger is an important ingredient in many Thai dishes.

الزَّنْجَبيل من المُكَوِّنات الهامَّة فى العَديد مِنَ الأَكْلات التّايْلَنْدّية .

dishonest *adj.* غيرأَمينٍ . غَشّاش

dislike *v.* لا يُحِبّ

dismiss *v.* ١ - يَطْرُد . يَفْصِل

The accountant was **dismissed** because he was always late for work.

فُصِلَ المُحاسِب لأنّه كان يَصِل دائماً مُتأَخِّراً إلى العَمَل .

٢ - يُؤْذِن بالانْصِراف

The sultan **dismissed** the minister with a wave of his hand.

أَذِن السُّلْطان للوَزير بالانْصِراف بإشارة مِنْ يَدِه .

disobedient *adj.* عاصٍ . غَيْر مُطيع

disobey *v.* يَعْصى

display *n.* عَرْض

display *v.* يَعْرِض

dissolve *v.* ١ - يَذُوب

Sugar **dissolves** in water.

السُّكَّر يَذُوب فى الماء .

٢ - يُذَوِّب . يُذيب

distance *n.* مَسافة

distant *adj.* بَعيد

distinct *adj.* مُمَيَّز . مُتَمَيِّز

Mint has a **distinct** smell.

النَّعْناع لَهُ رائحة مُمَيَّزة .

distinguish *v.* يُمَيِّز . يُفَرِّق بَيْن

distract *v.* يُلْهِى

Not even loud noise will **distract** the yogi while he's meditating.

حتى الصَّوْت العالِى لن يُلْهِى مُعَلِّم اليُوجا وهو يَتَأَمَّل .

distribute *v.* يُوَزِّع . يُفَرِّق

district *n.* مِنْطَقة . مَنْطِقة

disturb *v.* يُزْعِج . يُقْلِق

ditch *n.* خَنْدَق

dive *v.* يَغْطِس . يَغُوص

divide *v.* ١ - يَنْقَسِم

The Nile **divides** into two main branches before it reaches the sea.

يَنْقَسِم نَهْر النّيل إلى فَرْعَيْن أَساسِيَّيْن قَبْل أَنْ يَصِل إلى البَحْر .

٢ - يَقْسِم

division *n.* عَمَلِيّة القِسْمة (فى الحِساب)

dizzy *adj.* دائخ

DJ *abbr.* اخْتِصار لعبارة disc jockey

do *v.* يَعْمَل . يَفْعَل

do up *v.* ١ - يَرْبُط

٢ - يُزَرِّر أو يُغْلِق السُّوسْتة (للمَلابِس)

do without *v.* يَسْتَغْنى عن

dock *n.* رَصيف الميناء

doctor *n.* طَبيب أو طَبيبة . دُكْتور أو دُكْتورة

documentary *n.* فيلْم تَسْجيلىّ

dodge *v.* يَتَفادى . يَتَجَنَّب

doe *n.* أُنْثَى الغَزال أو الأَيِّل

dog *n.* كَلْب

doll *n.* دُمْية . عَروسة

dollar *n.* دُولار

dolphin *n.* دَرْفيل

dome *n.* قُبَّة

dominate *v.* يُسَيْطِر على

dominoes *n.pl.* لُعْبة الدُّومِينُو
donate *v.* يَهَب
done *v.* اسْم المَفْعول لفِعْل to do
donkey *n.* حمار
doodle *v.* يُشَخْبِط أو يَرْسُم دُون تَرْكيز
door *n.* باب
doorstep *n.* عَتَبة باب البَيْت
dose *n.* جَرْعة (من الدَّواء)
dot *n.* نُقْطة
double *adj.* مُضاعَف . مُزْدَوِج
double *v.* يُضاعِف

The factory doubled production by using new machinery.

ضاعَف المَصْنَع إنْتاجَه باسْتِخْدام آلات جديدة .

double-cross *v.* يَخُون
double-decker *adj.* بطابِقَيْن
doubt *n.* شَكّ
doubt *v.* يَشُكّ فى
dough *n.* عَجين
doughnut *n.* فَطيرة لها خُرْم فى وَسَطِها وطَعْمُها يُشْبِه لُقْمة القاضِى
dove *n.* حَمامة
down *prep.; adv.* تَحْتَ
downstairs *adv.* فى الطّابِق الأَسْفَل
downtown *n.* وَسَط المَدينة
doze *v.* يَغْفُو

Cats like to doze in the sun.

تُحِبّ القِطَط أَنْ تَغْفو فى الشَّمْس .

dozen *n.* دَسْتة
drag *v.* يَسْحَب . يَجُرّ
dragon *n.* تِنِّين
drain *n.* بالوعة
drain *v.* يُصَرِّف (الماء)

The farmer drains his rice fields to harvest the crop.

يُصَرِّف الفَلاّح الماء مِنْ حُقول الأُرْز لِيَحْصُد المَحْصول .

drama *n.* ١ - الفَنّ المَسْرَحِىّ
٢ - مَسْرَحِيّة (كوميديا أو تراچيديا)
draught or draft *n.* نَسْمة هَواء . تَيّار هَواء
draughts *n.pl.* لُعْبة الدّاما
draw *n.* تَعادُل

The game ended in a draw.

انْتَهَتْ المُباراة بتَعادُل الفَريقَيْن .

draw *v.* ١ - يَرْسُم
٢ - يَجْذِب . يَجُرّ
٣ - يَسْحَب
drawbridge *n.* جِسْر مُتَحَرِّك (يُمْكِن رَفْعُه حتى تَمُرّ المَراكِب أو السُّفُن)

drawer *n.* دُرْج
drawing *n.* رَسْم
drawing-room *n.* حُجْرة الجُلوس . صالون
dream *n.* حُلْم
dream *v.* يَحْلُم
dream up *v.* يَتَخَيَّل . يَخْتَرِع

The prisoner is always dreaming up new ways to escape.

يَخْتَرِع السَّجين طُرُقاً جديدة للهَرَب طَوال الوَقْت .

drench	v.	يُبَلِّل تَماماً
dress	n.	فُسْتان . ثَوْب
dress	v.	يَرْتَدى
dress up	v.	١ - يَتَنَكَّر
		٢ - يَرْتَدى مَلابِس رَسْمِيَّة
dressing-gown	n.	روبْ أو بُرْنُس الحَمَّام
dribble	v.	١ - يُجَرِّى كُرَة أَمامَه
		(فى رِياضَة كُرَة القَدَم)
		٢ - يُنَطِّط كُرَة بِتَكْرار (فى رِياضَة كُرَة السَّلَّة)
drift	v.	يَعوم مع التَّيَّار
drill	n.	تَمْرين (مثلاً: تَمْرين عَسْكَرىّ)
drill	n.	مِثْقاب : آلة تُسْتَخْدَم للتَّخْريم
drill	v.	يَخْرِم . يَحْفِر
drink	n.	مَشْروب . شَراب
drink	v.	يَشْرَب
drip	v.	يُنَقِّط . يَقْطُر
drive	v.	يَقُود . يَسُوق
driveway	v.	طَريق يُؤَدِّى إلى مَبْنَى أو جَراج

drizzle	v.	تُمْطِر مَطَراً خَفيفاً جِدّاً
drop	n.	قَطْرة (مثلاً: قَطْرة ماء)
drop	v.	١ - يُسْقِط . يَقَع

The heavy anchor dropped quickly to the bottom of the lake.

سَقَطَ الهُلْب بِسُرْعَة إلى قاع البُحَيْرة .

٢ - يُوقِع . يُسْقِط

The U.S. dropped two atomic bombs on Japan in 1945.

أَسْقَطَتْ أمْريكا قُنْبُلَتَيْن ذَرِّيَّتَيْن على اليابان سَنة ١٩٤٥ .

drop-out	n.	طالِب لا يُكْمِل تَعْليمَه
drought	n.	جَفاف . انْعِدام المَطَر
drown	v.	يَغْرَق
drug	n.	دَواء
drugs	n.pl.	مُخَدِّرات
drum	n.	طَبْلة
dry	adj.	ناشِف . جافّ
dry	v.	١ - يَنْشَف . يَجِفّ
		٢ - يُنَشِّف . يُجَفِّف
duck	n.	بَطَّة
duck	v.	يَخْفِض رَأْسَه (لِتَفادى ضَرْبة مثلاً)
due	adj.	١ - مُتَوَقَّع . مُنْتَظَر

The train is due at 6:00.

من المُتَوَقَّع أَنْ يَصِلَ القِطار السّاعة السّادِسة .

٢ - مُسْتَحَقّ

Every ship pays the fees due before passing through the Suez Canal.

تُسَدِّد كُلّ سَفينة الرُّسوم المُسْتَحِقّة قَبْل المُرور فى قَناة السُّوَيْس .

Suez Canal
Located at the crossroads of Asia, Europe and Africa, it is the world's most important waterway. Opened with extravagant ceremony and celebration in 1869, the canal crosses the narrow Isthmus of Suez that joins Africa and Asia, permitting ocean going vessels to travel between the Mediterranean Sea and the Indian Ocean via the Gulf of Suez and the Red Sea. In a great statement of Egyptian nationalism, Nasser assumed Egypt's ownership of the canal on the 26th of July 1956.

due to *prep.* بِسَبَب

duel *n.* مُبارزة

dues *n.pl.* رُسوم يَجِب دفْعُها (مثلاً: رُسوم عُضْويّة النّادى)

duet *n.* ثُنائىّ . لَحْن يُؤَدِّيه مُغَنِّيان أو عازِفان

dull *adj.* ١ - مُملّ
٢ - غَيْر لامع . مُنْطَفِئ
٣ - بَطِيء الفَهْم

dumb *adj.* ١ - أخْرَس
٢ - غَبىّ

dump *n.* مَقْلَب النُّفايات

dump *v.* يُلْقِى . يُفَرِّغ

A lot of radioactive waste is dumped in the Pacific Ocean.

تُلْقَى كَثير مِنْ النُّفايات المُشِعّة فى المُحيط الهادِى.

dump truck *n.* قَلّاب: عَرَبة لنَقْل وتَفْريغ مَوادّ البِناء مِثْل الرَّمْل والزَّلَط

dune *n.* كَثيب: تَلّ مِنْ الرِّمال تُكَوِّنه الرِّياح

dungeon *n.* زِنْزانة واسِعة تَحْتَ الأرْض فى قَلْعة

during *prep.* أثْناء . خِلال

Three MPs fell asleep during the Prime Minister's speech.

نام ثَلاثة مِنْ نُوّاب البَرْلَمان أَثْناء خِطاب رَئيس الوُزَراء.

dusk *n.* شَفَق: الفَتْرة بَعْد غُروب الشَّمْس وقَبْل الظَّلام

dust *n.* تُراب . غُبار

dustbin *n.* صُنْدوق القُمامة

duty *n.* ١- واجِب . فَرْض
٢- ضَريبة . رَسْم (الجُمْرُك)

dwarf *n.* قَزَم

dye *n.* صِبْغة

dye *v.* يَصْبُغ

dynamite *n.* ديناميت: مادّة مُتَفَجِّرة

dynamo *n.* دِينامو . مُوَلِّد كَهْرَبائىّ

E e

eye

escalator

each *adj.; pron.* **كُلّ . كُلّ واحد**

eager *adj.* **مُتَحَمِّس . مُتَشَوِّق**

The astronauts were eager to start their mission to Mars.

كان رُوّاد الفَضاء مُتَشَوِّقين لِبَدْء الرِّحْلَة إلى المِرِّيخ .

eagle *n.* **نَسْر**

ear *n.* **أُذُن**

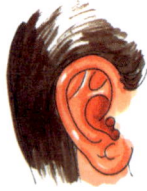

early *adv.* **١ - مُبَكِّراً . باكِراً**

The best time for bird-watching is very early in the morning.

أَفْضَل وَقْت لِمُراقَبَة الطُّيور هو الصَّباح الباكِر.

٢ - قَبْل المَوْعِد

The fruit ripened early this year because of the hot weather.

نَضِجَت الفاكِهة قَبْل مَوْعِدِها هذا العام بِسَبَب الطَّقْس الحارّ.

earn *v.* **يَكْسِب**

In the past, many Kuwaitis earned their living by diving for pearls.

في الماضي كان الكَثير من الكُوَيْتيِّين يَكْسِبون رِزْقَهُم عن طَريق الغَطْس بَحْثاً عن اللآلئ.

earnest *adj.* **جادّ**

earphones *n.pl.* **سَمّاعات تُثَبَّت على الأُذُنَيْن**

earring *n.* **حَلَق**

earth *n.* **١ - الأَرْض . الكُرَة الأَرْضيّة**

٢ - تُرْبَة . أَرْض

Nothing but weeds can grow in this dry earth.

لا يَنْمو في هذه التُّرْبَة الجافّة إلا الأَعْشاب .

earthquake *n.* **زَلْزال . هِزَّة أَرْضيّة**

earthworm *n.* **دُودة الأَرْض**

easel *n.* **حامِل لَوْحة رَسْم**

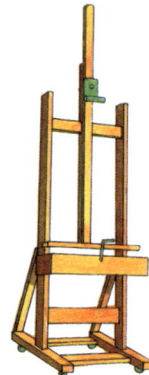

east *adj.* **شَرْق**

Japan is east of China.

تَقَع اليابان شَرْق الصِّين .

east *n.* **الشَّرْق**

Both China and Japan are in the Far East.

تَقَع الصِّين واليابان فى الشَّرْق الأَقْصَى .

Easter *n.* **عيد القِيامة . عيد الفِصْح (المَسيحىّ)**

eastern *adj.* **شَرْقىّ**

easy *adj.* **١ - سَهْل . مِنْ السَّهْل**

It's not easy to rollerskate on a bumpy road.

التَّزَحْلُق على طَريق فيه مَطَبّات لَيْس سَهْلاً .

٢ - مُتَساهِل

eat *v.* **يأكُل**

eat out *v.* **يأكُل فى مَطْعَم**

eavesdrop *v.* **يَتَنَصَّت**

echo *n.* **صَدَى . رَجْع الصَّوْت**

eclipse *n.* **كُسُوف (الشَّمْس) . خُسُوف (القَمَر)**

ecology *n.* **عِلْم البيئَة**

economics *n.* **عِلْم الاقْتِصاد**

edge *n.* **حَرْف . حافَّة**

edition *n.* **طَبْعة (مِنْ كِتاب أو صَحيفة)**

educate *v.* **يُعَلِّم . يُرَبِّى**

education *n.* **تَعْليم . تَرْبِية**

eel *n.* **أنْقَليس . ثُعْبان الماء (نَوْع من الأَسْماك)**

eerie *adj.* **غامِض و مُخيف**

The eerie music added to the suspense in the film.

الموسيقى الغامِضة والمُخيفة المُسْتَخْدَمة فى الفيلم زادَتْ من الإثارَة .

effect *n.* **تأثير . نَتيجة**

The effects of radioactivity last for years.

يَدُوم تأْثير الإشْعاع النَّوَوِىّ لِسَنَوات .

effective *adj.* **فَعّال . مُؤَثِّر**

Aspirin is an effective painkiller.

الأَسْبِرين مُسَكِّن فَعّال .

efficient *adj.* **كُفْء . فَعّال**

Solar energy is an efficient source of electricity in sunny regions.

الطّاقة الشَّمْسيّة مَصْدَر فَعّال للكَهْرَباء فى المَناطِق المُشْمِسة .

effort *n.* **جُهْد . مَجْهود**

egg *n.* **بَيْضة**

eggplant *n.* **باذِنْجان**

ego *n.* **ثِقة بالنَّفْس**

Winning first prize in the competition boosted the young pianist's ego.

فَوْز عازِف البيانو الشّابّ بالجائزة الأُولَى فى المُسابَقة عَزَّز ثِقَته بِنَفْسه .

eight *n.* **ثَمانية . ثَمانِى**

eighteen *n.* **ثَمانية عَشَر . ثَمانِى عَشْرة**

eighty *n.* ثمانون

either *pron.* أيهما . أىّ منهما . أحد الاثنين

Both tennis courts are free so we can play on either of them.

مَلْعبا التّنس خاليان ويُمْكِننا أنْ نَلْعَب فى أىٍّ منهما .

either... or *conj.* إمّا ... أو

elastic *adj.* مطّاط . مَرِن

elastic *n.* شَريط مَطّاط

elbow *n.* كوع

elder *adj.* أكْبَر سِنًا

elderly *adj.* عَجوز . كبير السِّنّ

elect *v.* يَنْتَخِب

The French elect their president every six years.

يَنْتَخِب الشَّعْب الفَرَنْسِىّ رَئيسَه كُلّ ستّ سَنَوات .

election *n.* انْتخاب

electric *adj.* كَهْرَبائىّ (مثلاً: جهاز كَهْرَبائى)

electrician *n.* فَنّىّ كَهْرَباء . كَهْرَبائىّ

electricity *n.* كَهْرَباء

electron *n.* إلكْترون: جُسَيْم سَلْبىّ الشِّحْنة يَدْخُل فى تَرْكيب الذَّرّة

electronics *n.* إلكْترونيّات

elegant *adj.* أنيق

element *n.* عُنْصُر

The ancient Greeks thought life's basic elements were earth, air, fire and water.

اعْتَقَد الإغْريق أن العَناصِر الأوَّليّة هى التُّرْبة والهَواء والنّار والماء .

elementary school *n.* مَدْرَسة ابْتِدائيّة

elephant *n.* فيل

elevator *n.* مِصْعَد

eleven *n.* إحْدَى عَشْرة . أحَد عشَر

elf *n.* قَزَم خُرافِىّ

eliminate *v.* يَحْذِف . يُلْغِى

Diabetics must eliminate sweets from their diet.

يَجب أن يُلْغِى مَرْضَى السُّكَّر الحَلَويّات مِنْ غِذائِهم .

elm *n.* شَجَرة الدَّرْدار

else *adv.* آخَر . آخَر

Don't tell anyone else our secret!

لا تُفْشِ سِرَّنا لأىّ شَخْصٍ آخَر !

embarrass *v.* يُحْرِج

embarrassed *adj.* مُحْرَج . مَكْسوف

embassy *n.* سِفارة

embroider *v.* يُطَرِّز

emerald *n.* زُمُرُّد (حَجَر كَريم أخْضَر اللَّوْن)

emerge *v.* يَظْهَر . يَخْرُج

It's beautiful to see a butterfly emerge from its cocoon.

رُؤْية الفَراشة وهى تَخْرُج مِنْ شَرْنَقَتِها مَشْهَدٌ جَميلٌ جدًّا .

emergency *n.* حالة طَوارِئ

emigrate *v.* يُهاجِر

emotion *n.* عاطِفة

emperor *n.* إمْبَراطُور

emphasize *v.* يُشَدِّد

empire *n.* **إمْبَراطُوريّة**

The Ottoman Empire lasted from the 14th to the 20th century.

دامَت الإمْبَراطُوريّة العُثْمانيّة مِنْ القَرْن الرّابِع عَشَر إلى القَرْن العِشْرين.

> ***Ottoman Empire***
> *The Muslim Turkish empire based in Istanbul, that ruled large parts of the Middle East and North Africa as well as areas of Europe, from the 14th century to the early 20th century. After a long period of decline, it was defeated in world war one, when it sided with Germany. The territories it lost were colonized by Western European powers.*

employee *n.* **مُوَظَّف**

empty *adj.* **فارِغ . خالٍ**

empty *v.* **يُفَرِّغ**

enamel *n.* **مينا : طِلاء لامِع (للخَزَف مثلاً)**

enchanted *adj.* **مَسْحور**

encounter *n.* **لِقاء . مُقابَلَة**

encounter *v.* **يُلاقي . يُقابِل**

encourage *v.* **يُشَجِّع**

Advertising encourages people to buy.

تُشَجِّع الدِّعاية النّاس على الشِّراء.

encyclopedia *n.* **مَوْسوعة . دائِرة مَعارِف**

end *n.* **نِهاية**

end *v.* **١ - يَنْتَهي**

World War I ended in 1918.

اِنْتَهَت الحَرْب العالَميّة الأُولَى سَنة ١٩١٨.

٢ - يُنْهي

The Russian Revolution of 1917 ended rule by the Tsars.

أَنْهَت الثَّوْرة الرُّوسيّة سَنة ١٩١٧ حُكْم القَياصِرة.

> ***The Russian Revolution***
> *The revolution that, in its bourgeois democratic stage, in February (March) 1917, overthrew the Tsarist regime and established the provisional government. In its socialist stage, in October (November) 1917, the revolution overthrew the provisional government and established the soviet state, the first socialist state in history.*

end up *v.* **يَنْتَهي بـ**

The Titanic ended up at the bottom of the sea.

اِنْتَهَت باخِرة التَيْتانيك بالغَوْص فى قاع البَحْر.

> ***The Titanic***
> *The largest and most luxurious ocean liner of its time, the Titanic was thought to be unsinkable. On its first journey, it hit an iceberg and sank. More than half of the 2200 people on board were drowned. The wreck of the ship was discovered in 1985, lying 12,500 feet beneath the surface of the Atlantic Ocean.*

enemy *n.* **عَدُوّ**

energetic *adj.* **نَشيط**

energy *n.* **١ - نَشاط**

٢ - طاقة . قُوّة (مثلاً: الطّاقة النَّوَويّة)

engaged *adj.* **١ - خاطِب أو مَخْطوبة**

٢ - مَشْغول

I tried to phone the airport but the line was engaged all morning.

حاوَلْت الاتِّصال بالمَطار لكنّ الخَطّ كان مَشْغولاً طَوال الصَّباح.

engine *n.* مُحَرِّك . مُوتُور

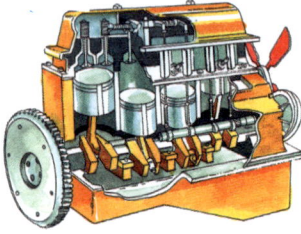

engineer *n.* ١ - مُهَنْدِس أو مُهَنْدِسة
٢ - سائِق قِطار أو سَفِينة

engineering *n.* الهَنْدَسة

engrave *v.* يَنْقُش . يَحفِر

enjoy *v.* ١- يَتَمَتَّع بـ
٢- يَسْتَمْتِع بـ

enormous *adj.* ضَخْم . كَبِير جِداً

enough *adj.; adv.; n.* كافٍ

enter *v.* يَدْخُل

entertain *v.* ١ - يُسَلِّي
٢ - يَسْتَقْبِل ضُيوفاً (فى مَنْزِله)

entertainment *n.* تَسْلِية . تَرْفيه

enthusiasm *n.* حَماس

enthusiastic *adj.* مُتَحَمِّس

entire *adj.* كامِل . كُلّ

The entire city of Pompeii was destroyed when Mt. Vesuvius erupted.

دُمِّرت مدينة پُومْپِي الإيطاليّة كُلُّها عِنْدَما ثار بُرْكان فِيزوف .

Pompeii
Roman city close to Naples in southern Italy. It was destroyed completely by the eruption of the volcano Vesuvius in the year 79. In the 18th century, the city was discovered, spectacularly preserved by volcanic ash.

entrance or entry *n.* مَدْخَل

envelope *n.* ظَرْف

envious *adj.* حَسُود . حاسِد

environment *n.* بِيئة

Pollution is threatening the environment.

التَّلَوُّث يُهَدِّد البِيئة .

envy *n.* حَسَد . غَيْرة

envy *v.* يَحْسُد

epidemic *n.* وَباء

episode *n.* حَلَقة فى رِواية مُسَلْسَلَة

equal *adj.* مُتَساوٍ . مُتَعادِل

equality *n.* مُساواة

equation *n.* مُعادَلة (مثلاً: مُعادَلة رِياضيّة)

equator *n.* خَطّ الاِسْتِواء

equipment *n.* أَجْهِزة . مُعَدّات

Scuba diving equipment is very heavy.

مُعَدّات الغَطْس تَحْتَ الماء ثَقيلة جداً .

equivalent *adj.* مُتَساوٍ . مُتَعادِل

erase *v.* يَمْحُو . يَمْسَح

eraser *n.* مِمْحاة . أَسْتيكة

erosion *n.* تَآكُل

errand *n.* مَأْمُوريّة . مِشْوار

The farmer's wife comes into town every Monday to do errands.

تَأْتِي زَوْجة المُزارِع إلى المَدِينة كُلّ يَوْم اِثْنَيْن لتَقوم بمَشاوِيرها .

error *n.*	خَطَأ . غَلْطَة
erupt *v.*	يَنْفَجِر (البُرْكان)
escalator *n.*	سُلَّم مُتَحَرِّك

escape *v.*	يَهْرُب
Eskimo *n.*	إسكِيمُو
especially *adv.*	خُصُوصاً . خاصَّةً
espionage *n.*	تَجَسُّس
essay *n.*	مَوْضُوع إنْشاء أو مَقالة
	تَتَحَدَّث عن مَوْضُوع مُحَدَّد
essential *adj.*	أساسِيّ . جَوْهَرِيّ
establish *v.*	يُؤَسِّس . يُقِيم
estimate *v.*	يُقَدِّر . يُقَوِّم

You can **estimate** the time by the sun's position in the sky.

يُمْكِنُك أَنْ تُقَدِّر السَّاعة مِنْ مَوْقِع الشَّمْس فى السَّماء .

etc. *abbr.*	إلخ . إلى آخِرِه
Europe *n.*	أُوروبّا
European *adj.*	أُوروبِّيّ
evaporate *v.*	يَتَبَخَّر
even *adj.*	١ – مُسْتَوٍ . مُنْبَسِط

The surface of a billiard table must be perfectly **even**.

يَجِب أَنْ يَكُون سَطْح طاوِلة البِلْيارْدو مُسْتَوِياً تَماماً .

---

٢ – مُتَساوٍ

The scales are balanced when the two sides are **even**.

يَتَوازَن الميزان عِنْدَما تَكُون الكِفَّتان مُتَساوِيَتَيْن .

٣ – (رقم) زَوْجِىّ مثل ٢ ، ٤ ، ٦ .

even *adv.*	حَتَّى

Even donkeys should be treated with kindness.

حَتَّى الحَمِير يَجِب أَنْ تُعامَل بِرِفْق .

even out *v.*	يُسَوِّى
evening *n.*	مَساء
event *n.*	حَدَث

Newspapers report current **events**.

تَعْرِض الصَّحِيفة الأَحْداث الجارية .

eventually *adv.*	فى النِّهاية
ever *adv.*	أَبَداً . فى أَىّ وَقْت

Do you **ever** walk in your sleep?

هل يَحْدُث لَكَ فى أَىّ وَقْت أن تَمْشى وأَنْتَ نائِم؟

evergreen *n.*	شَجَرة دائِمة الخُضْرة
	لا تَفْقِد أَوْراقَها شِتاء (مثلاً: شَجَرة الأَرْز)
every *adj.*	كُلّ

Every country in the world has its own flag.

لِكُلّ دَوْلة فى العالَم عَلَم .

everyday *adj.*	يَوْمِىّ . عادِىّ
everyone or everybody *n.*	كُلّ شَخْص .
	كُلّ النّاس
everything *n.*	كُلّ شَىْء

Everything in this shop is handmade.

كُلّ شَىْء فى هذا الدُّكّان مَصْنوع باليَد .

everywhere *adv.*	فى كُلّ مَكان
evidence *n.*	دَلِيل . بُرْهان

There is no **evidence** of life on Mars.

لا تُوجَد أَىّ بَراهِين على وجود الحَياة على كَوْكَب المِرِّيخ .

evil *adj.* شرِّير

evil *n.* شرّ

evolution *n.* تَطَوُّر

exact *adj.* مَضْبوط . دَقيق

exactly *adv.* بالضَّبْط . تَماماً

exaggerate *v.* يُبالِغ

exam or examination *n.* ١ - امْتِحان
٢ - فَحْص (مثلاً : فَحْص طِبّى)

examine *v.* يَكْشِف على . يَفْحَص

example *n.* مِثال . نَموذَج

excellent *adj.* مُمْتاز

except *prep.* إلاّ . باسْتِثْناء

Nothing can wake Sleeping Beauty except the prince's kiss.

لنْ يُوقِظ الجَميلةَ النّائمةَ إلاّ قُبْلةٌ من الأمير.

Sleeping Beauty
A fairy tale in which a fairy with a grudge pricks the finger of the princess and puts her to sleep for a hundred years. A handsome prince manages to get through the thick thorn bushes that have grown around the castle. He falls in love with the sleeping beauty and kisses her and the princess awakes.

exception *n.* اسْتِثْناء

exchange *v.* يُبَدِّل . يَسْتَبْدِل

excite *v.* يُثير . يُهَيِّج

excitement *n.* هِياج . إثارة

Excitement grew as the judges prepared to announce the winner.

تَزايَدَت الإثارة بَيْنَما كان الحُكّام يُعِدّون لإعْلان النَّتيجة.

exciting *adj.* مُثير

exclaim *v.* يَصيح بتَعَجُّب

exclamation mark *n.* عَلامة تَعَجُّب: « ! »
(من عَلامات التَّرْقيم فى الكِتابة)

excursion *n.* رِحْلة قَصيرة . جَوْلة

excuse *n.* عُذْر

excuse *v.* يَعْذُر . يُسامِح

execute *v.* ١ - يُعْدِم
٢ - يُنَفِّذ

exercise *n.* ١ - تَدْريب أو تَمْرين رِياضىّ
٢ - تَمْرين (مثلاً: تَمْرين حِساب)

exercise *v.* يَقوم بتَدْريبات أو تَمْرينات رِياضيّة

exhale *v.* يَزْفِر . يُطْلِق نَفَساً

exhaust *n.* عادِم السَّيّارات

exhaust *v.* يُرْهِق

exhausted *adj.* مُرْهَق

The quails were exhausted after their long flight from Europe to Africa.

كان السُّمّان مُرْهَقاً بَعْد طَيَرانه الطَّويل مِنْ أورُوبّا إلى إفْريقْيا.

exhibit *n.* عَرْض . مَعْرِض

exhibit *v.* يَعْرِض

exhibition *n.* عَرْض . مَعْرِض

exile *n.* مَنْفَى

exist *v.* يُوجَد . يَكُون

A kind of elephant with long hair existed during the Stone Age.

عاش نَوْع مِن الأَفْيال ذات الشَّعْر الطَّويل فى العَصْر الحَجَرىّ.

Please see: ***Stone Age, page 5***

exit *n.* **خُروج . مَخْرَج**

expand *v.* **يَتَوَسَّع . يَتَمَدَّد**

Your lungs expand as you breathe in.

تَتَّسِع الرِّئة وأنت تَأْخُذ شَهيقاً .

expect *v.* **١ - يَتَوَقَّع**

Napoleon's mother didn't expect him to become emperor.

لَمْ تَتَوَقَّع أُمّ نابِليون أنّه سَيُصْبِح إمْبِراطوراً .

Napoleon Bonaparte (1769-1821)
Born in Corsica, Napoleon Bonaparte started as an artillery officer and by 1796 he rose to commander of the French army in Italy. In 1802 he proclaimed himself emperor. He is famous for his victory at Austerlitz, his expedition to Egypt and the legal code that is still the basis of law in many countries. He was defeated by Wellington at the battle of Waterloo, and lived in exile on the island of St. Hélène until his death.

٢ - يَنْتَظِر

The new bride was expecting a visit from her mother-in-law.

كانَت العَروس الجَديدة تَنْتَظِر زِيارة حَماتها .

expedition *n.* **رِحلة بِهَدَف مُعَيَّن (مثلاً : رِحلة اِسْتِكْشافيّة عِلْميّة)**

expel *v.* **يَطْرُد . يَفْصِل**

expensive *adj.* **غالٍ . ثَمين**

experience *n.* **١ - خِبْرة**

Airline pilots must have hundreds of hours of flying experience.

يَجِب أنْ يَكُون لَدَى الطَّيّار المَدَنيّ مِئات السّاعات من الخِبْرة في الطَّيَران .

٢ - تَجْرِبة

Astronauts never forget the experience of travelling in space.

لا يَنْسَى رُوّاد الفَضاء أبداً تَجْرِبة التَّجَوُّل في الفَضاء .

experiment *n.* **اِخْتِبار . تَجْرِبة**

Some people object to using animals in laboratory experiments.

يَعْتَرِض بَعْض النّاس على اسْتِخْدام الحَيَوانات للتَّجارِب المَعْمَليّة .

expert *n.* **خَبير . اِخْتِصاصيّ**

explain *v.* **يَشْرَح . يُوَضِّح**

explanation *n.* **شَرْح . تَفْسير**

explode *v.* **١ - يَنْفَجِر . يُفَرْقِع**

٢ - يُفَجِّر

Scientists explode nuclear bombs underground to test them.

يُفَجِّر العُلَماء القَنابِل النَّوَويّة تَحْتَ الأَرْض لِيَخْتَبِروها .

explore *v.* **١- يَسْتَكْشِف**

Scientists use special submarines to explore the ocean depths.

يَسْتَكْشِف العُلَماء قاع البِحار بِواسِطة غَوّاصات خاصّة .

٢- يَبْحَث عن

Saudi Arabia began to explore for oil in the 1930s.

بَدَأَت السُّعوديّة تَبْحَث عن البِتْرُول في الثَّلاثينات .

explosion *n.* — **انْفِجار**

export *n.* — **١ - سِلْعة مُصَدَّرة**
٢ - تَصْدير

export *v.* — **يُصَدِّر سِلَعاً إلى الخارِج**

express *adj.* — **سَريع (مثلاً : قِطار سَريع)**

express *v.* — **يُعَبِّر عن**

The audience expressed their appreciation by clapping and cheering.

عَبَّر الجُمْهور عن تَقْديرِه بالتَّصْفيق والهُتاف .

expression *n.* — **١ - تَعْبير**

People wear white in India as an expression of mourning.

يَرْتَدى النّاس فى الهِنْد المَلابِس البَيْضاءَ كَتَعْبيرٍ عن الحِداد .

٢ - عِبارة

Some common spoken expressions are not used in written language.

بَعْض العِبارات الدّارِجة فى الحديث لا تُسْتَخْدَم فى الكِتابة .

extend *v.* — **١ - يَمْتَدّ . يَصِل إلى**

The Channel Tunnel extends underwater from Folkestone, England to Calais, France.

يَمْتَدّ نَفَق المانْش تَحْت الماء مِنْ فُولْكِسْتُون بإنْجِلْترا إلى كاليه بفَرَنْسا .

٢ - يَمُدّ . يُقَدِّم

The octopus extended its tentacles to capture its prey.

مَدّ الأُخْطُبوط أَطْرافَه ليَمْسِك بفَريسَته .

exterior *n.* — **الخارِج . الجُزْء الخارِجِىّ**

external *adj.* — **خارِجِىّ**

extinct *adj.* — **مُنْقَرِض**

extra *adj.* — **إضافِىّ . زائِد**

extraordinary *adj.* — **فَوْق العادة . عَجيب**

extreme *adj.* — **شَديد . بالِغ**

eye *n.* — **عَيْن**

eyeball *n.* — **مُقْلة العَيْن**

eyebrow *n.* — **حاجِب العَيْن**

eyeglasses *n.pl.* — **نَظّارة . عُوَيْنات**

eyelashes *n.pl.* — **رِمْش . رُموش**

eyelid *n.* — **جَفْن العَيْن**

eyesight *n.* — **نَظَر . بَصَر**

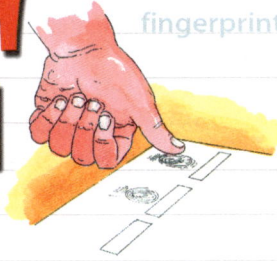

F *f*

fingerprint

flamingo

fable *n.* قِصَّة للأطْفال هَدَفُها تَعْليم الأَخْلاق

fabric *n.* قُماش . نَسيج

fabulous *adj.* هائِل . رائع

face *n.* ١ - وَجْه

٢ - سَطْح (مثلاً : سَطْح الأَرْض)

face *v.* يَتَّجِه نَحْوَ . يُواجِه

face up to *v.* يُواجِه (مَسْئوليّة مثلاً)

fact *n.* حَقيقة . مَعْلومة

factory *n.* مَصْنَع

faculty *n.* ١ - كُلِّيّة (مثلاً : كُلِّيّة الحقُوق)

٢ - هَيْئة التَّدْريس

fad *n.* مُوضة مُؤَقَّتة

fade *v.* يَبْهَت . يَتَلاشَى

Fahrenheit *adj.* فَهْرِنْهايت

(نِظام لقِياس دَرَجة الحَرارة ويُخْتَصَر إلى : F)

fail *v.* يَفْشَل . يَرْسُب

failure *n.* فَشَل

faint *adj.* ١ - باهِت (مثلاً: لَوْن باهِت)

٢ -ضَعيف . خافِت (مثلاً: صَوْت خافِت)

faint *v.* يُغْمَى عليه

fair *adj.* ١- عادِل (مثلاً : حكَم عادِل)

٢ - أَشْقَر (مثلاً: شَعْر أَشْقَر)

٣ - جَميل . حَسَن (مثلاً: أَميرة حَسْناء)

fair *n.* اِحْتِفال سَنَويّ به أَلْعاب تَرْفيهيّة ومَعْروضات

fairy *n.* جِنِّيّة

faith *n.* ١ - إيمان

٢ - ثِقة

I have faith that scientists will find a cure for cancer.

عِنْدي ثِقة بأَنَّ العُلَماء سَوْف يَتَوَصَّلون إلى عِلاج لَلسَّرَطان .

faithful *adj.* مُخْلِص . وَفيّ

fake *adj.* مُزَيَّف (مثلاً : ماسة مُزَيَّفة)

fake *v.* يَتَظاهَر . يُزَيِّف

He's not really asleep. He's just faking.

إنَّه لَيْس نائمًا حَقيقةً وإنَّما يَتَظاهَر بذلك .

falcon *n.* صَقْر . باز

fall *n.* فَصْل الخَريف

fall *v.* يَسْقُط . يَقَع

fall apart *v.* **يَتَفَكَّك**

The old wooden shack fell apart in the storm.

تَفَكَّك الكُوخ الخَشَبىّ القَديم أثْناء العاصِفة .

fall behind *v.* **يَتَخَلَّف عن . يَتَأَخَّر فى**

The slow runner fell behind soon after the race started.

تَخَلَّف العَدّاء البَطىء عن الآخرين بَعْد بِداية السِّباق بقَليل .

fall down *v.* **يَسْقُط . يَقَع**

fall for *v.* **يَنْخَدِع بـ**

false *adj.* **١ - كاذِب . غَيْر حَقيقىّ**

The reporter was accused of including false information in his article.

أُتُّهِم الصَّحَفىّ بكِتابة مَعْلومات كاذِبة فى مَقالَته .

٢ - صِناعىّ . مُسْتَعار . غَيْر طَبيعىّ

The actor playing the king is wearing a false beard.

يَرْتَدى المُمَثِّل الذى يَلْعَب دَوْر المَلِك فى المَسْرَحيّة ذَقْناً مُسْتَعارةً .

falsehood *n.* **كِذْبة**

fame *n.* **شُهْرة . سُمْعة**

familiar *adj.* **مَأْلوف . عادِىّ**

Your face is familiar but I can't remember your name.

وَجْهُك مَأْلوف لى لكنّى لا أَتَذَكَّر اسْمَك .

family *n.* **عائِلة . أُسْرة . أَهْل**

famine *n.* **مَجاعة**

famous *adj.* **مَشْهور . مَعْروف**

fan *n.* **مِرْوَحة**

fan *n.* **مُشَجِّع . هاوٍ**

Tennis fans look forward to the Wimbledon championships every year.

يَتَطَلَّع مُشَجِّعو لُعْبة التِّنِس إلى مُسابَقة وِيمْبِلْدُون كُلّ عامٍ .

Wimbledon Tennis Championship
Held in a suburb of London called Wimbledon, this championship started as a competition to raise money for the new lawn-tennis club in 1877. The matches are still played on grass courts, and are considered one of the most prestigious international tennis championships.

fancy *adj.* **١ - مُزَيَّن . مُزَخْرَف**

٢ - أَنيق

fancy *v.* **١ - يَوَدّ . يَروق لِـ**

Do you fancy strawberries and cream for dessert ?

هل تَروق لك فَراوِلة بالكِريمة بَعْد الأَكْل؟

٢ - يَتَصَوَّر . يَتَخَيَّل

The Penguin fancied that he could outwit Batman.

تَصَوَّر البِطْريق أَنَّه يَسْتَطيع التَّغَلُّب على الرَّجُل الوَطْواط .

Batman and Penguin
Batman is an American comic-book hero created in 1939. Dressed in his black body suit and bat-like cape, he fought the underworld, armed with nothing more than his intelligence and a training in science and criminology. Penguin is one of his biggest enemies.

fancy dress *n.* **مَلابِس تَنَكُّرِيّة أو رَسْميّة**

fang *n.* **ناب حَيَوان**

fantastic *adj.* **١ - هائل . خَطير**
٢ - خيالِيّ . عَجيب
Sindbad rode on the back of a fantastic bird.
سافَر السِّنْدِباد على ظَهْر طائِر خَيالِيٍّ ضَخْمٍ.

> ***Sindbad***
> *A character in A thousand and One Nights, Sindbad was very adventurous. He took off in search of truth and during his seven voyages, met the most incredible creatures and visited the strangest places.*

fantasy *n.* **خَيال . تَخَيُّل**
far or faraway *adv.* **بَعيد**
fare *n.* **أُجْرة (مثلاً: أُجْرة الأتوبيس)**
farewell *interj.* **مَعَ السَّلامة . وَداعاً**
farm *n.* **مَزْرَعة**
farmer *n.* **مُزارِع . فَلاّح**
farther *adj.; adv.* **أَبْعَد (مِنْ)**
Earth is farther from the sun than Venus.
كَوْكَب الأَرْض أَبْعَد عَن الشَّمْس مِنْ الزُّهَرة .
fascinating *adj.* **هائِل و جذّاب**
fashion *n.* **مُوضة**
fast *adj.* **سَريع**
fast *v.* **يَصوم**
fast food *n.* **وَجَبات سَريعة التَّحْضير**
تُقَدَّم فى مَطاعِم الخِدْمة السَّريعة
(مثلاً: الهامْبُورْجَر والبيتْزا)
fasten *v.* **١ - يَشْبِك . يَرْبُط**
During take-off you have to fasten your seat-belt.
يَجب على المَرْء أَنْ يَرْبُط حِزام الأَمان عِنْد إقْلاع الطّائرة .
٢ - يُثَبِّت
The president fastened the medal on the hero's chest.
ثَبَّت الرَّئيس الوِسام على صَدْر البَطَل .

fat *adj.* **سَمين . بَدين**
fat *n.* **دُهْن . شَحْم**
fate *n.* **قَدَر . نَصيب . مَصير**
father *n.* **أَب . والِد**
fathom *n.* **مِقْياس أَعْماق البِحار**
= ٦ أَقْدام (١,٨ متراً)
faucet *n.* **حَنَفيّة**
fault *n.* **١ - غَلَط . خَطَأ**
The investigator decided that the train crash wasn't the engineer's fault
قَرَّر المُحَقِّق أَنَّ الحادِث لَمْ يَكُنْ نَتيجة خَطَأ مِن سائِق القطار .
٢ - عَيْب . خَلَل
The fake Rembrandt portrait fooled everyone because it had no faults
خُدِع الجَميع بلَوْحة رِمْبِرانْت المُزَيَّفة لأنها كانَت بِدُون عُيوب

> ***Rembrandt van Rijn (1606-1669)***
> *Dutch painter famous for his portraits. He is known for his dramatic use of light and his attempts at showing the inner life of the characters he painted.*

favour or favor *n.* **جَميل . مَعْروف**
My neighbour helped me in an emergency so I owe him a favor.
ساعَدَني جارِي و أَنا فى ظَرْفٍ طارِىءٍ فأنا مَدين لَهُ بِجَميلٍ
favourite or favorite *adj.; n.* **مُفَضَّل**
The sultan called for his favorite singer to entertain his guests.
اِسْتَدْعَى السُّلْطان مُطْرِبَه المُفَضَّل لِيُسَلِّي ضُيوفَه .
fawn *n.* **صَغير الأَيِّل أو الغَزال**

fax *n.* ١ - فاكْس : رِسالة مَكْتوبة تُبْعَث عن طَريق خُطوط التِّليفون.
٢ - جِهاز الفاكْس

fear *n.* خَوْف

feast *n.* ١ - وَليمة
٢ - عيد (دينىّ)

feat *n.* عَمَل مُبْهِر أو خَطير . إنْجاز

feather *n.* ريشة

feature *n.* صِفة مُميِّزة . سِمة

A small head is a feature of Arabian horses.

الرَّأْس الصَّغير من الصِّفات المُمَيِّزة للحصان العَرَبىّ .

features *n. pl.* مَلامِح الوَجْه

February *n.* فَبْراير: الشَّهْر الثّانى فى السَّنة الميلاديّة

fed up *adj.* زَهْقان . طَهْقان

fee *n.* أُجْرة . رَسْم (مثلاً: رَسْم دُخول)

feed *n.* عَلَف : طَعام الحَيَوانات

feed *v.* يُطْعِم . يُؤَكِّل

feel *v.* ١ - يَتَلَمَّس . يَتَحَسَّس

The blind girl felt the doll to know what it looked like.

تَحَسَّسَت البِنْت الكَفيفة العَروسة لتَعْرِف شَكْلَها .

٢ - يَشْعُر . يُحِسّ

I feel hungry whenever I smell bread baking.

أَشْعُر بالجوع كُلَّما شَمَمْتُ رائِحة الخُبْز وهو يُخْبَز .

feel like *v.* ١ - يَميل إلى . يَرْغَب فى

I didn't feel like getting out of bed this morning.

لَمْ أَرْغَبْ فى النُّهوض من السَّرير هذا الصَّباح .

٢ - يُشْبِه

The realistic set made the theatre feel like a steamy jungle.

واقعيّة الدِّيكُور جَعَلَت المَسْرَح يُشْبِه غابة حارّة ورَطْبة .

feeler *n.* قَرْن الاسْتِشْعار للحَشَرة

feeling *n.* شُعور . إحْساس

feet *n.* جَمْع كَلِمة Foot

fellow *n.* رَجُل . شابّ

felt *n.* لِبْد (نَوْع من قُماش الصّوف)

A tarboosh is made of red felt.

يُصْنَع الطَّرْبوش من اللِّبْد الأَحْمَر .

felt *v.* ماضى فِعْل to feel

female *n.* أُنْثَى

feminine *adj.* أُنْثَوىّ . نِسائىّ

fence *n.* سُور مَصْنوع من الخَشَب أو الأسْلاك

fencing *n.* رياضة الشِّيش

fender *n.* رَفْرَف (فى السَّيّارة مثلاً)

ferocious *adj.* مُفْتَرِس . مُتَوَحِّش

ferry *n.* مُعَدِّية

fertile *adj.* خَصِب . مُثْمِر (مثلاً: أَرض خَصِبة)

festival *n.* ١ - عيد . احْتِفال
٢ - مِهْرَجان (مثلاً: مِهْرَجان سينِمائىّ)

fetch *v.* يُحْضِر . يأْتى بِ

feud *n.* عَداوة أو خِصام مُزْمِن

fever *n.* حُمَّى: ارْتِفاع فى درَجة الحَرارة عِنْد المَرَض

few *adj.; pron.* قَليل . بَعْض

few *adj.* قَليل مِنْ . قَليل العَدَد

Few people live to be 100 years old.

يَصِل قَليلٌ من النّاس إلى سِنِّ المائة .

fib *n.* كِذْبة

fib *v.* يَكْذِب

fiction *n.* قِصَص أو روايات أدبيّة

fidget *v.* يَتَحرَّك بِعَصَبيّة أو قَلَق

field *n.* ١ - حَقْل

٢ - مَلْعَب (مثلاً : مَلْعَب كُرة القَدَم)

fierce *adj.* شَرِس . عَنيف (مثلاً: عاصِفة عَنيفة)

fifteen *adj.; n.* خَمْسَةَ عَشَرَ . خَمْسَ عَشْرَةَ

fifth *adj.* خامِس

fifty *adj.; n.* خَمْسون

fig *n.* تينة

fight *n.* شِجار . عِراك

fight *v.* ١ - يَتَشاجَر

٢ - يُحارِب

figure *n.* ١ - رَقْم

٢ - شَكْل . مَظْهَر

Some people see the figure of a rabbit in the moon.

يَرى بَعْض النّاس شَكْل أَرْنَبٍ عِنْدَما يَنْظُرون إلى القَمَر .

figure out *v.* ١ - يَفْهَم

Newton figured out how the force of gravity works.

فَهِم نيوتُون كَيْف تَعْمَل قُوّة الجاذِبيّة الأَرْضيّة .

Sir Isaac Newton (1642-1727)
English mathematician, physicist and astronomer who discovered the law of gravity and revolutionized man's understanding of physics. It is said that he thought of the concept of gravity when, one day he was sitting under a tree, and an apple fell and hit him on the head.

٢ - يَحُلّ (مَسْأَلة)

file *n.* ١ - مَلَفّ لِحِفْظ الأَوْراق

٢ - صَفّ . طابُور

There is a file of ants leading directly to the honey pot.

هُناك طابور نَمْلٍ يَتَّجِه مُباشَرةً إلى بَرْطَمان العَسَل .

٣ - مِبْرَد

fill *v.* يَمْلأ . يَحْشو

fill up *v.* يَمْلأ للآخِر

filling *n.* حَشْو . حَشْوة

film *n.* ١ - فيلْم سينمائيّ

٢ - فيلْم فوتوغْرافيا أو تَصْوير

filter *n.* مِصْفاة . مُرَشِّح . فِلْتَر

filthy *adj.* قَذِر . وَسِخ جِدّاً

fin *n.* زَعْنَفة

final *adj.* نِهائيّ . خِتاميّ . أَخير

finally *adv.* أخيراً . في النِّهاية

find *v.* يَلْقَى . يَجِد . يَعْثُر على

find fault *v.* يَعيب . يَنْتَقِد

find out *v.* يَكْتَشِف . يَعْلَم

Ali Baba found out where the 40 thieves had hidden their treasure.

اكْتَشَف علي بابا أين يُخَبِّئ الحَرامِيّة الأَرْبَعون كَنْزَهُم .

Ali Baba and the 40 thieves
The hero of one of the Thousand and One Nights tales, Ali Baba, a poor woodcutter, finds out where the treasure of the 40 thieves is and that saying the words 'open sesame' will open the door of their secret cave. He takes from this money and lives in wealth.

fine *adj.* ١ - رَفيع . دَقيق

The filaments of a spider web are fine but extremely strong.

خُيوط نَسيج العَنْكَبوت رَفيعة لكنها مَتينة للغاية .

٢ - جَيِّد . جَميل

fine *n.* غَرامة

finger *n.* إِصْبَع

fingernail *n.* ظُفْر (لأَصابِع اليَد)

fingerprint *n.* بَصْمة الإصْبَع

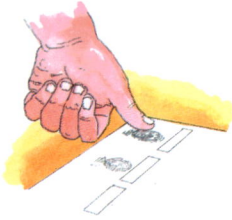

finish *v.* ١ - يَنْتَهى

٢ - يُكمِّل . يُتمّ

fire *n.* ١ - نار

٢ - حَريق

fire *v.* يُطْلِق النّار أو الرَّصاص

fire brigade *n.* المَطافئ . رِجال المَطافئ

fire drill *n.* تَدْريب على كَيْفيّة التَّصرُّف عِنْد حُدوث حَريق

firecracker *n.* مُفَرْقَعة ناريّة : البُمْبة التى يُفَرْقِعها الأَطْفال

fireman *n.* عَسْكَرِىّ المَطافئ . رَجُل المَطافئ

fireplace *n.* مِدْفَأة (فى حائط المَنْزل)

fireworks *n.* أَلْعاب ناريّة . مُفَرْقَعات

firm *adj.* ثابِت . مَتين

A building can't stand without a firm foundation.

لا يَظل المبنى قائمًا بِدُون أَساسات مَتينة .

firm *n.* مُؤَسَّسة . شَرِكة

first *adj.* أَوَّل

first *adv.* أَوَّلاً

first aid *n.* الإِسْعاف الأَوَّلىّ

first-rate *adj.* مُمْتاز . دَرَجة أُولَى

fish *n.* سَمَكة

fisherman *n.* صَيّاد سَمَك

fishing *n.* صَيْد السَّمَك

fishing-rod *n.* صِنّارة لِصَيْد السَّمَك

fist *n.* قَبْضة اليَد

fit *adj.* لائِق صِحيًا . مُتَمتِّع بِلياقة بَدَنيّة

Athletes train regularly to keep fit.

يَتَدرَّب الرِّياضيُّون باسْتِمْرار لِيَتَمَتَّعوا بِلياقة بَدَنيّة .

fit *n.* نَوْبة (مثلاً: نَوْبة من الضَّحِك المُسْتَمِرّ)

fit *v.* يُناسِب . يَنْطَبِق (على مَقاسٍ مُعَيَّن)

fit in *v.* يَنْسَجِم . يَنْطَبِق

five *adj. ; n.* خَمْسة . خَمْس

fix *v.* ١ - يُصْلِح

Uncle Nimo can fix anything that breaks around the house.

يَسْتَطيع الخال نيمو أَنْ يُصْلِح أَىَّ شَيْءٍ يَنْكَسِر فى البَيْت .

٢ - يُثَبِّت

The sailors fixed a carved wooden dolphin to the ship's bow.

ثَبَّت البَحّارة دَرْفيلاً مَنْحوتًا من الخَشَب فى مُقَدِّمة السَّفينة .

fizz *v.* يَفور

flag *n.* عَلَم . راية

flake *n.* رُقاقة صغيرة

flame *n.* لَهَب . شُعْلَة

flamingo *n.* نُحام . بَشَرُوش
(طائر مائِىّ طويل السّاق)

flan *n.* فَطيرة مَحْشُوّة بالمُرَبّى أو الفَواكِه

flannel *n.* ١ - قُماش صُوفِىّ خَفيف
٢ - فُوطة صغيرة لِغَسيل الوَجْه

flap *n.* ١ - غِطاء . ثَنْية (مثلاً: ثَنْية جَيْب)
٢ - لِسان (ظَرْف الرَّسائِل)

flap *v.* يُرَفْرِف
A bird flaps its wings when it flies.
يُرَفْرِف الطّائِر بِجَناحَيْه وهو يَطير.

flash *n.* ١ - وَميض (البَرْق مثلاً)
٢ - فلاش (لآلة التَّصْوير)

flash *v.* يُومِض

flashlight *n.* بَطّارِيّة يَد

flat *adj.* مُسَطَّح . مُسْتَوٍ
The small airplane landed on a flat plain near the river.
هَبَطَت الطائِرة الصغيرة على سَهْل مُسْتَوٍ بالقُرْب من النَّهر.

flat *n.* شَقّة

flavour or flavor *n.* طَعْم . نَكْهة

flea *n.* بُرْغُوث

flee *v.* يَهْرُب . يَفِرّ

fleece *n.* صوف الخَروف

fleet *n.* أُسْطول

flesh *n.* جِسْم . الجِلْد وما يُغَطّيه مِنْ لَحْمٍ

flew *v.* ماضى فِعْل to fly

flexible *adj.* مَرِن . لَيِّن

flicker *v.* يَخْفُق . يَرْتَعِش (النّور)

flight *n.* ١ - طَيَران
٢ - رِحْلة طائِرة

fling *v.* يَقْذِف بِقُوّة . يَرْمِى

flip *v.* ١ - يَنْقَلِب . يَتَشَقْلَب
The acrobat flipped twice and landed on her feet.
تَشَقْلَبَتْ لاعِبة الأكْروبات مَرَّتَيْن ثمّ هَبَطَت واقِفة على قَدَمَيْها.
٢ - يَقْلِب
The chef flipped the pancake and caught it in the frying pan.
قَلَبَ الطَّبّاخ الفَطيرة فى الهَواء ثمّ الْتَقَطَها فى المِقْلاة.

flipper *n.* زَعْنَفة

flirt *v.* يُداعب . يُغازِل

float *v.* يطْفو على سطْح الماء

flock *n.* قَطيع : مَجْموعة من الغنَم أو الطُّيور

flood *n.* طوفان . فيَضان

floor *n.* أرْضيّة

flop *n.* فشَل

It surprised everyone when the famous director's new play was a flop.

دُهش الجميع لِفَشَل المَسْرَحيّة الأخيرة للمُخْرِج المَشْهور .

flop *v.* ١ - يرْتَمى . يتَرامَى
٢ - يفْشَل

flour *n.* دقيق . طَحين

flow *v.* يَسيل . يجْرى (الماء مثلاً)

flower *n.* زَهْرة

flu *n.* إنْفلونْزا

fluffy *adj.* منْفوش

fluid *n.* سائل

flunk *v.* يسْقُط (فى امْتِحانٍ مثلاً)

flush *v.* يُنَظِّف بتَدفُّق ماء

flush *v.* يحْمَرّ وجْهُه

flute *n.* فُلُوت (آلة نفْخ موسيقيّة)

fly *n.* ذُبابة

fly *v.* يَطير

flying saucer *n.* طَبَق طائر

flyover *n.* كُوبْرِى عُلْوِىّ للسيّارات

foam *n.* رَغْوة

foam rubber *n.* إسْفَنْج صناعِىّ

focus *n.* وُضوح أو تَحْديد فى صورة

focus *v.* ١ - يُركِّز على

Greenpeace focuses its activities on protecting the environment.

تُركِّز مُنظَّمة السَّلام الأَخْضَر نَشاطَها على حِماية البيئة .

٢ - يَضْبط عدَسة الكاميرا استِعْداداً للتَّصْوير

fog *n.* ضَباب

foil *n.* وَرَق مَعْدنِىّ

fold *n.* ثَنْية . طَيّة

fold *v.* يَثْنى . يَطْوى

Fold the clean tablecloth and put it in the drawer.

اطْوِ مفْرَش السُّفْرة النَّظيف وضَعْه فى الدُّرْج .

folder *n.* مِلَفّ لِحفْظ الأوراق

folks *n. pl.* ١ - ناس
٢ - أقارِب

folksong *n.* أُغْنِية شَعْبيّة

folktale *n.* حكاية شعْبيّة

follow *v.* يَتْبَع . يلِى

following *prep.* بعْد

The Ottoman Empire was divided into independent countries following World War I.

انْقَسَمَتْ الإمْبراطوريّة العُثْمانيّة إلى دُوَلٍ مُستَقِلّة بَعْدَ الحَرْب العالَميّة الأُولَى .

Please see: **Ottoman Empire,** page 67

fond of *adj.* **مُحِبّ لِ**

The English are fond of raising dogs as pets.

الإنْجليز مُحِبّون لتَرْبية الكِلاب .

food *n.* **أَكْل . طَعام**

fool *n.* **أَبْلَه . أَحْمَق**

fool *v.* **يَخْدَع . يَغُشّ**

In Aesop's fable the fox fooled the crow and ate the cheese.

فى قِصّة إيسُوب خَدَعَ الثَّعْلَب الغُراب وأَكَلَ الجُبْنة .

Aesop
Author of a collection of Greek animal fables. Originating in popular folklore, fables are stories where animal characters are used to illustrate a moral point.

foolish *adj.* **عَبيط . سَخيف**

foot *n.* **١ - قَدَم . رِجْل**

٢ - قَدَم : مِقْياس للمَسافات = ٣٠,٥ سِنْتيمِتْرًا

football *n.* **كُرة القَدَم**

footprint *n.* **أَثَر القَدَم**

footstep *n.* **خَطْوَة**

People have heard footsteps at night in the haunted castle.

فى الليل سَمِعَ بَعْض النّاس صَوْت خَطَوات فى القَلْعة المَسْكونة .

for *prep.* **١ - لِ . لأَجْل . مِن أَجْل**

The hospital has ramps for people in wheelchairs.

هناك مُنْحَدَرات صناعيّة فى المُسْتَشْفَى لمُسْتَخْدِمى الكَراسِى المُتَحَرِّكة .

٢ - بِ . بِسَبَب

Iran is famous for the beautiful carpets it produces.

إيران مَشْهورة بالسَّجّاد الجَميل الذى تُنْتِجُه .

٣ - خِلال . لِمُدّة

The musicians from the orchestra practice for several hours everyday.

يَتَدَرَّب عازِفو الأُوركِسْترا لِمُدّة عِدّة ساعاتٍ يَوْمِيًّا .

٤ - مَعَ . لِصالِح

for good *adv.* **إلى الأَبَد**

When an animal becomes extinct it disappears for good.

حين يَنْقَرِض الحَيَوان فهو يَخْتَفِى إلى الأَبَد .

forbid *v.* **يُحَرِّم . يَمْنَع**

forbidden *adj.* **مَمْنوع . مُحَرَّم**

force *n.* **قُوّة**

force *v.* **يُجْبِر على . يُرْغِم على**

forecast *v.* **يَتَنَبَّأ بِ (الأَحْوال الجَوِّيّة مثلاً)**

forehead *n.* **جَبين . جَبْهة**

foreign *adj.* **أَجْنَبِىّ . غَريب**

forest *n.* **غابة**

forever *adv.* **إلى الأَبَد**

The rubbish dumped in space will orbit the earth forever.

النُّفَايات التى تُلْقيها سُفُن الفَضاء سوف تَدُور حَوْل الأَرْض إلى الأَبَد

forget *v.* يَنْسَى

forgetful *adj.* كثير النِّسْيان

forgive *v.* يُسامِح . يَعْذُر

fork *n.* ١ - شَوْكَة للأَكْل
٢ - تَفَرُّع (فى طَريقٍ)

form *n.* ١ - شَكْل . هَيْئَة
٢ - صَفّ مَدْرَسِىّ

form *v.* يُشَكِّل

formal *adj.* رَسْمِىّ

former *adj.* سابِق

formula *n.* مُعادَلة . صيغة (مثلاً: مُعادَلة كيميائيّة)

fort or fortress *n.* قَلْعة . حِصْن

fortnight *n.* أُسْبوعان

fortunate *adj.* مَحْظوظ . سَعيد الحَظّ

fortune *n.* ١ - حَظّ . بَخْت

The bedouin woman tells fortunes by reading coffee cups.

تَعْرِف البَدَوِيّة البَخْت بِقِراءَة الفِنْجان .

٢ - ثَرْوة

The Greek millionaire made his fortune in shipping.

كَوَّن المِلْيونير اليونانىّ ثَرْوَتَه مِنْ الشَّحْن بالبَواخِر .

fortune teller *n.* قارِئ البَخْت

forty *adj. ; n.* أَرْبَعون

forward *adv.* إلى الأمام

fossil *n.* حَفْرِية: حَيَوان أو نَبات مُتَحَجِّر

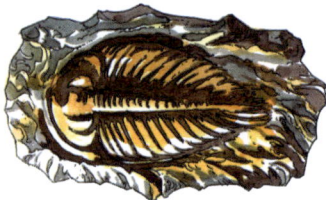

fought *v.* to fight ماضى فِعْل

foul *adj.* فاسِد . مُلَوَّث

foul *n.* فاوِل (فى اللَّعِب)

found *v.* to find ماضى فِعْل

found *v.* يُؤَسِّس . يُنْشِئ

The Red Cross was founded to help victims of wars and disasters.

أُسِّسَتْ هَيْئة الصَّليب الأَحْمَر لِمُساعَدة ضَحايا الحُروب والكَوارِث الطَّبيعيّة .

foundation *n.* ١ - أَساس (مثلاً: أساس المَبْنَى)
٢ - مُؤَسَّسة

fountain *n.* نافُورة

four *adj.; n.* أَرْبَع . أَرْبَعة

fourteen *adj.; n.* أَرْبَعة عَشَر . أَرْبَع عَشْرَةَ

fox *n.* ثَعْلَب

fraction *n.* كَسْر (مثلاً: ١/٢: نِصْف أو ١/٤: رُبْع)

fracture *n.* كَسْر

fragile *adj.* سَهْل الكَسْر

fragment *n.* شَظِيّة . قِطْعة صغيرة

frame *n.* إطار . بِرْواز

framework *n.* هَيْكَل . إطار

fraud *n.* غِشّ . نَصْب

freak *n.* إنْسان أو حَيَوان شاذّ الخِلْقة

freckles *n.pl.* نَمَش

free *adj.* ١ - حُرّ . طَليق

There is no place for censorship in a free press.

لا مَجال للرَّقابة فى الصَّحافة الحُرّة .

٢ - خالٍ . غَيْر مَشْغول

٣ - مَجّانِىّ . بِلا مُقابِل

Entrance to the British Museum in London is free.

دُخول المَتْحَف البِريطانِىّ فى لَنْدَن مَجّانِىّ .

free *v.* يُطْلِق . يُحَرِّر

freedom *n.* حُرِّيَّة

freeze *v.* ١ - يَتَجَمَّد

Water freezes at 0°C.

يَتَجَمَّد الماء عِنْدَ دَرَجة الصِّفْر المِئوِى .

٢ - يُجَمِّد . يُثَلِّج

freezer *n.* فريزَر

freight *n.* شَحْن

frequent *adj.* مُتَكَرِّر . كَثير الحُدوث

fresh *adj.* ١ - طازَج (مثلاً : فاكهة طازجة)

٢ - جَديد (مثلاً : بِداية جَديدة)

٣- عَذْب (للماء)

fret *v.* يَقْلَق . يَضْطَرِب

friction *n.* احْتِكاك . حَكّ

Friday *n.* يوم الجُمْعة

friend *n.* صَديق . صاحِب

friendly *adj.* وُدِّىّ . مُحِبّ

friendship *n.* صَداقة

fright *n.* فَزَع

frighten *v.* يُرْعِب . يُخيف

frightened *adj.* خائِف . مَرْعوب

frilly *adj.* مُزَيَّن بِكَشْكَشَة

fringe *n.* ١ - فَرَنْشَة . شَراشيب

٢ - قُصّة : شَعْرٌ قَصيرٌ على الجَبين

frisbee *n.* فرزبى :لُعْبة على شَكْل طَبَق بلاسْتيك ويُقْذَف به مِنْ شَخْصٍ إلى آخر

frisky *adj.* مَلىء بِالحَيَوِيّة

frizzy *adj.* أَكْرَت . مُجَعَّد (الشَّعْر)

frock *n.* فُسْتان

frog *n.* ضُفْدَع . ضُفْدَعة

from *prep.* ١ - مِنْ

The ancient Egyptians made beer from dates and olives.

كان قُدَماء المِصْرِيّين يَصْنَعون البيرة من البَلَح والزَّيْتون .

٢ - عَنْ

Hold the reins tight to keep the horse from galloping.

امْسِكْ اللِّجام بِشِدّة لِتَمْنَع الحِصان عَنْ العَدْو .

front *n.* الأمام . الجُزْء الأمامِىّ

frontier *n.* حُدود : خطّ فاصِل بَيْن أراضى دَوْلة وأُخْرَى

frost *n.* صَقيع (نَدَى مُثَلَّج)

frown *n.* عُبوس . تَقْطيب الجَبين

frown *v.* يَعْبِس

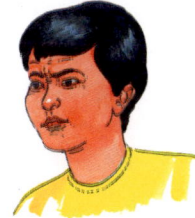

frozen *adj.* مُتَجَمِّد . مُثَلَّج

fruit *n.* فاكِهة

frustrate *v.* يُحْبِط

Sisyphus was frustrated every time the stone rolled back down the hill.

كان سيزيف يُحْبَط كُلَّما تَدَحْرَجَت الصَّخْرة من أَعْلَى الجَبَل إلى سَفْحِه .

Sisyphus
A legendary king of Corinth who was condemned to eternal suffering for his sins on earth. His punishment was to roll a large stone to the top of a hill and watch it fall back to the bottom where he would have to start all over again.

frustration *n.* إحْباط

fry *v.* يَقْلى . يُحَمِّر

fudge *n.* نَوْع مِنْ حَلْوَى الشِّيكولاتة

fuel *n.* وَقُود

full *adj.* مُمْتَلِئ

full stop *n.* نُقْطَة (مِنْ عَلامات التَّرْقيم في الكِتابة)

fun *adj.* مُسَلٍّ . مُمْتِع

It's fun to go to the beach.

الذَّهاب إلى البَحْر مُمْتِع .

fun *n.* تَسْلِيَة . مُتْعَة

You'll spoil the fun if you tell her about the surprise party.

إذا أَخْبَرْتَها أننا سَنُفاجِئها بِحَفْلة لها فسوف تُفْسِد مُتْعَتَها .

function *n.* عَمَل . وَظيفة

The function of the liver is to clean the blood.

وَظيفة الكَبِد هي تَنْقية الدَّم .

fundamental *adj.* أَساسِيّ . مَبْدَئِيّ

funeral *n.* جِنازة . مَأْتَم

fungus *n.* فُطْر

funnel *n.* قُمْع

funny *adj.* مُضْحِك

fur *n.* فَرْو . فَرْوَة

furious *adj.* غاضِب جِداً

furnace *n.* فُرْن كَبير (لِصَهْر المَعادِن مثلاً)

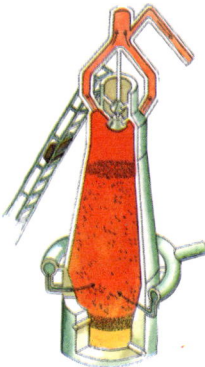

furniture *n.* أَثاث . عَفْش

fury *n.* غَضَب شَديد

fuse *n.* ١ - كُبْس
٢ - فَتيل المُتَفَجِّرات أو المُفَرْقَعات

fuss *n.* شَوْشَرة . ضَجَّة

The diner made a fuss when he found a fly in his soup.

أَحْدَث زُبُون المَطْعَم ضَجَّة حين وَجَد ذُبابة في حَسائه .

fuss *v.* ١ - يَهْتَمّ اهْتِماماً زائِداً عن الحَدّ . يَقْلَق على

The star of the play fusses over her costumes before every show.

تَقْلَق نَجْمة المَسْرَحِيّة على حالة مَلابِسها قَبْل كُلّ عَرْض .

٢ - يَشْكو . يَتَكَدَّر

When the baby starts to fuss that means he's hungry.

عِنْدَما يَشْكو الرَّضيع فهذا يَعْنِي أنه جائِعٌ .

fussy *adj.* صَعْب الإرْضاء . مُنَغِّص

future *n.* مُسْتَقْبَل

fuzzy *adj.* ١ - كَثير الوَبَر . أَزْغَب
٢ - مُبْهَم . مُشَوَّش

The pictures of the first moon landing were fuzzy.

كانَتْ صُوَر أَوَّلِ هُبوطٍ على سَطْح القَمَر مُشَوَّشة .

G g

gladiator

gorilla

gadget *n.*   أداة . جِهاز

gag *n.*   ١- شَيْءٌ يَسُدُّ الفَم

٢- هَزْر . مِزاح

gag *v.*   ١- يَخْتَنِق . يَتَجَشَّأ

٢- يُكَمِّم . يَسُدُّ الفَم

gain *v.*   ١- يَرْبَح . يَكْسِب . يَسْتَفيد

Farmers can **gain** a lot from an improved

irrigation system.

يُمْكِن للفَلّاح أن يَكْسِب الكثير مِنْ تَحْسين نِظام

الرَّيّ .

٢- يَحْصُل على . يَكْتَسِب

Medical students **gain** experience by working

in a hospital emergency room.

يَحْصُل طَلَبة الطِّبّ على خِبرة عَمَلِيّة مِنْ خِلال

عَمَلِهِم فى عَنْبَر الحَوادث بالمُسْتَشْفَى .

galaxy *n.*   مَجَرّة : مَجموعة كبيرة مِنْ النُّجوم

galleon *n.*   غَلْيُون: سَفينة شِراعِيّة إسبانِيّة ضَخْمة

gallery *n.*   قاعة لعَرْض الأعْمال

الفَنِّيَة (لَوْحات أو تَماثيل مثلاً)

galley *n.*   سَفينة قَديمة بِمَجاذيف

gallon *n.*   جالون: مِكْيال للسَّوائل = ٥٥، ٤ لِترات

gallop *v.*   يَرْمَح . يَعْدُو بِسُرْعة (الخَيل)

galoshes *n.pl.*   حِذاء كاوِتْش يُلْبَس

فَوْق الحِذاء العادى لِحِمايَتِه مِن المَطَر

gamble *n.*   مُخاطَرة . مُقامَرة

gamble *v.*   يُقامِر

game *n.*   ١- لُعْبة (مثلاً؛ لُعْبة الشَّطرَنْج)

٢- رياضة (مثلاً؛ الكُرة الطّائرة)

٣- مُباراة

٤- حيَوانات أوطُيور تُصاد

gang *n.*   ١- عِصابة

٢- مَجموعة مِن النّاس

gang plank *n.*   لَوْح يُسْتَخْدَم للعُبور

من المَرْكَب إلى البَرّ

gang up (on) *v.*   يَتَجَمَّعون أو يَتَّحِدون

ضِدّ (شَخص مثلاً)

gangster *n.*   مُجرِم عُضْو فى عِصابةٍ

gap *n.*   فَجْوة . فَتْحة

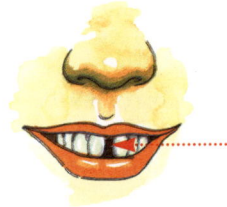

The fox got into the henhouse through a **gap**

in the fence.

دَخَل الثَّعْلَب إلى عُشّ الفِراخ مِن خِلال فَجْوة فى

السّور .

garage *n.* ١- جَراج
٢- ورْشة لصيانة وتَصْليح السيّارات

garbage *n.* قُمامة . زبالة

garden *n.* حَديقة . جُنَيْنة

gargle *v.* يَتَمَضْمَض . يتغرْغر

garlic *n.* ثوْم

garment *n.* قِطْعة ثِياب . رِداء

gas *n.* ١- غاز (مثلاً: غاز الهيدْرُوچين)
٢- بنْزين

gas-station *n.* مَحطّة بنْزين

gash *n.* جُرْح كبير

gasoline *n.* بنْزين

gasp *n.* شَهْقة

gasp *v.* يَشْهَق

The bank manager gasped when he saw the safe standing open.

شَهَق مُدير البَنْك عِندما وَجَد الخَزْنة مَفْتوحة .

gate *n.* بوّابة

gather *v.* ١- يَجْتَمِع . يَحْتَشِد

The priests of Aton gather in the temple every morning at sunrise.

يَجْتَمِع كَهَنة آتون فى المَعْبَد كُلّ يوْمٍ عند شُروق الشَّمْس .

Aton
The name given to the ancient Egyptian sun god, represented in art as a solar disc with arms. During the time of the Pharaoh Akhenaton, Aton became the only god, but this cult did not last after the reign of Akhenaton.

٢- يَجْمَع . يلُمّ

The shepherd girl gathered wildflowers as her sheep grazed.

الرّاعية جَمَعَت الزُّهور البَرِّيّة وهى تَرْعَى غَنَمها .

gauge *n.* جِهاز معِيار . مِقْياس

gauze *n.* شاش

gave *v.* ماضى فعْل to give

gay *adj.* مَرِح . مُبْتَهِج

gaze *v.* يُحدِّق فى . يَتَفرّس فى

gazelle *n.* غَزال

gear *n.* ١- تُرْس ؛ جهاز تُروس التَّعْشيق لتَغْيير السُّرْعة
٢- مُعدّات أو مَلابِس لاستِخْدام مُعيَّن (مثلاً : مُعدّات الغَطْس)

Geiger counter *n.* مِقْياس جايْجَر (لقِياس الإشْعاع النَّووِىّ)

gelatin *n.* جيلاتين

gem *n.* جَوْهَرة . حَجَر كَريم

gene *n.* چينة ؛ حامِلة الصِّفة الوِراثيّة

general *adj.* عامّ . عُمومىّ

general *n.* لواء (فى الجَيْش)

generate *v.* يُولِّد . يُنْتِج

generation *n.* جيل

generator *n.* مُولِّد كَهْرَبائىّ

generous *adj.* كَريم

genius *n.* شَخْص عَبْقَرىّ

gentle *adj.* رَقيق . لَطيف

gentleman *n.* رَجُل مُهَذَّب

genuine *adj.* أصيل . أصلىّ . حَقيقىّ

geography *n.*	علم الجغرافيا :
	دراسة سَطْح الأرض وسكّانها
geology *n.*	علم الجيولوجيا :
	دراسة الأرض وتكوينها
geometry *n.*	علم الهندسة (في الرياضيّات)
germ *n.*	جُرْثومة
gesture *n.*	حَرَكة . إشارة

Actors in silent films used exaggerated

gestures instead of words.

كان المُمَثِّلون يَسْتَخْدِمون حَرَكات مُبالَغًا فيها بَدَلاً

من الكَلام في الأَفْلام الصّامتة .

get *v.*	١- يَحْصُل على . يَنال

We get pearls from oysters.

نَحْصُل على اللُّؤْلُؤ من المَحار .

٢- يَجيء بـ . يُحْضِر

The village women go to the well to get

water.

تَذْهَب نِساء القَرْية إلى البِئْر العُمومِيّ لِيُحْضِرْنَ

الماء .

٣- يُصْبِح

٤- يَصِل إلى

The train gets to Khartoum at 10:00 p.m.

يَصِل القِطار إلى مَدينة الخَرْطوم السّاعة العاشرة

مَساءً .

get ahead *v.*	يَسْبِق . يَتَقَدّم
get along (with) *v.*	يَنْسَجِم (مع شَخْصٍ)
get away *v.*	يُفْلِت . يَهْرُب
get away with *v.*	يَنْجو من عِقاب

Our baby sister gets away with all kinds of

mischief.

تَنْجو أُخْتُنا الصّغيرة من العِقاب عن كلّ أَنْواع

الشَّقاوة

get back *v.*	١- يَرْجِع . يَعود
	٢- يَسْتَرِدّ . يَسْتَرْجِع

get back at *v.*	يَنْتَقِم
get even *v.*	يَنْتَقِم
get in *v.*	يَدْخُل
get off *v.*	يَتَرَجَّل . يَنْزِل (من أُتوبيسٍ مثلاً)
get on *v.*	١- يَتَقَدّم
	٢- يَنْسَجِم (مع شَخْصٍ)
get out *v.*	١- يَتَرَجَّل . يَنْزِل (من سَيّارة مثلاً)
	٢- يَخْرُج . يَنْصَرِف
get out of *v.*	يَتَمَلَّص . يَتَهَرَّب من
get over *v.*	يَتَعافى أو يُشْفى من
get through *v.*	يَتِمّ . يَنْتَهي
get up *v.*	يَقوم (من السَّرير مثلاً)
get up to *v.*	١- يَشْتَرِك في
	٢- يَصِل إلى . يُدْرِك
geyser *n.*	نَبْع ماء ساخِن يَنْطَلِق مثل النّافورة

ghost *n.*	شَبَح
giant *adj.*	ضَخْم
giant *n.*	عِمْلاق
gift *n.*	هَدِيّة
gigantic *adj.*	ضَخْم

giggle *v.*	يُقَهْقِه
gill *n.*	خَيْشُوم: فَتْحة يَتَنَفَّس مِنْها السَّمَك
ginger *n.*	زَنْجَبِيل . جِنْزَبِيل (نَوْع مِنْ البَهارات)
gipsy or gypsy *n.*	غَجَرِيّ
giraffe *n.*	زرافة
girl *n.*	بِنْت . فَتَاة
give *v.*	يُعْطِى . يُهْدِى
give away *v.*	١- يُوَزِّع
	٢- يَهَب

Robin Hood gave away what he stole to the poor.

كان رُوبِينْ هُود يَهَب ما يَسْرِقُه لِلْفُقَراء .

Robin Hood
A legendary character, Robin Hood was an English outlaw. It is said that he protected the poor and the weak who lived with him in Sherwood forest and fought the evil sheriff of Nottingham.

give in *v.*	يَسْتَسْلِم . يَرْضَخ

The boss finally had to give in to the strikers' demands.

أُضْطُرَّ المُدِير إلى أَنْ يَرْضَخ أخيراً لِمَطالِب العُمّال المُضْرِبِين

give out *v.*	يُوَزِّع

The foreman gives out safety helmets to visitors at the construction site.

يُوَزِّع مُلاحِظ العُمّال خُوَذ أَمانٍ على زُوّار مَوْقِع البِناء .

give up *v.*	١- يَسْتَسْلِم
	٢- يُسَلِّم . يَيْأَس
glacier *n.*	نَهْر جَلِيدِىّ
glad *adj.*	مَسْرُور . سَعِيد

gladiator *n.*	مُصارِع فى العصر الرُومانِى يُقاتِل حتى المَوْت

glamorous *adj.*	فاتِن . أَنِيق
glance *v.*	يُلْقِى نَظْرةً خاطِفة
glare *n.*	الضَّوْء الشَّدِيد . وَهَج (الشَّمْس)
glare *v.*	يُحَدِّق أو يُحَمْلِق بِغَضَب
glass *n.*	١- زُجاج
	٢- كُوب أو كَأْس
glasses *n.*	نَظّارة . عُوَيْنات
glide *v.*	١- يَنْساب (فى الهواء مثلاً)
	٢- يَنْزَلِق
glimpse *v.*	يَلْمَح
glitter *n.*	١- تَلأْلُؤ . بَرِيق
	٢- زَخْرَفة مُتَلأْلِئة
glitter *v.*	يَتَلأْلأ . يَبْرُق
globe *n.*	كُرة أَرْضِيّة
gloom *n.*	غَمّ . كَآبة
gloomy *adj.*	١- مُظْلِم . كَئِيب
	٢- مُكْتَئِب
glory *n.*	مَجْد . جَلال
glove *n.*	قُفّاز . جوانْتِى
glow *n.*	لَمَعان . وَهَج
glow *v.*	يَلْمَع . يَتَوَهّج

This alarm clock glows in the dark.

هذا المُنَبِّه يَلْمَع فى الظّلام .

glue *n.*	غِراء . صَمْغ

glum *adj.* **مُكْتَئِب**

The unemployed man was glum after weeks of searching for work.

كان العاطِل مُكْتَئِباً بَعْد أسابيع مِن البَحْث عن العَمَل

gnat *n.* **حَشَرة البَرْغَش**

gnaw *v.* **يَقْرِض**

gnome *n.* **قَزَم خُرافِيّ يَحْرُس الكُنوز تَحْت الأَرْض**

go *v.* **١- يَذْهَب إلى . يَرْحَل**

٢- يَسير . يَمُرّ

٣- يَتَحَرَّك . يَنْطَلِق

go ahead *v.* **١- يَسْتَمِرّ فى**

٢- يَسير . يَتَقَدَّم

Construction on the new sports centre is going ahead on schedule.

يَسير بناء المَرْكَز الرِّياضِيّ الجَديد طِبْقاً لجَدْوَل العَمَل .

go along (with) *v.* **يُوافِق أو يَتَعاوَن مع**

go away *v.* **يَنْصَرِف . يَذْهَب**

go back *v.* **يَرْجِع . يَعُود**

go back on *v.* **يَخْلِف وَعْدَه . يَرْجِع فى كَلِمَتِه**

go off *v.* **١- يَنْطَفِئ . يَتَوَقَّف (النّور مثلاً)**

٢- يَنْطَلِق . يَنْفَجِر (قُنْبُلة مثلاً)

go on *v.* **١- يَسْتَمِرّ**

The prince 's wedding celebrations went on for four days.

اسْتَمَرّ الاحْتِفال بفَرَح الأمير أَرْبَعة أيّام .

٢- يَحْدُث . يَجْرى

What goes on inside a volcano to cause it to erupt ?

ماذا يَحْدُث بداخِل البُرْكان فَيُسَبِّب انْفِجارَه؟

go out *v.* **١- يَخْرُج**

٢- يَنْطَفِئ (شَمْعة مثلاً)

go over *v.* **يُراجِع . يَفْحَص**

go together *v.* **يَتَلاءَم . يَتَناسَب**

go with *v.* **يُلائِم . يُناسِب**

Those modern chairs don't go with this antique table.

لا يُلائِم شَكْل تلك الكَراسِيّ الحَديثة هذه المائِدة الأَثَرِيّة .

go without *v.* **يَسْتَغْنى عن**

Camels can go without water for several days.

تَسْتَغْنى الجِمال عن الماء لعِدّة أيّامٍ.

goal *n.* **١- هَدَف . غاية**

٢- مَرْمَى (فى كُرة القَدَم مثلاً)

goalkeeper *n.* **حارِس المَرْمَى**

goat *n.* **ماعِز . عَنْزة**

gobble *v.* **يَلْتَهِم . يَأْكُل بِسُرْعة**

God *n.* **اللّه**

god or goddess *n.* **إله أو إلاهة**

goggles *n.* **نَظّارة واقِيَة**

(لحِماية العَيْنَيْن مِن الهَواء أوالماء)

gold *n.* **ذَهَب**

golden *adj.* **ذَهَبِيّ**

goldfish *n.* **سَمَك صَغير ذَهَبِيّ اللَّوْن**

golf *n.* **لُعْبة الجُولْف**

golly *interj.* **ياه ! (لَفْظ يُعَبِّر عن التَّعَجُّب)**

gondola *n.* **جُنْدُول:**

مَرْكَب طَويل ورَفيع يُسْتَخْدَم فى مَدينة البُنْدُقِيّة

gone *v.* **اِسْم المَفْعول لِفِعْل** to go

gong *n.* جُونْج: جرَس على شَكْل قُرْصٍ معْدنِىٍّ يُطْرَق عليه بِعصًا

gonna = going to

good *adj.* ١- جيِّد . حسَن
٢- طيِّب
٣- صالح . مُفيد

good *n.* خيْر (عكس شرّ)

In fairy stories, **good** always wins over evil.

فى القصَص الخَياليّة ينْتَصِر **الخَيْر** دائماً على الشَّرّ.

good-looking *adj.* جَميل . وَسيم

good-bye *interj.* معَ السَّلامة . وَداعاً

gooey *adj.* لزِج . دبِق

goof *n.* غلْطة سَخيفة أو عَبيطة

goof *v.* يغْلَط

goof off *v.* يُضيِّع الوقْت

goose *n.* وزّة . إوزّة

gorilla *n.* غُورِيلاً (أضْخَم أنْواع القِردَة)

gossip *n.* نَميمة : كَلام فى سيرة النّاس

gossip *v.* ينِمّ : يتَكلَّم عن النّاس فى غيابِهم

got *v.* ماضى فِعْل to get

gotta = got to

gourd *n.* قَرْعة

The **gourd** family includes courgettes and pumpkins.

تَشْمَل فَصيلة **القَرْع** الكُوسة وقَرْع العَسَل.

government *n.* حكُومة

governor *n.* حاكِم . والٍ . مُحافظ

gown *n.* ثوْب نِسائىّ طَويل

grab *v.* يَخْطَف . ينْتَش

graceful *adj.* رَشيق

grade *n.* ١- درَجة . مُسْتَوَى
٢- صفّ مدْرَسِىّ

gradual *adj.* تدْريجىّ

graduate *v.* يتَخرَّج مِن المدْرَسة أو الجامِعة

graduation *n.* تخَرُّج

graffiti *n.pl.* رُسوم و كِتابات على حائطٍ

graft *v.* يُطَعِّم (النَّبات)

grain *n.* ١- حبّة . ذرّة (مثلاً: ذرّة من الرِّمال)
٢- حَبّ

Wheat is a kind of **grain**. القَمْح نَوْع من **الحَبّ**.

gram or gramme *n.* جِرام . غْرام

grammar *n.* قَواعِد النَّحْو والصَّرْف

grand *adj.* عَظيم . فَخْم

There was a **grand** celebration for the opening of the Suez Canal.

أُقيم احْتِفال **فَخْم** بِمُناسَبة افْتِتاح قَناة السُّوَيْس.

Please see: ***Suez Canal,*** *page 62*

granddaughter *n.* حَفيدة . بِنْت الابْن أو الابْنة

grandfather *n.* جَدّ

grandmother *n.* جدّة
grandson *n.* حفيد . ابْن الابْن أو الابْنة
granite *n.* حجَر الجرانيت
granny *n.* تيتة . نينة . ستُّو (جدّة)
grant *v.* يمْنَح . يهَب
grape *n.* عنَبة
grapefruit *n.* جريبْ فُروتْ . ليْمون هنْدِىّ
graph *n.* رَسْم بيانِىّ
grasp *v.* يقْبِض باليَد

The trapeze artist grasped her partner's legs and swung down.

قبضَت لاعبة التَّرابيزْ فى السِّيرْك على ساقَىْ زَميلِها بيَدَيْها ثمّ قَفزَت إلَى أسْفَل .

grass *n.* حَشائش . نَجيل
grasshopper *n.* جَراد صغير . أَبو نُطَيط
grate *n.* ساتر حَديدىّ يُوضَع أَمام المدْفَأة
grate *v.* يبْشُر (الجبْنَ مثلاً)
grateful *adj.* متَشكِّر . ممْنون . مُمْتَنّ
grave *adj.* ١- جادّ . صارِم (مثلاً: وَجْه جادّ)
٢- خَطير . هامّ (مثلاً: مرَض خَطير)
grave *n.* قَبْر
gravel *n.* حصًى
graveyard *n.* مدْفَن . مقْبَرة
gravity *n.* الجاذِبيّة الأَرْضيّة
gravy *n.* صَلْصة اللَّحْم
graze *v.* يرْعَى (الغنَم مثلاً)
grease *n.* شَحْم
greasy *adj.* دُهْنِىّ . ملِىء بالشَّحْم
great *adj.* ١- كبير
٢- عَظيم . هائِل

Laurel and Hardy were great comic actors.

كان لُوريلْ وهارْدِى مُمَثِّلَىْ كُوميدْيا عَظيمَيْن .

Laurel and Hardy
Laurel (1890-1965) was English and Hardy (1892-1957) was American. In 1926 they started working as a team and their comedy double act was very successful. They made over 30 silent short films as well as feature films and won an Oscar for their film "The Music Box" in 1932.

greed *n.* طمَع . جَشَع
greedy *adj.* طمّاع . جَشِع
green *adj.* أَخْضَر
green *n.* اللَّوْن الأَخْضَر
greengrocer *n.* بائع الخُضَر و الفاكِهة
greenhouse *n.* بَيْت زُجاجِىّ بداخلِه مَشْتَل
greet *v.* يُحَيِّى . يُسلِّم على
grey or gray *adj.* رَمادِىّ . رَصاصِىّ اللَّوْن
grey or gray *n.* اللَّوْن الرَّمادِىّ
grief *n.* حُزْن
grill *n.* شَوّاية . مِشْواة
grill *v.* يَشْوِى
grim *adj.* صارِم . مُتَجَهِّم

The newscaster looked grim as he announced the death of the king.

كان المذيع مُتَجَهِّمًا وهو يَقْرأ خَبَر وَفاة المَلك .

grime *n.* قَذارة
grin *n.* ابْتِسامة عَريضة
grin *v.* يَبْتَسِم

grind *v.* **يطْحَن**

grip *v.* **يمْسِك بِقوّة . يقْبِض**

gripe *n.* **شكْوَى**

gripe *v.* **يشْتَكِى**

groan *v.* **يئِن . يتأوّه**

groceries *n.pl.* **مُشْتَرَيات غِذائيّة**

grocery *n.* **بقالة**

groom *n.* **١- عَريس**
٢- سائِس خَيْل

grouchy *adj.* **مُتَذَمِّر وسَيِّء المِزاج**

ground *n.* **أرْض**

group *n.* **مَجْموعة . فِرْقة**

grow *v.* **١- يكْبُر . ينْمو**

It takes years for a tree to grow to its full size.

تَحْتاج الشَّجَرة إلى سَنَوات لِتَنْمو إلى حَجْمِها النِّهائىّ .

٢- يزْرَع

Our neighbours grow radishes in their garden.

يَزْرَع جيراننا الفُجْل فى حَديقَتِهِم .

grow up *v.* **يكْبُر (سِنًا)**

growl *v.* **يُزَمْجِر**

grown-up *adj.* **ناضِج . غَيْر طُفُولِىّ**

grown-up *n.* **شَخْص كَبير .**
شَخْص تَعَدَّى سِنّ المُراهَقة

Children have to go to bed earlier than grown-ups.

يَجب أنْ يَنام الأطْفال قَبْل الكِبار .

growth *n.* **نُمُوّ . تَطَوُّر**

grub *n.* **يرَقة . يرَقانة**

grub *n.* **أكْل . طَعام**

grudge *n.* **ضَغينة . حِقْد**

gruff *adj.* **فَظّ . جافّ الطَّبْع**

grumble *v.* **يتَذَمَّر . يشْكُو**

The bus driver is always grumbling about the bad traffic.

يَشْكُو سائق الأُوتوبيس باسْتِمْرار مِنْ زِحام المُرور .

grumpy *adj.* **مُتَذَمِّر وسَيِّء المِزاج**

grunt *v.* **١- يهَمْهِم**

The movers grunted as they strained to lift the piano.

هَمْهَم الشَّيّالون وهُمْ يَجْتَهِدون لِرَفْع البِيانُو .

٢- ينْخر (الخِنْزير ينْخر)

guarantee *n.* **ضَمان**

guard *n.* **حارِس**

guard *v.* **يحْرُس**

guess *v.* **يحْزِر . يُخَمِّن**

guest *n.* **ضَيْف**

guide *n.* **مُرْشِد . دَليل**

guide *v.* **يُرْشِد . يدُلّ**

guilt *n.* **١- ذَنْب**
٢- الشُّعور بِالذَّنْب

guilty *adj.* **١- مُذْنِب**

A jury must decide if the accused is guilty or innocent.

على هَيْئة المُحَلَّفين أن تُقَرِّر ما إذا كان المُتَّهَم مُذْنِبًا أم بَريئًا .

٢- شاعِر بِالذَّنْب

guinea-pig *n.* **الخِنْزير الهِنْدىّ**

guitar *n.* جيتار (آلة موسيقيّة وتريّة)
gulf *n.* خلَيج
gulp *n.* بلْعة . جُرْعة
gulp *v.* يَبْلَع بسُرْعَة
gum *n.* لثة
gum *n.* لُبان
gun *n.* سلاح نارِيّ (مثلاً: مُسَدَّس أوبُنْدُقيّة)
gunpowder *n.* بارُود
guppy *n.* صغير السَّمك . فَرْخ السَّمَك
guts *n.pl.* ١- مَصارين . أَمْعاء
٢- شَجاعة . جُرْأة
gutter *n.* ١- قَناة بِمُحاذاة الرَّصيف لتَصْريف المياه
٢- مِزْراب (على حافّة سَطْح البَيْت)
guy *n.* رَجُل أو شابّ
gym or gymnasium *n.* جِمْنازْيُوم:
قاعة كَبيرة للألْعاب الرِّياضيّة
gymnastics *n.* جُمْباز

H h

hammock

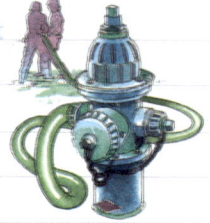

hydrant

habit *n.* عادة

habitat *n.* مَوْطِن : بيئة طَبيعيّة لحَيَوانٍ أو نَباتٍ

A penguin's hatural habitat is icy and wet.

البيئة الطَّبيعيّة لطائِر البِطْريق هى المُناخ الثَّلْجِى والرَّطْب .

had *v.* to have ماضى فِعْل

hag *n.* شَمْطاء . امْرأة عَجُوز قَبيحة

hail *n.* بَرَد : مَطَر مُتَجَمِّد على شَكْل قِطَعٍ صَغيرةٍ مِن الثَّلْج

hail *v.* يُحَيِّى . يُسَلِّم على

hair *n.* شَعْر

haircut *n.* ١- قَصّة أو حِلاقة الشَّعْر ٢- تَسْريحة الشَّعْر

In the 60's, many people copied the Beatles' haircut.

فى السِّتِّينات قَلَّد الكَثير من النّاس تَسْريحة شَعْر فِرْقة « البيتلز » الغِنائيّة .

The Beatles
Rock group which was very popular in the 1960s and until today. The four members John Lennon, Paul McCartney, George Harrison and Ringo Starr came from Liverpool in England. Besides their particular and innovative style in music they also had a special haircut and style of dress.

hairdresser *n.* حلاّق . مُزَيِّن . كُوافير

hairstyle *n.* تَسْريحة الشَّعْر

half *n.* نِصْف

half-time *n.* هافْتايم : الفَتْرة بَيْنَ الشَّوْطَيْن فى مُباراة

half-way *adv.* فى نِصْف المَسافة أو الوَقْت

hall *n.* ١- طُرْقة ٢- قاعة

Halloween *n.* عيد يَقَع يَوْم ٣١ أُكْتُوبر ويَتَنَكَّر فيه الأطْفال

halo *n.* هالة

halt *v.* يَتَوَقَّف . يَقِف

halve *v.* يُنَصِّف . يُقَسِّم إلى نِصْفَيْن

ham *n.* جَمْبُون : لَحْم خِنْزيرٍ مُدَخَّن

hamburger *n.* هامْبُورْجَر

hammer *n.* شاكوش . مِطْرَقة

hammock *n.* أُرْجُوحة أو شَبَكة تُعَلَّق بَيْنَ شَجَرَتَيْن تُسْتَخْدَم لِلنَّوْم

hamster *n.* هَمْسْتَرْ (حيَوان صغير يُشْبِه الفأر)

hand *n.* ١- يد

٢- عَقْرَب (مِنْ عَقارِب السّاعة)

hand in *v.* يُقَدِّم . يُسَلِّم (الواجبات مثلاً)

hand out *v.* يُوَزِّع . يُفَرِّق

hand over *v.* يُسَلِّم

hand-made *adj.* مَصْنُوع يدَوياً

hand-me-down *n.* ملابِس تَنْتَقِل مِنْ طِفْلٍ إلى طِفْلٍ أَصْغَر فى العائِلة

handbag *n.* حَقيبة يدٍ للنِّساء

handbook *n.* كِتاب تَعْليمات . كِتاب دَليل

handcuff *n.* كَلَبْش . قَيْد لليَدَيْن

handicapped *adj.* مُعَوَّق . مُعاق

handicraft *n.* حِرْفة يَدَويّة . صِناعة يَدَويّة

handkerchief *n.* مَنْديل

handle *n.* مِقْبَض . يَد . أُكْرة

handle *v.* ١- يُمْسِك

٢- يُعالِج مَوْقِفاً . يَتَعامَل مع

Special teams at the airport are trained to handle emergency landings.

تُوجَد فى المطار فِرَق خاصّة مُدَرَّبة لِكَى تَتَعامَل مع حالات الهُبوط الاضْطِرارِىّ.

handlebars *n.pl.* مِقْوَد الدَّرّاجة

handshake *n.* تَصافُح بالأيْدِى

handsome *adj.* وَسيم

handwriting *n.* خطّ اليَد (فى الكِتابة)

handy *adj.* فى مُتَناوَل اليد . سَهْل الاسْتِخْدام

hang *v.* ١- يَتَعَلَّق . يَتَدَلَّى

٢- يُعَلِّق

٣- يَشْنُق

hang about or hang around *v.* يَتَسَكَّع

hang on *v.* ١- يَتَمَسَّك بِ

٢- يَنْتَظِر

hang up *v.* ١- يُعَلِّق (المَلابِس فى الدُّولاب مثلاً)

٢- يُنْهِى مُكالَمة تِليفونيّة

hangar *n.* حَظيرة طائِرات

hanger *n.* شَمّاعة

haphazard *adj.* عَشْوائِىّ . بِدُون تَرْتيب

happen *v.* يَحْدُث . يَقَع

happy *adj.* سَعيد . مَسْرور

happy-go-lucky *adj.* خالِى البال

harbour or harbor *n.* ميناء

hard *adj.* ١- صَعْب

٢- صُلْب . ناشِف

Melted wax goes hard when it cools.

يُصبِح الشَّمْع السّائِل صُلْباً عِنْدَما يَبْرُد .

٣- قاسٍ

Eskimos stock food in preparation for the hard winter months.

يُخزِّن الإسْكيمو المُؤَن الغِذائيّة اسْتِعْداداً لشُهور الشِّتاء القاسية .

hardback or hardcover *n.* كِتاب مُجلَّد تَجْليداً فاخِراً

hardheaded *adj.* عَنيد

hardly *adv.* بِالكاد

The newborn colt could hardly stand up.

المُهْر الحَديث الوِلادة اِسْتَطاع بِالكاد أنْ يَقِف .

hardship *n.* مَشَقّة . شِدّة

The Armenians suffered many hardships under Ottoman rule.

تَحمَّل شَعْب أرْمينيا شَدائِد كَثيرةً تَحْت الحُكْم العُثْمانيّ .

hardware *n.* أدوات مَعْدِنيّة (مثلاً: أدوات نِجارة)

hare *n.* أرْنَب بَرِّيّ

harm *n.* أذًى . ضَرَر

harm *v.* يُؤْذي . يَضُرّ

harmful *adj.* مُؤْذٍ . ضارّ

harmless *adj.* غَيْر مُؤْذٍ . غَيْر خَطِر

Some snakes look dangerous but actually they're harmless.

بَعْض الثَّعابين تَبْدُو خَطِرةً لكنها فى الواقِع غَيْر مُؤْذية .

harmonica *n.* هارْمُونيكا (آلة موسيقيّة)

harmony *n.* ١- هارْمُونى . تَناغُم

٢- اِنسِجام

harness *n.* مَجْموعة أحْزِمة جِلْديّة تُكوِّن طَقْم الحِصان

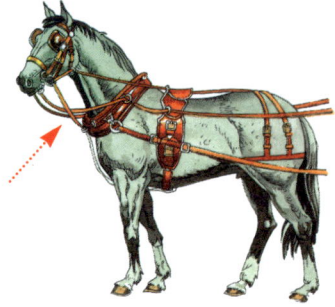

harp *n.* هارْب (آلة موسيقيّة وتريّة)

harpoon *n.* رُمْح لِصَيْد الحيتان و الأسْماك

harsh *adj.* خَشِن . قاسٍ

harvest *n.* ١- مَحْصول

٢- مَوْسِم الحَصاد

harvest *v.* يَحْصُد

has *v.* مضارع فعل to have مع it و he و she

hassle *n.* شَىْء مُزْعِج ومُتْعِب

haste *n.* تَعجُّل . عَجلَة

hat *n.* قُبَّعة . بُرْنيطة

hatch *n.* فَتْحة فى سَطْح السَّفينة

hatch *v.* تفقس (البَيْضة)

hatchet *n.* فَأس . بَلْطة

hate *n.* كُرْه . كَراهية

hate *v.* يَكْرَه . يمقُت

hatred *n.* كُرْه . كَراهية

haughty *adj.* مُتغطرِس . مُتعالٍ

haul *v.* يَشُدّ . يَجُرّ

haunted *adj.* مَسْكُون

People say the Tower of London is haunted by Anne Boleyn's ghost.

يُقال إن بُرْج لَنْدَن مَسْكُون بِشَبَح المَلِكة آن بُولين .

> ***Ann Boleyn (1507-1536)***
> *The second wife of Henry VIII, King of England, and the mother of Queen Elisabeth I. She was accused of being unfaithful to her husband and is supposed to have been unjustly executed.*

have *v.* يَمْلِك (له ، عنده ، لديه)

Spiders have eight legs.

للعَنْكَبُوت ثَماني أَرْجُلٍ .

I don't have time to wait for you.

لَيْس عِنْدي وَقْت كافٍ لانْتِظارَك .

have on *v.* يَلْبَس . يَرْتَدي

It's hard to go down steps when you have rollerskates on.

من الصَّعْب أَنْ تَهْبط على دَرَجات السُّلَّم وأنت تَرْتَدي حذاء التَّزَحْلُق .

have to *v.* يَجِب أَنْ . يَلْزَم أَنْ

hawk *n.* صَقْر

hay *n.* قَشّ . حَشِيش مُجَفَّف

hazard *n.* مُخاطَرة

hazelnut *n.* بُنْدُقة

head *n.* رَأْس

head for *v.* يَتَّجِه إلى . يَذْهَب نَحْو

headache *n.* صُداع

headband *n.* رِباط الشَّعْر

heading *n.* عُنْوان (مَقالٍ مثلاً)

headlight *n.* فانُوس أَمامِيّ (في سَيّارةٍ مثلاً)

headline *n.* عُنْوان رَئِيسِيّ في جَرِيدةٍ أو مَجَلّة

headmaster *n.* ناظِر مَدْرَسة

headmistress *n.* ناظِرة مَدْرَسة

headphones *n.pl.* سَمّاعات تُثَبَّت على الأُذُنَيْن

headquarters *n.* مَرْكَز رَئِيسِيّ .
مَقَرّ قِيادة (مثلاً: مَرْكَز الشُّرْطة الرَّئيسيّ)

heads *n.pl.* ناحِية الصُّورة على العُمْلة المَعْدِنِيّة
(في لُعبة: صورة أم كِتابة)

heal *v.* ١- يَلْتَئِم

It can take more than a month for a broken arm to heal.

تَحْتاج الذِّراع المَكْسُورة إلى أَكْثَر مِنْ شَهْرٍ حتى تَلْتَئِم .

٢- يَشْفِي

health *n.* صِحّة

healthy *adj.* ١- مُتَمَتِّع بِصِحّة جَيِّدة
(مثلاً: رَضِيع مُتَمَتِّع بِصِحّة جَيِّدة)
٢- صِحِّيّ (مثلاً: أكْل صِحِّيّ)

heap *n.* كَوْم (مثلاً: كَوْم غَسيل)

hear *v.* يَسْمَع

hear of *v.* يَسْمَع عن . يَعْلَم بِ

97

hearing aid *n.* سَمّاعة (يَسْتَخْدِمُها شَخْص لا يَسْمَع بِسُهولة)

heart *n.* قَلْب

heartbeat *n.* نَبْضة القَلْب

heat *n.* حَرارة . دِفء

heat *v.* يُسَخِّن

heater *n.* سَخّان . مِدْفأة

heaven *n.* الجَنّة

heavy *adj.* ثَقيل

hedge *n.* سِياج مِن الشُّجَيْرات

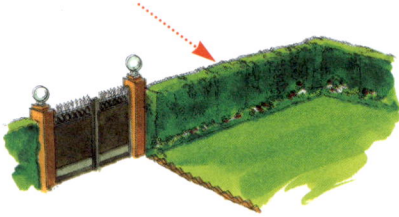

hedgehog *n.* قُنْفُذ

heed *v.* يَلْتَفِت إلى . يَنْتَبِه إلى

heel *n.* ١- عَقِب (القَدَم)
٢- كَعْب (الحِذاء)

height *n.* ١- طول (شَخْص مثلاً)
٢- عُلُوّ . ارْتِفاع (مَبْنىً مثلاً)

heir *n.* وَريث

helicopter *n.* هلِيكُوبْتَر . طائرة عَموديّة

helium *n.* غاز الهِلْيوم

hell *n.* النّار . جَهَنَّم

hello *interj.* آلو . أَهْلاً

helmet *n.* خُوذة

help *n.* مُساعَدة . عَوْن

help *v.* يُساعِد . يُعاوِن

help out *v.* يُساعِد

help yourself تَفَضَّلْ : دَعْوة الشَّخْص إلى تَناوُل ما يُريد (مِن الطَّعام مثلاً)

helpful *adj.* ١- خَدوم . مُعين
٢- مُفيد

This guidebook is full of helpful information for tourists.

يَحْتَوى هذا الدَّليل السِّياحِيّ على مَعْلومات كَثيرة مُفيدة للسُّيّاح .

helping *n.* حِصّة (من الطَّعام)

Gulliver took enormous helpings of food when he was in Lilliput.

كان جليفَر يَأْخُذ حِصَصاً ضَخْمة مِن الطَّعام وهو فى أَرْض لِيلِيبُوت .

> ***Gulliver***
> *The hero of Gulliver's Travels, a novel by Jonathan Swift, in which Gulliver visits the fantastic world of tiny people in the land of Lilliput, and then another world of giants in the land of Brobdingnag.*

hem *n.* طَرَف . حاشِية (مثلاً: طَرَف الفُسْتان)

hemisphere *n.* نِصف الكُرة الأَرْضيّة

Australia is in the southern hemisphere.

تَقَع أُسْتُراليا فى نِصْف الكُرة الأَرْضيّة الجَنوبِيّ .

hen *n.* ١- دَجاجة
٢- أُنْثَى الطّائر

her *pron.* ١- ها . ها

I gave her a kitten for her birthday.

أَهْدَيْتُها قِطّةً صَغيرةً بِمُناسَبة عيد ميلادِها .

٢- ها . ها (مِلْكُها)

herb *n.* عُشْبة (مثلاً: الشَّبَت أوالكُزْبَرة)

herd *n.* قَطيع : مَجْموعة مِن الحَيَوانات

here *adv.* هُنا

heredity *n.* وِراثة

hermit *n.* ناسِك . شَخْص مُعْتَزِل عن النّاس

hero *n.* بَطَل

heroine *n.* بَطَلة

herring *n.* رِنْجة

hers *pron.* ها . ها (مِلْكها)

That's not my guitar. It's hers.

هذا الجيتار لَيْسَ لى إنَّما هو جيتارُها .

herself *pron.* نَفْسها

She's proud of herself for learning how to swim.

إنّها فَخُورة بِنَفْسِها لأنها تَعَلَّمَتْ السِّباحة .

hesitate *v.* يَتَرَدَّد

hesitation *n.* تَرَدُّد

hexagon *n.* شَكْل سُداسىّ

hey *interj.* لَفْظ للنِّداء أو لِجَذْب الانْتِباه

hi *interj.* أَهْلاً !

hibernate *v.* يَبيت شِتاءً : يَنام أثْناء فَصْل الشِّتاء

Bats and bears are among the animals which hibernate every year.

الوَطْواط والدُّبّ من الحَيَوانات التى تَبيتُ شِتاءً كُلّ سَنة .

hiccup *n.* زُغْطَّة . فُواق

hide *n.* جِلْد حَيَوان

hide *v.* ١- يَخْتَفِى . يَخْتَبِئ

The vampire hid in the shadows waiting for his next victim.

اخْتَبَأ مَصّاص الدِّماء فى الظَّلام مُنْتَظِراً ضَحِيَّته التّاليّة .

٢- يُخْفِى . يُخَبِّئ

An ostrich hides its head in the sand when it's frightened.

تُخَبِّئ النَّعامة رأْسَها فى الرِّمال عِنْدَما تَكُون خائِفةً .

hide-and-seek *n.* لُعْبة الاِسْتِغُمّاية

hide-out *n.* مَخْبَأ

high *adj.* عالٍ . مُرْتَفِع

high chair *n.* كُرْسىّ يَجْلِس فيه الطِّفْل أثْناء الأكْل

high school *n.* مَدْرَسة ثانَويّة

high-tech *adj.* مُتَقَدِّم تِقْنِيّاً

highness *n.* سُمُوّ

highway *n.* طَريق رَئيسىّ واسع خارِج المَدينة

hijack *v.* يَخْطِف (طائِرةً أو سَفينةً مثلاً)

hike *n.* تَجَوُّل أو نُزْهة (فى الرِّيف)

hike *v.* يَتَجَوَّل فى الرِّيف أو الجِبال

hilarious *adj.* مُضْحِك جِداً

hill *n.* تَلّ . جَبَل صَغير

him *pron.* ـه . . . ه

I saw him sitting in a tree.

رَأَيْتُه جالِساً فَوْق شَجَرة .

himself *pron.* نَفْسهُ

My baby brother can't feed himself.

لا يَسْتَطيع أَخى الصَّغير أَنْ يُطْعِم نَفْسَهُ .

hinge *n.* مُفَصَّلة (مثلاً: مُفَصَّلة الباب)

hint *n.* تَلْميح

I guessed the answer to the riddle from just one hint.

عَرَفْت حَلّ الفَزُّورة مِنْ تَلْميحٍ واحِدٍ فَقَطْ .

hint *v.* يلمِّح

hip *n.* حوْض . مفْصل الورْك و الفخذ

hippopotamus *n.* سيِّد قشْطة . فرس النَّهر

hire *v.* ١- يستأْجر (سيّارة مثلاً)

٢- يوظِّف . يُشغِّل (عمّالاً مثلاً)

his *pron.* ..ه . . ..ه (ملْكه)

Goha rode his donkey through the village.

ركب جُحا حمارَهُ وطاف بالقرْية .

Please see: ***Goha, page 29***

hiss *n.* فحيح . هسيس (مثلاً: فحيح الحيّة)

hiss *v.* يفُحّ . يهِسّ

The air hissed out of the balloon.

خرج الهواء من البالُون وهو يهِسّ .

history *n.* تاريخ . علْم التّاريخ

hit *n.* ١ - ضرْبة . خبْطة

٢ - عمل فنِّيّ ناجح جداً (أغنية أومسْرحيّة مثلاً)

hit *v.* يضْرب . يخْبط

hitch *v.* يرْبُط . يشْبك

The farmer hitched his ox to the water-wheel.

ربط الفلّاح الثّور فى السّاقية .

hitchhike *v.* يطْلُب توْصيلةً منْ

سيّارات مارّة فى الطّريق

hive *n.* خليّة النّحْل

hoarse *adj.* مبْحوح . أجشّ (الصّوْت)

hobby *n.* هواية

hobbyhorse *n.* حِصان خشبىّ يركبُه الأطفال

hobo *n.* شخْص مُتشرِّد

hockey *n.* رياضة الهُوكى

hocus pocus *n.* سحْر . خدْعة

hoe *n.* معْزقة . فأْس

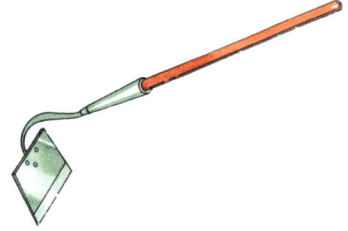

hog *n.* خنْزير

hog *v.* يبْخل . يُكوِّش

hold *v.* ١- يمْسك

How many eggs can you hold in one hand?

كمْ بيْضةً يُمْكنُك أنْ تمْسكها فى يدٍ واحدة؟

٢- يحْتوى . يسع

The new stadium holds 200,000 spectators.

يسع الإسْتاد الجديد ٢٠٠٠٠٠ مُتفرِّج .

hold back *v.* يضْبط . يكْبح

hold on *v.* ١- يتمسّك

٢- ينْتظر

hold up *v.* ١- يسْند . يحْمل

٢- يؤخِّر . يعيق

Bad weather held up take-off for several hours.

أخّر الطّقس السّيِّئ إقْلاع الطّائرة لعدّة ساعات .

٣ - يسْرق (بنْكاً مثلاً)

hold-up *n.* سرقة

hole *n.* ١- خرْم . ثُقْب

٢- حفْرة

holiday *n.* ١- عُطْلة . إجازة

٢- عيد

hollow *adj.* أجْوف

holy *adj.* مُقدّس

home *n.* ١- بيْت . منْزِل
٢- وَطَن

homemade *adj.* مُعَدّ فى البَيْت

Homemade cakes are always better than store-bought ones.

الحَلَويّات المُعَدّة فى البَيْت أطْعَم دائِماً من التى تُشْتَرَى جاهِزة.

homesick *adj.* مُتَشَوِّق للعَوْدَة إلى الوَطَن أو العائلة

hometown *n.* المدينة أو القَرْية التى يُولَد أو يُقيم فيها الشَّخْص

homework *n.* واجِبات مدْرَسيّة

homonym *n.* كلِمة مُتَشابِهة نُطْقاً و كِتابةً مع كلِمةٍ أُخْرَى ولها مَعْنًى مُخْتَلِفٌ

honest *adj.* أمين

honesty *n.* صِدْق . أمانة

honey *n.* عَسَل

honk *n.* صَوْت زُمّارة أو آلة تَنْبيه

honk *v.* يُزَمِّر (بِآلة التَّنْبيه مثلاً)

honour or honor *n.* شَرَف . كَرامة

honour or honor *v.* يُشَرِّف . يُكَرِّم

hood *n.* ١- طَرْطور . قَلَنْسُوة
٢- غِطاء الموتور (فى السَّيّارة مثلاً)

hoof *n.* حافِر . ظِلْف

hook *n.* صِنّارة . خُطّاف

hook up *v.* يَرْبُط . يَصِل

hooligan *n.* مُشاغِب

hoop *n.* طَوْق . حَلْقة

hoot *n.* نَعيق البُوم

hoot *v.* ١- يَنْعَق . يُطْلِق صَوْتاً كَنَعيق البُوم
٢- يُزَمِّر (بِآلة التَّنْبيه مثلاً)

hop *v.* ١- يَنُطّ أو يَقْفِز
٢- يَحْجِل أو يَنُطّ على رِجْلٍ واحِدةٍ

hope *n.* أمَل

hope *v.* يأمُل . يتَمَنَّى

hopscotch *n.* لُعْبة الحَجْلة

horizon *n.* أُفُق

horizontal *adj.* أُفُقِيّ (عكس رأسِيّ)

The Greek flag has blue and white horizontal stripes.

عَلَم اليونان به خُطوط أُفُقيّة بَيْضاء وزَرْقاء.

horn *n.* ١- قَرْن
٢- بُوق . نَفير
٣- آلة تَنْبيه

horoscope *n.* أبْراج الحَظّ

horrible or horrid *adj.* شَنيع . فَظيع

horror *n.* رُعْب . فَزَع

horse *n.* حِصان . خَيْل

horsepower *n.* قُوّة حِصان (وَحْدة لِقياس قُوّة مُوتُور)

horseshoe *n.* حَدْوة : نَعْل الحِصان

hose *n.* خُرْطُوم

hospital *n.* مُسْتَشْفَى
host *n.* مُضيف
hostage *n.* رَهينة
hostess *n.* مُضيفة
hostile *adj.* عُدْوانىّ
hot *adj.* ١- حارّ . سُخْن
٢- حارّ . لاذع (مثلاً: فِلْفِل حارّ)
hot dog *n.* سَنْدَوِتْش سُجُقّ

hotel *n.* فُنْدُق
hound *n.* كَلْب صَيْد
hour *n.* ساعة (ستُّون دقيقةً)
house *n.* بَيْت . دار . مَنْزِل
household *n.* أُسْرة . أهْل البَيْت
housewife *n.* ربّة البَيْت
hover *v.* يُحلّق فى الجوّ . يَحُوم
how *adv.* كَيْف
how much or how many *adv.* كَمْ
however *conj.* مَعَ ذلك . لكنّ
however *adv.* كَيْفَما . مَهْما
howl *v.* يَعْوِى (الذِّئْب يَعْوِى)
hug *n.* حِضْن . عِناق
hug *v.* يَحْضُن . يُعانق
huge *adj.* ضَخْم
hull *n.* هَيْكَل السَّفينة
hum *v.* يُدَنْدِن
human *adj.* إنْسانِىّ . بَشَرِىّ
human or human being *n.* إنْسان . ابْن آدَم

humble *adj.* مُتَواضِع
humidity *n.* رُطُوبة
humiliate *v.* يُذِلّ . يُهين
hummingbird *n.* الطَّائِر الطَّنَّان
humour or humor *n.* فُكاهة . مِزاح
hump *n.* حَدَبة . سَنام (مثلاً: سَنام الجَمَل)

hunch *n.* ١- حَدَبة
٢- تَخْمين . شُعور
hunchback *n.* شَخْص أحْدَب
hundred *n.* مائة (مِئة)
hunger *n.* جُوع
hungry *adj.* جائِع
hunt *v.* يَصْطاد . يَصيد
hunt for *v.* يَبْحَث عن . يُفَتِّش عن
We hunted for mushrooms in the woods after the rain.
بَحَثْنا عن عيش الغُراب فى الغابة بَعْدَ أنْ تَوَقَّف المَطَر.
hunter *n.* صَيّاد
hurdle *n.* حاجِز
hurrah or hurray *interj.* "يَعيش!"
hurricane *n.* عاصِفة شَديدة برِياحٍ عَنيفةٍ
hurry *n.* عَجَلة . اسْتِعْجال
hurry *v.* يُسْرِع . يُعَجِّل
hurt *n.* جُرْح طَفيف

hurt *v.* ١- يُؤْلِم . يَوْجَع
٢- يُؤْذى . يَجْرَح

Reading without your glasses **hurts** your eyes.

القراءة بدُون نظّارَتك الطِّبّيّة تُؤْذى عَيْنَيْك .

husband *n.* زَوْج . بَعْل

hush *v.* يُسكّت . يُهَدِّئ

husky *adj.* ضَخْم وقَوِيّ الجِسْم

hustle *v.* يُشَهِّل . يَتَحَرَّك بِنَشاط

hut *n.* كُوخ

hydrant *n.* حَنَفِيّة كبيرة يُرَكَّب عليها خُرْطوم لإطْفاء الحَرائِق

hydrogen *n.* غاز الهيدْرُوچين

hyena *n.* ضَبْع

hygiene *n.* الصِّحّة و النَّظافة

hymn *n.* تَرْتيلة . أُغْنية دينيّة

hyphen *n.* شَرْطة (مثلاً : الشَّرْطة فى كَلمة copy-cat)

hypnotize *v.* يُنَوِّم تَنْويماً مِغْنَطيسياً

hypocrite *n.* مُنافِق

ibis *n.* أبو قِرْدان

ice *n.* ثَلْج . جَليد

ice cream *n.* آيس كْريم . چيلاتى

ice-skate *v.* يَتَزَحْلَق على الجَليد

iceberg *n.* جَبَل جَليدٍ عائِم

icecube *n.* قِطْعة أو مُكَعَّب ثَلْج

icicle *n.* قِطْعة ثَلْج مُتَدَلِّيَة (تَتَكَوَّن مِنْ تَجَمُّد ماءٍ أَثْناء تَقْطيرِه)

icing *n.* غِطاء مُسَكَّر للحَلَوِيّات

I'd = I had; I would

idea *n.* فِكْرة

ideal *adj.* مِثالِىّ

The cave seemed ideal for camping until the bear came out.

كُنّا نَظُنّ أن الكَهْف هو المَكان المِثالِىّ للتَّخْييم حتى خَرَج منْه الدُّبّ .

identical *adj.* مُتَماثِل (تماماً) . مُتَشابِه (تماماً)

Penguins may look identical but each one is different.

قد تبدو طُيور البطْريق مُتَماثِلة لِبَعْضِها البَعْض ولكنها فى الواقِع مخْتَلِفة .

identification *n.* تَعَرُّف . تَحْديد هُوِيّة

identify *v.* يَتَعَرَّف على . يُحَدِّد نَوْع

Scientists have identified the virus which causes the disease.

حَدَّد العُلَماء نَوْع الڤَيْروس الذى يُسَبِّب المَرَض .

identity *n.* هُوِيّة . ذاتِيّة . شَخْصِيّة

idiot *n.* أَبْلَه . أَحْمَق

idle *adj.* ١- كَسول

٢- لا عَمَلَ له . بِدُون عَمَل

The machine operator sat idle during the power cut.

العامِل الذى يُشَغِّل الماكينة جَلَس بِدُون عَمَل أَثْناءَ انْقطاع التَّيّار الكَهْرَبائِىّ.

idol *n.* ١- صَنَم . تِمْثال يُعْبَد

٢- مَعْبود . مَثَل أَعْلَى

Bruce Lee is the idol of many kung fu fighters.

بُروس لِى هو المَثَل الأَعْلَى للعَديد مِنْ لاعِبِى الكُونْج فُو.

Bruce Lee (1940-1973)
Famous actor and kung fu expert. He had his own style in fighting called Jeet Kune Do (the way of the intercepting fist). His films include Enter the Dragon, The Way of the Dragon and Fist of Fury. He died during the shooting of a film that had to be finished without him.

if *conj.* لَوْ . إذا

igloo *n.* بَيْت مِن الثَّلْج على شَكْل قُبَّة يَعيش فيه الإسْكيمو

ignorant *n.* جاهِل

ignore *v.* يَتَجاهَل . لا يَهْتَمّ بِ

Drivers who ignore traffic lights cause accidents.

يَتَسَبَّب السّائقون الذين يَتَجاهَلون إشارات المُرور فى وُقُوع الحَوادِث.

ill *adj.* مَريض . عَليل

I'll = I shall; I will

illegal *adj.* غَيْر قانونِىّ

illiterate *adj.* أُمِّىّ : لا يَعْرِف القِراءة و الكِتابة

illness *n.* مَرَض

illusion *n.* وَهْم

illustrate *v.* يُوَضِّح بالرَّسْم أو ضَرْب الأَمْثِلة

illustration *n.* صُورة تَوْضيحِيّة

I'm = I am

image *n.* صُورة

What you see in a mirror is a reverse image.

ما تَراه فى المِرْآة هو صُورةٌ عَكْسِيّة.

imagination *n.* خَيال . تَخَيُّل

imagine *v.* يَتَخَيَّل . يَتَصَوَّر

imbecile *n.* أَبْلَه . أَحْمَق

imitate *v.* يُقَلِّد

immature *adj.* غَيْر ناضِج . تَصَرُّفه طُفُولِىّ أو مُراهِق

immediately *adv.* مُباشَرةً . فَوْراً

immigrate *v.* يُهاجِر : يَأْتِى إلى بَلَدٍ أَجْنَبِىٍّ لِيَسْتَقِرّ به

impact *n.* ١- صَدْمة . تَصادُم

٢- تأثير قوى

impatient *adj.* نافِد أو عَديم الصَّبْر . مُتَلَهِّف

The impatient passengers complained about the delay at the airport.

شَكا الرُّكّاب نافِدو الصبر من التَّأَخُّر فى المَطار.

implement *n.* أَداة

imply *v.* يَعْنِى . يُعَبِّر بِطَريقة غَيْر مُباشِرة

impolite *adj.* غَيْر مُهَذَّب . قَليل الأَدَب
import *n.* سِلْعة مُسْتَوْرَدة
import *v.* يَسْتَوْرِد
importance *n.* أَهَمِّيَّة
important *adj.* هامّ . مُهِمّ
impossible *adj.* مُسْتَحيل
impostor *n.* مُحْتال . دَجّال
impress *v.* ١ - يُؤَثِّر على
٢ - يَتْرُك انْطِباعاً حَسَناً . يَحوز إعْجاباً
impression *n.* ١ - انْطِباع . تَأْثير
First impressions can be wrong.
قد تخطئ الانْطِباعات الأولى .
٢ - بَصْمة . أَثَر
People lying on the beach leave impressions of their bodies in the sand.
يَتْرُك الناس المُسْتَلْقون على البلاج آثاراً لأجسامهم في الرِّمال .
impressive *adj.* مُؤَثِّر . رائع
improper *adj.* غَيْر مُناسِب
improve *v.* ١ - يُحَسِّن
Some farmers use organic fertilizer to improve their crop.
يُحَسِّن بَعْض المُزارِعين مَحْصولَهُم بِاسْتِخْدام السَّماد العُضْوِيّ .
٢ - يَتَحَسَّن
After weeks of rehearsals the dance troupe had improved greatly.
تَحَسَّن مُسْتَوَى فِرْقة الرَّقْص الشَّعْبِيّ جِدًّا بَعْد أسابيع من التَّدْريب .
improvement *n.* تَحَسُّن
in *prep.* ١ في
٢ - داخل
incense *n.* بَخور
inch *n.* بوصة (مِقْياس = ٢,٥٤ سَنْتيمِتْر)
incident *n.* حَدَث . واقِعة
incline *n.* مُنْحَدَر . مَيْل
The passageway inside the Cheops Pyramid is a steep incline.
المَمَرّ الذى بداخل هرم خوفو عِبارةٌ عن مُنْحَدَرٍ حادٍّ .

> ***Cheops Pyramid***
> *Built for Cheops, king of Egypt (2600 B.C.), this is the biggest of the three pyramids of the Giza plateau. It is said that it took 20 years to build.*

include *v.* يَشْمَل . يَتَضَمَّن
income *n.* دَخْل . إيراد
incomplete *adj.* ناقِص . غَيْر كامِل
inconsiderate *adj.* غَيْر مُراعٍ لِشُعور الآخَرين
inconvenient *adj.* غَيْر مُناسِب . مُزْعِج . مُرْبِك
incorrect *adj.* غَيْر صَحيح
increase *n.* ازْدِياد . تَكاثُر
increase *v.* ١ - يَزْداد . يَتَكاثَر
٢ - يَزيد
incredible *adj.* لا يُصَدَّق . غَيْر مَعْقول
indeed *adv.* فِعْلاً
independence *n.* اسْتِقْلال
independent *adj.* ١ - مُعْتَمِد على نَفْسه
A seeing-eye dog helps a blind person to be more independent.
يُساعدالكلب المدرب الشَّخْص الكفيف على أن يكون مُعْتَمِداً على نَفْسه .
٢ - مُسْتَقِلّ . حُرّ
index *n.* فِهْرِس (في كتاب)
index finger *n.* السَّبّابة : الإصْبَع التي بَيْن الإبْهام والوُسْطَى
indicate *v.* يُشير إلى
indirect *adj.* غَيْر مُباشِر

individual *n.* فَرْد . شَخْص
indoors *adv.* داخِل بَيْتٍ أو مَبْنَى
industry *n.* صِناعة
infant *n.* رَضيع
infantry *n.* جُنود المُشاة (فى الجيش)
infection *n.* عَدْوَى
inferior *adj.* أَدْنَى
infinite *adj.* لانِهائِىّ . غَيْر مَحْدُود
infinity *n.* اللانِهاية
infirmary *n.* مُسْتَوْصَف . عِيادة
inflate *v.* يَمْلأ بالهَواء
influence *n.* تَأْثير

Watching too much television has a bad influence on children.

كَثْرة مُشاهدة التِّليفِزْيُون لها تَأْثيرٌ سَيِّءٌ على الأَطْفال .

influence *v.* يُؤَثِّر فى
influenza *n.* إنْفلُوَنْزا
inform *v.* يُخْبِر بـ . يُبَلِّغ
informal *adj.* غَيْر رَسْمِى
information *n.* مَعْلومات . أَخْبار
ingenious *adj.* بارِع . ذَكِى
ingredient *n.* مُكَوِّن

Rice, lentils and macaroni are the main ingredients of koshari.

الأُرْز والعَدَس والمَكَرونة هى مُكَوِّنات الكُشَرِىّ الرَّئيسيّة .

inhabit *v.* يَسْكُن . يُقيم فى
inhale *v.* يَسْتَنْشِق الهَواء
inherit *v.* يَرِث . يَتَوارَث
inheritance *n.* مِيراث
initial *n.* الحَرْف الأوّل من اِسْم شَخْص
injection *n.* حُقْنة . حَقْن

injure *v.* يَجْرَح
injury *n.* إصابة
ink *n.* حِبْر
inland *adj.* بَعيد عن ساحِل البَحْر
inn *n.* نُزُل . فُنْدُق صغير

inner *adj.* داخِلِىّ
innocent *adj.* ١ - بَرِىء . غَيْر مُذْنِب

The accused is innocent until proven guilty.

المُتَّهَم بَرِىء إلى أَنْ تَثْبُت إدانَتُه .

٢ - بَرِىء . ساذَج

input *n.* مُدْخَلات : مَجْموعة المَعْلومات التى تُدْخَل فى الكُومْبيوتَر
inquire *v.* يَسْتَفْسِر . يَسْأَل
insane *adj.* مَجْنون . مُخْتَلّ العَقْل
insect *n.* حَشَرة
insecure *adj.* شاعِر بِعَدَم الثِّقة أو الأمان
insert *v.* يُدْخِل
inside *prep.* داخِل . فى
inside *adj.* داخِلِىّ
inside *n.* الدّاخِل . باطِن الشَّىْء

inside-out *adv.* مَقْلُوباً ظَهْراً على بَطْنٍ

insist *v.* يُصَمِّمُ على . يُصِرُّ على

inspect *v.* يُفَتِّش

inspector *n.* مُفَتِّش

inspiration *n.* إلْهام . وَحْى

inspire *v.* يُلْهِم . يُوحِى

install *v.* يُرَكِّب

The insurance company installed a fire alarm system in the paper mill.

رَكَّبَت شَرِكَة التَّأمين جِهاز إنْذار ضِدّ الحَريق فى مَصْنَع الوَرَق .

instant *adj.* فَوْرِى . مُباشِر

instant *n.* لَحْظَة

instead of *prep.* بَدَلاً مِنْ

instinct *n.* غَريزَة

Migrating birds fly to the same place every year by instinct.

تَتَّجه الطُّيور المُهاجِرة بالغَريزَة إلى الأماكِن ذاتِها كُلّ سَنة .

institute *n.* مَعْهَد (للدِّراسة أو الأبْحاث)

institution *n.* هَيْئَة . مُؤَسَّسة

instruct *v.* يُعلِّم

instructions *n.pl.* تَعْليمات

instrument *n.* ١- أداة . آلة

The microscope is a scientific instrument.

الميكْرُوسْكُوب أداة عِلْمِيّة .

٢- آلة موسيقيّة

insult *n.* شَتيمة . إهانة

insult *v.* يَشْتُم . يَسُبّ

insurance *n.* تَأمين

intact *adj.* سَليم . كامِل

integrity *n.* نَزاهة . اسْتِقامة

intelligence *n.* ذَكاء

intelligent *adj.* ذَكِى . نَبيه

intend *v.* يَنْوِى . يَقْصِد

intense *adj.* شَديد

intention *n.* نِيّة . قَصْد

intentional *adj.* مُتَعَمَّد . مَقْصود

intercom *n.* جِهاز اتِّصالٍ داخِلِىّ

interest *n.* ١- اهْتِمام

٢- فائدة (على حِسابٍ فى البَنْك)

interested *adj.* مُهْتَمّ بِـ

interesting *adj.* مُشَوِّق . مُثير للاهْتِمام

interfere *v.* ١- يَتَدَخَّل

٢- يَتَداخَل

interference *n.* تَداخُل . تَعَرُّض

interior *n.* الدّاخِل

intermediate *adj.* مُتَوَسِّط

intermission *n.* اسْتِراحة (فى مَسْرَحيّةٍ مثلاً)

internal *adj.* داخِلِىّ

international *adj.* دَوْلِىّ . عالَمِىّ

interpret *v.* يُفَسِّر . يَشْرَح

interrogate *v.* يَسْتَجْوِب

interrupt *v.* ١- يُقاطِع (أثْناء الحَديث أو العَمَل مثلاً)

٢- يُوقِف . يُعطِّل (العَمَل مثلاً)

interruption *n.* ١- مُقاطَعة (الكَلام)

٢- تَوَقُّف . تَعْطيل

intersection *n.* تَقاطُع (طُرُق)

interview *n.* مُقابَلة

interview *v.* يُجْرِى مُقابَلَةً

intestines *n. pl.* أمْعاء

into *prep.* فى

introduce *v.* يُقدِّم . يُعرِّف

introduction *n.* ١- تَقْديم . تَعْريف
٢- مُقدِّمة (مثلاً : مُقدِّمة كِتابٍ)

intrude *v.* يَدْخُل بِدُون إذْنٍ

intuition *n.* بَديهة

invade *v.* يَغْزُو . يَعْتَدِى على بَلَدٍ آخَر

invalid *n.* عاجِز . عَليل : شَخْصٌ مَريضٌ باسْتِمْرارٍ

invent *v.* يَخْتَرِع

invention *n.* اخْتِراع

invest *v.* يَسْتَثْمِر

investigate *v.* يَبْحَث فى . يُحقِّق فى

investigation *n.* تَحْقيق

invisible *adj.* خَفِىّ . غَيْر مَرْئِىٍّ

X-rays are invisible to the human eye.

أَشعّة إكْسْ خفيّة لا تَراها عَيْن الإنْسان .

invitation *n.* دَعْوة

invite *v.* يَدْعو

involve *v.* ١- يَشْمَل . يَتَضَمَّن
٢- يُشْرِك

I.Q. *n.* نِسْبة الذَّكاء

iris *n.* ١- قُزَحيّة العَيْن
٢- زَهْرة السَّوْسَن

iron *n.* ١- مَعْدن الحَديد
٢- مِكْواة

iron *v.* يَكْوِى

irresponsible *adj.* لا يَتَحمَّل المَسْئوليّة

irrigate *v.* يَرْوِى أو يَسْقِى الأرْض

irritate *v.* يُضايِق

island *n.* جَزيرة

isolate *v.* يَعْزِل

issue *n.* ١- مَوْضوع . قَضِيّة عامّة
٢- طَبْعة . إصْدار

Superman fan club members collect old issues of the comic.

يَجْمَع أَعْضاء نادى مُحبِّى سُوپرمان طَبْعات قَديمة مِنْ مَجلّته المُصوَّرة .

Superman
The first comic book hero, created in 1938. He fought evil using his extraordinary powers including an ability to fly, X-ray vision and super-human strength. His human personality, Clark Kent, is a quiet news reporter, but when evil strikes, he changes into his blue body suit and red cape to become Superman.

it *pron.* ١- هُوَ . هِىَ (ضَمير يُطْلَق على شَىْءٍ أو حَيَوانٍ ولَيْس على شَخْصٍ)

Fuul is nutritious and it tastes good.

الفُول طَعامٌ مُغذٍّ وهو أيْضاً لَذيذٌ .

٢- ضَمير المسند إليه المجرَّد
(مثلاً : "it" فى جملة (It is raining))

itch *v.* يأكُل فَيَجْعَل الشَّخْص يَحُكّ أو يَهْرُش

The mosquito bite on my arm itches.

ذراعى يأْكُلنى بِسَبَب قَرْصة النّاموسة .

item *n.* مُفْرَدة . شَىْء

its *pron.* ـه . ـها

it's = it is; it has

itself *pron.* نَفْسه . نَفْسها

Set the automatic camera and it will take a picture by itself.

اضْبط الكاميرا الأُوتوماتيكيّة وسَوْف تلتقط صورة بِنَفْسِها .

I've = I have

ivory *n.* عاج . سِنّ الفيل

ivy *n.* اللَّبْلاب . نَبات مُتَسلِّق

J j

jester

jockey

jab *v.*
١- يَزْغَدَ . يَلْكُزُ

He jabbed the other player with his elbow and stole the ball.

لَكَزَ اللاعب مُنافسه بكُوعه وأَخَذَ منه الكُرة.

٢- يَطْعَن . يَخِزّ

jabber *v.*
يَتَكَلَّم بسُرْعة ولَخْبَطة

jack *n.*
١- آلة رفْع السيَّارات لتَغْيِير العَجَلات

٢- الوَلَد فى الكُوتْشِينة

jack-in-the-box *n.*
عَفْرِيت العُلْبة

jack-o'-lantern *n.* قَرْع عسَل مُفرَّغ على شَكْل
وجْه بشَرِيّ تُشْعَل داخلَه شَمْعة

jacket *n.*
سُتْرة . جاكِت

jackpot *n.*
جائزة كبيرة

jade *n.*
يَشْم : حجَرٌ كَرِيمٌ لَوْنُه أَخْضَر

jagged *adj.*
مُسَنّن . مُدبَّب . مُشَرْشَر

The boat sank after it hit jagged rocks near the shore.

غَرِقَت المَرْكَب بَعْد أَنْ اِصطَدَمَت بصُخورٍ مُدبَّبةٍ قُرْب الشّاطِئ.

jaguar *n.*
فَهْد أَمْرِيكِىّ

jail *n.*
سجْن

jalopy *n.*
سيَّارة قَدِيمة وتالِفة

jam *n.*
مُرَبَّى

jam *v.*
١- يتعطَّل ويكُفّ عن الحرَكة

The lock jammed when I used the wrong key.

تَعطَّل القُفْل وكَفّ عن الحرَكة عندَما اسْتَخْدَمْت المفْتاح الخَطأ.

٢- يَحْشُر . يُكَدِّس . يَحْشُو

▸ The pirate jammed his pockets full of gold coins.

حَشَا القُرْصان جُيوبَه بعُمْلات ذَهَبيّة.

janitor *n.* عامِل نَظافة (فى مَدْرَسة مثلاً)

January *n.* يَنايِر: الشَّهْر الأوَّل فى السَّنة الميلاديّة

jar *n.* بَرْطَمان

javelin *n.* رُمْح خَفيف

jaw *n.* فَكّ

jazz *n.* مُوسيقَى الچاز

jealous *adj.* غَيور

jealousy *n.* غَيْرة

jeans *n.* چِينْز: بَنْطَلون مِنْ نَسيجٍ مَتين

jeep *n.* سَيّارة چيب

jeer *v.* يَهْزأ . يَسْخَر

The audience jeered the singer when he sang out of tune.

سَخِر الجُمْهور من المُطْرِب لأنّ غِناءَه كان نَشازاً.

jelly *n.* چِيلِى (نَوْع من الحَلْوَى)

jellyfish *n.* قِنْديل البَحْر

jerk *n.* أبْلَه . شَخْص سَخيف

jerk *v.* يَهُزّ فَجْأةً . يَرُجّ

Jerk the reins when you want the horse to slow down.

هُزّ اللِّجام فَجْأةً عندما تَرْغَب فى أنْ يُبْطِئ الحِصان خَطْوَه.

jersey *n.* بُلُوفَر . صُدْرِيّة صُوفيّة بِأكْمام

jester *n.* مُضْحِك أو مُهَرِّج المَلِك

jet *n.* طائِرة . طائِرة نَفّاثة

Jew *n.* يَهودِىّ

jewel *n.* جَوْهَرة

jewellery or jewelry *n.* مُجَوْهَرات . مَصُوغات

jig *n.* چِيج: رَقْصة سَريعة مَرِحة

jiggle *v.* ١ - يَتَهَزْهَز
٢ - يُهَزْهِز

The bedouin woman jiggled her silver bracelets as she danced.

هَزْهَزَت البَدَوِيّة أساوِرَها الفِضّيّة وهى تَرْقُص.

jigsaw puzzle *n.* لُعْبة الصُّوَر المُجَزَّأة

jingle *v.* يُجَلْجِل . يُخَشْخِش

jinx *n.* نَحْس

In some countries the owl is considered a jinx.

فى بَعْض البِلاد تُعْتَبَر البُومة نَحْساً.

jitters *n.pl.* نَوْبة اضْطِرابٍ شَديد

job *n.* ١ - عَمَل . وَظيفة
٢ - مُهِمّة

Our job in the camp was collecting wood for the fire.

كانَتْ مُهِمَّتُنا فى المُخَيَّم هى جَمْع الخَشَب لإشْعال النّار.

jockey *n.* چُوكِى: خَيّال السِّباق

jog *v.* يَجْرِى بِبُطْءٍ كَتَمْرينٍ رِياضِىّ

join *v.* ١- يَصِل . يَرْبُط

A secret passage joins the castle tower with the dungeon.

يَصِل مَمَرّ سِرّىّ بين بُرْج القَلْعة والسِّجْن فى قَبْوِها .

٢- يَلْتَحِق بِـ . يَنْضَمّ إلى

The famous actor Cary Grant joined the circus when he was a boy.

الْتَحق المُمَثِّل المَشْهور كارى جرانت بالسِّيرْك وهو صَبِىّ .

Cary Grant (1904-1986)
American actor who was born in England. He has acted in more than 70 films and became one of the most popular film stars of the 20th century. Among his most famous movies are "The Philadelphia Story" and "North by Northwest".

joint *n.* مَفْصِل . وُصْلة

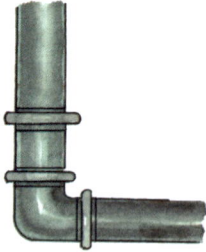

joke *n.* نُكْتة . هِزار

joke *v.* يَمْزَح . يُنَكِّت

joker *n.* ١- كَثير المِزاح . كَثير النُّكَت
٢- الجُوكَر فى الكُوتْشينة

jolly *adj.* مَرِح . مُبْتَهِج

jolt *n.* رَجّة مُفاجِئة

jolt *v.* ١- يَرْتَجّ . يَهْتَزّ فَجْأة
٢- يَرُجّ . يَهُزّ فَجْأةً

journal *n.* ١- مَجَلّة
٢- يَوْمِيّات : مُفكِّرة أو مُذكِّرة تُكْتَب فيها الأَحْداث اليَوْمِيّة

journalist *n.* صَحَفِىّ أو صَحَفِيّة

journey *n.* سَفَر . رِحْلة

joy *n.* ابْتِهاج . فَرَح

judge *n.* قاضٍ

judge *v.* ١- يَحْكُم على
٢- يُحاكِم

judo *n.* الجُودُو (مُصارَعة يابانيّة)

jug *n.* إبْريق . كُوز

juggle *v.* يَقْذِف عِدّة كُرات فى الهَواء ويَلْتَقِطها بِخِفّة

juggler *n.* حاوٍ

juice *n.* عَصير

juke-box *n.* صُنْدوق النَّغَم : جِهاز آلىّ تُوضَع فيه قِطَع نَقْدِيّة لِسَماع أَغانٍ مُخْتارة

July *n.* يُولْيُو: الشَّهْر السّابِع فى السَّنة الميلاديّة

jumble *n.* لَخْبَطة . خَليط

jumble *v.* يَخْلِط . يُلَخْبِط

jumbo *adj.* ضَخْم جِدّاً

jump *n.* نَطّة . وَثْبة

jump *v.* يَقْفِز . يَنُطّ

jump rope *n.* حَبْل النَّطّ

jumper *n.* ١- بلُوفَر

٢- فُستان بِدُون أكْمام يُلْبَس فوق بلُوزة

junction *n.* نُقْطة الْتِقاء . مُلْتَقى طُرُق

June *n.* يُونْيُو: الشَّهْر السّادِس فى السَّنة الميلاديّة

jungle *n.* غابة . دَغَل

junior *n.* ١- ناشِئ

٢- شخص أصغر أو أحدث سناً من آخر

junior *adj.* ١- أصغر سناً

٢- أقَلّ دَرَجةً (فى وَظيفة مثلاً)

junk *n.* خُرْدة: أشْياء عَديمة القيمة

Jupiter *n.* كوْكَب المُشْتَرى أو چُوبيتَر

jury *n.* ١- هَيْئة المُحلَّفين (فى مَحْكَمة)

٢- هَيْئة التَّحْكيم (فى مُسابَقة)

just *adj.* عادِل

A judge must decide the just punishment for the crime.

يَجب أنْ يُحَدِّد القاضِى العِقاب العادِل للجَريمة المُرْتَكَبة .

just *adv.* ١- مُنْذُ لَحظة

A ripe mango has just fallen off the tree.

وَقَعَت من الشَّجَرة منذ لَحْظةٍ ثَمَرة مانْجُو ناضِجة .

٢- فقَطْ . لاغَيْر

The first airplanes could carry just one or two people.

كانت الطّائِرات الأُولى تَتَّسِع لشَخْص أو اثْنَين فَقَط .

٣- تماماً . بالضَّبْط

Goldilocks found a chair just her size in the bears' house.

وَجَدَت ذات الشَّعْر الذَّهَبِىّ كُرْسيًّا فى حَجْمِها تَماماً فى بَيْت الدِّبَبة .

Goldilocks

The character of a European children's story, "Goldilocks and the Three Bears". The golden haired little girl wanders into the house of the bear family and helps herself to their porridge, their chairs and finally their beds. When the bears return home, they follow her traces and find her asleep in the little bear's bed.

justice *n.* عَدْل . عَدالة

jut out *v.* يَنْتَأ . يَبْرُز

juvenile *adj.* مُراهِق . طُفولِىّ

K
k

kaleidoscope *n.* **كاليدُوسْكُوب : منْظار فى طَرَفه قِطَع زُجاجٍ مُلوَّنة تُحْدِث أشْكالاً تَتَغيَّر عِنْد تحْريكها**

kangaroo *n.* **كانْجرو . كَنْغَر**

karate *n.* **الكاراتيه (رياضة يابانيّة)**

kayak *n.* **كاياك : قارب مُغْلَق يَجلِس فيه راكِب واحِد**

keen *adj.* **١- حادّ**

Hawks have keen eyesight.

للصَّقْر بَصَرٌ حادٌّ جداًّ .

٢- مُتَحَمِّس

Tourists are always keen on taking pictures of the Eiffel Tower.

السّائحون مُتَحَمِّسون دائماً لاِلْتِقاط صُوَرٍ لِبُرْج إيفل .

keep *v.* **١- يَحْتَفِظ بِـ**

The sorcerer keeps his book of spells in a crystal box.

يَحْتَفظ السّاحِر بكِتاب التَّعْويذات فى عُلْبة كريسْتال .

٢- يَسْتَمِرّ فى . يُواصِل

keep away (from) *v.* **١- يَبْتَعِد عن . يَتَجنَّب**

Other animals know to keep away from a hissing snake.

تَعْرِف الحَيَوانات أنّها يَجِب أنْ تَبْتَعِد عن الثُّعْبان عِنْدَما يَفِحّ .

٢- يُبْعِد عن

The arctic explorers lit a fire to keep the wolves away.

أَشْعَل المُسْتَكْشِفون فى القُطْب الشَّمالىّ ناراً لِيُبْعِدوا عنهم الذِّئاب .

keep back *v.* **١- يَبْتَعِد عن**

Keep back from the edge of the cliff.

ابْتَعِدوا عن حافّة الجُرْف .

٢- يُبْعِد عن . يَمْنَع مِن

The firemen kept the crowd back from the burning building.

أَبْعَد رِجال المَطافِئ الجُمْهور عن المَبْنَى المُحْتَرِق .

keep off *v.* ١- يَبْتَعِد عن . يَمْتَنِع عن

We have trained our dog to keep off the couch.

دَرَّبْنا كَلْبَنا على أَنْ يَمْتَنِع عن الصُّعود على الكَنَبة .

٢- يُبْعِد عن . يَصُدّ

keep on *v.* يَسْتَمِرّ فى . يُواصِل

The kittens will keep on meowing until you feed them.

سَوْف تَسْتَمِرّ القطَط فى النَّوْنَوة حتى تُطْعِمَها .

keep out *v.* ١- يَبْقَى خارِجاً . لا يَتَدَخَّل فى

٢- يُبْقِى فى الخارج

Screens on the windows keep insects out.

السِّلْك على الشَّبابيك يُبْقِى الحَشَرات فى الخارج .

keep up *v.* يُحافِظ على الاسْتِمْرار . يُداوِم على

A pump keeps up the flow of water in the fountain.

تحافظ الطُّلُمْبة على اسْتِمْرار تَدَفُّق الماء فى النّافُورة .

keep up with *v.* يُجارِى . يُماشِى

kennel *n.* ١- بَيْت الكَلْب

٢ - مُؤَسَّسة لِتَرْبِية وإقامة الكِلاب

kerb or curb *n.* حافَّة الرَّصيف

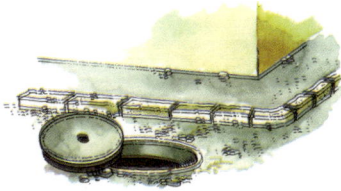

kerchief *n.* مَنْديل

kernel *n.* قَلْب الحَبّة أو البَذْرة

kerosene *n.* جاز . كِيرُوسين

ketchup or catsup *n.* صَلْصة طماطِم

kettle *n.* إبْريق . غَلاَّية

kettledrum *n.* طَبْلة كبيرة (مَصْنوعة من النُّحاس)

key *n.* ١- مِفْتاح

٢- مِفْتاح أو إصْبَع لِلبِيانُو أو الآلة الكاتِبة أو الحاسب الآلِىّ

keyboard *n.* لَوْحة المَفاتيح (لِلبِيانُو أوالآلة الكاتِبة أو الحاسِب الآلِىّ)

khaki *n.* كاكِى (قُماش يُسْتَخْدَم فى مَلابِس الجَيْش مثلاً)

kick *n.* رَكْلة . ضَرْبة بِالقَدَم

kick *v.* يَرْكُل . يَضْرِب بِالقَدَم

kick out *v.* يَطْرُد

kid *n.* ١- طِفْل

٢- جَدْى (صغير الماعِز)

kidnap *v.* يَخْطِف شَخْصاً

kidney *n.* كُلْية

kill *v.* يَقْتُل

kill time *v.* يُمْضِى الوَقْت

We had to kill time in the airport because the plane was late.

كان عَلَيْنا أَنْ نُمْضِى وَقْتاً طَويلاً فى المَطار لأن الطّائرة تَأَخَّرَت .

kiln *n.* فُرْن كبير لِلخَزَف

kilo or kilogram *n.* كِيلُو . كِيلُوجرام (= ١٠٠٠ جرام)

kilometre or kilometer *n.* كِيلُومِتْر (= ١٠٠٠ متر)

kilt *n.* تَنُّورة بِكُسَر مَصْنوعة من قُماش بِمُرَبَّعات يَرْتَديها الرِّجال فى إسْكُتْلَنْدا

kimono *n.* الكيمونو : ثوب يابانى بأكمام واسعة

kin *n.* أقارب . أهل

kind *adj.* طيّب . رؤوف

kind *n.* نوع . صنف

Crocodiles, turtles and lizards are three kinds of reptiles.

التِّمْساح والسُّلَحْفاة والسِّحْليّة ثلاثة أنْواعٍ مِن الزَّواحف .

kindergarten *n.* روضة أطفالٍ

kindness *n.* طيبة . رأفة

king *n.* مَلِك

kingdom *n.* مَمْلَكة

kinky *adj.* أكْرَت (الشَّعْر)

kiss *n.* قُبْلة

kiss *v.* يُقَبِّل

kit *n.* عُدّة . مَجْموعة أدواتٍ (مثلاً : عُدّة خياطةٍ)

kitchen *n.* مَطْبَخ

kite *n.* ١- طائرة ورقيّة

٢- حدأة . حدّاية (طائر من الصقور)

kitten *n.* قطّة صغيرة . قُطَيْطة

kitty *n.* قُطّة . بسّة

knapsack *n.* حقيبة الظّهر

knee *n.* رُكْبة

kneel *v.* يَرْكَع

knickers *n.pl.* لِباس للنِّساء . كيلوتْ

knife *n.* سكّين

knight *n.* ١- فارس فى القرون الوسطى

٢- الحصان فى لُعْبة الشَّطْرَنْج

knit *v.* يَشْتَغِل التِّريكو . يَحيك

knitting *n.* تريكو . حياكة

knob *n.* مِقْبَض (مثلاً: مِقْبَض باب)

knock *n.* خَبْطة . دقّة

knock *v.* يَخْبط . يدقّ

knock down *v.* ١- يَصْرَع . يطْرَح على الأرض

The angry mob knocked down the statue of the dictator.

طَرَحَ حَشْدٌ مِن الغاضِبين تِمْثال الدِّكْتاتور على الأرْض .

٢- يَهْدِم . يَهُدّ

The German people knocked down the Berlin Wall in 1990.

هَدَم الشَّعْب الألمانِيّ سُورَ بِرْلين سَنة ١٩٩٠ .

Berlin Wall
The wall that divided East and West Berlin from 1961 to 1989-90. It was a symbol of the Cold War and of a divided Germany. Following riots and demonstrations in East Germany in 1989, travel between both Germanies was allowed. The people of Berlin mounted the wall and in a massive celebration they started to pull it down.

knock out *v.* **١- يُفْقِده وَعْيَه**
٢- يَضْرِبه ضَرْبة قاضية (فى الملاكمة)

knot *n.* **١- عُقْدة**
٢- عُقْدة : ميلٌ بَحْرِىٌّ فى السّاعة

know *v.* **١- يَعْرِف . يَعْلَم**
٢- يُدْرِك

know about *v.* **يَدْرِى بِ . يَعْلَم بِ**

Before 1988 no-one knew about the secret chamber in the Cheops Pyramid.

لَمْ يَدْرِ أَحَدٌ بالغُرْفة السِّرِّيّة فى هَرَم خوفو حتى سَنة ١٩٨٨ .

*Please see: **Cheops Pyramid,** page 106*

know how *v.* **يَعْرِف**

Not all sailors know how to swim.

لَيْس كُلّ بَحّارٍ يَعْرِف السِّباحة .

knowledge *n.* **عِلْم . مَعْرِفة**

knuckle *n.* **مَفْصِل الإصْبَع**

koala *n.* **الكُوالا (دُبّ صغير أُسْتُرالِيّ)**

Koran *n.* **القُرْآن الكَرِيم**

kung fu *n.* **كُنْغ فُو (رِياضةٌ صينيّةٌ تُشْبِه الكاراتيه).**

L lorry   **l** lasso

lab or laboratory *n.* مَعْمَل

label *n.* تيكيت ، بِطاقة لاصِقة

The contents are written on the **label** of the medicine bottle.

المُحْتَوَيات مكتوبة على تيكيت زُجاجة الدَّواء .

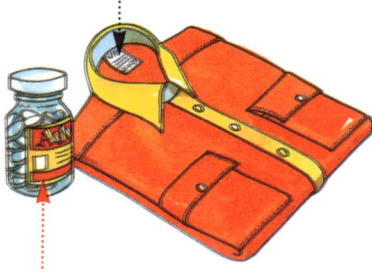

label *v.*

١- يَكْتُب مَعْلومات على شَيء لتَعْريفه

One end of a battery is **labelled** + and the other -.

يُكْتَب على أحَد طَرَفَيْ البَطّاريّة (+) والآخَر (–) .

٢- يُثَبِّت أو يُلْصِق بِطاقةً على

The jam factory **labels** each jar it produces.

يُلْصِق مَصْنَع المُرَبَّى بِطاقة بَيانات على كُلّ بَرْطَمانٍ يُنْتِجه .

labour or labor *n.* ١- عَمَل ، جَهْد

After two years of **labour**, the archeologists uncovered the buried city.

بَعْد جَهْد دام سَنَتَيْن اكْتَشَف عُلَماء الآثار المَدينة المَدْفونة تَحْت الأرْض .

٢- عُمّال

Labour unions are formed to protect the rights of workers.

تُؤَسَّس نقابات العُمّال لحماية حُقوق العُمّال .

٣- عمالة

The new technology requires highly skilled **labour**.

تتطلب التِّقْنية الجَديدة عمالة ذات مَهارة عالية .

lace *n.* ١- دَنْتلاّ

٢- رِباط الحِذاء

lack *n.* نَقْص ، افْتِقار

A **lack** of rain can cause a drought.

نَقْص الأمْطار يُمْكِن أنْ يُؤَدّى إلى الجَفاف .

lack *v.* يفْتَقِر إلى ، يَحْتاج إلى

lad *n.* صَبِيّ ، فَتًى

ladder *n.* سُلَّم مُتَنَقِّل

ladle *n.* مِغْرفة ، كَبْشة

lady *n.* سَيِّدة

ladybird or **ladybug** *n.* دُعْسوقة
(نَوْعٌ مِنْ حَشَرة الخُنْفُساء)

lag *v.* يَتَأَخَّر . يَتَباطَأ
Some of the cyclists got tired and **lagged**
behind the group.
شَعَر بَعْض راكبِى الدَّرَّاجات بالتَّعَب فَتَأَخَّروا عَن المَجْموعة .

lagoon *n.* بُحَيْرة مالِحة مُتَّصِلة بالبَحْر

laid *v.* ماضى فعْل to lay

lair *n.* عَرين ؛ بَيْت حَيَوان مُفْتَرِس
(مَثلاً : عَرين الذِئْب)

lake *n.* بُحَيْرة

lamb *n.* ١- حَمَل . صَغير الخَروف
٢- لَحْم الحَمَل

lame *adj.* أَعْرَج أو كَسيح

lamp *n.* لَمْبة . مِصْباح

lamp-post *n.* عَمود نور (لإضاءة الشَّارع)

lance *n.* رُمْح . حَرْبة

land *n.* ١- أَرْض
The Nile delta is rich farming **land**.
دَلْتا النِّيل أَرْضٌ زِراعيّةٌ خَصْبةٌ .

٢- بَرّ . يابِسة
Amphibians live in the water and on **land**.
الحَيَوانات البَرْمائيّة تَعيش فى الماء وأَيضاً على البَرّ .

land *v.* يَهْبِط أو يَنْزِل على الأَرْض

landing *n.* ١- هُبوط
The **landing** field was closed during the
sandstorm.
أُغْلِق مَمَرّ هُبوط الطَّائِرات أَثناء العاصفة الرَّمْليّة .

٢- بَسْطة السُّلَّم

landlady *n.* مالكة بَيْت تُؤَجِّرُه

landlord *n.* مالك بَيْت يُؤَجِّرُه

landmark *n.* أَحَد مَعالِم مَكان أو طَريق

landscape *n.* مَنْظَر طَبيعىّ أو خَلَوىّ

landslide *n.* انْهِيار صُخور وتُرْبة
(تُسَبِّبُه أَمْطار غَزيرة مَثلاً)

lane *n.* ١- شارع ضَيِّق

٢- حارة
White lines divide the racetrack into ten **lanes**.
هُناك خُطوطٌ بَيْضاء تُقَسِّم حَلْبة السِّباق إلى عَشْر حارات .

language *n.* لُغة

lanky *adj.* طَويل وهَزيل

lantern *n.* فانوس

lap *n.* ١- حِجْر
My cat likes to sleep on my **lap**
تُحِبّ قِطَّتى النَّوْم فى حِجْرى

٢- دَوْرة حَوْل حَلْبة السِّباق
The fastest runner ran the first **lap** in 1 minute
17 seconds.
أَتَمّ أَسْرَع عَدَّاء الدَّوْرة الأولى فى دَقيقة و١٧ ثانية .

lapel *n.* ثَنْية فى صَدْر الجاكِت

larder *n.* خزانة أو غُرْفة صغيرة لحِفْظ المأكولات

large *adj.* كَبير . واسع

We are a large family and we need a large house.

نَحْن عائلة كَبيرة ونَحْتاج إلى مَنْزل واسِع.

lark *n.* قُبَّرة (طائر صغير يُغَرِّد وهو يطير)

larva *n.* يرقة : الحَشَرة فى أوَّل أطْوار نُمُوِّها حين تَخْرُج من البَيْضة

larynx *n.* حَنْجَرة

laser *n.* ليزَرْ : جهاز يُحْدِث شُعاع ضَوْء مُكَثَّفاً جداً

lash *n.* ضَرْبة كُرْباج

lass *n.* فَتاة . بِنْت

lasso *n.* لاسُو (حَبْل فى أحد طرَفَيْه عُقْدة واسِعة يَسْتَخْدِمُه رُعاة البَقَر مثلاً)

last *adj.* ١- أخير . آخر

December 31st is the last day of the year.

يَوْم ٣١ ديسَمْبر هو اليَوْم الأَخير فى السَّنة الميلاديّة.

٢- ماضٍ . سابِق

There was a full moon last Tuesday.

كان القَمَر بَدْراً يَوْم الثُّلاثاء الماضى.

last *v.* يَدوم . يَبْقَى

A year on Mars lasts 687 days.

تَدوم السَّنة على كَوْكَب المرّيخ ٦٨٧ يَوْماً.

latch *n.* سُقّاطة (مثلاً: سُقّاطة بَوّابة)

latch *v.* يُغْلِق بسُقّاطة

late *adj.* ١- مُتَأَخِّر

All late students must report to the headmaster.

على كُلّ التّلاميذ المُتَأَخِّرين أنْ يَتَوَجَّهوا إلى مَكْتَب النّاظر.

٢- آخِر . أواخِر

Birds return to their nests in the late afternoon just before sunset.

تَعود الطُّيور إلى أَعْشاشِها فى آخِر النَّهار قَبْل غُروب الشَّمس مُباشَرَة.

late *adv.* مُتَأَخِّراً

lately *adv.* مُؤَخَّراً

lather *n.* رَغْوة الصّابون

Latin *n.* اللُّغة اللاّتينيّة

Latin America *n.* أمْريكا اللاّتينيّة

latitude *n.* مَسافة تُقاس بالدَّرَجات شَمالاً أو جَنوباً مِن خطّ الاسْتِواء

Lines of latitude are drawn parallel to the equator on the globe.

تُرْسَم خُطوط العَرْض مُوازية لخطّ الاسْتِواء حَوْل الكُرة الأَرْضيّة.

laugh *v.* يَضْحَك

laughter *n.* ضِحْك . ضَحِك

launch *n.* لَنْش : مَركَب بمُوتُور

launch *v.* ١- يُطْلِق (صاروخاً مثلاً)

٢- يُنْزِل . يُحرِّك . يُبْدِئ

laundry *n.* ١- غَسيل

٢- مَحلّ لغَسْل وكَيّ المَلابِس

lava *n.* حُمَم بُرْكانيّة

lavatory *n.* دَوْرة مِياه

lavender *adj.* بَنَفْسَجيّ فاتِح

lavender *n.* اللَّوْن البَنَفْسَجيّ الفاتِح

law *n.* قانون

lawn *n.* **مَساحة فى حَديقة مَزْروعة بالحَشائِش**

lawnmower *n.* **آلة لجزّ الحَشائِش**

lawyer *n.* **مُحام**

lay *v.* **١- يحُطّ . يضَع**

My mother lay the wet pullover on the towel to dry.

وَضَعَتْ أُمّى السُّتْرة المُبَلَّلة على الفُوطة لتَجفّ .

٢- تَبيض (الدَّجاجة مثلاً)

lay *v.* **ماضى فِعْل** to lie

lay off *v.* **يكُفّ عن**

I don't like gossip, so lay off it!

كُفّ عن النَّميمة فأنا لا أُحِب ذلك .

layer *n.* **طَبَقة**

lazy *adj.* **كَسْلان . كَسُول**

lead *n.* **١- مَعْدِن الرَّصاص**

٢- جَرافيت : رَصاص القَلَم

lead *v.* **يَقود . يُرْشِد**

I watched one bird lead the flock across the sky.

شاهَدْت أَحَد الطُّيور يَقود السِّرْب عَبْر السَّماء .

leader *n.* **قائِد . زَعيم**

leaf *n.* **ورَقة نَبات أو شَجَر**

league *n.* **جامِعة . رابِطة**

Mauritania is a member of the Arab League.

موريتانيا عُضْوٌ فى جامِعة الدُّوَل العَرَبيّة .

> ***The Arab League***
> *Formed in 1945, the aim of this organization was to create a united political voice. It plays an important role in co-ordinating political and economic affairs between the 21 member states.*

league *n.* **فَرْسَخ : مِقْياسٌ للمَسافات فى البِحار = ٣ أَمْيال**

leak *n.* **١- تَسَرُّب**

٢- فَتْحة يتَسَرَّب منها سائِلٌ أو غازٌ

leak *v.* **يَتَسَرَّب**

lean *v.* **١- يَميل إلى**

The Tower of Pisa is famous because it leans to one side.

بُرْج پيزا مَشْهورٌ لأنه يَميل إلى أَحَد جانِبَيْه .

> ***Tower of Pisa***
> *The most famous building in the Italian city Pisa. It is 55 meters high and is called the Leaning Tower of Pisa because it is about 5 meters out of the perpendicular. This and other monuments make the city a popular tourist center.*

٢- يَسْتَنِد على . يتَكِئ على

If you lean against that old fence it might fall down.

من المُحْتَمَل أَنْ يَقَع هذا السّور القَديم إذا اتَّكَأْت عليه .

leap *n.* **وَثْبة . قَفْزة**

leap *v.* **يَقْفِز . يَثِب**

leapfrog *n.* **لُعْبة النَّطّة**

leap-year *n.* **سَنة كَبيسة**

(عدد أَيامِها ٣٦٦ يوْمٍ وتأْتى مَرّةً كلَّ أَرْبَع سَنَواتٍ)

learn *v.* **يَتَعَلَّم**

lease *n.* عقْد إيجار

leash *n.* مقْوَد . سلْسلة (مثلاً: سلْسلة للكلْب)

least *adj.; adv.* الأقَلّ . الأدْنَى

leather *n.* جِلْد حيَوانٍ مدْبوغ

leave *v.* ١- يُغادر . يرْحَل

Refugees are people who have to leave their country.

اللاجئون هم أشْخاص أُجْبِروا على أنْ يَرْحَلوا عن وَطَنهم.

٢- يتْرُك

You can leave your bicycle in the garden.

تَسْتَطيع أنْ تَتْرُك درّاجتَك فى الحَديقة.

leave behind *v.* ١- يتْرُك . يخلُف

٢- يَسْبِق . يتَفوَّق على

The stallion raced off, leaving the pack of horses behind

انْطَلَق الفرَس إلى الأمام وسَبَق مَجْموعة الخَيْل بأجْمَعها.

leave out *v.* ١- ينْسَى . يُسْقِط

Tell me the story and don't leave any of the details out

احْكِ لى القصّة ولا تَنْسَ أيَّة تَفاصيل.

٢- يَسْتَثْنِى . يَسْتَبْعِد

Don't leave your brother out of the game.

لا تَسْتَبْعِد أخاك من اللُّعْبَة.

leave up to *v.* يُعْطى لشَخْصٍ مَسْئوليّة أو يَسْمَح له بحُرِّيّة التَّصرُّف

lecture *n.* مُحاضَرة

ledge *n.* حافّة بارِزة

leek *n.* كُرّاث . أبُو شُوشة

left *adj.;n.* يَسار . شِمال (عكس يَمين)

left *v.* ماضى فعْل to leave

left-handed *adj.* أشْوَل . أعْسَر

leftover *adj.* باقٍ

leftovers *n.pl.* بَقايا الطَّعام

leg *n.* رِجْل . ساق

legal *adj.* قانونىّ . شَرْعِىّ

legend *n.* سيرة أو أُسْطورة : قِصّة مُتَوارَثة تَجْمَع بين الخُرافة والحَقائق التّاريخيّة

The legend of Beni Hilal is known throughout the Arab world.

سيرة بَنى هلال مَعْروفةٌ فى كلّ أنْحاء العالَم العَرَبىّ.

legible *adj.* مَقْرُوء . واضِح أو سهل القراءة

leisure *n.* وَقْت الفراغ

lemon *n.* لَيْمونة

lemonade *n.* ليموناده . عَصير لَيْمون

lend *v.* يُسَلِّف

length *n.* طُول (وليس ارْتِفاع)

The sides of a perfect square are the same length.

أضْلاع المُرَبّع التّامّ كلّها مُتَساوية الطُّول

lens *n.* عدَسة (مثلاً : عدَسة الكاميرا)

lentils *n.pl.* عدَس

leopard *n.* نَمِر

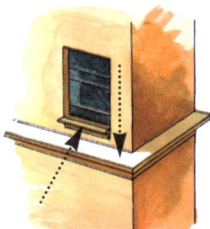

leotard *n.* **زِىّ ضَيِّق للتَّدْريب والرَّقْص**

less *adj.; adv.* **أَقَلّ . أَقَلّ مِنْ**

lesson *n.* **دَرْس**

let *v.* **١- يَسْمَح لِ . يَأْذَن لِ**

The zoo keeper never lets the lion out of its cage.

لا يَسْمَح الحارِس للأَسَد بأن يَخْرُج من قَفَصِه أَبَداً .

٢- يَدَع . يَتْرُك

Let me help you carry that heavy suitcase.

دَعْنى أُساعِدْك فى حَمْل تلك الحَقيبة الثَّقيلة .

٣- يُؤَجِّر (شَقّة مثلاً)

let down *v.* **١- يُدَلِّى**

Let the bucket down into the well to bring up water.

دَلِّ الدَّلْو فى البِئْر لِتَرْفَع فيه الماء .

٢- يُخَيِّب أمَلَه . يَخْذُل

We depended on her help and she didn't let us down

اعْتَمَدْنا على مُساعَدَتِها فَلَمْ تَخْذُلْنا

let go *v.* **يُطْلِق . يُسَرِّح**

If you catch a butterfly, look at it then let it go

إذا أَمْسَكْتَ بفَراشة فانْظُرْ إليها ثُمّ أَطْلِقْها

let in *v.* **يُدْخِل . يَسْمَح بدُخول**

let off *v.* **١- يَعْفُو عن . يُسامِح**

You seem sorry so we'll let you off this time.

سَنُسامِحُك هذه المَرّة لأنك تَبْدُو نادِماً .

٢- يُطْلِق

Skunks let off a terrible smell when they're frightened.

يُطْلِق الظَّرِبان رائحةً شَنيعةً عندما يَشْعُر بالخَوْف .

let out *v.* **١- يُخْرِج . يَسْمَح بالخُروج**

٢- يُفْشِى . يَبوح بِ

Don't let out our party plans or you'll spoil the surprise.

لا تَبُحْ بخطّة الحَفْلة وإلا فإنَّك سَتُفْسِد المُفاجأة .

let up *v.* **يَخِفّ . يَقِلّ**

It rained all night and didn't let up until morning.

ظَلّ المَطَر يَسْقُط طَوال اللَّيْل ولَمْ يَخِفّ سُقوطُه إلا فى الصَّباح .

let's = let us **هَيّا . هَيّا بنا**

letter *n.* **١- حَرْف (مِنْ حُروف الهِجاء)**

٢- رِسالة . خِطاب

lettuce *n.* **خَسّ**

level *adj.* **مُسْتَوٍ . مُنْبَسِط**

Hold the tray level or the plates will slide off.

احْمِلْ الصِّينيّة مُسْتَوِيةً وإلا انْزَلَقَت الأَطْباق .

level *n.* **مُسْتَوًى . طَبَقة . دَرَجة**

lever *n.* **١- رافِعة . عَتَلة**

٢- يَدٌ (فى آلة مثلاً)

liable *adj.* **عُرْضة لِ . مُحْتَمَل أنْ**

That bridge is so old it's liable to fall down any day now.

هذا الكُوبْرى قَديمٌ جِداً ومن المُحْتَمَل أَنْ يَنْهار فى أَىّ لَحْظة .

liar *n.* **كَذّاب . كاذِب**

liberty *n.* **حُرِّيّة**

librarian *n.* أَمين مَكْتَبة :
مُوَظَّف مَسْؤول عن مَكْتَبة عامّة

library *n.* مَكْتَبة؛ مكان للقراءة
والمُطالَعة واسْتِعارة الكُتُب

lice *n.pl.* قَمْل

license *n.* رُخْصة . تَصْريح رَسْمِيّ

lid *n.* غطاء (مثلاً غطاء بَرْطَمان)

lie *v.* يَرْقُد . يَتَمَدَّد

lie *n.* كَذْبة

lie *v.* يَكْذِب

lieutenant *n.* مُلازِم أوَّل (فى الجَيْش أو الشُّرْطة)

life *n.* ١- حَياة
٢- عُمْر

My grandfather has lived in the same house all his **life**.

عاش جَدِّى طَوال عُمْرِه فى نَفْس المَنْزِل .

lifeboat *n.* زَوْرَق النَّجاة

lifeguard *n.* غَطَّاس . سَبَّاح مُحْتَرِف
مِهْنَته إنْقاذ النَّاس من الغَرَق

life-preserver *n.* عَوَّامة إنْقاذ

lifesaver *n.* حَلْوى نَعْناع مُسْتَديرة

life-size *adj.* بالحَجْم الطَّبيعىّ

There is a **life-size** picture of the star at the theatre door.

هُناك صورةٌ للنَّجْم بالحَجْم الطَّبيعىّ عند مَدْخَل المَسْرَح.

lifetime *n.* مُدّة الحَياة . عُمْر

lift *n.* ١- مِصْعَد
٢- تَوْصيلة (بالسَّيَّارة)

lift *v.* ١- يَنْقَشِع

It's not safe to sail before the fog **lifts**.

لَيْس من المَأْمون الإبْحار قَبْل أَنْ يَنْقَشِع الضَّباب .

٢- يَرْفَع . يُعَلِّى

Construction cranes **lift** heavy loads of bricks and cement.

يَرْفَع وِنْش البِناء حُمولات الطُّوب والأَسْمَنْت الثَّقيلة .

light *adj.* ١- خَفيف (عكس ثَقيل)
٢- فاتِح (عكس غامِق)

light *n.* ضَوْء . نُور

light *v.* ١- يُشْعِل . يُوقِد
٢- يُضىء . يُنير

lighthouse *n.* فَنار . مَنارة : بِناء مُرْتَفِع
بأَعْلاه نور ساطِع تَهْتَدى به السُّفُن

lightning *n.* بَرْق

light up *v.* ١- يَتَنَوَّر . يُشْرِق

The children's faces **lit up** when they saw the clown.

أَشْرَقَت وجوه الأَطْفال عندما رَأَوْا المُهَرِّج .

٢- يُضىء . يُنير

Strings of coloured lights **lit up** the streets during the festival.

الأَنْوار المُلَوَّنة أَضاءَت الشَّوارع فى العيد .

light year *n.* سَنة ضَوْئيّة:
المَسافة التى يَقْطَعُها الضَّوْء فى سَنة واحِدة

like *prep.; adj.* مِثْل . شَبيه

Mules are **like** donkeys but they are bigger and stronger.

البِغال شَبيهة بالحَمير لكِنَّها أَضْخَم وأَقْوى .

like *v.* يُحِبّ . يَوَدّ

likely *adj.*	مِنَ المُحْتَمَل
lily *n.*	زَهْرة الزِّنْبَق
limb *n.*	١- طَرَف (مِنْ أطْراف الجِسْم)
	٢- فَرْع الشَّجَرة
limber *adj.*	لَيِّن . لَدِن
lime *n.*	لَيْمونة خَضْراء
limerick *n.*	قَصيدة هَزْليَّة مِنْ خَمْسة أبْيات
limestone *n.*	حَجَر جيرِيّ (يُسْتخدَم فى البِناء)
limit *n.*	حَدّ . غاية
limit *v.*	يُحَدِّد
limousine *n.*	ليمُوزين:
	سَيّارة فاخِرة يَقودها سائق
limp *adj.*	مُرتَخٍ . رِخْو
limp *v.*	يَعْرُج (فى مِشْيَته)
line *n.*	١- خَطّ
	٢- سَطْر
	٣- طابور . صَفّ
line up *v.*	١- يَصْطَفّ . يَقِف فى طابور
	٢- يَصُفّ . يُرَتِّب فى صَفّ

linen *n.*	١- كَتّان . تيل (نَوْع مِن القُماش)
	٢- بَياضات (مَفارِش السَّرير أوالسُّفْرة)
linger *v.*	١- يَبْقَى

Even after the incense burned out its smell **lingered** in the Buddhist temple.

بَقِيَت رائِحة البَخور فى المَعْبَد البوذيّ حتى بَعْد احْتِراق البَخور تَماماً.

٢- يَتَباطَأ . يَنْتَظِر

lingo *n.*	رَطانة : لُغة خاصّة بمَجموعة مِن النَّاس
lining *n.*	بِطانة
link *n.*	١- حَلْقة فى سِلْسِلة
	٢- وُصْلة
link *v.*	يُوصِّل . يَربِط
lint *n.*	١- ضَمادة
	٢- نُسالة: مايَسْقُط مِن النَّسيج عِنْد نَسْلِه
lion *n.*	أسَد

lip *n.*	شَفة
lipstick *n.*	أحْمَر شِفاة
liquid *n.*	سائل . مادّة سائلة
liquidizer *n.*	خَلّاط
liquor *n.*	خَمْر . مَشْروب كُحولىّ
liquorice *or* licorice *n.*	عِرْق سُوس
lisp *n.*	لُثْغة
lisp *v.*	يَلْثَغ: يَنْطِق حَرْف الثَّاء بَدَلاً مِنْ حَرْف السِّين
list *n.*	قائمة . كَشْف
list *v.*	يُعِدّ قائمة

Can you **list** the Seven Wonders of the World?

هَلْ يُمْكِنُك أنْ **تُعِدّ قائمةً** بعَجائب الدُّنْيا السَّبْع؟

listen *v.*	يُصْغِى . يَسْتَمِع إلى

lit *v.*	اسم المَفْعول والماضى مِنْ فِعْل to light
literate *adj.*	غَيْر أُمِّى : يَعرِف القِراءة والكِتابة
literature *n.*	١- الأدَب . مُؤَلَّفات أدَبِيَّة
	٢- كُتُب أو كِتابات حوْل مَوْضوع
litre or liter *n.*	لِتْر ؛ مِكْيال للسَوائِل= ١٠٠ سنْتيلِتر
litter *n.*	١- نُفايات . قُمامة مُبَعْثَرة
	٢- مَجموعة من صِغار الحيَوان تُولَد معاً فى بَطْنٍ واحِدة
litter *v.*	يَرمى ورقاً أو قُمامةً على الأرْض
little *adj.*	صَغير . قَليل . قَصير

A flea is just a **little** insect but it can carry dangerous diseases.

البُرْغُوث حَشَرةٌ صَغيرةٌ ولكنّه يَستَطيع أَنْ يَنْقُل أَمْراضا خَطيرةً .

little *n.*	كَمِّية صَغيرة . فَتْرة قَصيرة . مَسافة قَصيرة
live *adj.*	١- حَىّ
	٢- مُذاع على الهَواء
live *v.*	١- يَعيش . يكون حَيّا
	٢- يَسكُن
lively *adj.*	نَشيط . مَلىء بالحيَوِيَة
liver *n.*	كَبِد
livestock *n.*	ماشية
living *adj.*	عائِش . حَىّ
living *n.*	رِزْق

In the past, many Kuwaitis earned their **living** by diving for pearls.

فى الماضى كان الكَثير من الكُوَيتيّين يَكْسِبون رِزْقَهم عن طَريق الغَطْس بَحْثاً عن اللآلئ .

living room *n.*	حُجرة الجُلوس . صالون
lizard *n.*	سِحْلِيَة
load *n.*	١- حُمولة . حِمْل
	٢- عِبْء . ثِقَل
load *v.*	١- يُحَمِّل
	٢- يَمْلأ . يَشحَن

loaf *n.*	رَغيف

loaf *v.*	يَتَكاسَل
loafer *n.*	حِذاء الموكاسان

loan *n.*	سُلْفة . قَرْض
loathe *v.*	يَكرَه كُرْهاً شَديداً . يَمقُت
lobby *n.*	قاعة المَدْخَل (فى فُنْدُق أو مَسرَح مثلاً)
lobster *n.*	سَرَطان البَحر
local *adj.*	مَحَلّى
locate *v.*	يَجِد أو يُحَدّد مَكان شَىْء
location *n.*	مَوْقِع . مَكان

This map shows the **location** of new wells found in the desert.

تُبَيِّن هذه الخَريطة مَواقِع الآبار الجَديدة التى اكتُشِفَت فى الصَحْراء .

lock *n.*	خُصْلَة شَعر
lock *n.*	١- قُفْل . كالُون الباب
	٢- هُوِيس القَناة
lock *v.*	يُقْفِل؛ يُغْلِق بمِفْتاح أو قُفْل

locker *n.* خزانة صغيرة خاصّة (مثلاً: خزانة فى حُجْرة تغْيير الملابس فى نادٍ رياضىّ)

locket *n.* عُلْبة صَغيرة جداً تُوضَع فيها صورة وتُعلَّق حوْلَ الرَّقَبة

locomotive *n.* قاطِرة (تَجرّ القِطار)

locust *n.* جَرادة

lodge *n.* فيلاّ يَنْزِل فيها الصَّيّادون أثْناء رِحلات الصَّيْد

loft *n.* ١ - سَنْدرة
٢ - طابق كامِل فى مَبْنَى يُسْتَخْدَم كوَرْشةٍ أو كمَخْزنٍ تُجارىٍّ

log *n.* قِطْعة مِنْ جِذْع أو فَرْع شَجَرة

logic *n.* مَنْطِق

logical *adj.* ١ - مَنْطِقىّ

Most magic tricks are illusions and have a logical explanation.

مُعْظَم الحِيَل السِّحْريّة مُجَرَّد خِدَع بَصَريّة ولها تَفْسير مَنْطِقىّ

٢ - مَعْقول

It's not logical to expect snow to fall in summer.

مِنْ غَيْر المَعْقول أنْ نَتَوقَّع سُقوط الثَّلْج فى الصَّيْف .

lollipop *n.* مَصّاصة

lonely *adj.; n.* ١ - وَحيد؛ شاعِر بالوَحْدة أو الوَحْشة
٢ - مُوحِش . مُنْعزِل

No one travels at night on this lonely country road.

لا يَسير أحَدٌ لَيْلاً فى هذا الطَّريق الرّيفىّ المُنْعزِل

lonesome *adj.* وَحيد؛ شاعِر بالوَحْدة أو الوَحْشة

long *adj.* طَويل (عكْس قَصير)

longitude *n.* مَسافة تُقاس بالدَّرَجات شَرْقاً أو غَرْباً مِنْ خطّ جِرينيتْش

Lines of longitude are drawn from the North Pole to the South Pole.

تُرْسَم خُطوط الطّول مِن القُطْب الشَّمالىّ إلى القُطْب الجَنوبىّ .

look *n.* ١ - نَظْرة
٢ - سَحْنة . تَعْبير الوَجْه

We knew she liked the gift from the happy look on her face.

عَرَفْنا مِنْ تَعْبير وَجْهها السَّعيد أن الهَديّة أعْجَبَتْها .

look *v.* يَنْظُر إلى . يُبْصِر

look after *v.* يَعْتَنى بِ . يُحافِظ على

look down on *v.* يَحْتَقِر . يَنْظُر بعَجْرَفة إلى

look for *v.* يَبْحَث عن . يُفَتِّش عن

look forward to *v.* يَتَطلَّع إلى

We're all looking forward to the circus tomorrow night.

كُلُّنا نَتَطلَّع إلى الذِّهاب إلى السِّيرك مَساء الغَد .

look out *v.* يَحْتَرِس . يَنْتَبِه

look up *v.* يَبْحَث عن (رَقْم تليفونٍ فى الدَّليل مثلاً)

look up to *v.* يُعْجَب بِ . يَقْتَدى بِ

Scouts always look up to their troop leader.

يَقْتَدى أفْراد فِرْقة الكَشّافة دائماً بِقائدِهِم .

lookout *n.* ١ - نُقْطة مُراقَبة
٢ - حارِس . مُراقِب

The ship had sailed for months before the lookout sighted land.

أبْحَرَتْ السَّفينة شُهوراً قَبْل أنْ يَلْمَح مُراقِبُها أىَّ شاطئٍ .

looks *n.pl.* شَكْل أو مَظْهَر الشَّخْص

loom *n.* نَوْل ؛ آلة نَسيج

loony *adj.* مَجْنون . مَعْتوه

loop *n.* حَلَقة . لَفّة

loose *adj.* ١- واسِع . فَضْفاض
٢- مَفْكوك . غَيْر ثابِت

The mechanic checked the machine for loose bolts.

فَحَص الميكانيكِيّ الآلة بَحْثاً عن الصَّواميل المَفْكوكة .

٣- حُرّ . غَيْر مُقَيَّد

Packs of wolves run loose in the Alaskan wilderness.

هُناك مَجْموعات من الذِّئاب تَجُوب حُرّة فى بَرارِىّ ألاسْكا .

Alaska
Is the largest but least populated U.S. state. Initially inhabited by Eskimos, Aleuts and Athabascans, this area was first visited by Europeans in the early 18th century and was under the control of the Russian-American Company until 1867 when it was purchased by the U.S.A. It became an American state in 1959.

loot *n.* غَنيمة

lopsided *adj.* غَيْر مُتَوازِن .
غَيْر مُتَساوِى الجانِبَيْن

lord *n.* نَبيل إنْجليزِىّ

lorry *n.* لُورِى . سَيّارة نَقْل

lose *v.* ١- يَفْقِد . يُضَيِّع
٢- يَخْسَر

If our team loses this game we're out of the tournament.

إذا خَسِر فَريقُنا هذه المُباراة سَنَخْرُج من البُطولة .

loser *n.* خاسِر . مَغْلوب (عكس فائز)

loss *n.* خَسارة . فُقْدان

lost *adj.* ١- مَفْقود . ضائع
٢- تائه

lot *n.* ١- كَثير
٢- مَجْموعة

lot *n.* قِطْعة أرْض مُحَدَّدة

lotion *n.* مُسْتَحْضَر لعِلاج الجِلْد أو العِناية به

lottery *n.* يانَصيب

lotus *n.* زَهْرة اللُّوتُس

loud *adj.* عالِى الصَّوْت

loudspeaker *n.* سَمّاعة

lounge *n.* ١- غُرْفة اسْتِراحة أو انْتِظار (فى مَطار مثلاً)
٢- غُرْفة الجُلوس (فى مَنْزِل)

love *n.* حُبّ . مَحَبّة

love *v.* يُحِبّ

lovely *adj.* جَميل . ظَريف . لَذيذ

low *adj.* مُنْخَفِض . واطِئ

Winter temperatures in Siberia go extremely low.

دَرَجات الحَرارة فى سَيْبيرْيا مُنْخَفِضة جِدًّا فى الشِّتاء .

Siberia
Geographically part of Northern Asia, politically most of Siberia belongs to the Russian Republic. Siberia has long been a dreaded place of political exile and imprisonment, where harsh weather and living conditions have caused the death of many prisoners who were exiled to labour camps there.

lower *v.* ١- يُخَفِّض
٢- يُدَلِّى . يُنْزِل

The fishermen lowered their nets into the water.

أَنْزَل الصَّيّادون شِباكَهُم فى الماء.

loyal *adj.* مُخْلِص . وَفِىّ
loyalty *n.* إخْلاص . وَفاء
luck *n.* حَظّ . بَخْت
lucky *adj.* مَحْظوظ
luggage *n.* أَمْتِعة . حقائِب السَّفَر
lullaby *n.* أُغْنية لِهَدْهَدة طفْل
lumber *n.* أَلْواح خَشَب تَمّ نَشْرُه
lump *n.* ١- كُتْلة
٢- قِطْعة (من السُّكَّر مثلاً)
٣- وَرَم
lunar *adj.* قَمَرِىّ . خاصّ بالقَمَر

The lunar year is 354 or 355 days long.

السَّنة القَمَرِيّة ٣٥٤ أو ٣٥٥ يَوْماً.

lunch *n.* غَذاء
lung *n.* رِئة
lute *n.* آلة موسيقيّة وَتَرِيّة تُشْبِه العُود
luxurious *adj.* مُتْرَف . فَخْم
luxury *n.* تَرَف . رَفاهية
lynx *n.* وَشَق (حَيَوان مِنْ فَصيلة القِطّ)
lyrics *n.pl.* كَلِمات أُغْنية

marionette

mushroom

M m

macaroni _n._ مَكَرُونة

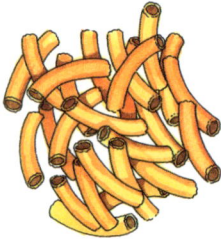

machine _n._ آلة . ماكينة

machinery _n._ آلات . مَجْموعة آلات

The machinery in the weaving mill is computer operated.

هُناك جهاز كُومْبيُوتَر يُشغِّل مَجْموعة آلات مَصْنَع النَّسيج .

mackintosh _n._ مِعْطَف واقٍ من المطَر

mad _adj._ ١- مَجْنون . مَعْتوه
٢- غَضْبان

madam _n._ حضْرَتُكِ . سيِّدَتى (لَقَب احْتِرام للمرأة)

made _v._ to make ماضى فعل

mafia _n._ المافْيا (عصابة إجراميّة)

magazine _n._ مَجلَّة

magic or magical _adj._ سحْرىّ

magic _n._ سحْر

magician _n._ ساحِر ؛ فَنَّان يَقوم بالألْعاب السِّحْريّة

magic-marker _n._ قَلَم فُلوماسْتَر

magnet _n._ مغْنَطيس . مغْناطيس

magnetic _adj._ مغْنَطيسىّ

Magnetic force passes freely through glass.

تَمُرُّ القُوّة المغْنَطيسيّة بسُهولة مِنْ خِلال الزُّجاج .

magnify _v._ يُكَبِّر . يُضخِّم

magnifying glass _n._ عدَسة مُكَبِّرة

maid _n._ عاملة نظافة . شغَّالة

maiden or maid _n._ فتاة

mail _n._ بَريد . بوسْطة

mail _v._ يُرْسِل خِطاباً أو طرْداً بالبَريد

mailbox _n._ صُنْدوق بَريد

mailman _n._ ساعى البَريد . بوسْطَجى

main _adj._ رئيسىّ . أساسىّ

maintain *v.* **يَصُون . يُحافِظ على**

Scientific methods are used to maintain Egypt's ancient monuments.

تُصان الآثار المصريّة باسْتِخْدام الوَسائِل العِلْميّة .

maintenance *n.* **صِيانة . عِناية**

majesty *n.* **جَلالة**

major *adj.* **رَئيسىّ**

major *n.* **رائِد (فى الجَيْش)**

majority *n.* **أغْلَبيّة**

make *v.* **١- يَعْمَل**

We made kites in the shape of fish for the school fair.

عَمِلْنا طائرات وَرَقيّة على شَكْل السَّمَك لحَفْلة المَدْرَسة .

٢- يَصْنَع

Bees make honey. النَّحْل يَصْنَع العَسَل .

٣- يُرْغِم . يُجْبِر

My mother makes me clean my room myself.

تُرْغِمُنى أُمّى على تَنْظيف حُجْرَتى بِنَفْسى .

٤- يَجْعَل

Swimming will make you stronger.

السِّباحة سَوْف تَجْعَلك أقوى .

make believe *v.* **يَتَظاهَر . يَلْعَب دَوْراً خَياليّاً**

Let's make believe we're pirates.

هيّا بنا نَتَظاهَر بأننا قَراصِنةٌ .

make fun of *v.* **يَسْخَر مِنْ**

make up *v.* **١- يَخْتَرِع . يَخْتَلِق**

Try to make up a story that we can believe.

حاوِلى أنْ تَخْتَلِقى حِكاية يُمْكِن تَصْديقُها .

٢- يُكَوِّن . يُشَكِّل

Five players make up a basketball team.

خَمْسة لاعِبين يُشَكِّلون فَريق كُرة السَّلّة .

٣- يَتَصالَح

We quarrelled but now we've made up

تَشاجَرْنا لكِنّنا تَصالَحْنا الآن .

make up for *v.* **يُعَوِّض عن . يَمْحُو أثَر (شَئ ما)**

A sincere apology can make up for a mistake.

الاعْتِذار الصّادِق يُمْكِن أن يَمْحُو أثَر الخَطأ .

make-believe *adj.* **خَيالىّ**

A dragon is a make-believe animal.

التِّنّين حَيَوانٌ خَيالىٌّ

make-up *n.* **ماكْياج . مُسْتَحْضَرات تَجْميل**

malaria *n.* **مَرَض المَلاريا (يَنْتَقِل عن طَريق النّاموس)**

male *n.* **ذَكَر**

Male birds are usually more colourful than females.

لَوْن ذَكَر الطَّيْر يَكون عادةً أزْهَى مِنْ لَوْن الأُنْثَى .

mall *n.* **مَرْكَز تُجارىّ كَبير . شُوبِنْج سِنْتَر**

mama or mamma *n.* **ماما**

mammal *n.* **حَيَوان ثَدْيىّ (حَيَوان يُرْضِع صِغارَه)**

Both humans and mice are mammals.

كُلّ من الإنْسان والفَأْر حَيَوانٌ ثَدْيِىٌّ

man *n.* **١- رَجُل**

٢- الإنْسان . الجِنْس البَشَرىّ

man-made *adj.* **صِناعىّ**

manage *v.* **١- يُدير . يُشْرِف على**

٢- يَسْتَطيع أنْ . يَتَمَكَّن مِنْ

The goalkeeper managed to block the shot.

اسْتَطاع حارِس المَرْمَى أن يَصُدّ الضَّرْبة .

٣- يَتَصَرَّف

manager *n.* **مُدير**

mandolin *n.* **ماندُولين (آلة موسيقيّة وَتَريّة)**

mane *n.* **١- عُرْف الحِصان**

٢- لِبْدة الأسَد

mango *n.* **مانْجُو**

manhole *n.* بكابُورت : مَدْخَل بالوعة المَجارِي

maniac *n.* شَخْص مَهْوُوس

mankind *n.* الإنْسان . البَشَرِيّة

mannequin *n.* مانيكان (نَموذَج بَشَرِيّ لِعَرْض المَلابِس فى واجِهَة مَحَلّ)

manner *n.* أُسْلوب . طَرِيقة

Ballerinas move in a graceful manner.

تَتَحَرَّك راقِصات الباليه بِطَرِيقةٍ رَشِيقة .

manners *n.pl.* سُلوك

It's bad manners to interrupt someone who is speaking.

مُقاطَعة شَخْصٍ وهو يَتَكَلَّم سُلوكٌ سَيِّءٌ .

mansion *n.* فِيلا كَبيرة وفَخْمة

mantelpiece *n.* رَفّ فَوْق المِدْفأة

manual *adj.* يَدَوِيّ (مثلاً: عَمَل يَدَوِيّ)

manual *n.* كِتاب تَعْليمات . دَلِيل اسْتِعْمال

He bought the computer in Tokyo, and the manual is in Japanese.

اشْتَرَى الكُومْبيُوتَر مِنْ طوكْيو ودَلِيل الاسْتِعْمال بِاللُّغة اليابانِيّة .

manufacture *v.* يُصَنِّع (خاصّةً باسْتِخْدام آلات)

many *adj.* كَثير . عَدِيد

map *n.* خَرِيطة

maple *n.* شَجَرة القَيْقَب

marathon *n.* ماراثُون : سِباق جَرْى المَسافات الطَّوِيلة

marble *n.* ١- رُخام . مَرْمَر
٢- بِلْية

March *n.* مارس : الشَّهْر الثّالِث فى السَّنة المِيلادِيّة

march *n.* ١ - مَشْى
٢ - مَسِيرة

Thousands of people took part in the peace march.

اشْتَرَك آلاف النّاس فى مَسِيرةٍ ضِدَّ الحَرْب .

march *v.* يَمْشِى بِخُطُوات مُنْتَظِمة (مِثل المِشْية العَسْكَرِيّة)

mare *n.* أُنْثَى الحِصان

margarine *n.* مَرْجَرِين : زُبْد نَباتِيّ

margin *n.* هامِش الصَّفْحة

marine *adj.* بَحْرِيّ

Marine biologists study the plants and animals that live in the sea.

يَدْرُس عُلَماء الأَحْياء البَحْرِيّة النَّباتات والحَيَوانات التى تَعيش فى البَحْر .

marionette *n.* عَروسة مُتَحَرِّكة

mark *n.* ١- علامة

Zorro always leaves a mark where he has been.

يَتْرُك زُورُو علامة أَيْنما ذَهَب .

> ***Zorro***
> *The legendary masked avenger who championed the oppressed, and who always left his sign "Z" to mark his exploits. Zorro is the hero of several adventure films, including The Mask of Zorro, Zorro Rides Again and Zorro The Avenger.*

٢- درَجة مدْرَسيّة

mark *v.* ١- يُعلِّم على . يضَع علامة

Never mark a library book.

لا تَضَعْ أبداً علامة فى كتاب من المَكْتَبة العامّة .

٢ - يُصحِّح (الامْتِحان مثلاً)

marker *n.* ١ - علامة . دليل

٢ - قَلَم فلوماسْتَر

market *n.* سُوق

marmalade *n.* مُربَّى (خاصّةً مُربَّى البُرْتُقال)

maroon *adj.* نَبيتِىّ اللَّوْن

maroon *n.* اللَّوْن النَّبيتِىّ

marriage *n.* زَواج . قِران

marry *v.* يَتزَوَّج

Mars *n.* كَوْكَب المرّيخ

marsh *n.* مُسْتَنْقَع : أَرْض مُنْخفِضة بها مياه جَوْفيّة

marshmallow *n.* مارْشْمالو : حَلْوَى إسفَنْجيّة لَوْنُها أَبْيَض

marvellous *adj.* هائِل . عَجيب

mascot *n.* تَميمة . جالِب الحظّ

masculine *adj.* ذُكورِىّ . خاصّ بالرِّجال

mash *v.* يَهْرُس (البَطاطِس مثلاً)

mask *n.* قِناع

mason *n.* بَنّاء : عامِل يَبْنِى بالأحْجار أو بالطّوب

masquerade *n.* ١ - حَفْلة تَنَكُّريّة

٢ - تَنَكُّر

mass *n.* ١- كُتْلة

The artist took a mass of clay and sculpted a bird.

أَخَذَت الفنّانة كُتْلة صِلْصال ونَحَتَت بها طائِراً .

٢- عدَد أو مِقْدار كَبير

Every summer we collect masses of shells on the beach.

فى كُلّ صَيْف نَجْمَع عَدَداً كَبيراً من القَواقِع على شاطِئ البَحْر .

mass *n.* قُدّاس (فى الكَنيسة)

mass media *n.pl.* وَسائِل الإعْلام : الصُّحُف والمَجَلاّت والرّادْيو والتّليفزْيون

massage *n.* تَدْليك عَضَلات الجِسْم

mast *n.* صارى . سارية (المَرْكَب أو العَلَم)

master *n.* ١- سَيِّد . رَبّ . رئيس

٢- مالِك حيَوان

A trained dog obeys its master.

الكَلْب المُدرَّب يُطيع مالِكه .

٣- مُعلِّم . مُدرِّس

٤- شَخْص بارِع فى حِرْفَته أو فَنّه

Michelangelo was a master of both painting and sculpture.

كان ميكِل أَنْجلو فَنّاناً بارِعاً فى التَّصْوير والنَّحْت .

Michelangelo Buonarroti (1475-1564)
Italian sculptor, painter, architect and poet, Michelangelo was trained in Florence. His works include the Pietà, David and the series of Slaves. From 1508 to 1512 he worked on the ceiling of the Sistine Chapel in the Vatican and achieved a masterpiece that established him as the greatest painter of his time.

masterpiece *n.* **تُحْفة**

mat *n.* **١ - سَجّادة صغيرة**
٢- حَصيرة

Gymnasts use rubber floor mats to protect them if they fall.

يَسْتَخْدِمْ لاعبو الجُمْباز حَصائِر من الكاوِتْشوك لتَحْميهِم عِنْدَ الوُقوع .

٣- دوَاسة الباب

match *n.* **مُباراة**

match *n.* **عود كَبْريت**

match *v.* **١ - يَتَلاءَم مع . يَنْسَجِم مع**
٢ - يَتَعادَل مع . يَتَساوَى مع

The Mona Lisa is so famous that no other painting can match it.

المُوناليزا لَوْحَةٌ شَهيرةٌ جِداً ولا تَتَساوَى مَعَها أىّ لَوْحةٍ أُخْرَى .

The Mona Lisa
The most famous painting by Leonardo da Vinci, and possibly the most famous painting in the world. It is the portrait of a woman with a mysterious smile.

mate *n.* **١ - وَليف . قَرين**

Wolves stay with the same mate all their lives.

يَعيش الذِّئْب مع وَليفٍ واحِدٍ طُول عُمْرِه .

٢- زَميل . رَفيق
٣- نائِب قُبْطان سفينة

material *n.* **١ - مادّة**

Petroleum is the raw material used to make plastic.

البِتْرول هو المادّة الخام التى تُسْتَخْدَم فى صِناعة البلاسْتك .

٢- نَسيج . قُماش

mathematics *n.* **الرِّياضيّات . عِلْم الرِّياضة**

matinée *n.* **حَفْلة نَهاريّة فى سينما أو مَسْرَح**

matter *n.* **١ - مادّة: جَميع الأشْياء المَلْموسة**
٢- مَسْأَلة . أَمْر

You look sad. What's the matter?

إنك تَبْدُو حَزينًا، ما الأَمْر؟

matter *v.* **يَهُم . يكون مُهِمًا**

Keeping our city clean should matter to all of us.

المُحافَظة على نَظافة مَدينَتِنا يَجِب أن تَهُمَّنا كُلَّنا .

mattress *n.* **مَرْتَبة سَرير**

mature *adj.* **ناضِج . كامِل النُّمُوّ**

A butterfly is mature when it leaves its cocoon.

عِنْدَما تَتْرُك الفَراشة شَرْنَقَتَها تَكُون قد أصْبَحَت كامِلة النُّمُوّ .

maximum *adj.; n.* **الأَقْصَى (عكس الأَدْنَى)**

May *n.* **مايُو : الشَّهْر الخامس مِن السَّنة الميلاديّة**

may *v.* **١ - رُبَّما . مِن المُحْتَمَل**
٢ - يَسْمَح لِ

May I ride your bicycle?

هل تَسْمَحُ لِى بأنْ أَرْكَب درّاجَتَك ؟

maybe *adv.* **رُبَّما . لَعَلّ**

Maybe one day people will be able to live on another planet.

رُبَّما استَطاع النّاس يَوْماً أنْ يَعيشوا على كَوْكَبٍ آخَر .

mayonnaise *n.* **مايُونيز (نَوْع من الصَّلْصة)**

mayor *n.* عُمْدة

maze *n.* مَتاهة . بيْت جُحا

M.D. *abbr.* د. : اِخْتِصار لعِبارة

medical doctor (طَبيب أو طَبيبة)

me *pron.* ـنى . ـى

Can you show me how to fly this kite?

هل يُمْكِن أنْ تُرينى كيف أُطَيِّر هذه الطّائرة الوَرَقيّة؟

meadow *n.* مَرْج . مَرْعَى

meal *n.* وَجْبة

mean *adj.* ١- بَخيل

٢- غَيْر لَطيف . غَيْر طَيِّب

mean *v.* ١- يَعْنى

A red light means that you must stop.

يَعْنى الضَّوْء الأَحْمَر أنك يَجِب أنْ تَقِف .

٢- يَقْصِد

I didn't mean to be late, but my watch stopped.

لَمْ أَقْصِد أنْ أتَأَخَّر لكن ساعَتِى تَوَقَّفَت .

٣- يَنْوِى . يَعْتَزِم

Livingstone meant to find the source of the Nile.

كان لِفِنْجِسْتُون يَعْتَزِم أنْ يَكْتَشِف مَنْبَع نَهْر النِّيل .

David Livingstone (1813-1873)
Born in Scotland, Livingstone studied medicine at Glasgow. He became a missionary and went to Africa in 1840. He explored and discovered Lake Ngami, the Victoria Falls and Lake Nyasa now called Malawi. From 1866 to 1873 he attempted to trace the source of the Nile.

meaning *n.* مَعْنَى

meanwhile *adv.* فى أَثْناء

The audience heard crashes backstage but meanwhile the play continued.

سَمِع الجُمْهور أَصْوات خَبْط فى الكَواليس لكن عَرْض المَسْرَحيّة اسْتَمَرّ فى أَثْناء ذلك .

measles *n.pl.* مَرَض الحَصْبة

measure *v.* يَقيس . يُكَيِّل

Petrol is measured in litres.

يُكَيَّل البَنْزين باللِّتْر .

measurement *n.* مَقاس . مِكْيال

Carpenters take measurements before they start working.

يَأْخُذ النَّجّار المَقاسات قَبْل البَدْء فى العَمَل .

meat *n.* لَحْم . لُحوم

mechanic *n.* ميكانيكِىّ

mechanical *adj.* ميكانيكِىّ . آلِىّ

medal *n.* ميدالْية . وِسام

medical *adj.* طِبِّىّ

medicine *n.* ١- دَواء

٢- طِبّ . عِلْم الطِّبّ

medieval *adj.* مُتَعَلِّق بِالقُرون الوُسْطَى (الفَتْرة مِنْ ٥٠٠ إلى ١٤٠٠ بَعْدَ الميلاد فى التّاريخ الأوروبِى)

meditate *v.* يَتَأَمَّل

Mediterrenean Sea *n* البَحْر الأَبْيَض المُتَوَسِّط

medium *adj.* مُتَوَسِّط

You can find these shirts in sizes small, medium and large.

يُمْكِنُك أنْ تَجِد مَقاسات صَغيرة و مُتَوَسِّطة و كَبيرة من هَذه القُمْصان .

meet *v.* ١- يُقابِل . يَتَقابَل . يَلْتَقِى بِـ

The Blue Nile and the White Nile meet at Khartoum.

يَتَقابَل النِّيل الأَزْرَق والأَبْيَض فى مَدينة الخُرْطوم .

The Blue Nile and the White Nile
The River Nile is the longest river in the world. It is formed by two tributaries, the White Nile that starts in Burundi and the Blue Nile that

starts in Ethiopia. The Blue and White Nile meet at Khartoum in Sudan where they form one river that continues into Egypt and forms the delta before reaching the Mediterranean Sea.

٢ - يتعرَّف على

I hope to meet my Indian pen friend one day.

أتمنَّى أنْ أتعرَّف يوماً ما على صديقى الهندى الذى أُراسلُه .

meeting *n.* **١ - اجْتماع**

٢ - لقاء

megaphone *n.* **بُوق يُسْتَخْدَم لتكْبير الصَّوْت**

melody *n.* **نَغْمة . لَحْن**

melon *n.* **شَمّامة . بِطّيخة**

melt *v.* **١ - يَذوب . يَسيح**

The snow on Mount Everest never melts.

لا يَذوب الثَّلْج على قِمّة جَبَل إفْرِسْت أبَداً .

Mount Everest
The highest mountain in the World, Mount Everest is 8848 meters high and stands at the Nepal-Tibet border in the Himalayas. Attempts to climb to its top started in 1920, and on May 29, 1953 Edmund Hillary and Sherpa Tenzing Norgay reached its summit.

٢ - يُذيب . يُسَيِّح

Salt melts ice.

المِلْح يُذيب الثَّلْج .

member *n.* **عُضْو**

membership *n.* **عُضْويّة**

memorial *n.* **نُصْب تِذْكارِى**

memorize *v.* **يَحْفَظ**

memory *n.* **١ - ذاكرة**

٢ - ذِكْرى

I have happy memories of summer at Ras al-Bar.

لِى ذِكْرَيات صَيْفٍ سَعيدةٌ فى رَأْس البَرّ .

men *n.pl.* **جَمْع كلمة** man

mend *v.* **١ - يُصْلِح . يُرَمِّم**

Cobblers mend shoes.

يُصْلِح الإسْكافِىّ الأَحْذِية .

٢ - يرفو . يرْتُق

mental *adj.* **ذِهْنِىّ . عَقْلِىّ**

mention *v.* **يَذْكُر . يَطْرَح**

My brother jumps whenever I mention vampires.

يَنْتَفِض أخى كُلَّما ذَكَرْتُ مَصّاصِى الدِّماء .

menu *n.* **قائمة المأكولات فى مَطْعَم**

merchandise *n.* **سِلْعة**

merchant *n.* **تاجِر**

mercury *n.* **مَعْدِن الزِّئْبَق**

Mercury *n.* **كَوْكَب عُطارِد**

mercy *n.* **رَحْمة . شَفَقة**

meridian *n.* **خطّ الطّول على الكرة الأرْضيّة (يُحدِّد مَناطِق التَّوْقيت)**

merit *n.* **تَقْدير . جَدارة**

This year 25 scouts received awards for merit.

حصَل ٢٥ فرداً مِنْ أفْراد الكَشّافة على جَوائِز تَقْدير هذا العام .

mermaid *n.* **عَروس البَحْر**

merry *adj.* **مَرِح . بَهيج**

merry-go-round *n.* **دَوّارة الخَيْل (فى المَلاهِى)**

mess *n.* ١- لَخْبَطة . كَرْكَبة
٢- مُشْكلة . وَضْع مُزْعِج

mess up *v.* ١ - يُكَرْكِب . يلَخْبِط

The cat jumped on the table and messed up my jigsaw puzzle.

قَفَزَت القطّة على المائِدة ولَخْبَطَت لُعْبة الصُّوَر المُجزَّأة .

٢- يُخرِّب . يُتْلِف

I added too much flour and messed up the cake.

اسْتَخْدَمْتُ دَقيقًا كثيرًا وأَتْلَفْتُ الكيك .

message *n.* رِسالة

messenger *n.* حامِل رِسالة . ساعٍ

messy *adj.* مُكَرْكَب . مُلَخْبَط

metal *n.* مَعْدِن (مثلا: النُّحاس أو الحَديد)

metamorphosis *n.* مَسْخ: تَحوُّل مِنْ شَكْلٍ إلى آخر

meteor *n.* شِهاب: كُتْلة صَخْريّة تَسْبَح في الفَضاء وتَظْهر كضَوْء ساطِع عِنْدما تَخْترِق الغِلاف الجَوِّيّ المُحيط بالأرْض

meteorite *n.* كُتْلة صَخْريّة تَسقُط مِن الفضاء على الأرْض

meteorology *n.* عِلْم الأرْصاد الجَوِّيّة

meter *n.* عَدّاد (مثلاً: عَدّاد الكَهْرباء)

method *n.* طَريقة . أُسْلوب

Can you describe the method used to refine sugar?

هل تَسْتَطيع أن تَصِف طَريقة تَكْرير السُّكَّر؟

metre or meter *n.* مِتْر: مِقْياس لِلطّول = ١٠٠ سَنْتيمِتْر

metric system *n.* نِظام القِياس المِتْرِيّ

mice *n.pl.* جَمْع كَلِمة mouse

microfilm *n.* مِيكْروفيلْم : صورة مُصَغَّرة لمُسْتَنَد

microphone *n.* مِيكْروفون

microscope *n.* مِيكْروسْكُوب

microwave oven *n.* فُرْن مِيكْرُوويف : فُرْن صَغير لطَهْي الطَّعام بسُرْعة فائِقة

midday *n.* الظُّهر . مُنْتَصَف النَّهار

middle *n.* وَسَط . مُنْتَصَف

middle-aged *adj.* عُمْره بَيْن ٤٠ و٦٠ سَنة تَقْريباً

midget *n.* قَزَم : شَخْصٌ جِسْمُه مُتَناسِق ولكن قَصيرٌ جِداً

midnight *n.* مُنْتَصَف اللَّيل

might *n.*　　قُوَّة . جَبَرُوت

might *v.*　　١- مِن المُحْتَمَل . يُمْكِن أَنْ

It **might** be fun to live in a gipsy camp.

مِن المُحْتَمَل أَنْ تَكُون الحَيَاة فى مُخَيَّم الغَجَر مُمْتِعة .

٢- مَاضى فِعْل may

mighty *adj.*　　قَوى و جَبَّار

migrate *v.*　　يُهَاجِر . يَرْحَل مِنْ مَكَان إلى آخَر

Many species of birds **migrate** south in the winter.

تُهَاجِر أَنْوَاع كَثِيرة مِن الطُّيُور جَنُوباً حِين يَأْتِى الشِّتَاء .

mild *adj.*　　مُعْتَدِل

The weather was **mild** through October.

كَان الطَّقْس مُعْتَدِلاً حتى نهاية شَهْر أُكْتُوبَر .

mile *n.*　　مِيل : مِقْيَاس للمَسَافَات = ١,٦ كيلومِتْرا

military *adj.*　　عَسْكَرى

milk *n.*　　لَبَن . حَلِيب

milkman *n.*　　لَبَّان : بَائع أو مُوَزِّع اللَّبَن

Milky Way *n.*　　دَرْب التَّبَّانة :

مَجْمُوعة ضَخْمة مِن النُّجُوم تَضُم المَجْمُوعة الشَّمْسِيَّة التى تَتْبَعُها الأَرْض

mill *n.*　　١- مِطْحَنة . طَاحُونة

٢- مَصْنَع لإنْتَاج النَّسِيج أو الوَرَق أو الصُّلْب

milliard *adj.; n.*　　مِلْيَار : أَلْف مِلْيُون

milligramme or **milligram** *n.* : مِلِّيجِرام

مِقْيَاس للوَزْن (١٠٠٠ مِلِّيجِرام = جِرام)

millimetre or **millimeter** *n.*　　مِلِّيمِتْر

(١٠٠٠مِلِّيمِتْر = مِتْر)

million *adj.; n.*　　مِلْيُون : أَلْف أَلْف

millionaire *n.*　　مِلْيُونِير :

شَخْص تَجَاوَزَت ثَرْوَتُه المِلْيُون

mime *n.*　　مَايِم . تَمْثِيل صَامِت

(بالحَرَكَات وبِدُون كَلام)

mimic *v.*　　يُقَلِّد . يُحَاكِى

Our parrot can **mimic** any kind of whistle.

يَسْتَطِيع بَبْغَاؤُنا أَنْ يُقَلِّد أَىّ صَفَّارة .

minaret *n.*　　مِئْذَنة

mince *n.*　　لَحْم مَفْرُوم

mince *v.*　　يَفْرُم

minced *adj.*　　مَفْرُوم (مثلاً : لَحْم مَفْرُوم)

mind *n.*　　١- عَقْل . ذِهْن

٢- رَأْى . فِكْرة

Did you change your **mind**?

هل غَيَّرتَ رَأْيَك ؟

mind *v.*　　١- يَعْتَنِى بِـ . يَرْعى

We **mind** the neighbours' cat while they're on holiday.

نَعْتَنِى بِقِطَّة الجِيران أَثْنَاء غِيَابِهم فى إجازةٍ .

٢- يُطِيع

٣- يَحْتَرِس مِنْ . يَلْتَفِت إلى

Mind the step.

احْتَرِسْ مِن السُّلَّم .

٤- يَعْتَرِض على . يُمَانِع

I wouldn't **mind** spending a year in the jungle.

لا أُمَانِع فى أَنْ أَقْضِى سَنةً فى الأَدْغال .

mine *pron.*　　ى . لى

Your bike is fast but **mine** is faster.

دَرَّاجَتُك سَرِيعة لكن دَرَّاجَتى أَسْرَع .

mine *n.*　　مَنْجَم

miner *n.*　　عَامِل فى مَنْجَم

mineral *n.*　　مَعْدِن (مثلاً : المَاس والفَحْم والبِتْرول)

miniature *adj.*　　مُصَغَّر . صَغِير جِدًّا

miniature *n.*　　نَمُوذَج مُصَغَّر

minimum *adj.; n.*　　الأَدْنى (عكس الأَقْصى)

minister *n.*　　١- وَزِير

٢- رَاعى كَنِيسة بْرُوتِسْتَانْتِيَّة

ministry *n.*　　وِزَارة

minor *adj.*　　ثَانَوىّ . أَقَلّ أَهَمِّيَّة

minor *n.* قاصر : مَنْ لم يَبْلُغ سِنّ الرُّشْد

minstrel *n.* مُغَنٍّ مُتَجَوِّل
(خاصّةً فى القُرون الوُسْطَى)

mint *n.* نَعْنَاع

mint *n.* دار سَكّ النُّقود (حيث تُصْنَع النُّقود)

minus *prep.* ناقِص

minus or minus sign *n.* علامة الطَّرْح
فى الحِساب (-)

minute *n.* دَقيقة

miracle *n.* مُعْجِزة

mirage *n.* سَراب

A mirage is an optical illusion.

السَّراب خِداعٌ بَصَرِىٌّ.

mirror *n.* مِرآة

misbehave *v.* يُسِىء السُّلوك

mischief *n.* شَقاوة

mischievous *adj.* شَقِىّ

miser *n.* شَخْص بَخيل جِداً

miserable *adj.* بائس . تَعيس

misery *n.* بُؤْس . تَعاسة

misfit *n.* شَخْص لا يَنْسَجِم مع النّاس حَوْلَه

misfortune *n.* سُوء الحَظّ

Miss *n.* آنِسة (لَقَب لامْرأةٍ غَيْر مُتَزَوِّجة)

miss *v.* ١- يَفْتَقِد

٢- يَفُوتُه

Hurry, the bus is coming and I don't want to miss it.

اِسْرِع فالأُوتوبيس قادِمٌ ولا أُريد أَنْ يَفُوتَنى

٣- يَتَغَيَّب عن

I missed three days of school when I was sick.

تَغَيّبْتُ عن المَدْرَسة ثَلاثة أيّام بِسَبَب المَرَض.

missile *n.* قَذيفة . صاروخ

missing *adj.* ١- ناقِص

There are four pages missing in this book.

هُناك أَرْبَع صَفَحات ناقِصةٍ مِنْ هذا الكِتاب.

٢- مَفْقود . ضائع

Robinson Crusoe was missing for 28 years.

كان رُوبِنْسُون كُروزو مَفْقوداً طَوال ٢٨ سَنة.

> ***Robinson Crusoe***
> *The hero of a novel written in 1719 by the English writer, Daniel Defoe. It is the story of the sole survivor of a shipwreck on an island.*

mission *n.* مُهِمّة . مأمُورِيّة

missionary *n.* مُبَشِّر دِينِىّ

misspell *v.* يُخْطِئ فى الهِجاء

mist *n.* ضَباب خَفيف . شَبُّورة

mistake *n.* غَلْطة . خَطَأ

mistaken *adj.* غَلْطان . مُخْطِئ

misunderstand *v.* يُسِىء الفَهْم

misunderstanding *n.* سُوء تَفاهُم

mitten *n.* قُفّاز بِلا أصابع

mix *v.* يَخلِط . يَمزُج

mix up *v.* يَخلِط . يُلَخبِط

Everyone always mixes up those identical twins.

يَخلط الجَميع بَيْن هَذَيْن التَّوْأَمَيْن .

mix-up *n.* لَخبَطة . فَوضَى

mixed-up *adj.* ١- مَخلوط . مُختَلِط

٢- مُرتَبِك . ملَخبَط

They asked me so many questions that I got mixed-up.

سَألونى أسْئِلة كَثيرة جداً فأصْبَحْتُ مُرْتَبِكاً .

mixer *n.* خلاَّط

mixture *n.* خَليط . مَزيج

moan *v.* يَئِنّ . يتَأوَّه

moat *n.* خَنْدَق مُمْتَلئ بالماء يُحيط بقصرٍ أو قَلْعة

mob *n.* حَشْد من النّاس المُشاغِبين

mobile *adj.* مُتَحرِّك . مُتَنقِّل

The mobile library visits our village once a week.

تزور المَكْتَبة المُتَنَقِّلة قريَتنا مرّةً كُلّ أسْبوعٍ .

mocassin *n. v.* حِذاء من الجِلْد اللَّيِّن بِدون كَعْبٍ

mock *v.* يَسْخَر مِن

mockingbird *n.* الطّائِر المُحاكى (يُقلِّد أصوات الطُّيور الأُخْرَى)

model *n.* ١- نَموذَج مُصغَّر (مثلاً: نَموذَج مُصغَّر لقِطار)

٢- مَثَل أعلَى . قُدْوَة

The captain is a model for the members of his team.

الكابْتن مَثَلٌ أعْلَى لأعْضاء فَريقه .

٣- مُوديل . طِراز (مثلاً: موديل سَيّارة)

٤- مانيكان: عارِض أو عارِضة أزْياء

model *v.* ١- يُشكِّل

We're learning how to model clay in art class.

فى حصّة الفَنّ نَتعَلَّم كيف نُشَكِّل الصَّلْصال .

٢- يَعرِض أزْياء

modern *adj.* عَصْرى . حَديث

modest *adj.* ١- مُتَواضِع (عكس مَغْرور)

٢- مُحتَشِم

moist *adj.* رَطْب . غَيْر مُجفَّف

moisture *n.* رُطوبة

molar *n.* ضِرس

molasses *n.pl.* عَسَل أسْوَد

mole *n.* خُلْد (حَيَوان صغير يَعيش تَحْت الأرْض)

mole *n.* شامة . حَسَنة (على الجِلْد)

molecule *n.* جُزَىْء

A water molecule is made up of 1 atom of oxygen and 2 atoms of hydrogen.

يَتكَوَّن جُزَىْء الماء مِنْ ذَرّة أُكسيچين وذَرَّتَىْ هيدْروچين .

mollusc *n.* حَيَوان من الرِّخْويّات

mom or mommy *n.* ماما

moment *n.* لَحظة

monarchy *n.* مَلَكيّة . مَمْلَكة

monastery *n.* دَيْر : مَسكَن الرُّهْبان

Monday *n.* يَوْم الاثْنَيْن

money *n.* نُقود . فُلوس

monitor *n.* مُراقِب

Every month the teacher chooses one student to be class monitor.

كُلّ شَهْرٍ يَخْتار المُدَرِّس أحَد التَّلاميذ لِيَكون مُراقِب الفَصْل.

monk *n.* راهِب

monkey *n.* قِرْد

monkey wrench *n.* مِفْتاح إنْجليزىّ

monocle *n.* مُونُوكْل: نَظّارة لِعَيْن واحِدة

monogram *n.* مُونُوجْرام: رَسْم مكوَّن مِن الحُروف الأُولَى لاِسْم شَخْص

monologue *n.* مُونُولُوج: حَديث فَرْدِىّ (فى مَسْرَحيّة مثلاً)

monotonous *adj.* رَتيب

monsoon *n.* مُونْسُون: رياح صَيْفيّة تُسَبِّب أمطاراً غَزيرةً (فى جَنوب آسيا)

monster *n.* ١- كائِن خُرافِىّ ضَخْم ومُخيف ٢- وَحْش

month *n.* شَهْر

monument *n.* ١- تِمْثال أو مَبْنَى تِذْكارِىّ ٢- مَبْنَى له أهمِيّة أثَرِيّة أو تاريخيّة (مثلاً: بُرْج إيفل)

moo *v.* يَخُور (البقر يَخُور)

mood *n.* مِزاج

moody *adj.* مُتَقَلِّب المِزاج

Some people are moody when the moon is full.

بَعْض النّاس يَكونون مُتَقَلِّبى المِزاج عندما يَكْتَمِل القَمَر بَدْراً.

moon *n.* قَمَر

moose *n.* مُوس: أيِّل أمْريكِىّ ضَخْم

mop *n.* مِمْسَحة بيدٍ طَويلةٍ لِتَنْظيف الأرْضيّة

mope *v.* يَكْتَئِب . يَنْطَوِى على نَفْسِه

moral *adj.* أخْلاقِىّ . صالِح

moral *n.* مَغْزَى (القِصّة)

morals *n.pl.* أخْلاق . مَبادِئ أخْلاقِيّة

more *adj.; adv.; n.* أكْثَر

morning *n.* صَباح

moron *n.* أبْلَه . شَخْص غَبِىّ

Morse code *n.* شَفْرة مُورْس: شَفْرة مكوَّنة مِنْ نُقَطٍ وشُرَطٍ لِتَوْجيه الرَّسائِل

Moslem or Muslim *adj.; n.* مُسْلِم

mosque *n.* مَسْجِد . جامِع

mosquito *n.* ناموسة . بَعوضة

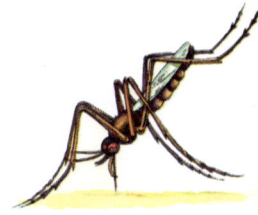

moss *n.* طُحْلُب: نَوْع من النَّبات المائِىّ يَنْمو على صَخْرٍ أو جِذْع شَجَرٍ

most *adj.; n.* مُعْظَم . أغْلَب

Most species of birds can fly.

يَسْتَطيع مُعْظَم أنواع الطُّيور الطَّيَران.

most *adj.; adv., n.* الأكْثَر

mostly *adv.* فى الأغْلَب . غالِباً

moth *n.* عُثّة . فَراشة لَيْلِيّة

mother *n.* أمّ . والِدة

mother-in-law *n.* حَماة: أمّ الزَّوْج أو الزَّوْجة

mother-of-pearl *n.* صَدَف

motion *n.* حركة . تحرُّك

The motion of a pendulum is regular.

حركة البَنْدُول مُنْتَظِمةٌ .

motion picture *n.* فيلْم سينمائىّ

motivation *n.* حافِز . دافِع

motive *n.* دافِع

motor *n.* مُوتُور . مُحَرِّك

motorboat *n.* لَنْش . مَرْكَب بمُوتُور

motorcycle *n.* مُوتُوسِيكْل . دَرّاجة بُخارِيّة

motto *n.* شِعار

Our teacher's motto is "Silence is golden."

شعار مُدَرِّستنا هو "السُّكوت مِنْ ذَهَب" .

mould or mold *n.* قالِب . فُورْمة

mould or mold *n.* فُطْر .

عَفَن (مثلاً: عفَن الخُبْز)

mould or mold *v.* يُشَكِّل

mound *n.* كَوْم . تَلّ صغير

mount *v.* ١ - يَصْعَد

٢ - يَمْتَطِي (حِصاناً مثلاً)

mountain *n.* جَبَل

mountaineering or mountain-climbing *n.* رِياضة تَسَلُّق الجِبال

mourn *v.* يَحْزَن على المَوْتَى

mouse *n.* فَأْر

mousetrap *n.* مِصْيَدة الفِئْران

moustache or mustache *n.* شَنَب . شارِب

mouth *n.* فَم . ثَغْر

move *n.* حركة . نَقْلة (مثلاً: حركةٌ فى الشَّطْرَنْج)

move *v.* ١ - يَتَحَرَّك

Chameleons move very slowly.

تَتَحَرَّك الحِرْباء بِبُطْءٍ شديد .

٢ - يُحَرِّك

٣ - يَنْتَقِل . يُغَيِّر مكان إقامته

movement *n.* حركة . تَحَرُّك

movie *n.* فيلْم سينمائىّ

mow *v.* يَحُشّ . يَجُزّ (الحَشائِش)

Mr. *abbr.* سَيِّد (لَقَبٌ للرَّجُل)

Mrs. *abbr.* سَيِّدة (لَقَبٌ لامْرأة مُتزوِّجة)

Ms. *abbr.* لَقَبٌ لامْرأة مُتَزَوِّجة أو غير مُتَزَوِّجة

much *adj.; n.* كَثير

A cactus doesn't need much water to grow.

لا يَحْتاج الصَّبّار إلى كَثيرٍ من الماء لكى يَنْمُو .

much *adv.* كَثيراً

An ostrich egg is much bigger than a chicken egg.

بَيْضة النَّعامة أكْبَر كَثيراً مِنْ بَيْضة الدَّجاجة .

mud *n.* طين . وَحْل

muddy *adj.* مُوحِل

muffin *n.* كيك صغير مُسْتَدير

muffler *n.* ١ - كُوفِيّة . لِفاع (العُنُق)

٢ - شَكْمان (فى سيّارة مثلاً)

mug *n.* كُوب كَبير بِيَد

(مَصْنوعٌ مِنَ الخَزَف أو الزُّجاج)

mule *n.* بَغْل

multiplication *n.* عَمَلِيّة الضَّرْب فى الحِساب

multiplication table *n.* جَدْوَل الضَّرْب

multiply *v.* ١- يَضْرِب عَدَدًا فى عَدَدٍ آخَر (فى الحِساب)
٢- يَتَكاثَر . يَتَضاعَف

mum or mummy *n.* ماما

mumble *v.* يُهَمْهِم؛ يَتَكَلَّم بِطَرِيقة غَيْر واضِحة وبِصَوْتٍ مُنْخَفِض

mummy *n.* مُومياء

mumps *n.pl.* مَرَض الحُمَّى النَّكَفِيَّة . أبو اللُّكَيم

munch *v.* يُقَرْمِش . يَمْضُغ بِصَوْتٍ قَرْمَشة

mural *n.* رَسْم كَبِير على حائط

murder *n.* جَرِيمة قَتْل

murder *v.* يَقْتُل . يَرْتَكِب جَرِيمة قَتْل

murmur *v.* يَتَكَلَّم بِصَوْتٍ مُنْخَفِض

muscle *n.* عَضَلَة

museum *n.* مَتْحَف

mushroom *n.* فُطْر . عَيْش الغُراب

music *n.* مُوسِيقَى

musician *n.* ١- موسيقار
٢- مُغَنٍّ . عازِف آلة مُوسِيقيّة

must *v.* ١- يَجِب أنْ . يَنْبَغِى أنْ
٢- من المُؤكَّد أنْ

They look so much alike that they must be twins.

إنهما يَتَشابَهان بِشِدّةٍ فمن المُؤكَّد أنهما تَوْأمٌ .

mustard *n.* خَرْدَل . مَسْطَرْدَة

mute *adj.* ١- أَخْرَس . أَبْكَم
٢- صامِت

The " k " in "know" is mute

حَرْف k فى كَلِمة know صامِت

mutiny *n.* تَمَرُّد (البَحّارة أو الجُنُود)

mutter *v.* يَتَذَمَّر . يُغَمْغِم

Grandmother always mutters when she loses her glasses.

تَتَذَمَّر جَدَّتُنا كُلَّما ضَيَّعَتْ نَظّارَتَها .

mutton *n.* لَحْم الضَّأْن

mutual *adj.* مُتَبادَل . مُشْتَرَك

muzzle *n.* ١- كمامة (تُوضَع على فَكّ الكَلْب مثلاً)
٢ - فُوَهة البُنْدُقيّة

my *pron.* ى

Everyone says that I look like my grandfather.

يَقول الجَميع إننى أُشْبِه جَدِّى .

myself *pron.* نَفْسِى

I taught myself to play the guitar.

عَلَّمْتُ نَفْسِى العَزْف على الجيتار .

mysterious *adj.* غامِض

mystery *n.* غُمُوض . سِرّ

myth *n.* أُسْطورة

The story of Isis and Osiris is an ancient Egyptian myth

قِصّة إيزيس وأوزوريس أُسْطورةٌ مِصريّةٌ قَديمةٌ .

Isis and Osiris
Osiris is an Ancient Egyptian god of the dead as well as renewal and rebirth. He was killed and cut in pieces by his jealous and evil brother, Set. Isis, the wife of Osiris and mother of Horus, who is known as the goddess of protection and who has magical powers of healing, collected and buried the pieces and restored him to life.

N n

nag *v.* — **يُلِحّ . يزِنّ (بِطلَبٍ أو شَكْوَى)**

nail *n.* — **١ - مِسْمار**

٢ - ظُفْر

naked *adj.* — **عارٍ . عُرْيان**

name *n.* — **اسْم**

name *v.* — **يُسَمِّي**

I named my horse Antar.

سَمَّيْتُ حِصانِي عَنْتَر.

nanny *n.* — **مُرَبِّية أطْفالٍ . دادة**

nanny-goat *n.* — **ماعِزة . عَنْزة**

nap *n.* — **غفْوة . تَعْسيلة :**

فَتْرة نَوْم قَصيرة أثْناء النَّهار

napkin *n.* — **فوطة سُفْرة**

narrate *v.* — **يَرْوِي أو يَحْكِي قِصّةً**

narrator *n.* — **راوٍ**

Scheherazade is the narrator of the stories in "A Thousand and One Nights".

شَهْرَزاد هى راوية قِصَص « أَلْف لَيْلةٍ ولَيْلةٌ » .

> **Scheherazade**
> *The young princess who managed to avoid the fate of all of her predecessors when she married King Chahrayar, who had his wives beheaded on their wedding nights. Scheherazade told her husband a tale every night for one thousand and one nights, stopping each night at a crucial moment so that he would want to listen to the rest of the tale on the following night. Eventually he changed his mind about having his queen killed.*

narrow *adj.* — **ضَيِّق (عكس عَريض)**

narrow-minded *adj.* — **ضَيِّق الأفُق . مُتَزَمِّت**

nasty *adj.* — **١ - كَريه (مثلاً: رائحة كَريهة)**

٢ - رَدِيء (مثلاً: طَقْس رَدِيء)

٣ - سافِل . حَقود (مثلاً: شَخْص حَقود)

٤ - قَبيح (مثلاً: لَفْظ قَبيح)

nation *n.* — **١ - دَوْلة**

Iraq is an Arab nation.

العراق دَوْلة مِن الدُّوَل العَرَبيّة .

٢ - أُمّة

Iraq is part of the Arab nation.

العراق جُزْء مِن الأُمّة العَرَبيّة .

٣ - شَعْب

national *adj.* وَطَنِىّ . قَوْمِىّ
nationality *n.* جِنْسِيَّة
native *adj.* أَصْلِىّ
natural *adj.* ١- طَبِيعِىّ (مِن الطَّبِيعة)
Emeralds are one of Columbia's important natural resources.
الزُّمُرُّد أَحَد المَوارِد الطَّبِيعِيَّة الهامّة فى كُولُومْبيا .
٢- عادِىّ . طَبِيعِىّ
Shivering is a natural reaction to cold.
الرَّعْشة رَدّ فِعْل عادِىّ للإحْساس بالبَرْد .
naturally *adv.* ١- طَبْعاً . بِالطَّبْع
Naturally, an elephant eats more than a horse.
طَبْعاً يأْكُل الفيل أَكْثَر من الحِصان .
٢- طَبِيعِياً . بِصورةٍ طبيعيّة
A poodle's hair is naturally curly.
يَتَجَعَّد شَعْر الكَلْب الكانيش بِصورةٍ طَبِيعيّة .
nature *n.* ١- الطَّبِيعة
٢- طَبْع . خُلُق . مِزاج
Racehorses usually have a nervous nature.
عادةً ما يَكُون مِزاج خَيْل السِّباق عَصَبِياً .
naughty *adj.* شَقِىّ . غَيْر مُطِيع
nausea *n.* غَثَيان
navel *n.* سُرّة البَطْن
navigate *v.* يُوَجِّه سَيْر السَّفِينة أو الطّائِرة
navigation *n.* مِلاحة:
تَوْجِيه سَيْر السَّفِينة أو الطّائِرة
navy *n.* بَحْرِيّة . أُسْطول بَحْرِىّ
navy blue *adj.* كُحْلِىّ . أَزْرَق غامِق
navy blue *n.* اللَّوْن الكُحْلِىّ
near *adj.* قَرِيب (عَكْس بَعِيد)
near *prep.; adv.* بالقُرْب مِنْ . قَرِيباً مِنْ
The bedouins made their camp near the spring.
خَيَّم البَدْو قَرِيباً مِن النَّبْع .
nearby *adv.* قَرِيباً . بالقُرْب مِنْ
nearly *adv.* ١- تَقْرِيباً
٢- بالكاد . على وَشْك
The swimmer nearly broke the world record.
كان السَّبّاح على وَشْك أن يُحَطِّم الرَّقْم القِياسِىّ العالَمِىّ .
neat *adj.* ١- مُرَتَّب . مُنَسَّق
The gardener trims the shrubs to keep them neat.
يُقَلِّم البُسْتانِىّ الشُّجَيْرات لِتَبْقَى مُنَسَّقة .
٢- هائِل . مُدْهِش
We saw a neat star show at the planetarium.
شاهَدْنا عَرْضاً هائِلاً للنُّجوم فى القُبّة السَّماوِيّة .
necessary *adj.* ضَرورِىّ . لازِم
necessity *n.* ضَرورة
neck *n.* رَقَبة . عُنُق
necklace *n.* عِقْد . قِلادة
necktie *n.* رِباط عُنُق . كَرافَتّة
nectar *n.* رَحِيق الزُّهور
need *n.* اِحْتِياج . حاجة
need *v.* يَحْتاج إلى
Our garden fence needs painting.
يَحْتاج سور حَدِيقَتِنا إلى دِهانٍ .
need to *v.* يَلْزَم أَنْ . يَجِب أَنْ
We need to put more wood on the fire.
يَجِب أَنْ نَضَع خَشَباً فى النّار .
needle *n.* إبْرة
needlework *n.* التَّطْرِيز أو الخِياطة
needy *adj.* فَقِير . مُحْتاج
negative *adj.* سَلْبِىّ (عكس إيجابِىّ)
negative *n.* نيجاتيف : صورة فُوتُوغْرافِيّة سَلْبِيّة
neglect *v.* يُهْمِل
negro *n.* زِنْجِىّ
neigh *v.* يَصْهَل (الخيل يَصْهَل)

neighbour or neighbor *n.* جار

neighbourhood or neighborhood *n.*
١- حىّ سكنىّ
٢- جيرة . جوار

neither *adj.; pron.* لا أحدَ . لا شىْء

A chess game is a draw when neither of the players wins.

تَنْتَهى لُعْبة الشَّطْرَنْج بالتَّعادُل عِنْدَما لا يَكْسَب أَحَدٌ من اللاَّعبَيْن .

neither ... nor *conj.* لا ... ولا

Neither dolphins nor whales are true fish.

لا يُعْتَبَر الدَّرْفيل ولا الحوت من الأسْماك .

neon *n.* غاز النِّيُون

nephew *n.* ابْن الأخ . ابْن الأُخْت

Neptune *n.* كوكَب نبْتُون

nerve *n.*
١- عَصَب
٢- جُرْأة

It takes a lot of nerve to be a skydiver.

تَحْتاج لجُرْأةٍ شَديدةٍ لتُمارِس رياضة القَفْز بالمظَلاّت .

٣- وَقاحة . صَفاقة

nerve-racking *adj.* مُرهِق . مُدَمِّر للأعصاب

nervous *adj.*
١- قَلِق
٢- عَصَبىّ

Biting your nails is a nervous habit.

قَضْم الأظافر عادةٌ عَصَبيةٌ

nervous system *n.* الجهاز العَصَبىّ
(يتَكَوَّن مِن المُخّ والنُّخاع الشَّوْكِىّ والأعْصاب)

nest *n.* عُشّ

net *n.* شَبَكة (مثلاً :شَبَكة صَيْد السَّمك)

nettle *n.* قُرّاص (نبات شَوْكِى)

network *n.* شَبَكة

The Aswan High Dam is the centre of Egypt's electricity network.

السَّدّ العالى هو مَرْكَز الشَّبَكة الكَهْرَبائيّة بمصر .

neuter *adj.* لَيس ذَكَرًا ولا أُنْثَى

Worker ants are neuter

شغّالات النَّمْل لَيْسَت ذُكورًا ولا إناثاً

neutral *adj.* مُحايِد

Switzerland was neutral during World WarII.

كانَت سُويسْرا مُحايِدة أَثْناء الحَرْب العالَميّة الثّانيّة .

Please see: ***World War II, page 5***

neutron *n.* نيُوتْرُون : جُسَيْم غَيْر مَشْحون كَهْرَبائياً يَدْخُل فى تَرْكيب نَواة الذَّرّة

never *adv.* لا .. أبداً

Never sleep with your shoes on !

لا تَنَمْ أَبَداً وأنت تَرْتَدى حذاءَك !

new *adj.* جَديد

news *n.pl.* أخْبار . أَنْباء

newscast *n.* نَشْرة الأخْبار (فى الإذاعة أو التِليفِزْيون)

newspaper *n.* جَريدة . صَحيفة

newt *n.* سَمَنْدَل (حَيَوان بَرْمائى)

next *adj.* قادِم . تالٍ

The next train leaves at 9:00.

القطار التّالى يَرْحَل فى السّاعة التّاسعة .

next *adv.* ثُمّ . بَعْد ذلك

next to *prep.* إلى جانِب . مُجاوِر

nibble *v.* يَقْرِض

The tortoise nibbled the leaf of lettuce.

قَرَضَت السُّلَحْفاة وَرَقة الخَسّ .

nice *adj.* ١- لَطيف . ظَريف
٢- طَيِّب

nick *n.* شَقّ . حَزّة (فى خَشَب مثلاً)

nick *v.* يَشُقّ . يحُزّ

nickel *n.* مَعْدِن النَّيْكَل

nickname *n.* اسْم الدَّلَع

niece *n.* بِنْت الأخ . بِنْت الأُخْت

night *n.* لَيل . لَيْلة

nightclub *n.* مَلْهَى لَيلِى

nightgown *n.* قَميص أو ثَوْب نَوْم للنِّساء

nightingale *n.* عَنْدَليب (طائِر مُغَرِّد)

nightmare *n.* كابوس

nil *n.* صِفْر . لاشَىْء

nimble *adj.* خَفيف الحَرَكة

nincompoop *n.* شَخْص غَبِىّ أو عَبيط

nine *adj.; n.* تِسْعة . تِسْع

nineteen *adj.; n.* تِسْعة عَشَر . تِسْع عَشْرَة

ninety *adj.; n.* تِسْعون

ninny *n.* شَخْص غَبِىّ أو عَبيط

nip *v.* يَقْرُص

nit or nitwit *n.* شَخْص غَبِىّ أو عَبيط

nitrogen *n.* غاز النِّتْروجِين

nobility *n.* الأشْراف . النُّبَلاء

noble *adj.* نَبيل

noble *n.* شَخْص مِن النُّبَلاء أو الأشْراف

nobody *pron.* لا أحَدَ

nocturnal *adj.* لَيْلِىّ

Owls and bats are nocturnal creatures.

البُوم والوَطْواط كائنات لَيْلِيّة

nod *n.* إيماءة بالرَّأس

nod *v.* يُحْنِى الرَّأس للمُوافَقة أوالتَّحيّة

nod off *v.* يَغْفُو

Noel *n.* عيد الميلاد . الكريسْماس

noise *n.* ١- ضَوْضاء . دَوْشة
٢- صَوْت

Our dog barks whenever he hears a noise outside the house.

يَنبح كَلْبُنا كُلَّما سَمِعَ صَوْتاً خارِجَ المَنْزِل .

noisy *adj.* كَثير الضَّوْضاء . صاخِب

nomad *n.* رَحّال : مَنْ يَتَنَقَّل مِنْ مَكانٍ إلى مَكان

non-stop *adj.; adv.* مُسْتَمِرّ . بِلا تَوَقُّف

none *pron.* لاشَىْء . لا أحَدَ

nonsense *n.* كَلام فارِغ

noodle *n.* شَريط أو قِطْعة مَكَرُونة

noon *n.* الظُّهْر . مُنْتَصَف النَّهار

normal *adj.* عادِىّ . طَبيعِىّ

north *adj.* شَمالِىّ (عَكْس جَنُوبِى)

north *n.* الشَّمال

North Pole *n.* القُطْب الشَّمالِىّ

northern *adj.* شَمالِىّ

nose *n.* أَنْف . بُوز

nosey or nosy *adj.* مُتَدَخِّل فى شُئُون الآخَرين

nostril *n.* فَتْحة الأنْف . مَنْخَر

not *adv.* لَيس . لا . لَمْ . لَنْ . غَيْر

notch *n.* ١- شَقّ على شَكْل ٧
٢- دَرَجة

The judges raised the high-jump bar two notches.

رَفَعَ الحُكّام عارِضة الوَثْب العالِى دَرَجَتَيْن إلى أعْلَى .

note *n.* ١- رِسالة قَصيرة
٢- مُذَكِّرة
٣- نَغْمة أو نُوتة موسيقيّة

٤- عُمْلة وَرَقيّة

notebook *n.* كُرّاسة

nothing *n.* لا شَيْء

notice *n.* إعْلان

There is a notice about the bazaar at the club entrance.

هُناك إعْلانٌ عِنْد باب النّادِى بخُصوص السّوق الخَيْريّة.

notice *v.* يُلاحِظ

Did you notice that I've got new glasses?

هل لاحَظْت أنّى ألْبس نَظّارةً جَديدةً؟

nought *n.* صِفْر . لاشَىْء

noughts and crosses *n.* لُعْبة مُرَبَّعات بين لاعبَيْن يُعَلِّم أحَدُهُما بِعَلامة "O" والآخَر بِعَلامة "X".

noun *n.* الاسْم (فى قَواعِد النَّحْو)

nourish *v.* يُغَذِّى

novel *n.* رِواية . قِصّة طَويلة

November *n.* نُوفَمْبِر: الشَّهْر الحادِى عَشَر فى السَّنة الميلاديّة

now *adv.* الآن . حالِيًا

nowhere *adv.* لَيْسَ فى أىِّ مَكانٍ

nuclear *adj.* نَوَوِىّ

nuclear energy *n.* الطّاقة النَّوَوِيّة

nucleus *n.* ١- نَواة الذَّرّة
٢- نَواة الخَلِيّة

nude *adj.* عارٍ

nudge *v.* يَدْفَع بِرِفْق

nugget *n.* كُتْلة مِن مَعْدِن نَفيس خام

nuisance *n.* شَىْء أو شَخْص مُزْعِج

numb *adj.* فاقِد الحِسّ . مُصاب بِخَدَر

number *n.* عَدَد . رَقْم

numbskull *n.* شَخْص غَبِىّ أو عَبيط

numeral *n.* رَقْم

14 XIV

numerous *adj.* عَديد . كَثير

nun *n.* راهِبة

nurse *n.* مُمَرِّضة أو مُمَرِّض

nursery *n.* ١- حُجْرة الأطْفال الصِّغار فى مَنْزِل
٢- مَشْتَل (للنَّبات)

nursery rhyme *n.* قَصيدة للأطْفال

nursery school *n.* حَضانة

nursing home *n.* مَلْجأ للكِبار . دار للمُسِنّين

nut *n.* ١- الجَوْزة أو اللَّوْزة أو البُنْدُقة أو غَيْرها مِن المُكَسَّرات

٢- صَمولة
٣- شَخْص مَجْنون أو مَهْووس
٤- شَخْص مُتَحَمِّس لِشَىْء

A video game nut can spend hours playing.

يَسْتَطيع شَخْصٌ مُتَحَمِّسٌ لألْعاب الكُومْبيوتَر أنْ يُمضى السّاعات فى اللَّعِب.

nutrition *n.* غِذاء . تَغْذِية

nutritious *adj.* مُغَذٍّ: له قيمة غِذائيّة عالية

nuts or nutty *adj.* مَهْووس . مُتَحَمِّس بِشِدّة

My cousin is nuts about video games.

ابْنُ خالى مَهْووسٌ بِألْعاب الكُومْبيوتَر.

nylon *n.* نَيْلُون

owl
overalls

oak *n.* — شَجَرة البلّوط

oar *n.* — مِجْداف . مِجْذاف

oasis *n.* — واحة (فى الصَّحْراء)

oatmeal *n.* — أَكْلة مُعدّة من حَبّ الشُوفان المَسْلوق (تُؤْكَل على وَجْبة الإفْطار)

oats *n.* — شُوفان (نوع مِن الحَبّ)

obedient *adj.* — مُطيع

obey *v.* — يُطيع

object *n.* — ١- شَيْء

What is that shiny **object** on the bottom of the pool?

ما هذا **الشَّيْء** اللاّمِع فى قاع حَمّام السِّباحة؟

٢- هَدَف

The **object** of chess is to capture the king.

هَدَف لُعْبة الشَّطرَنْج هو قَتْل المَلك .

٣- المَفْعول بِه أو المَجْرور (فى قواعد النَّحْو)

object *v.* — يَعْتَرِض على

Our coach **objected** to the referee's decision.

اِعْتَرَض مُدَرِّبُنا على قَرار الحَكَم .

objection *n.* — اِعْتِراض

objective *adj.* — غَيْر مُتَحَيِّز . مَوْضوعِىّ

objective *n.* — هَدَف

Apollo 11's **objective** was to land on the moon.

كان **هَدَف** أبوللو ١١ الهُبوط على سَطْح القَمَر .

> ***Apollo 11***
> *The aim of the Apollo programme was to land men on the moon. After several test flights, Apollo 11 made the first manned lunar landing in July, 1969. This and other following Apollo missions were successful in gathering valuable scientific information.*

obligation *n.* — اِلْتِزام . واجِب

oblige *v.* — يُجْبِر . يُلْزِم

The law **obliges** all children to go to school.

يُلْزِم القانون كُلّ الأَطْفال بالذِّهاب إلى المَدْرَسة .

oblong *adj.* — مُسْتَطيل

oblong *n.* — شَكْل مُسْتَطيل

obnoxious *adj.* — مُزْعِج . كَريه

oboe *n.* — أُوبُوا (آلة نفخ موسيقيّة)

observant *adj.* قوِىّ المُلاحَظة

observation *n.* ١- مُلاحَظة
٢- مُراقَبة

observatory *n.* مَرْصَد فَلَكِىّ

observe *v.* يُلاحِظ . يُراقِب
We observed a silkworm spinning a cocoon in science class.
فى حصّة العُلوم راقَبْنا دودة القَزّ وهى تَصْنَع شَرْنَقة .

obstacle *n.* عائِق . مانِع

obstruct *v.* يَعوق . يُعرقِل

obtain *v.* يَحْصُل على

obvious *adj.* واضِح
It's obvious that cats don't like to swim.
من الواضِح أن القِطَط لا تُحِبّ السِّباحة .

occasion *n.* مُناسَبة

occasionally *adv.* أَحْياناً

occupation *n.* مِهْنة . عمَل

occupied *adj.* مَشْغول

occupy *v.* ١- يَشْغَل
Sufis occupy their time with study and meditation.
يَشْغَل الصُوفيّون وَقْتَهُم بالدِّراسة والتَّأمُّل .
٢- يَسْكُن . يَشْغَل مَكاناً
٣- يَحْتَلّ (بَلَداً مثلاً)

occur *v.* يَحْدُث . يَقَع

ocean *n.* مُحيط

o'clock *adv.* فى السّاعة
The baker begins working at 4 o'clock in the morning.
يَبْدأ الخَبّاز عَمَلَه فى السّاعة الرّابعة صَباحاً .

octagon *n.* مُثَمَّن : شَكْل له ثَمانية أَضْلاع

octave *n.* فاصلة بَيْن النَّغْمة
الأُولَى والثّامنة فى سُلَّم موسيقِىّ

October *n.* أُكْتُوبَر: الشَّهْر
العاشِر فى السَّنة الميلاديّة

octopus *n.* أُخْطُبُوط (حَيَوان بَحْرِىّ)

odd *adj.* ١- غَريب
٢- فَرْدِىّ (عَكْس زَوْجِىّ)
"3, 5, and 7 are odd numbers."
الأَرْقام ٣ و٥ و٧ أَرْقام فَرْدِيّة

odds *n.pl.* احْتِمالات
What are the odds that we will win the game?
ما احْتِمالات فَوْزنا فى المُباراة ؟

odds and ends *n.pl.* نَثْرِيّات . أَشْياء مُتَنَوِّعة

odour *n.* رائِحة

of *prep.* ١- مِنْ
King Tutankhamen's mask is made of gold.
قِناع المَلِك تُوت عَنْخ آمون مَصْنوع مِن الذَّهَب .

> ***Tutankhamen*** *(circa 1351 B.C.)*
> *Tutankhamen became King of Egypt at the age of 11. His brief reign followed that of Akhenaton. He rejected the worship of Aton, the sun god, and resumed that of Amon. In 1922, Howard Carter discovered his tomb, which was found intact and untouched by grave robbers.*

٢- أداة إضافة تَرْبُط بين اسمَيْن فى الإنْجليزية وتُعبِّر عنها الإضافة فى العَرَبِيّة، مثلاً : كِتابُ شِعْرٍ؛ مَدينة القاهِرة
a book of poetry; the city of Cairo

off *prep.* مِنْ . مِنْ فَوْق . عَنْ

off *adj.* مُطْفَأ . لا يَعْمَل (عَكْس مُضاء أو شَغّال)

When the TV is off, the house is peaceful and quiet.

عِنْدَما يَكون التِّليفِزْيون مُطْفَأً يَكون المَنْزِل هادِئاً .

off and on *adv.* مِنْ وَقْت إلى آخَر . غَيْر مُسْتَمِرٍّ

offence *n.* إساءة . أذًى

offend *v.* ١- يَجْرَح مَشاعِر شَخْص

٢- يُسيء إلى . يُغْضِب

offensive *adj.* ١- هُجومِيّ

The centre is an important offensive player on a basketball team.

السِّنْتَر لاعِب هُجومِيّ مُهِمّ في فَريق كُرة السَّلّة .

٢- كَريه . مُنَفِّر

Sulphur has an offensive smell.

الكِبْريت لَهُ رائِحةٌ كَريهةٌ .

offer *v.* ١- يَعْرِض

The air hostess offered to help me fasten my seat belt.

عَرَضَتْ مُضيفة الطَّيَران أنْ تُساعِدَني في رَبْط حِزام الأمان .

٢- يُقَدِّم

office *n.* مَكْتَب

officer *n.* ١- ضابِط

٢- شُرْطِيّ

A police officer helped the blind man cross the street.

ساعَد الشُّرْطِيُّ الرَّجُل الكَفيف على عُبور الشّارِع .

official *adj.* رَسْمِيّ

official *n.* مُوَظَّف لَهُ مَنْصِبٌ عالٍ (في إدارة حُكوميّة مثلاً)

often *adv.* كَثيراً . بِتَكْرار

oh *interj.* آه . ياه

oil *n.* ١- زَيْت

٢- بِتْرول . نَفْط

oily *adj.* زَيْتِيّ . دُهْنِيّ

oink *n.* صَوْت الخِنْزير

oink *v.* يَصيح (الخِنْزير يَصيح)

ointment *n.* مَرْهَم

O.K. *adj.* مَقْبول . مُرْضٍ . مَعْقول

O.K. *adv.* حَسَناً . مُوافِق

old *adj.* ١- قَديم

٢- عَجوز ؛ كَبير السِّنّ

old-fashioned *adj.* ١- على موضة قَديمة

٢- تَقْليدِيّ

olive *n.* زَيْتونة

Olympic Games *n.pl.* الألْعاب الأولِمْبيّة

omelette *n.* عِجّة البَيْض

on *prep.* ١- عَلَى

The cheetah is the fastest animal on earth.

الشِّيتاه أسْرَع حَيَوانٍ على وَجْه الأرْض .

٢- في

Banks close on national holidays.

تُغْلِق البُنوك أبْوابَها في الأعْياد الرَّسْميّة .

٣- عَنْ

We saw a film in history class on Marco Polo's travels.

في حِصّة التّاريخ شاهَدْنا فيلْماً عَنْ رِحْلات مارْكو بولو .

Marco Polo (1254-1324)
Italian adventurer who travelled to Asia. He spent sixteen years in the Mongol court of China as an advisor to the emperor. For a long time, Marco Polo's memoirs remained the only source of information for the West on China and the East Indies.

on *adj.* شَغّال . مُضاء (عكس مُطْفَأ)

Streetlights stay on until dawn.

تَبْقَى أَعْمِدة الإنارة التى فى الشّارِع مُضاءة حتى الفَجْر.

once *adv.* مَرّة . مرّة واحِدة

once upon a time كان يا ما كان

one by one *adv.* واحِداً واحِداً

one-sided *adj.* مِنْ جانِبٍ واحِدٍ . مُتَحَيِّز

one-way *adj.* اتِّجاه واحِد

oneself *pron.* نَفْسه

One should keep secrets to oneself.

يَجب أَنْ يَحْتَفِظَ الواحِد بالأَسْرار لِنَفْسه

onion *n.* بَصَلة

only *adj.* وَحيد

Mercury is the only liquid metal.

الزِّئْبَق هو المَعْدِن الوَحيد السّائِل.

only *adv.* فَقَطْ

Wild pandas live only in China and Tibet.

يَعيش دُبّ الباندا البَرِّىّ فى الصّين والتِّبت فَقَطْ

onto *prep.* عَلَى

ooze *v.* يَنِزّ

opaque *adj.* غَيْر شَفّاف

open *adj.* مَفْتوح

open *v.* ١- يَفْتَح
٢- يَتَفَتَّح

open air *n.* الهَواء الطَّلْق

open-minded *adj.* مُنْفَتِح التَّفْكير

opera *n.* أوبِرا : مَسْرَحيّة غِنائيّة كِلاسيكيّة

operate *v.* ١- يَشْتَغِل . يَدور

Newspaper presses operate 24 hours a day.

تَشْتَغِل مَطابِع الصُّحُف ٢٤ ساعةً فى اليَوْم.

٢- يُشَغِّل . يُدير

One computer operates all the elevators in this building.

يُشَغِّل كُمْبيوتَر واحِدٌ كُلَّ المَصاعِد فى هذا المَبْنَى.

٣- يُجْرِى عَمَليّة جِراحيّة.

operation *n.* عَمَليّة

operator *n.* ١- شَخْص يُشَغِّل ماكينة
٢- عامِل سُويتْش (يُوصِّل المُكالَمات التِّليفونيّة)

opinion *n.* رَأْى

opponent *n.* خَصْم . مُعارِض

A judo wrestler bows to his opponent at the beginning of the match.

يَنْحَنِى لاعِب الجُودُو لِخَصْمِه فى بِداية المُباراة.

opportunity *n.* فُرْصة

opposite *prep.* فى مُواجَهة . مُقابِل

There is a park opposite our school.

هُناك حَديقة فى مُواجَهة مَدْرَسَتِنا.

opposite *adj.* عَكْسِىّ . مُضادّ

Opposite magnetic charges attract.

تَنجَذِب الشَّحْنات المِغْنَطيسيّة المُضادّة إلى بَعْضِها.

opposite *n.* عَكْس

Tall is the opposite of short.

طَويل عَكْس قَصير.

oppress *v.* يَقْمَع . يَظْلِم

optical *adj.* بَصَرِىّ

A mirage is an optical illusion.

السَّراب خِداع بَصَرِىّ.

optimistic *adj.* مُتَفائِل (عكس مُتَشائِم)

option *n.* خِيار . اخْتِيار

optional *adj.* اختيارىّ . غير مُلْزِم

or *conj.* أو . أم

oral *adj.* شَفَوىّ

orang-utan *n.* أورانج أوتان .
إنسان الغاب (من القرود)

orange *adj.* بُرْتُقالىّ

orange *n.* ١- اللَّوْن البُرْتُقالىّ
٢- بُرْتُقالة

orbit *n.* مَدار

orbit *v.* يَدور حَوْلَ

The earth orbits the sun in 365 days.

تَدُور الأَرْض حَوْلَ الشَّمْس فى ٣٦٥ يَوْماً .

orchard *n.* بُسْتان . حَديقة أشْجار فَواكِه

orchestra *n.* أوركِسْترا : فِرْقة موسيقيّة كَبيرة

orchid *n.* زَهْرة الأوركيد

order *n.* ١- أمْر
٢- تَرْتيب

The words in a dictionary are listed in alphabetical order

كَلمات القاموس مُرَتَّبة تَرْتيبًا هِجائيًّا .

order *v.* ١- يأمُر . يُعْطى أمرًا
٢- يَطْلُب

We ordered tea after dinner.

طَلَبْنا الشّاى بَعْد العَشاء .

ordinary *adj.* عادىّ . غَيْر مُتَميِّز

ore *n.* صُخور أو أراضٍ يُسْتَخْرَج مِنْها مَعْدِن

organ *n.* ١- أرْغُن (آلة موسيقيّة)
٢- عُضْو مِنْ أعْضاء الجِسْم (مثلاً : الكَبِد)

organic عُضْوىّ . مَزْروع بالسَّماد الطَّبيعىّ فَقَط

organism *n.* كائِن

A virus is a microscopic organism.

الفَيْرُوس كائِنٌ صَغيرٌ جِدًّا .

organization *n.* ١- نِظام . تَرْتيب

Strict organization makes a beehive work.

النِّظام المُحْكَم أساس عَمَل خَلِيّة النَّحْل .

٢- مُنَظَّمة . هَيْئة

The U.N. is an international organization.

هَيْئة الأُمَم المُتَّحدة مُنَظَّمة دَوْليّة .

organize *v.* يُنَظِّم . يُرَتِّب

organized *adj.* مُنَظَّم . مُرَتَّب

oriental *adj.* شَرْقِىّ . خاصّ بالشَّرْق الأقْصَى

origin *n.* أَصْل

original *adj.* ١- أصْلِىّ
٢- مُبْتَكَر . جَديد

Leonardo da Vinci had a lot of original ideas.

كان لَدَى لِيونارْدُو داڤِنْشِى كَثيرٌ مِن الأَفْكار المُبْتَكَرة

Leonardo da Vinci (1452-1519)
Born in Italy in the Renaissance, he was a genius in sciences and art. Leonardo da Vinci was an inventor who designed machines, a military engineer and an architect. His notebooks show how wide and varied his interests were. He was very interested in anatomy and was a brilliant sculptor and painter. His famous painting, the Mona Lisa, is in the Louvres museum in Paris.

ornament *n.* زينة . زُخْرُف

orphan *n.* يَتيم : طِفْل تُوفِّىَ والِداه

orphanage *n.* مَلْجأ الأيْتام

ostrich *n.* **نَعامة (طائِر لا يَطير)**

other *adj.; n.* **آخَر**

otherwise *adv.* **وإلاَّ**

Put the ice cream in the freezer, otherwise it will melt.

ضَعْ الآيسْ كِريم فى الفريزَر وإلا فإنه سَوْف يَسيح .

otter *n.* **كَلْب الماء**

ouch *interj.* **آخ . آى (كَلمة تُعَبِّر عن الألَم)**

ought to *v.* **١- يَجِب أنْ . يُسْتَحْسَن أنْ**

Killing elephants for their ivory tusks ought to be stopped.

يَجِب أنْ يُمْنَع قَتْل الأفْيال للحُصول على أنْيابِهِم العاج .

٢- مِن المُتَوَقَّع

The hot air ballooners ought to reach Cuba by tomorrow.

مِن المُتَوَقَّع أنْ يَصِل راكِبُو المَناطيد إلى كُوبا غداً .

ounce *n.* **١- آونس : مقياس وَزْن = ٢٨,٣ جراماً**

٢- آونس : مِكْيال سَوائل = ٢٨,٤ مِلِّيلِتْراً

our *pron.* **نا . لَنا**

We need a guitar player for our band.

نَحْتاج إلى عازِف جيتارٍ لِفِرْقَتنا المُوسيقيّة .

ourselves *pron.* **أنْفُسنا**

The interviewer asked us to talk about ourselves

طَلَب مِنّا الصَّحَفِىّ أنْ نَتَكَلَّم عن أنْفُسِنا .

out *adj.* **مُطْفأ**

The lights were out and the house seemed spooky.

كانَت الأنْوار مُطْفَأة وبَدا البَيْت مُخيفاً .

out *adv.* **مِنْ . خارِجاً . بَعيداً**

The fishing boat stayed out at sea for three days.

ظَلّ مَرْكَب الصَّيْد بَعيداً فى البَحْر لِمُدّة ثَلاثة أيّام .

out (of) *prep.* **خارِج (مِنْ)**

Our canary is happier when he is out of his cage.

عُصْفورُنا الكَنارِىّ يكون أكْثَر سَعادة وهو خارِج قَفَصِه .

outburst *n.* **انْفِجار . تَدَفُّق**

outcome *n.* **نَتيجة**

outdoors *adv.* **فى الهَواء الطَّلْق . فى الخَلاء**

outfit *n.* **طَقْم مَلابِس**

outgrow *v.* **يَكْبر على (المَلابِس مثلاً)**

outing *n.* **نُزْهة . فُسْحة**

outlaw *n.* **مُجْرِم . طَريد العَدالة**

outline *n.* **١- رَسْم تُحَدِّد خُطوطُه شَكْل شَىْء**

٢- عَناوين تُقَدِّم الأفْكار الرَّئيسيّة لِمَوْضوع إنْشاء

outlook *n.* **رأْى . وِجْهة نَظَر**

outnumber *v.* **يَفوق عَدَداً**

output *n.* **إنْتاج . نَتيجة**

outright *adj.* **واضِح . خالِص**

His outright lie didn't fool anyone.

لَمْ تَخْدَع كَذْبَتُه الواضِحة أحَداً .

outright *adv.* **تَماماً . بِوُضوح**

A boxer wins outright if he knocks his opponent out.

يَفوز المُلاكِم تَماماً عِنْدَما يُسَدِّد إلى خَصْمِه ضَرْبة قاضِية .

outside *adj.* **خارِجىّ**

The outside wall of the fortress is 2 metres thick.

سُمْك السّور الخارِجىّ للقَلْعة مِتْران .

outside *adv.* **فى الخارِج**

The postman is outside with a parcel for you.

البوسْطَجىّ مُنْتَظِر فى الخارِج ومَعَه طَرْدٌ لَك .

outside *n.* **الخارِج . الجُزْء الخارِجىّ**

Heat shields cover the outside of the spacecraft.

الجُزْء الخارِجىّ لِمَرْكَبة الفَضاء مُغَطًّى بِأَلْواحٍ مُقاوِمةٍ للحَرارة .

outsider *n.* **شَخْص غَريب عن الجَماعة**

outskirts *n.pl.* **أَطْراف المدينة**

outstanding *adj.* **مُتَمَيِّز . مُمْتاز**

outwit *v.* **يَغْلِب بالمَكْر أو الحيلة**

oval *adj.* **بَيْضَوىّ**

oval *n.* **شَكْل بَيْضَوىّ**

oven *n.* **فُرْن**

over *prep.* **١- فَوْقَ . عَلَى**

The magician tied a blindfold over her eyes.

رَبَطَ السّاحِر عِصابة على عَيْنَيْها .

٢- عَبْرَ . فى كُلِّ أَنْحاء

A plague spread over Europe in the 14th century.

انْتَشَر مَرَض الطّاعون فى كُلِّ أَنْحاء أوروبا فى القَرْن الرابِع عَشَر .

> ***The Plague***
> *An epidemic outbreak of plague coming from the Far East which spread over Europe and England in May, 1348. This plague, called the Black Death, killed many people and had a strong effect on society and the economy in general.*

over *adj.* **انْتَهَى**

The sun came out when the storm was over.

ظَهَرَت الشَّمْس عِنْدَما انْتَهَت العاصِفة .

over *adv.* **١- فَوْقَ**

٢- زِيادة عن . أَكْثَر مِنْ

Dinosaurs lived on earth for over 150 million years.

عاشَتْ الدّيناصورات على الأَرْض لِمُدّة أَكْثَر مِنْ مائة وخَمْسين مِلْيون سَنة .

over and over *adv.* **مِراراً وتَكْراراً**

overalls *n.pl.* **عَفْريتة**

overboard *adv.* **مِنْ سَطْح المَرْكَب إلى البَحْر**

The pirates forced the ship's crew to jump overboard.

أَجْبَر القَراصِنة طاقِم السَّفينة على القَفْز مِنْ سَطْح المَرْكَب إلى البَحْر .

overcast *adj.* **مُغَيِّم**

overcoat *n.* **مِعْطَف . بالْطو**

overcome *v.* **يَتَغَلَّب على**

overdue *adj.* **مُتَأَخِّر عن مَوْعِدِه**

overflow *v.* **يَطْفَح . يفيض**

overgrown *adj.* **نُموُّه أَكْثَر مِن العادىّ (نَبات فى غابة مثلاً)**

overhead *adj.; adv.* **فَوْقَ**

overhear *v.* يَسْمَع حديثاً دون أنْ يقصد

overlap *v.* ١- يَمْتَدّ فوقَ شَيْءٍ ويُغطّى جُزْءاً مِنْه
٢- يَتَراكَب . يَتَقاطَع

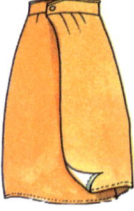

overload *v.* يُحَمِّل أكْثَر مِن الطّاقة

overlook *v.* يَتَجاهَل . يَتَغاضَى عن

overnight *adj.; adv.* طَوال اللَّيْل
حتى الصَّباح التّالى

overpass *n.* كُوبْرِى عُلْوِىّ للسَّيّارات

overseas *adv.* فى الخارِج . فى بَلَد أجْنَبِىّ

oversleep *v.* يَسْتَيْقِظ مُتَأَخِّراً

I didn't hear the alarm so I **overslept**.

لَمْ أَسْمَع رَنين المُنَبِّه **فاسْتَيْقَظْت مُتَأَخِّراً**

overtake *v.* يَتَخَطَّى . يَتَجاوَز

overtime *n.* وَقْت إضافِىّ (فى العَمَل مثلاً)

overturn *v.* يَقْلِب

overweight *adj.* بَدين . سَمين

owe *v.* يَدين (لشخص بشئ)

owing to *adv.* بِسَبَب . نَتيجةً لِـ

owl *n.* بُومة

own *adj.* مِلْكُه . خاصّ بِه

Every country has its **own** flag.

لِكُلّ بَلَد عَلَم **خاصّ به** .

own *v.* يَمْتَلِك . يَمْلِك

My mother **owns** a vineyard.

تَمْتَلِك أُمّى كَرْمة عِنَب .

own up (to) *v.* يَعْتَرِف

owner *n.* مالِك . صاحِب (سيّارة مثلاً)

ox *n.* ثَوْر

oxygen *n.* غاز الأُوكْسيچين

oyster *n.* مَحارة

Pearls are formed inside **oyster** shells.

يَتَكَوَّن اللُّؤْلُؤ داخل **المَحار** .

oz. *n.* اخْتِصار لِكَلِمة: (ounce)

ozone *n.* غاز الأُوزُون

pace *n.* ١- خُطْوة

The duellists took ten paces and turned to shoot.

سار المُتَبارِزان عَشْر خُطُوات ثم اسْتَدارا لِيُطْلِقا النّار.

٢- سُرْعة السَّيْر

pace *v.* يَذْرَع : يَمْشِي جيئةً وذِهاباً

Pacific Ocean *n.* المُحيط الهادى

pacifist *n.* مُسالِم : مَنْ يكْرَه الحَرْب

pack *n.* ١- رَبْطة

Take this pack of old newspapers to the storeroom.

خُذْ هذه الرَّبْطة مِن الجَرائِد اليَوْمِيّة القَديمة إلى المَخْزَن.

٢- باكُو (كُوتْشينة أو كَبْريت)

٣ - مَجْموعة (كلاب أو ذِئاب)

pack *v.* ١- يُعَبِّىء . يَمْلأ

٢- يُكَدِّس

package *n.* ١- رَبْطة

٢- طَرْد

packet *n.* رَبْطة صَغيرة . باكُو

pact *n.* اتِّفاق . تَحالُف

pad *n.* ١- وِسادة صَغيرة

٢- كُرّاسة صَغيرة تُشْبِه البلُوكْنُوت

paddle *n.* مِجْداف صَغير

paddle *v.* يُجَدِّف بِمِجْداف صَغير

padlock *n.* قُفْل

page *n.* صَفْحة (مِنْ كِتاب مثلاً)

pageant *n.* اسْتِعْراض . مَوْكِب احْتِفاليّ

pagoda *n.* باجُودا : مَعْبَد بُوذِيّ مُتَعَدِّد الطَّوابِق

paid *adj.* مَدْفوع . مُسَدَّد

paid *v.* ماضى فِعْل to pay

pail *n.* دَلْو . جَرْدَل

pain *n.* أَلَم . وَجَع

painful *adj.* مُؤْلِم . مُوجِع

paint *n.* دِهان . بُوية

paint *v.* ١- يَدْهُن . يَطْلِي (حائطاً مثلاً)

٢- يَرْسُم بالألْوان (لَوْحة مثلاً)

paintbrush *n.* فُرْشاة للرَّسْم أو للدِّهان

painter *n.* ١- رَسّام أو رَسّامة
٢- نَقّاش . دهّان

painting *n.* لَوْحة فَنِّيّة

pair *n.* ١- زَوْج . اثْنان
٢- شَيْء مُكَوَّن مِنْ جُزْءَيْن مُتَلازِمَيْن (مثلاً: بَنْطلون أو مقص أو نَظّارة)

pal *n.* صَديق . زَميل

palace *n.* قَصْر . سَراى . سَراية

pale *adj.* ١- شاحِب

His face became very pale and then he fainted.

أصْبَح وَجْهُه شاحِباً جداً ثم أُغْمِيَ عليه .

٢- فاتِح (اللَّوْن)

palm *n.* راحة اليَد . كَفّ

palm *n.* نَخْلة . شَجَرة النَّخل

pamper *v.* يُدَلِّل . يُدَلِّع

pan *n.* مِقْلاة . حَلّة

pancake *n.* فَطيرة رَفيعة مُسْتَديرة تُعَدّ فى مِقْلاة

panda *n.* الباندا

pane *n.* لَوْح زُجاجِيّ فى نافِذة

panel *n.* ١- وِحْدة . جُزْء

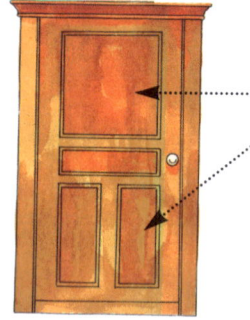

٢- لَوْحة

The pilot sits at the airplane control panel.

يَجْلس الطَّيّار أمام لَوْحة التَّحَكُّم فى الطّائِرة .

٣- لَجْنة (من الحكام مثلاً)

panic *n.* ذُعْر . جَزَع

Panic spread among the animals when the forest caught fire.

انْتَشَر الذُّعْر بَيْن الحَيَوانات عِنْدَما اشْتَعَلَت النّيران فى الغابة .

panic *v.* يَشْعُر بالذُّعْر أو الجَزَع

pant *v.* يَنْهَج . يَلْهَث

panther *n.* فَهْد

pantomime *n.* ١- تَمْثيل صامِت (بالحَرَكات وبدون كَلام)
٢- مَسْرَحِيّة للأطْفال تُقَدِّم قِصَصاً خُرافِيّة مع أغانٍ ورَقَصات

pantry *n.* غُرْفة صَغيرة لتَخْزين المَأكولات

pants *n.pl.* ١- لِباس
٢- بَنْطَلُون

papa *n.* بابا

paper *n.* ١- وَرَق
٢- جَريدة . صَحيفة

paperback *n.* كِتاب بِغِلاف مِنْ كَرْتُون خَفيف

papier mâché *n.* عَجينة ورَق تُشكَّل منها أشْياء مُتنَوِّعة (أقْنِعة أو دُمًى مثلاً)

papyrus *n.* ورَق البرْدِىّ

parachute *n.* باراشُوت . مظلّة هُبوط

parade *n.* موكِب . اسْتِعْراض

Crowds lined the streets to watch the parade go by.

اصْطَفَّت أعْدادٌ كَبيرةٌ من النّاس على جانِبَىْ الشّارِع لِمُشاهَدة مُرور المَوْكِب .

paradise *n.* جنّة . فِرْدَوْس

paragraph *n.* فقْرة : جُزء مِنْ نَص مَكْتوب

parakeet *n.* بَبْغاء صَغير

parallel *adj.* مُوازٍ . مُتَوازٍ

Parallel lines never meet.

الخُطوط المُتَوازِية لا تَتقابَل أبداً .

paralyzed *adj.* مَشْلول . مُصاب بشَلَل

parasite *n.* طُفَيْلىّ : نَبات أو حيَوان يَعيش عالة على كائِن غيْرِه

paratrooper *n.* جُنْدىّ المظلاّت

parcel *n.* ١- ربْطة ٢- طَرْد

pardon *interj.* عفْواً

pardon *v.* يعْفُو . يَصْفَح عن

parentheses *n.pl.* أقْواس

parents *n.pl.* الوالِدان . الأب والأمّ

park *n.* حَديقة عامّة كبيرة

park *v.* يركِن (السيّارة مثلاً)

parking lot *n.* موْقِف عامّ للسيّارات

parliament *n.* برْلَمان

parrot *n.* بَبْغاء

parsley *n.* بَقْدونس

part *n.* ١- جُزْء . قِسْم

The first part of this film is very funny.

الجُزْء الأوَّل مِنْ هذا الفيلْم مُضْحِكٌ جِدًّا .

٢- قِطْعة (مثلاً : قطْعة فى ماكينة)

٣- دوْر (فى مَسْرحيّة مثلاً)

part *v.* ١- يُفرِّق بيْن . يفْصِل ٢- يفْتَرِق

part or parting *n.* فرْق (فى الشَّعْر)

participate *v.* يُشارِك فى . يُساهِم فى . يَشْتَرِك مَع

particle *n.* جُزَيْء . ذرّة

particular *adj.* ١- مُعيَّن ٢- دَقيق . صَعْب الإرْضاء

This carpenter is particular about the quality of the furniture he makes.

هذا النَّجّار دَقيقٌ جداًّ فيما يَخُصّ الأثاث الذى يَصْنَعُه .

partner *n.* شَريك

party *n.* ١- حَفْلة ٢- حِزْب سياسىّ

pass *n.* **١- ممَرّ . مَضيق**
٢- تَمْرير (الكُرة فى اللّعِب)
٣- تَصْريح . تَذْكِرة مُرور

Journalists need a special pass to enter the nuclear plant.

يَحْتاج الصَّحَفيُّون إلى تَصْريحٍ خاصٍّ لِدُخول المُفاعِل النَّوَوى.

pass *v.* **١- يَمُرّ . يَفُوت**

The summer holiday always seems to pass too quickly.

الإجازة الصَّيْفيّة تَمُرّ دائمًا بِسُرعة.

٢- يَمُرّ بـ

As the spacecraft passed Jupiter it took photos of the planet's surface.

صَوَّرَت مَرْكَبة الفَضاء سَطْح كَوْكَب المُشْتَرى عِنْدَما مَرَّتْ به.

٣- يمرّر

The footballer passed the ball with his head.

مَرَّر اللاّعبُ الكُرة برَأْسه.

٤- يَتَخَطَّى . يَتَجاوَز

The road was too narrow to pass the donkey cart in front of us.

كان الطَّريق ضَيِّقاً جداً فَلَمْ نَسْتَطِع أن نَتَخَطَّى عَرَبة الكارُّو التى كانَت أمامَنا.

٥- يَنْجَح (فى امتحان مثلاً)

pass on *v.* **١- يَتَقَدَّم إلى الأمام**
٢- يُوَرِّث . يَنْقُل

Folkdances are passed on from generation to generation.

تُوَرَّث الرَّقَصات الشَّعبيّة من جيل إلى جيل.

pass out *v.* **١- يُوَزِّع**

Volunteers passed out blankets in the refugee camp.

وَزَّع المُتَطَوِّعُون بَطّانيّات فى مُخَيَّم اللاّجئين.

٢- يُغْمَى عليه

pass up *v.* **يُفَوِّت**

He never passes up a free meal.

إنه لا يُفَوِّت أبَداً فرصة دَعْوة على الطعام.

passage *n.* **١- ممَرّ . دِهْليز**
٢- قِطْعة مِنْ كِتاب أو مَقالة أو قَصيدة

passenger *n.* **راكِب (فى قِطار مثلاً)**

passer-by *n.* **عابِر سَبيل . مارّ**

The artist displayed her paintings in the street for the passers-by.

عَرَضَت الفنّانة لَوْحاتها فى الشّارِع أمام المارّة.

passion *n.* **وَلَع . عاطِفة قَوِيّة**

passive *adj.* **١- سَلْبِىّ**

A passive person doesn`t like to be a leader.

لا يُحِبّ الشَّخْص السَّلْبِىّ أنْ يَكُون قائداً.

٢- مَبْنِىّ للمَجْهول (فى قواعد النحو)

passport *n.* **جَواز سَفَر . باسْبُور**

password *n.* **كَلِمة السِّرّ**

The thieves used a password to enter their hideout.

اسْتَخْدَم اللُّصُوص كَلِمة السِّرّ لِلدُّخول إلى مَخْبَئِهِم.

past *prep.* **١- بَعْد**

Dogs don't usually live past the age of 16.

لا تَعيش الكِلاب عادةً بَعْد سِنّ السّادِسة عَشْرة.

٢- فَوْق

past *adj.* **سابِق . ماضٍ**

past *n.* **الماضى**

pasta *n.* **جَميع أنْواع المَكَرُونة**

paste *n.* **١- مادّة لَصْق**
٢- مَعْجون . عَجين

paste *v.* **يَلْصَق**

pastel *n.* **قَلَم ألْوان طَباشير**

pastime *n.*	هواية
pastry *n.*	حَلَويَات مَصنوعة مِنْ عَجين (مثلاً: تورْتة وبَقْلاوة)
pasture *n.*	مَرعًى ؛ مَرج تَرعَى فيه الماشية
pat *n.*	تَربيت . طَبْطَبة
pat *v.*	يُربِّت . يُطَبطِب على
patch *n.*	رُقْعة

path *n.*	طَريق
patience *n.*	صَبْر
patient *adj.*	صابِر . طَويل البال
patient *n.*	مَريض تَحْت رعاية طبيَّة
patriotism *n.*	وطنيَّة . حُب الوطَن
patrol *n.*	دوريَّة حراسة
patrol *v.*	يَقوم بدوريَّة حراسة
pattern *n.*	١- نَقْش . موتيف (على سجَّادة أو قُماش مثلاً)
	٢- باترون : نَموذَج لتَفصيل المَلابس
pause *n.*	تَوقُّف مؤَقَّت
pause *v.*	يتَوقَّف قَليلاً

The speaker **paused** to take a drink of water.

تَوَقَّف المُحاضِر قَليلاً ليَشرَب جَرْعة ماء .

pave *v.*	يَرصُف . يُبلِّط
pavement *n.*	١- رَصيف الشارِع
	٢- أَرْضيّة مَرصوفة أومُبلَّطة
paw *n.*	كَفّ الحَيَوان

pay *n.*	أجْر . راتِب
pay *v.*	يدْفَع
pay attention *v.*	يَنْتَبِه

I **paid attention** but I couldn't figure out the card trick.

انْتَبَهْتُ لكنّنى لَمْ أَتَمكَّنْ مِنْ أَنْ أَفْهَم الخِدعة فى لُعْبة الكُوتْشينة .

pay back *v.*	١- يُسَدِّد
	٢- يَنْتَقِم

The outlaw **paid** the sheriff **back** by stealing his horse.

انْتَقَم طَريد العَدالة من المَأمور بسَرِقة حصانه .

PC *abbr.*	اختصار لعبارة personal computer (كُمْبيوتَر شَخْصىّ)
pea *n.*	بِسِلَّة

peace *n.*	١- سَلام
	٢- هُدوء

They moved to the countryside because they like **peace** and quiet.

انْتَقَلوا ليَعيشوا فى الرّيف لأنَّهُم يُحبّون الهُدوء .

peach *n.*	خَوخة
peacock *n.*	طاووس

161

peak *n.* قِمّة . ذُرْوَة

peanuts *n.pl.* فُول سُودانىّ

pear *n.* كُمَّثْرَى

pearl *n.* لُؤْلُؤَة

peasant *n.* فلاّح أو فلاّحة

pebble *n.* حَصْوَة . زَلَطة

peck *v.* يَنْقُر

peculiar *adj.* غريب . غَيْر مألوف

Crabs have a peculiar way of walking.

تَسير الكابُورْيا بِطَريقة غَريبة .

pedal *n.* دوّاسة . بِدال

pedestal *n.* قاعِدة عَمودٍ أو تِمْثالٍ

pedestrian *n.* ماشٍ . مَنْ يَسير على الأَقْدام فى الشّارع

pedlar or peddler *n.* بائع مُتَجَوِّل

peek *n.* نَظْرة خاطِفة أو مُخْتَلَسة

peek *v.* يُلْقِى نَظْرة خاطِفة أو مُخْتَلَسة

peek-a-boo or peekaboo *n.* بيكابُو: لُعْبة لِتَسْلية الطِّفْل الصَّغير بإخْفاء الوَجْه ثم كَشْفِهِ فَجْأةً والقَوْل «بيكابُو!»

peel *n.* قِشْرة (فاكِهة أو خُضار)

peel *v.* يُقَشِّر

peep *n.* نَظْرة سَريعة مُخْتَلَسة

peep *v.* يُلْقِى نَظْرة سَريعة مُخْتَلَسة

peer *n.* مَثيل . نَظير

Top athletes from every country meet their peers at the Olympics.

يَلْتَقى الرِّياضِيّون مِنْ كُلِّ بَلَدٍ مَعْ نَظائِرِهِم فى الدَّوْرة الأُولَمْبيّة .

Olympic Games

An amateur sports contest that takes place in a different city every four years. The idea of the games was taken from an athletic festival held in Greece starting in the 14th century B.C. The modern games were started in Athens in 1896 and, although it is a contest between individuals, it is sometimes seen as a competition between countries.

peer *v.* يُحَدِّق النَّظَر

We peered at the old stamp but we couldn't read the date.

حَدَّقْنا النَّظَر فى طابِع البَريد القَديم لكنّنا لَمْ نَتَمَكَّن مِنْ قِراءة التّاريخ .

peg *n.* ١- وَتَد . مِسْمار خَشَبِىّ
٢- مِشْبَك (لِلْغَسيل)

pelican *n.* بَجَعة (طائر كَبير له كِيس تَحْتَ مِنْقاره)

pen *n.* قَلَم حِبْر

pen *n.* حَظيرة (للحَيَوانات)

pen-friend or pen-pal *n.* صَديق بِالمُراسَلة

penalty *n.* عُقوبة . جَزاء عن خَطَأ

pence *n.pl.* جَمْعُ كلمة penny

pencil *n.* قَلَم رَصاص

pendulum *n.* بَنْدُول (خاصّةً رَقّاص السّاعة)

penetrate *v.* يَدْخُل فى . يَخْتَرِق

penguin *n.* بِطْرِيق؛

طائِر كَبِير يَعِيش فى القُطْب الجَنُوبِىّ

penicillin *n.* بِنْسِلين

peninsula *n.* شِبْه جَزِيرة

(مثلاً : شِبْه جَزِيرة سَيْناء)

penknife *n.* مِطْواة صَغِيرة

penny *n.* بِنْس : قِطْعة نَقْد مَعْدِنِيّة

pentagon *n.* خُماسِىّ . شَكْل له خَمْسة أَضْلاع

people *n.* ١- ناس

٢- شَعْب . قَوْم

pep *n.* حَيَوِيّة . نَشاط

pepper *n.* ١- قَرْن فِلْفِل

٢- فِلْفِل . شَطّة (مِن التَّوابِل)

peppermint *n.* ١- نَعْناع

٢- حَلْوَى النَّعْناع

per *prep.* لِكُلّ . فى

Concorde can fly at over 1,900 km per hour.

سُرْعة طائرة الكُونْكورْد يُمْكِن أَنْ تَفُوق ١٩٠٠ كِيلومِتْر فى السّاعة .

Concorde
One of the first supersonic commercial passenger airplanes. It was built by the French and British in cooperation, and started its flights in 1976.

per cent *n.* فى المائة (يُكْتَب بِعَلامة «٪»)

perch *n.* مَجْثَم الطائِر . مَحَطّ

perch *v.* يَحُطّ . يَقِف على

Hundreds of pigeons perched on the towers of the castle.

وَقَف المِئات مِن اليَمام على أَبْراج القَلْعة .

percussion instrument *n.* آلة إيقاع

(مثلاً : الطَبْلة أو الرِّق)

perfect *adj.* ١- مَضْبُوط . تَمام

The portrait is perfect. It looks exactly like me.

الصّورة مَضْبوطة فهى تُشْبِهُنى تَماماً .

٢- بِدُون عَيْب

You need to use a compass to draw a perfect circle.

يَجِب أَنْ تَسْتَخْدِم البَرْجَل لِتَرْسِم دائِرةً بِدُون عَيْب .

perform *v.* ١- يُؤَدّى . يَقُوم بِـ

٢- يُغَنّى أو يَعْزِف أو يَرْقُص أو يُمَثِّل أمام جُمْهُور

performance *n.* ١- أَداء

Omar Sharif's performance in the film *Dr. Zhivago* was brilliant.

كان أَداء عُمَر الشَّرِيف فى فيلم « دكتور زيڤاجو » مُمتازا .

Dr. Zhivago
The novel by Russian poet and novelist, Boris Pasternak. It tells the story of Dr. Zhivago in post revolutionary Russia. The book was published in Italy in 1957, and was banned in Russia until 1987. In 1965, it was made into a film starring Egyptian actor Omar Sharif.

٢- عَرْض (مثلاً : عَرْض مَسْرَحِيّة)

perfume *n.* عطْر

perhaps *adv.* رُبَّما . لَعَلَّ

perimeter *n.* مُحيط : خَطٌ يُحيط بِمساحة

period *n.* ١- فَتْرة . مُدّة
٢- نُقْطة تَدُلّ على انْتِهاء الجُمْلة

periscope *n.* مِنْظار الأُفُق (فى غوّاصة مثلاً)

perk up *v.* ١- يَتَنَشَّط
٢- يُنَشِّط

If you feel tired, a glass of juice will perk you up.

إذا شَعَرْتَ بِالتَّعَب فَسَوْف يُنَشِّطُك كُوب من العَصير.

permanent *adj.* دائم . مُسْتَديم

permission *n.* إذْن . تَصْريح

permit *n.* رُخْصة . تَصْريح

permit *v.* يأْذَن لِ . يَسْمَح بِ

perpendicular *adj.* عَمودِىّ . مُتَعامِد

Perpendicular lines form right angles.

تُكَوِّن الخُطوط المُتَعامِدة زاوِيةً قائِمةً.

person *n.* شَخْص . فَرْد

personal *adj.* شَخْصِىّ

personality *n.* شَخْصِيّة

perspective *n.* ١- مَنْظور (فى الرَّسْم مثلاً)
٢- نَظْرة . رُؤْية

persuade *v.* يُقْنِع

pessimistic *adj.* مُتَشائِم (عكْس مُتَفائِل)

pest *n.* ١- آفة . حيَوان مُؤْذٍ (مثلاً: دُودة القُطْن أوالفأْر)
٢- شَخْص مُزْعِج

pester *v.* يُضايِق . يُزْعِج

pet *n.* حيَوان أليف يُرَبّى فى المَنْزِل

petal *n.* ورَقة الزَّهْرة

petrol *n.* بِنْزين

petroleum *n.* بِتْرول . نِفْط

petticoat *n.* جُونِلّة داخِلِيّة

pharmacy *n.* صَيْدَلِيّة . أجْزخانة

phase *n.* ١- مَرْحلة
٢- وَجْه (مِنْ أوْجُه القَمَر)

philosopher *n.* فَيْلَسُوف

Socrates was an ancient Greek philosopher.

سُقْراط فَيْلَسُوف يُونانِىّ قَديم.

Socrates (469-399 B.C.)
Ancient Greek philosopher whose work we know through the writing of his student, Plato. Socrates tried to find the errors in the conventional ideas of his time. His method was to question statements and show weaknesses in an argument. He stood against tyranny and eventually, he was executed for his beliefs.

philosophy *n.* فَلْسفة

phone *n* تليفون . هاتف

phone *v.* يَتَّصل تليفونيًا

phonecard *n.* كارْت التِّليفون (يُسْتَخْدَم في بَعْض التِّليفونات العامّة بَدَلاً مِن العُمْلة المعدنِيّة)

phoney or phony *adj.* مُزَيَّف . مُفْتَعَل

The actress spoke with a phoney French accent in the play.

تَكَلَّمَت المُمَثِّلة فى المَسْرَحيّة بِنُطْقٍ فَرَنْسِيٍّ مُفْتَعَل .

phonograph *n.* فُونُوغْراف

photo or photograph *n.* صورة فُوتُوغْرافِيّة

photocopy *n.* نُسْخة مُصَوَّرة (صورة)

photocopy *v.* يَنْسَخ؛ يُصَوِّر ورقاً بآلة التَّصْوير

photograph *v.* يُصَوِّر فُوتُوغْرافيًا

photography *n.* التَّصوير الفُوتُوغْرافِيّ

phrase *n.* شِبْه جُمْلة . عبارة

physical *adj.* بَدَنِيّ . جُسْمانِيّ

physical education *n.* تَرْبِية رِياضيّة

physician *n.* طَبيب أو طَبيبة

physics *n.pl.* عِلْم الطَّبيعة . الفيزْياء

pianist *n.* عازِف أو عازِفة البيانُو

piano *n.* بيانُو (آلة موسيقيّة وَتَرِيّة)

piastre or piaster *n.* قِرْش (عُمْلة نَقْدِيّة)

piccolo *n.* بيكولُو؛ فلُوت صغير (آلة نَفْخ موسيقيّة)

pick *n.* مِعْوَل

pick *n.* نُخْبة

pick *v.* ١- يَخْتار . يَنْتَقِي . يَنْتَخِب

Who will the director pick to star in the play?

تُرَى مَنْ الذى سَيَخْتارُه المُخرِجُ لِيَكُون بَطَل المَسْرَحِيّة ؟

٢- يَقْطِف (زُهورًا أو فاكهةً مثلاً)

pick on *v.* يَتَقَصَّد ؛ يُضايِق شَخْصاً دون غَيْرِه

pick out *v.* يَخْتار . يَنْتَقِي . يَنْتَخِب

Pick out the ripest tomatoes in the basket.

انْتَقِ الطَّماطم الأَكْثَر نُضْجاً مِن السَّلّة .

pick up *v.* ١- يَلْتَقِط . يَرْفَع

The dogs picked up the fox's scent and followed it.

الْتَقَطَت الكلاب رائحة الثَّعْلَب وتَعَقَّبَتْه .

٢- يَحْصُل على . يأْخُذ

pickaback or piggyback *n.* رُكوب طِفْلٍ على ظَهْر شَخْص كبير

picket *n.* وَتَد . خازُوق

pickles *n.pl.* مُخَلَّلات

pickpocket *n.* نَشّال

pickup *n.* سَيّارة نِصف نَقْل

picky *adj.* دَقيق . صَعْب الإرْضاء

picnic *n.* نُزْهة لتَناوُل الطَّعام فى الهَواء الطَّلْق

picture *n.* صورة . رَسْم

pie *n.* فَطيرة مَحْشُوّة (بِفاكِهة أو لَحْم مثلاً)

piece *n.* قِطْعة . جُزْء

pier *n.* رَصيف خَشَبِيّ مُمْتَدّ فى البَحْر

pig *n.* خِنْزير

pigeon *n.* حَمامة . يَمامة

165

piggybank *n.* حصّالة

pigtail *n.* ضَفيرة

pile *n.* كَوْم . كَوْمة

pile *v.* يُكوِّم . يُكَدِّس

pilgrim *n.* حاجّ

pilgrimage *n.* الحجّ : زِيارة الأماكِن المُقَدَّسة

pill *n.* قُرْص دَواء

pillar *n.* عَمُود . رَكيزة

pillow *n.* مِخَدّة . وِسادة

pilot *n.* طَيّار . قائد الطّائِرة

pimple *n.* حَبّة . دُمَّل صَغير

pin *n.* ١- دَبّوس
٢- بروش . مِشْبَك زينة

pin *v.* يُدَبِّس . يَشْبِك بِدَبّوس

pinafore *n.* مَرْيَلة : فُسْتان
بِدون أكْمام يُلْبَس فَوْق الهُدُوم لِوِقايَتِها .

pinball *n.* لُعْبة الفليبر

pincers *n.pl.* كَمّاشة . زَرَدِيّة

pinch *n.* قَرْصة

pinch *v.* ١- يَقْرُص
٢- يَسْرِق

Who pinched my pencil?

مَنْ سَرَق قَلَمي الرَّصاص ؟

pine *n.* شَجَرة الصَّنَوْبَر

pineapple *n.* أناناس

ping-pong *n.* لُعْبة البِنْج بُونْج . تِنِس الطّاوِلة

pink *adj.* وَرْدِيّ

pink *n.* اللَّوْن الوَرْدِيّ

pint *n.* مِكْيال لِلسَّوائِل = ٥٧ مِلّيلِتْرًا

pinwheel *n.* عَجَلة مِرْوَحِيّة مُلَوَّنة

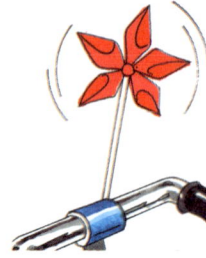

pioneer *n.* رائِد . مُمَهِّد الطَّريق :
أوَّل مَنْ يَشُقُّ طَريقًا جَديدًا في مَجالٍ ما

pip *n.* بِزْرة (اللَّيْمون أو الكُمَّثْرَى مَثلاً)

pipe *n.* ١- ماسُورة
٢- غَلْيُون . بِيبة

pirate *n.* قُرْصان . لِصّ البَحْر

pistachio *n.* فُسْتُقة

pistol *n.* مُسَدَّس

pit *n.* ١- حُفْرة كَبيرة وعَميقة
٢- بِئْر المَنْجَم

pitch *n.* زِفْت لِرَصْف الطُّرُق

pitch *n.* ١- طَبَقة الصَّوْت (عالِيةٌ أو واطِئةٌ)
٢- مَلْعَب رِياضِيّ (مَثلاً: مَلْعَب كُرة القَدَم)

pitch *v.* يَقْذِف . يَرْمي (كُرة مَثلاً)

pitcher *n.* قاذِف أو رامي الكُرة
(في رِياضة البيسبُول مَثلاً)

pitcher *n.* إبْريق

pitchfork *n.* مِذْراة

pitiful *adj.* مُثير لِلشَّفَقة . غَلْبان

pity *n.* شَفَقة

pity *v.* يُشْفِق على

pizza *n.* **بِيتْزا**

place *n.* **١- مَكان**

٢- مَرْكَز

The first place winner gets a trophy.

يَحْصُل الفائز بالمَرْكَز الأَوَّل على كَأْسٍ.

place *v.* **يَضَع فى مَكانٍ أو تَرْتِيبٍ مُعَيَّنٍ**

plague *n.* **مَرَض الطَّاعُون**

plaid *n.* **نَقْش بمُرَبَّعات وخُطُوط على قُماش**

plain *adj.* **١- واضِح . جَلِيّ**

It's plain that fish can't live out of water.

من الواضِح أن السَّمَك لايَسْتَطِيع الحَياة خارِج الماء.

٢- بَسِيط . عادِيّ . غير مميَّز

Nurses wear comfortable plain shoes.

تَرْتَدى المُمَرِّضات أَحْذِية مُرِيحة وبَسِيطة.

٣- سادة

The curtains were made of plain greenvelvet.

السَّتائر مصنوعة مِنْ قَطِيفةٍ خَضْراء سادةٍ.

plain *n.* **أَرْض مُنْبَسِطة**

plainly *adv.* **بِوُضُوح**

plait *n.* **ضَفِيرة**

plan *n.* **١- خُطَّة**

٢- تَصْمِيم . تَخْطِيط

Ferdinand de Lesseps presented the plan for the Suez Canal in 1856.

قَدَّم فردناند دى ليسِپْس تَصْمِيم قناة السُّوَيْس سَنة ١٨٥٦.

Ferdinand de Lesseps (1805-1894)

plan *v.* **يُخَطِّط . يُصَمِّم**

The prisoners planned their escape for months.

خَطَّط الأَسْرَى على مَدَى شُهُورٍ لِلْهَرَب.

plane *n.* **١- طائِرة**

٢- سَطْح مُسْتَوٍ (فى الهَنْدَسة)

planet *n.* **كَوْكَب . سَيَّار**

planetary *adj.* **كَوْكَبِىّ**

planetarium *n.* **قُبَّة سَماوِيَّة :**

قاعة لِعَرْض حَرَكة الكَواكِب والنُّجوم

plank *n.* **لَوْح خَشَبِىّ مُسَطَّح**

plant *n.* **١- نَبات . زَرْع**

٢- مَصْنَع

plant *v.* **يَزْرَع**

plantation *n.* **مَزْرَعة أو عِزْبة كَبِيرة**

(مثلاً : مَزارِع المَوْز فى أَمْرِيكا الجَنُوبِيَّة)

plaster *n.* **١- جِبْس**

٢- بلاسْتَرْ . شَرِيط لاصِق لحِماية الجُرْح

plaster *v.* **١- يُجَبِّس . يُبَطِّن بجِبْس**

٢- يُغَطِّى

My sister plastered her walls with posters of her favorite singer.

غَطَّت أُخْتى جُدْران غُرْفَتِها بِصُوَر مُطْرِبها المُفَضَّل.

plastic *n.* **بلاسْتِيك**

plate *n.* **١- طَبَق . صَحْن**

٢- لَوْحة . صَحِيفة (مثلاً : لَوْحة السَّيَّارة المَعْدَنِيَّة)

plateau *n.* **هَضْبة**

platform *n.* **١- مِنَصَّة**

٢- رَصِيف مَحَطَّة قِطار أو مِتْرُو الأَنْفاق

platinum *n.* **بلاتين (مَعْدِن ثَمِين)**

play *n.* **١- مَسْرَحِيَّة**

٢- اللَّعِب . اللَّهْو

play *v.* **١- يَلْعَب . يَلْهُو**

٢- يَعْزِف على آلةٍ مُوسِيقِيَّةٍ

play about or around *v.* ١- يَلْعَب
٢- يُضَيِّع وَقْتَه

player *n.* لاعب أو لاعبة

playful *adj.* لَعُوب . مُداعِب

playground *n.* ١- فِناء أو حَوْش المَدْرَسة

٢- مَلْعَب

playmate *n.* زَميل اللَّعِب

pleasant *adj.* ١- لَطيف (مثلاً: شَخْص لَطيف)
٢- مُمْتِع (مثلاً: رِحلَةٌ مُمْتِعةٌ)

please *interj.* مِنْ فَضْلِك . لو سَمَحْت

please *v.* يَسُرّ . يُرْضِي

pleasure *n.* مُتْعة . سُرور

pleat *n.* ثَنْية . كَسْرة

pledge *n.* وَعْد . عَهْد

pledge *v.* يَعِد . يَتَعَهَّد

plenty *n.* كَثير

pliers *n.pl.* كَمّاشة . زَرَدِيّة

plot *n.* قِطْعة أَرْض

plot *n.* ١- مُؤامَرة . مَكيدة

The police discovered a **plot** to rob the bank.

اكْتَشَفَ رِجال الشُّرْطة **مُؤامَرةً** لِسَرِقة البَنْك .

٢- حَبْكَة (القصة)

plough or plow *n.* مِحْراث

plough or plow *v.* يَحْرُث . يَفْلَح (الأَرْض)

pluck *v.* ١- يَنْتِف (ريش دَجاجة مثلاً)
٢- يَنْقُر (أَوْتار العُود مثلاً)
٣- يَقْطِف (ورداً مثلاً)

plug *n.* ١- سِدادة
٢- قابِس . فيشة الكَهْرَباء

plug in *v.* يَصِل بالقابِس الكَهْرَبائيّ

plum *n.* بَرْقُوقة

plumber *n.* سَبّاك

plump *adj.* مُمْتَلِئ الجِسْم

plunge *v.* ١- يَغْطِس . يَغْرَق
٢- يُغَطِّس . يُغْرِق

plural *n.* الجَمْع (في قَواعِد النَّحْو)

plus *prep.* زائداً . مُضافاً إلى

plus or plus sign *n.* علامة الجَمْع
في الحساب (+)

Pluto *n.* كَوكَب بِلُوتُو

plywood *n.* خَشَب أَبْلاكاش

p.m. *abbr.* اخْتِصار لعِبارة «مَساء»
أو «بَعْدَ الظُّهْر» (مثلاً: السّاعة ٨ مَساء)

pneumonia *n.* مَرَض الالْتِهاب الرِّئَوِيّ

pocket *n.* جَيْب

pocket-knife *n.* مِطْواة

pocket-money *n.* مَصْروف الجَيْب

pocketbook *n.* حَقيبة اليَد لِلنِّساء

pod *n.* قَرْن . غلاف الحبّ (مثلاً : قَرْن البسِلّة)

poem *n.* قَصيدة . مَقْطوعة شِعْرِيّة

poet *n.* شاعِر

poetry *n.* الشِّعْر

point *n.* ١- نُقْطة

٢- سِنّ . طَرَف (مثلاً : سِنّ قَلَم رَصاص)

point of view *n.* وِجْهة نَظَر . رأْى

point or point at *v.* ١- يُشير إلى

٢- يُوجِّه إلى

The astronomer pointed the telescope at Venus.

وَجَّه الفَلَكِيّ التِّلسْكُوب إلى كَوكَب الزُّهَرة.

point out *v.* يُشير إلى . يُبَيِّن

pointed *adj.* مُدَبَّب . طَرَفُه رَفيعٌ

poison *n.* سُمّ

poison *v.* يُسَمِّم

poisonous *adj.* سامّ (مثلاً : ثُعْبان سامّ)

poke *v.* يَزْغَد . يَلْكُز

poker *n.* بُوكَر (مِنْ ألْعاب الكُوتْشينة)

polar *adj.* قُطْبِىّ : خاصّ بِالقُطْب الشَّمالِىّ أوالجَنوبِىّ

pole *n.* قُطْب

pole *n.* عَمود

police *n.* شُرْطة . بُوليس

police-officer or policeman *n.* شُرْطِىّ

policy *n.* سِياسة . نظام

polio *n.* مَرَض شَلَل الأطْفال

polish *n.* مادّة تَلْميع (مثلاً : وَرْنيش الأحْذية)

polish *v.* يُلَمِّع

polite *adj.* مُؤدَّب . مُهَذَّب

politics *n.pl.* السِّياسة

polka-dots *n.pl.* نُقَط تُكَوِّن نَقْشاً (على قُماش مثلاً)

poll *n.* ١- اِسْتِطْلاع رأْى

٢- التَّصْويت في الانْتِخابات

pollen *n.* حُبوب اللَّقاح : غُبار يُوجَد داخِل الزَّهْرة

pollute *v.* يُلَوِّث . يُفْسِد

pollution *n.* تَلَوُّث

polo *n.* رِياضة البُولُو

pomegranate *n.* رُمّانة

pompon *n.* كُرة مِن الخَيْط

poncho *n.* قِطْعة قُماش كَبيرة بها فَتْحة للرَّأس وتُلْبَس مِثْل العَباءة

pond *n.* بِرْكة . بُحَيْرة صَغيرة

pony *n.* سِيسى (نَوْعٌ مِن الخَيْل صَغير الحَجْم)

ponytail *n.* تَسْريحة ذَيْل الحِصان

poodle *n.* كَلْب كانِيش

pool *n.* ١- بِرْكة . حَوْض

When the tide goes out it leaves little pools on the beach.

عِنْدَما يَنْحَسِر ماء البَحْر يَتْرُك خَلْفَه بِرَكاً من الماء على الشّاطئ.

٢- حَمّام سِباحة

pool *n.* لُعْبة البِلْيارْدُو

poor *adj.* ١- فَقير

٢- مِسْكين . غَلْبان

٣- رَدِىء . ضَعيف

Crops don't grow well in poor soil.

لا تَنْمو المَحاصيل جَيِّداً في التُّرْبة الرَّديئة

169

pop *n.* ١- فَرْقَعة . طَقّ

٢- كازُوزة . مَشْروب غازيّ

pop *v.* يفْرقِع . يُطقْطق

pop *n.* بابا

pop *adj.* حَديث . مُنْتَشر

(خاصّة الموسيقَى الحَديثة)

pop in or pop over *v.* يمُرّ على .

يقُوم بزيارة سريعة

pop star *n.* نَجْم فى الموسيقَى الحَديثة

popcorn *n.* فشار

Pope *n.* البابا ؛ الرَّئيس الأعْلَى للكَنيسة

poppy *n.* زَهرة الخَشْخاش

popular *adj.* ١- مَحْبوب

٢- شَعْبيّ . مُنْتَشر

The bicycle is a popular means of

transportation in China.

الدَّرّاجة وسيلة مُواصَلات شَعْبيّة فى الصّين .

population *n* السُكّان . عَدَد السُكّان

China has the largest population of any

country in the world.

الصين أكبر بُلْدان العالَم فى عَدَد السُكّان .

porch *n.* شُرْفة مَسْقوفة عنْد مَدْخل بَيْت

porcupine *n.* قُنْفُذ

pore *n.* أحَد مَسامّ الجلْد

pork *n.* لَحْم الخنْزير

porpoise *n.* خنْزير البَحْر

(حيوان بحْريّ يُشْبه الدَّرفيل)

porridge *n.* أكْلة مُعَدّة منْ حَبّ الشُّوفان المَسْلوق

port *n.* ميناء

portable *adj.* مُتَنَقِّل (مثلاً : تليفزْيون مُتَنَقِّل)

portion *n.* ١- جُزْء

٢- حصّة . نَصيب (من الأكْل مثلاً)

portrait *n.* صورة أو رسْم شخْص

pose *n.* وضْع خاص للجسْم

pose *v.* يتَّخذ وضْعا

The bride and groom posed for their wedding

picture.

اتَّخَذ العَروسان وَضْعاً مُناسباً لصورة الزَّفاف .

posh *adj.* أنيق . فَخْم

position *n.* ١- مَوْقع . مكان

The position of the stars in the sky changes

with the seasons.

تَتَغَيَّر مَواقع النُّجوم فى السَّماء حَسَب الفُصُول .

٢- مَوْقف

٣- مَرْتَبة . مكانة

positive *adj.* ١- مُؤكَّد

٢- مُتَأكِّد

٣- إيجابيّ (عكس سلْبيّ)

possess *v.* يملك . يمتَلك

possession *n.* ملْك . أحَد مُمْتَلكات شخْص

possibility *n.* ١- احتْمال

٢- إمْكانيّة

The scientists discussed the possibility of life

in another galaxy.

ناقَش العُلَماء إمْكانيّة الحَياة فى مَجَرّة أُخْرى .

possible *adj.* مُمْكن . مُحْتَمَل

post *n.* عَمود مثبَّت فى الأرْض

post *n.* ١- مَركَز . مَوْقع

A ship's lookout must never leave his post.

يَجب ألاَّ يَتْرك مُراقب السَّفينة مَوْقعَه أبَداً .

٢- مَنْصب

post *n.* بَريد

post *v.* يُرْسِل بالبَريد

post office *n.* مَكْتَب البَريد

post-box *n.* صُنْدوق بَريد

postcard *n.* كارْت بُوسْتال . بِطاقة بَريديّة

poster *n.* ١- پوستر: صورة كَبيرة مَطْبوعة تُعلَّق على الحائط
٢- أَفيش . إعْلان

postman *n.* ساعي البَريد . بُوسْطَجي

postpone *v.* يُؤَجِّل

posture *n.* وَضْع الجِسْم (وِقْفَتُه أو جِلْسَتُه)

Because of their training ballet dancers have good posture.

يَتَمَتَّع راقِصُو الباليه بِوَضْع سَليمٍ لِلجِسْم نَتيجةً للتَّدريب الذى تلقوهُ.

pot *n.* إناء . قِدْر . حلّة

potbelly *n.* كِرْش

potato *n.* ثَمَرة البَطاطِس

pottery *n.* فَخّار . خَزَف

potty *n.* قَصْريّة (للأطْفال)

pouch *n.* جِراب . كِيس

poultry *n.* دَواجِن (مثلاً: الدَّجاج والوَزّ والبَطّ)

pounce *v.* يَنْقَضّ على . يَهْجُم فجْأةً

pound *n.* ١- جُنَيْه (عُمْلة نَقْديّة)
٢- رَطْل إنْجليزي: مِكْيال للوَزْن = ٤٥٤ جرام

pound *v.* يَدُقّ . يَطْرُق بِعُنْفٍ و تَكْرارٍ

I need a hammer to pound this nail into the wall.

أحْتاج إلى شاكُوش لأَتَمَكَّن مِنْ أنْ أَدُقَّ هذا المِسْمار فى الحائط.

pour *v.* ١- يَصُبّ . يَسْكُب
٢- يَهْطِل . تُمْطِر (السَّماءُ) بغَزارة

pout *v.* يُبَوِّز

poverty *n.* فَقْر

powder *n.* مَسْحُوق . بُودْرة

power *n.* ١- قُوّة . قُدْرة
٢- طاقة (مثلاً: طاقة كَهْرَبائيّة)
٣- سُلْطة . نُفُوذ

A dictator has complete power.

للدِّكْتاتور سُلْطةٌ مُطْلَقةٌ.

powerful *adj.* قَوِيّ

practical *adj.* عَمَلِيّ

practically *adv.* تَقْريباً

practice *n.* تَدْريب . تَمْرين

practise or practice *v.* يَتَمَرَّن . يَتَدَرَّب

prairie *n.* أَرْض واسِعة بها حَشائش ولَيْس بها أشْجار.

praise *n.* مَدْح

praise *v.* يَمْدَح

pram *n.* عَرَبة أطْفال

prank *n.* مَزْحة . مَقْلَب

prawn *n.* جَمْبَرى كَبير

pray *v.* يُصلّى

prayer *n.* صَلاة

preach *v.* يعظ . يُلْقى خُطْبةً دينيّةً

preacher *n.* راعى كَنيسة . واعِظ

precede *v.* يَسْبِق . يَتَقَدَّم على

precious *adj.* قَيِّم . نَفيس . كَريم

precise *adj.* ١- دَقيق

Lasers are used to take precise measurements of distance.

يُسْتَخْدَم اللّيزر لأخذ المَقاييس الدَّقيقة للمَسافات .

٢- مَضْبوط بِدِقّة

Swiss watches are known to be precise.

السّاعات السُّويسْريّة مَعْروفة بأنها مَضْبوطة بدِقّة

٣- مُحَدَّد . مُعَيَّن

The astronomer predicted the precise time of the eclipse.

تَنَبَّأ عالِم الفَلَك بالسّاعة المُحَدَّدة لحُدُوث كُسُوف الشَّمْس .

predicate *n.* المُسْنَد أو الخبر (فى قَواعِد النَّحْو)

predict *v.* يَتَنَبَّأ (بالمُسْتَقْبَل)

preface *n.* مُقَدِّمة كِتاب

prefer *v.* يُفَضِّل

pregnant *adj.* حامِل . حُبْلَى

prehistoric *adj.* قَبْل التّاريخ

prejudice *n.* تَحَيُّز : رَأْىٌ ظالِمٌ قائمٌ على جَهْلٍ أو تَزَمُّتٍ

premises *n.pl.* أَراضٍ ومَبانٍ خاصّة

preoccupied *adj.* مَشْغول البال

prep school *n.* ١- مَدْرَسة إعْداديّة (فى إنْجِلْترا)

٢- مَدْرَسة ثانَويّة خاصّة (فى أَمْريكا)

preparation *n.* تَحْضير . إعْداد . اسْتِعْداد

prepare *v.* ١- يُحَضِّر . يُعِدّ

The high priest secretly prepared a poisoned drink for the pharaoh.

حَضَّر رَئيس الكَهَنة مَشْروباً سامًّا للفِرْعَوْن سِرًّا .

٢- يَسْتَعِدّ لـ

Tennis players train hard to prepare for tournaments.

يَتَدَرَّب لاعبو التِّنس بِجِدِّيّة استعداداً للمُباريات .

preposition *n.* حَرْف جَرّ

(مثلاً : كلمتا from و in)

prescription *n.* وَصْفة طِبِّيّة . رُوشِتّة

present *adj.* مَوْجود . حاضِر (عَكْس غائِب)

present *n.* ١- الحاضِر . الوَقْت الحاضِر

٢- المُضارِع (فى قَواعِد النَّحْو)

present *n.* هَدِيّة

present *v.* يُقَدِّم

preserve *v.* يَحْفَظ . يُحافِظ على

president *n.* رَئيس

press *n.* ١- مَطْبَعة . آلة طِباعة

٢- الصَّحافة

press *v.* ١- يَضْغَط

Press the red button to turn on the machine.

اِضْغَطْ على الزِّرّ الأَحْمَر لِتُشَغِّل الماكينة .

٢- يَكْوى (المَلابِس مثلاً)

press-up or push-up *n.* تَمْرين الضَّغْط (فى التَّمْرينات الرِّياضيّة)

pressure *n.* ضَغْط

prestige *n.* سُمْعة مُمتازة

pretend *v.* يَتَظاهر بِ

pretty *adj.* ١- جَميل . حُلْو
٢- إلى حَدٍّ كَبير

pretzel *n.* بَسْكَويت بِدُون سُكَّر (عادةً على شَكْل عُقْدة مَفْتوحة)

prevent *v.* يَمْنَع . يَعُوق

preview *n.* عَرْض خاصّ قَبْل العَرْض العامّ (لِمَسْرَحِيّة أو فيلْم)

previous *adj.* سابِق

previously *adv.* سابِقاً . مِنْ قَبْل

prey *n.* فَريسة

price *n.* ثَمَن . سِعْر

prick *v.* يَشُكّ (بِدَبّوس مثلاً)

pride *n.* ١- اعْتِزاز . فَخْر
٢- عِزّة النَّفْس

Although she's poor her pride won't let her accept charity.

بالرَّغْم مِنْ كَوْنها فَقيرة فإن عِزّة نَفْسِها تَمْنَعُها مِنْ قُبول الحَسَنات .

٣- كِبْرِياء . غُرُور

His pride was hurt when she refused to marry him.

جُرِحَتْ كِبْرِياؤه عندما رَفَضَتْ أن تَتَزوَّجه .

priest *n.* قِسّيس . كاهِن

primary *adj.* ١- أساسِيّ . أوّلِيّ . أصْلِيّ

Red , blue and yellow are the primary colours.

الألوان الأصْلِيّة هى الأحْمَر والأزْرَق والأصْفَر .

٢- ابْتِدائِيّ (مثلاً: تَعْليم ابْتِدائِيّ)

prime minister *n.* رَئيس الوُزَراء

prime number *n.* عَدَد أوّلِيّ (لا يُقْسَم إلا على نَفْسِه أو على الواحِد)

1, 5, 11 and 29 are prime numbers.

الأعْداد ١ و٥ و١١ و٢٩ أعْداد أوَّلِيّة .

primitive *adj.* بُدائِيّ . غَيْر مُتَطَوِّر

prince *n.* أمير

princess *n.* أميرة

principal *adj.* أساسِيّ . أهَمّ

principal *n.* ناظِر أو ناظِرة مَدْرَسة

principle *n.* مَبْدأ . قاعِدة

print *v.* ١- يَطْبَع
٢- يَكْتُب بِحُروف مُنْفَصِلة

prior *adj.* سابِق

priority *n.* أوْلَوِيّة . أهَمِّيّة

prism *n.* مَنْشُور : قِطْعة زُجاج تُسَبِّب انْكِسار الضَّوْء إلى ألْوان قَوْس قُزَح

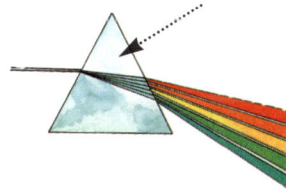

prison *n.* سِجْن

prisoner *n.* سَجين . أسير

privacy *n.* خُصوصِيّة . خَلْوة

There is no privacy in the boarding school dormitory.

لا يوفر عَنْبَر النَّوْم فى المَدْرَسة الداخلِيّة فرصة لِخَلْوة النفس .

private *adj.* ١- خاصّ . خُصوصِىّ
(مثلاً : مَدْرَسة خاصّة)
٢- شَخْصِىّ (مثلا : كُرّاسة مُذكّرات شَخْصِيّة)

private *n.* نفَر: عَسْكَرِىّ بِدُون رُتْبة (فى الجَيْش)

privilege *n.* امْتِياز

Airline employees have the privilege of free air tickets.

يَتمتَّع مُوَظَّفُو شَرِكات الطَّيَران بامْتِياز الحُصول على تَذاكِر سَفَر مَجّانِيَّة .

prize *n.* جائزَة

pro *n.* مُحْتَرِف (مثلاً : لاعِب رِياضِىّ مُحْتَرِف)

probably *adv.* غالِباً

problem *n.* ١- مُشْكِلة
٢- مَسْأَلة (مثلاً : مَسْأَلة رِياضِيّة)

procedure *n.* إجْراء . طَرِيقة

proceed *v.* ١- يَتقدَّم . يُتابِع سَيْرَه
٢- يُواصِل . يَسْتَمِرّ فى

We proceeded with the game after the rain stopped.

واصَلْنا اللَّعِب بَعْد أَنْ تَوَقَّف المَطَر .

process *n.* ١- عَمَلِيّة تَشْمَل مَراحِل مُتَتالِية

The process of digestion involves several organs of the body.

تَشْتَرِك فى عَمَلِيّة الهَضْم عِدّة أَعْضاء فى الجِسْم .

٢- طَرِيقة

procession *n.* مَوْكِب . مَسِيرة

produce *v.* ١- يُنْتِج

India produces many varieties of tea.

تُنْتِج الهِنْد عِدّة أَنْواع من الشّاى .

٢- يَتَسَبَّب فى . يُؤَدِّى إلى

product *n.* ١- سِلْعة
٢- مُنْتَج . مَحْصول

Cotton is one of Egypt's most important agricultural products.

القُطْن مِنْ أَهَمّ المُنْتَجات الزِّراعِيّة فى مِصْر .

٣- الحاصِل (فى الحِساب)

production. *n.* إنْتاج . مُنْتَج

profession. *n.* مِهْنة . حِرْفة

professional *adj.* مُحْتَرِف

professor *n.* أُسْتاذ أو أُسْتاذة فى الجامعة

profile *n.* برُوفيل : مَنْظَر جانِبِىّ للوَجْه

profit *n.* رِبْح . مَكْسَب

programme or program *n.* بَرْنامَج . خُطّة

progress *n.* تَقَدُّم . تَطَوُّر

progress *v.* يَتَقَدَّم . يَتَطَوَّر

project *n.* ١- مَشْروع
٢- خُطّة

projector *n.* جِهاز لِعَرْض فيلْم أو صُوَر على الشّاشة.

promise *n.* وَعْد

promise *v.* يَعِد

promote *v.* ١- يُرَقِّى
٢- يُشَجِّع . يُساند
٣- يُرَوِّج

promotion *n.* تَرْقِية

prompt *adj.* ١- فَوْرِىّ . سَرِيع الاسْتِجابة
٢- دَقِيق فى مَواعِيده

pronoun *n.* ضَمِير (مثلاً : كلمتا their و it)

pronounce *v.* يَنْطِق

proof *n.* إثْبات . دليل
prop *n.* دِعامة . سَنَد
prop or prop up *v.* يَسْنُد . يُدعِّم
propaganda *n.* دِعاية
propeller *n.* ١- مِروَحة الطّائِرة

٢- رفّاس السَّفينة
proper *adj.* لائق . مُناسب
property *n.* ١- مِلْك . مُمتَلَكات
٢- عَقار (أَرضٌ أو مَبانٍ)
٣- خاصيّة . صِفة

Avicenna studied the medicinal properties of plants.

دَرَس ابن سينا الخَواصّ الطِّبِّيّة للنَّباتات .

Please see: ***Avicenna****, page 58*

prophet *n.* نَبِيّ . رَسُول
proportion *n.* نِسبة . تَناسُب
propose *v.* يَعرِض . يقترِح
prose *n.* النَّثْر (كلّ كِتابةٍ ماعدا الشِّعْر)
prospect *n.* تَوقُّع
protect *v.* يَحمي . يُحافِظ على
protection *n.* حِماية
protein *n.* بُروتين : مادّة غِذائيّة
تُوجَد في اللُّحوم و البَيْض مثلاً
protest *v.* يَعتَرِض
proton *n.* بُروتُون : جُسَيْم إيجابيّ
الشُّحْنة يَدخُل في تَركيب نَواة الذَّرّة

proud *adj.* ١- فَخور . مُعتَزّ

The pastry chef was proud of his ten-layer wedding cake.

كان الطَّبّاخ فَخوراً بِصُنْعِه تُورْتة الفَرَح مِنْ عَشْرة طَوابق .

٢- مَغْرور . مُتَكَبِّر

He knows it's his fault but he's too proud to apologize.

إنَّه يَعْلَم أنَّه مُخْطِئٌ ولَكِنَّه مَغْرورٌ جِدًّا ولَنْ يَعْتَذِر .

prove *v.* يُثْبِت
proverb *n.* مَثَل
provide *v.* يَمُدّ . يُزَوِّد
province *n.* إقْليم . مُقاطَعة
provisions *n.pl.* زاد . تَموين
provoke *v.* يَسْتَفِزّ
prowl *v.* يَتَسلَّل . يَتَلَصَّص
(يَتجوَّل في السِّرّ بَحثاً عن غَنيمة أو فَريسة)
prowler *n.* مُتَسلِّل . مُتَلَصِّص
prudent *adj.* حَذِر
prune *n.* بَرقُوقة مُجفَّفة . قَراصْيا
pry *v.* يَتَدخَّل بِفُضولٍ في شُئُون الآخَرين
pry or prize open *v.* يَفتَح بِعَتَلة أو أداة مِثْلَها

psalm *n.* أُنْشُودة دِينيّة . مَزْمُور
psychiatrist *n.* طَبيب نَفْسانيّ أو طَبيبة نَفْسانيّة
psychology *n.* عِلْم النَّفْس

public *adj.* ١- عامّ

Hyde Park is a large public park in London.

هايدْ پارْك حَديقة عامّة كَبيرة فى لَنْدَن.

> ***Hyde Park***
> *A huge park in London, it is close to Kensington Gardens and is divided by the Serpentine, which is a lake popular for boat rides. The Speakers' Corner in the park is a place where people can organise open-air meetings and present their ideas or complaints in public.*

٢- علَنىّ

The opera singer made a public announcement of her retirement.

أدْلَتْ مُغَنِّية الأُوبرا بتَصْريحٍ علَنِىٍّ عن اعْتزالها.

publish *v.* يَنْشُر (صُحُفاً أو كُتُباً)

pudding *n.* ١- بُودنْج : حَلْوَى تُشْبِه المهَلَّبِيّة
٢- حلْو يُؤْكَل فى آخرِ الوَجْبة

puddle *n.* برْكة صغيرة

puff *n.* نَفْخة . نَفْثة (دُخان مثلاً)

puff *v.* يَنفخُ

puffy *adj.* ١- مُتَورِّم (مثلاً : عيُون مُتَورِّمة)
٢- مَنْفُوش (مثلاً : مخَدّة مَنْفُوشة)

puke *v.* يَتَقيَّأ

pull *v.* يَشُدّ . يَسْحَب . يجُرّ

pull apart *v.* ١- يفُكّ
٢- يفْصل

When pipes are welded together they can't be pulled apart.

عندَما يَتِمّ لِحام المَواسير لا يُمْكِن أنْ تُفْصَل عن بَعْضِها.

pull down *v.* ١- يَشُدّ إلى الأسْفَل
٢- يهْدِم

The municipal authorities had to pull down houses damaged in the earthquake.

اُضْطُرَّتْ البَلَديّة إلى أنْ تَهْدِم المَنازِل التى تَأَثَّرَتْ بالزّلْزال.

pulley *n.* بَكَرة (أداة للرّفْع)

pullover *n.* بلوفَر صُوف بِدُون أزْرار

pulp *n.* لُباب الفاكهة

pulse *n.* نَبْض : خفَقان القَلْب

pump *n.* مضَخّة . طُلُمْبة

pump *v.* يضُخّ

pump up *v.* ينْفُخ (إطار الدرّاجة مثلاً)

pumpkin *n.* قَرْع عسَلىّ

punch *n.* مشْروب مُعدّ منْ مزيج منْ عصائر الفاكهة

punch *v.* يلْكُم . يضْرِب بقَبْضة اليَد

punctual *adj.* دقيق فى مَواعيده

punctuation. *n* علامات الوَقْف و التّرْقيم فى الكِتابة (مثلاً : النُّقْطة والفاصلة)

puncture *n.* ثُقْب . خُرْم (فى إطار سيّارة مثلاً)

puncture *v.* يثْقُب . يُخرِّم . يخْرِم

punish *v.* يُعاقِب

punishment *n.* عِقاب

punk *n.* ١- وَغْد
٢- بَنْك : مُوضة فى الموسيقى والمَلابِس ظَهرَت فى السّبْعينات

pupil *n.* تِلْميذ

pupil *n.* إنْسان العَيْن :
النُّقْطَة السَّوْداء فى وَسَط العَيْن

puppet *n.* عَروسة مُتَحرِّكة . أراجُوز

puppy *n.* جَرْو : صغير الكَلْب

purchase *v.* يَشْتَرِى

pure *adj.* ١- صاف . نَقِىّ (مثلاً : ماء نَقِىّ)
٢- طاهِر

purple *adj.* بَنَفْسَجِىّ . أُرْجُوانِىّ

purple *n.* اللَّوْن البَنَفْسَجِىّ

purpose *n.* هَدَف . حافِز

What is the purpose of building dams?

ما الهَدَف مِنْ بناء السُّدود ؟

purr *v.* يُقَرْقِر

Cats purr when they're happy.

يُقَرْقِر القطّ عنْدَما يَكون مَسْروراً .

purse *n.* ١- مَحْفَظَة أو كيس النُّقود
٢- حَقيبة اليَد لِلنِّساء

pursue *v.* يُطارِد . يُلاحِق

push *n.* دَفْعة . زَقّة

push *v.* يَدفَع . يَزُقّ

push about or around *v.* يَتَأَمَّر على :
يُواصِل بِوَقاحة إصْدار الأوامِر لِشَخْص

pushchair *n.* عَرَبة أَطْفال

pushy *adj.* هُجُومِىّ

pussy *n.* بُوسى . قِطّة

put *v.* يَضَع

put away *v.* ١- يُخَزِّن
٢- يُرَتِّب . يَضَع فى مَكانه

put down *v.* ١- يَضَع

The crane put the bricks down beside the sand pile.

وَضَع الونْش الطُّوب بِجانِب كَوْمة الرِّمال .

٢- يُهين . يَعيب

They put me down for being afraid to ride a horse.

عابوا عَلَىّ كَوْنى خائفاً مِنْ رُكوب الحِصان .

put off *v.* يُؤَجِّل

Don't put off until tomorrow what you can do today.

لا تُؤَجِّلْ عَمَل اليَوْم إلى الغَد

put on. *v.* ١- يَلْبَس . يَرْتَدى (أحْذية مثلاً)
٢- يَتَظاهَر بِ

Even though we were afraid we put on a show of bravery.

تَظاهَرْنا بالشَّجاعة بالرَّغْم مِنْ كَوْننا خائفين .

٣- يُقَدِّم (عَرْض أزْياء أو مَسْرحِيّة مثلاً)

put out *v.* **١- يُطْفِئ**

He put out the lights and went to bed.

أَطْفَأَ النُّور ثمّ ذَهَب لِيَنام.

٢- يُخْرِج . يَطْرُد

He put out the rubbish and went to bed.

أَخْرَجَ القُمامة ثمّ ذَهَب لِيَنام.

put together *v.* **يُرَكِّب**

put up with *v.* **يَتَحَمَّل**

puzzle *n.* **لُغْز**

pygmy or pigmy *n.* **١- شَخْص قَصير جداً**

٢- أَحَد أَفْراد قبائل الأقْزام الإفْريقيّة

pyjamas or pajamas *n.pl.* **بيجاما . رِداء لِلنَّوْم**

pyramid *n.* **هَرَم . شَكْل هَرَمِيّ**

python. *n.* **ثُعْبان كَبير يَقْتُل فَريسَتَه بِالالْتِفاف حَوْلَها**

Q q

quiver

quack *v.* يُبَطْبِط (البَطّ يُبَطْبِط)
quadrangle *n.* شَكْل رُباعِيّ
quail *n.* سُمّان (طائِر مُهاجِر)
quake *n.* هَزّة
quake *v.* يَهْتَزّ . يَرْتَعِش
qualification *n.* مُؤَهِّل
qualify *v.* يُؤَهِّل
quality *n.* جَوْدة
The ancient Chinese made porcelain of the highest quality.
كان الصّينيّون القُدامَى يَصْنَعون خَزَفاً عالِيَ الجَوْدة.
quantity *n.* كَمِّيّة . عَدَد
quarrel *n.* مُشاجَرة . مُجادَلة
quarrel *v.* يَتَشاجَر . يُجادِل
quarry *n.* مَحْجَر :مَكان يُحْفَر فيه للحُصول على حَجَر البِناء
quart *n.* رُبْع جالُون : مِكْيال لِلسَّوائِل = ١,١٤ لِتْرا
quarter *n.* رُبْع
quarterback *n.* الظَّهير وهو الذى يَرْمِى الكُرة فى لُعْبة الفُوتْبُول الأَمْريكيّة
quartet *n.* رُباعِيّ: فِرْقة مُوسيقيّة تَتَكَوَّن مِنْ أَرْبعة عازِفين أو مُغَنِّين
quartz *n.* كُوارْتِز (مَعْدِن بَلّورِيّ)

queen *n.* مَلِكة
queer *adj.* غَريب . شاذّ
quench *v.* يَرْوِى (العَطَش)
quest *n.* سَعْى . بَحْث
question *n.* سُؤال
question mark *n.* عَلامة اسْتِفْهام
queue *n.* طابور . صَفّ
queue *v.* يَصْطَفّ : يَقِف فى طابور
quick *adj.* سَريع
quickly *adv.* بِسُرْعة
quicksand *n.* رِمال مُتَحَرِّكة
quid *n.* جُنَيْه اِسْتِرْلينِيّ
quiet *adj.* ساكِت . هادِئ
quill *n.* ريشة تُسْتَخْدَم فى الكِتابة
quilt *n.* لِحاف

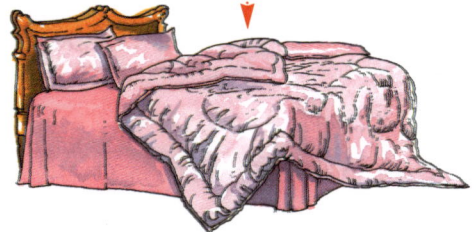

quit *v.* **١- يَكُفّ عن . يَتَوَقَّف عن**

The doctor told him to quit smoking.

طَلَب منه الطَّبيب أنْ يَكُفّ عن التَّدْخين .

٢- يَنْسَحِب مِنْ . يَسْتَسْلِم

The tired runner was determined not to quit the race.

صَمَّم العَدّاء المُتْعَب على ألاّ يَنْسَحِب مِن السِّباق .

٣- يَتْرُك . يَسْتَقيل

Rose el - Yussef quit acting and started a famous magazine.

تَرَكَت روز اليوسف التَّمْثيل وأَنْشَأَت مَجَلَّةً مَشْهورةً .

Rose el Yussef (1898-1958)
Successful actress in the most famous theatre troupes of Cairo until 1925. She then left the stage and started a new career publishing a weekly magazine bearing her name. Until today, it remains one of the most widely circulated weeklies in Egypt and the Arab World. Rose el Yussef was not only a pioneer of the press and acting, but also a dynamic leader of the rising feminist movement.

quite *adv.* **١- تَماماً**

The hunting dogs were quite tired after the long chase.

تَعِبَت كلاب الصَّيْد تَماماً بَعْد المُطارَدة الطَّويلة .

٢- إلى حَدّ كَبيرٍ

Silver is quite strong, but iron is stronger.

الفضّة مَعْدن صُلْبٌ إلى حَدٍّ كبيرٍ ولكن الحَديد أكْثَر صَلابةً .

quiver *n.* **جَعْبَة السِّهام**

quiver *v.* **يَرْتَعِش . يَرْتَجِف**

quiz *n.* **اخْتِبار . امْتِحان**

quiz *v.* **يَمْتَحِن . يُوَجِّه أسْئلة**

quotation *n.* **اقْتِباس : جُمْلة أو فقْرة مُقْتَبَسة مِنْ كِتاب أو مَقالة أو خِطاب**

quote *v.* **يَقْتَبِس**

quotient *n.* **خارِج القِسْمة (فى الحِساب)**

rollercoaster

racoon

rabbit *n.* أَرْنَب

rabies *n.* مَرَض السُّعار
(يَنْتَقِل عادةً عن طَريق كَلْب مَسْعور)

raccoon *n.* راكُون : حَيَوان صَغير
يَعيش فى أَمْريكا الشَّماليّة

race *n.* جِنْس

race *n.* سِباق

race *v.* ١- يُسابِق . يَتَسابَق
٢- يُسْرِع . يَجْرِى

racism *n.* تَفْرِقة عُنْصُريّة

rack *n.* حامِل (مثلاً : شَمّاعة
مَدْخَل المَنْزِل أو شَبَكة السَّيّارة أو مَطْبَقيّة)

racket *n.* ضَجيج . دَوْشة

The football fans made a racket in the streets after the game.

أَحْدَث مُشَجِّعو كُرة القَدَم ضَجيجاً فى الشَّوارِع بَعْد المُباراة .

racket or racquet *n.* مِضْرَب
(مثلاً: مِضْرَب التِّنِس)

radar *n.* رادار

radio *n.* رادْيُو . لاسِلْكِىّ

radioactivity *n.* النَّشاط الإشْعاعِىّ

radish *n.* فُجْلة

radius *n.* نِصف قُطْر الدّائِرة

raft *n.* عَوّامة . طَوْف

rag *n.* خِرْقة

rage *n.* غَضَب شَديد

ragged *adj.* ١- رَثّ . مُهَلْهَل

The prince wore ragged clothes to disguise himself as a beggar.

ارْتَدَى الأَمير مَلابِس رَثّة لِيَتَنَكَّر فى هَيْئة شَحّاذ .

٢- مُشَرْشَر . غَيْر مُتَساوٍ (فى الطَّرَف أو الحافّة)

The edges of the old notebook became ragged with use.

أَصْبَحَت أَطْراف الكُرّاسة مُشَرْشَرة مِنْ كَثْرة الاسْتِخْدام .

raid *n.* غارة . كَبْسة

raid *v.* يُغير على . يُهاجِم

rail *n.* قَضيب (مثلاً: قُضْبان السِّكّة الحَديديّة)

railing *n.* دَرابْزين

railway or railroad *n.* السِّكّة الحَديديّة

rain *n.* مَطَر

rain *v.* تُمْطِر (السَّماء)

rain forest *n.* غابة . أَدْغال (فى المَناطِق الاِسْتِوائيّة)

rainbow *n.* قَوْس قُزَح

raincoat *n.* معْطَف واقٍ مِن المَطَر

rainy *adj.* مُمْطِر (الطَّقْس)

raise *v.* ١- يَرْفَع . يُعَلّى
٢- يُرَبِّى

On fish farms many kinds of fish are raised for food.

تُرَبَّى فى مَزارِع السَّمَك أَنْواع كَثيرة مِن الأَسْماك لِتُستَخْدَم كَغِذاءٍ .

raisin *n.* زَبيبة

rake *n.* مِدَمّة : أَداة زِراعيّة بِأَسْنان ويَد طَويلة (لِتَسْوية التُّرْبة مثلاً)

rake *v.* يَجْرُف : يُقلِّب التُّرْبة و يُسَوِّيها

rally *n.* ١- تَجَمُّع . مُظاهَرة

Egyptian women organised political rallies during the 1919 revolution.

نَظَّمَت النِّساء المِصْريّات مُظاهَرات سِياسيّة أَثْناء ثَوْرة ١٩١٩ .

> ***1919 revolution***
> *On March 9, 1919, the Egyptian people rose in protest against the British occupation and the King's government. The revolution started when the Egyptian leader, Saad Zaghloul, was exiled. His wife, Safeya Zaghloul, and other women leaders like Hoda Shaarawi, led what is considered the first women's demonstration in Egypt.*

٢- رالى: سِباق سَيّارات

rally *v.* يَتَجَمَّع

ram *n.* كَبْش . خَروف

ram *v.* يَصْدِم بِقُوّة

The pirate ship rammed the galleon and forced the crew to surrender.

صَدَمَت سَفينة القَراصِنة الغَلْيُون بِقُوّة وأَرْغَمَت طاقِمَه على الاِسْتِسْلام .

ramble *v.* يَتَجَوَّل بِدُون هَدَف مُحَدَّد

ramp *n.* مُنْحَدَر صِناعىّ . سَطْح مائِل

ran *v.* ماضى فِعْل to run

ranch *n.* مَزْرَعة كَبيرة خاصّة لِتَرْبية المَواشى أو الخَيْل

random *adj.* عَشْوائىّ

The winning number in a lottery is chosen at random.

يَتِمّ اخْتِيار الرَّقْم الفائِز فى اليانَصيب بِطَريقة عَشْوائيّة .

range *n.* ١- مَدًى . نِطاق . مَجال

A dog's range of hearing is greater than a human's.

مَدَى سَمْع الكَلْب أَبْعَد مِنْ مَدَى سَمْع الإِنْسان .

٢- سِلْسِلة (مِن الجِبال مثلاً)
٣- تَشْكيلة . مَجْموعة

A synthesizer can make a wide range of musical sounds.

تُصْدِر آلة السِّنْثسايزِر مَجْموعة كَبيرة مِن الأَصْوات المُوسيقيّة .

range *v.* يَتَراوَح

The colours in the desert sunset ranged from orange to purple.

تَتَراوَح أَلْوان الغُروب فى الصَّحْراء بَيْن الأَصْفَر والبَنَفْسَجى .

ranger *n.* حارِس الغابة أو الحَديقة العامّة

rank *n.* درَجة . رُتْبة

Admiral is the highest rank in the navy.

الفريق الأول البحرى أعْلَى رُتْبة فى الأُسْطول .

rank *v.* ١- يَشْغَل رُتْبةً أو مَكانةً

٢-يُصَنِّف . يعْتَبَر

Cairo is ranked among the world's 10 largest cities.

تُعْتَبَر القاهِرة ضِمْن أكْبَر عَشْرِ مُدُنٍ فى العالَم .

٣- يُرَتِّب . يَصِفُ

ransom *n.* فِدْية : مبلغ يُدْفَع لإطْلاق سَراح شَخْص مَخْطوف

rap *v.* يَنْقُر على . يَدُقّ

rapid *adj.* سَريع

rare *adj.* نادِر

rare *adj.* قَليل التَّسْوية (اللَّحم)

rascal *n.* ١- طِفْل عِفْريت أو شَقِيّ

٢- وَغْد

rash *adj.* طائِش . مُتَهَوِّر

Someone who is rash doesn't think before he acts.

الشَّخْص الطّائِش لا يُفكِّر قَبْلَ أنْ يَتصَرَّف .

rash *n.* طَفْح . حَساسيّة جِلْديّة

raspberry *n.* تُوت أحْمَر

rat *n.* جُرَذ : فأر كَبير

rate *n.* ١- مُعَدَّل . نِسْبة

The U.S. has the highest rate of energy consumption in the world.

الوِلايات المُتَّحِدة بها أعْلَى مُعَدَّل لاِسْتِهْلاك الطّاقة فى العالَم .

٢- سِعْر

٣- دَرَجة

Bette Davis was a first-rate actress.

كانَتْ بيتِى ديڤيز مُمَثِّلة من الدَّرَجة الأولَى .

Bette Davis (1908-1989)
American Hollywood movie star. She made more than 80 films during her career and is known for her dramatic and intense performances. She won best actress prizes twice, for her role in Dangerous (1935) and in Jezebel (1938).

rather *adv.* ١- يُفَضِّل (شيئا على شَىْءٍ)

I'd rather go to the cinema than watch TV.

أُفَضِّل الذِّهاب إلى السّينما على مُشاهَدة التِّليفزْيون .

٢- نَوْعاً ما

Most of Charles Dickens's novels are rather long.

مُعْظَم رِوايات تشارلز ديكنز طويلة نَوْعًا ما .

Charles Dickens (1812-1870)
One of the great English writers of the 19th century, Dickens shocked his readers with his vivid description of England's underclass and his criticism of social injustice. He started his career by writing for popular magazines and achieved fame with his novel, The Pickwick Papers. Other famous novels of his are Oliver Twist (1838) and David Copperfield (1849-50).

ratio *n.* نِسْبة

rattle *n.* شُخْشيخة . خُشْخيشة

rattle *v.* **يُخَشْخِش**

rattlesnake *n.* **ثُعْبان الجَرَس**

rave *v.* **١- يُخَرِّف . يَهْذِى**

The old man raved as he ran out of his burning house.

كان العَجوز يُخَرِّف وهو يَهْرُب مِنْ بَيْتِه الذى يَحْتَرِق .

٢- يَمْدَح بِحَماسٍ شَديد

Tourists who visit Luxor rave about the Valley of the Kings.

السُّيّاح الذين يَزورون مَدينة الأُقْصُر يَمْدَحون وادِى المُلوك بِحَماسٍ شَديد .

raven *n.* **غُراب القَيْظ (طائر أسْوَد)**

ravine *n.* **وادٍ ضَيِّق شَديد الانْحِدار**

raw *adj.* **١- نِىء ؛ غَيْر مَطْبوخ**

٢- خام

Petroleum is the raw material used to make plastic.

البِتْرول هو المادّة الخام التى تُسْتَخْدَم فى صِناعة البلاسْتيك .

ray *n.* **شُعاع**

razor *n.* **مُوسَى الحِلاقة . آلة الحِلاقة**

reach *v.* **١- يَمْتَدّ**

The rainbow reached across the sky.

امْتَدّ قَوْسُ قُزَحٍ عَبْرَ السَّماء .

٢- يَمُدّ (يَدَه)

The trapeze artist reached out and caught his partner's legs.

مَدَّ لاعب التَّرابيز يَدَيْه وقَبَض على قَدَمَىْ زَميله .

٣- يَصِل إلى . يَبْلُغ

Sawt el-Arab reaches listeners all over the Arab world.

تَصِل إذاعة صَوْت العَرَب إلى المُسْتَمِعين فى كُلِّ أَنْحاء العالَم العَرَبِىِّ .

> ***Sawt el-Arab***
> *Sawt el-Arab broadcasting service was established in the late fifties, following the union between Egypt and Syria. It reflected the rise of Arab nationalism and aimed at forming a cultural link between Arab countries.*

٤- يَتَّصِل بـ (التِّليفون)

react *v.* **يَسْتَجيب . يَتَفاعَل مع**

Did you know that plants react to music?

هل تَعْلَم أن النَّباتات تَسْتَجيب للموسيقَى ؟

reaction *n.* **رَدّ فِعْل**

read *v.* **يَقْرَأ**

reading *n.* **قِراءة**

ready *adj.* **مُسْتَعِدّ . جاهِز**

ready-made *adj.* **جاهِز**

real *adj.* **حَقيقِىّ . واقِعِىّ**

realistic *adj.* **واقِعِىّ**

The characters in Naguib Mahfouz's novels are very realistic.

شَخْصيّات رِوايات نَجيب مَحْفوظ واقِعِيّة جدًّا .

reality *n.* **الواقع**

realize *v.* **يُدْرِك**

When the clock struck midnight Cinderella realized she was late.

عِنْدَما دَقّتْ السّاعة مُعْلِنةً اِنْتِصاف اللّيْلِ أَدْرَكَتْ سِنْدِريلا أنها تَأَخَّرَت.

Cinderella

really *adv.* **فعلاً . فى الحقيقة**

reap *v.* **يَحْصُد . يَجْني**

The farm workers sang together as they reaped the cotton.

غَنّى الفلاّحون سَوِيًّا وهم يَجْنون القُطْن.

rear *adj.* **خَلْفِيّ**

rear *n.* **خَلْف . مؤخِّرة**

The exit door is at the rear of the museum.

يَقَع باب الخُروج فى مُؤخِّرة المَتْحَف.

rear *v.* **١- يُرَبِّي**

A shepherd rears sheep.

يُرَبِّي الرّاعِي غَنَماً.

٢- يَشِبّ

The horse reared and refused to jump over the fence.

شَبّ الحصان ورَفَض أَنْ يَقْفِز مِنْ فَوْق السّور.

rearrange *v.* **يُغيِّر التَّرتيب**

reason *n.* **سَبَب**

reasonable *adj.* **١- عاقِل**

A reasonable driver doesn't go on a trip without checking the spare tyre.

السّائق العاقِل لا يَبْدَأ رِحْلَته دون أَنْ يَفْحَص العَجَلة الاحْتِياطيّة.

٢- مَعْقول

Is it reasonable to expect a fairy story to come true?

هل من المَعْقول أَنْ تَتَوَقّع تَحَوُّل الحَدّوتة الخَياليّة إلى حَقيقة؟

rebel *n.* **مُتَمَرِّد . ثائِر**

rebel *v.* **يَتَمَرَّد . يَثور**

rebellion *n.* **تَمَرُّد . ثَوْرة**

rebound *n.* **اِرْتِداد**

rebound *v.* **يَرْتَدّ**

recall *v.* **يَتَذَكَّر . يَذْكُر**

receipt *n.* **وَصْل . إيصال**

receive *v.* **١- يَتَلَقَّى . يَحْصُلُ على**

Nelson Mandela received many letters of support while he was in prison.

تَلَقَّى نِلْسون مانْديلا خِطابات تَأْييد كَثيرة عِنْدَما كانَ في السِّجْن .

> ***Nelson Mandela (1918 -)***
> *South African black nationalist leader who was jailed for twenty-five years. With the abolishment of white minority rule and the democratic election of the Government of National Unity, Mandela became the first black president of South Africa.*

٢- يَسْتَقْبِل (زُوّاراً مثلاً)

receiver *n.* **١- سَمّاعة التِّليفون**

٢- جِهاز اسْتِقْبال (راديو)

recent *adj.* **حَديث . مِنْ قَريب**

reception *n.* **١- حَفْلة اسْتِقْبال**

٢- حُجْرة الجُلوس . صالة

recess *n.* **فَتْرة راحة (في المَدْرَسة)**

recipe *n.* **وَصْفة : طَريقة تَحْضير أكْلة**

recite *v.* **يُسَمِّع . يَتْلو (قَصيدة مثلاً)**

reckless *adj.* **١- مُتَهَوِّر . طائش**

A reckless sailor doesn't listen to the weather forecast.

البَحّار المُتَهَوِّر لايَسْتَمِع إلى النَّشْرة الجَوِّيّة .

٢- خَطِر

The man was sent to prison for reckless driving.

أُرْسِلَ الرَّجُل إلى السِّجْن بِسَبَب قِيادَته الخَطِرة لِسَيّارَته .

recognize *v.* **يَتَعَرَّف على**

I didn't recognize you in that wig!

لَمْ أَتَعَرَّفْ عليك وأَنْت تَرْتَدِي هذه البارُوكة .

recommend *v.* **١- يُوصِي بِ . يَنْصَح بِ**

Many doctors recommend acupuncture for treating back problems.

يُوصِي كَثيرٌ من الأَطِبّاء باسْتِخْدام الإِبَر الصِّينيّة لِعلاج آلام الظَّهْر.

٢- يَمْدَح . يَمْتَدِح

Divers recommend the Red Sea for its colourful fish and coral.

يَمْتَدِح الغَوّاصون البَحْر الأَحْمَر لما يَكْثُر فيه مِنْ أَلْوان السَّمَك والمَرْجان .

recommendation *n.* **تَوْصِية**

record *n.* **١- مَحْضَر . سِجِلّ**

Doctors keep a record on each of their patients.

يَحْتَفِظ الطَّبيب بِسِجِلّ لِكُلِّ مَرْضاه .

٢- رَقْم قِياسيّ

٣- أُسْطوانة مُوسيقَى

record *v.* **يُسَجِّل . يُدَوِّن**

record player *n.* **فُونُوغْراف**

recorder *n.* **١- جِهاز تَسْجيل . مُسَجِّل**

٢- مِزْمار خَشَبِيّ (آلة نَفْخ موسيقيّة)

recording *n.* **تَسْجيل (على شَريط كاسيت مثلاً)**

recover *v.* **يُشْفَى مِنْ مَرَض**

recreation *n.* **اسْتِجْمام . تَسْلِية**

Cycling in the country is recreation as well as sport.

رُكوب الدَّرّاجات في الرِّيف تَسْلِية بالإضافة إلى كَوْنه رياضةً .

rectangle *n.* **مُسْتَطيل . شَكْل مُسْتَطيل**

rectangular *adj.* **مُسْتَطيل**

recycle *v.* **يُعيد التَّصْنيع . يُعيد الاسْتِفادة**

recycling *n.* **إعادة اسْتِخْدام (النُّفايات مِثْل الوَرَق والزُّجاج بِتَحْويلِها إلى مَوادّ مُفيدة مِنْ جَديد)**

red *adj.* أَحْمَر

red *n.* اللَّوْن الأَحْمَر

Red Cross *n.* الصَّلِيب الأَحْمَر: هَيْئَة دَوْلِيَّة لِمُساعَدة ضَحايا الحُروب والكَوارِث الطَّبِيعِيَّة (مِثْل الفَيَضانات أو الزَّلازِل)

red-handed *adj.* مُتَلَبِّس (بِجَرِيمة)

The thief was caught red-handed.

قُبِض على اللِّصّ مُتَلَبِّساً بِجَرِيمَته.

redo *v.* يُعِيد عَمَل شَيْء

reduce *v.* يُقَلِّل . يُنَقِّص . يُصَغِّر

reduction *n.* تَنْقِيص . تَصْغِير . تَخْفِيض

reed *n.* بُوصة: عُشْب طَوِيل يَنْمو قُرْب نَهْر أو بُحَيْرة.

reef *n.* شِعاب مَرْجانِيَّة تَنْمو فى البَحْر قُرْب سَطْح الماء

reel *n.* بَكَرة

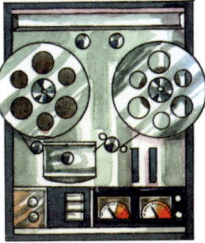

refer to *v.* ١- يُشِير إلى . يَذْكُر

The hieroglyphics in the pharoah's tomb refer to his ancestors.

الكِتابة الهِيرُوغلِيفِيّة فى مَقْبَرة المَلِك تُشِير إلى أَجْداده.

٢- يَرْجِع إلى . يَذْكُر

Refer to an atlas if you need a map of Thailand.

ارْجِعْ إلى أَطْلَس لِتَرَى خَرِيطة تايْلَنْد.

referee *n.* حَكَم (فى مُباراة رِياضِيَّة)

reference book *n.* مَرْجِع (مثلاً: مَوْسُوعة أو قاموس أو أَطْلَس)

refill *n.* عُبُوَّة جَدِيدة

refill *v.* يَمْلأ مِنْ جَدِيد

refinery *n.* مَعْمَل تَكْرِير (النَّفْط مثلاً)

reflect *v.* يَعْكِس . يَنْعَكِس

The moon shines by the light it reflects from the sun.

يَسْطَع القَمَر بِالضَّوْء الذى يَعْكِسُه مِن الشَّمْس.

reflection *n.* انْعِكاس (فى مِرآة مثلاً)

reflex *n.* رَدّ فِعْل تِلْقائِيّ

reform *v.* يُصْلِح . يُقَوِّم

refresh *v.* يُنْعِش

refreshments *n.pl.* مُرَطِّبات

Refreshments will be served after the awards ceremony.

سوف تُقَدَّم المُرَطِّبات بَعْد تَوْزِيع الجَوائِز.

refrigerator *n.* ثَلاَّجة

refugee *n.* لاجِئ

refuse *v.* يَرْفُض

regain *v.* يَسْتَرِد . يَسْتَعِيد

reggae *n.* مُوسِيقَى شَعْبِيَّة مِن جامايْكا

regiment *n.* فِرْقة عَسْكَرِيَّة (تَحْت قِيادة عَقِيد)

region *n.* مَنْطَقة . مِنْطَقة . إقْلِيم

register *n.* سِجِلّ . دَفْتَر (مثلاً: دَفْتَر الحُضور والانْصِراف)

register *v.* يُقَيِّد . يُسَجِّل رَسْمِيّاً

regret *v.* يَنْدَم على

regular *adj.* ١- عادِيّ

A microwave oven cooks food much faster than a regular oven.

فُرْن المِيكْرُووِيف أَسْرَع كَثِيراً فى طَهْو الطَّعام مِن الفُرْن العادِيّ

٢- مُنْتَظِم
A pendulum's motion is regular
حَركة البَنْدول مُنْتَظِمة

regulate *v.* يُنَظِّم . يَضْبُط
regulation *n.* قانون . لائحة
rehearsal *n.* برُوفة . تَدْريب
(مثلاً : برُوفة مَسْرَحيَّة)
rehearse *v.* يتَدَرَّب على التَّمْثيل أوالغِناء أوالرَّقْص
reign *v.* يحكُم (مَلِك أو مَلِكة)
rein *n.* عِنان . سَيْر اللِّجام
reindeer *n.* رنَّة . أيِّل الرنَّة
reject *v.* يرْفُض . يَلْفظ
relate to *v.* يتَعلَّق بِ
relation *n.* ١- علاقة . صِلة
There is a direct relation between what you eat and your health.
هُناك علاقة مُباشِرة بَيْنَ حالَتِك الصِّحِّيّة والطَّعام الذى تَتَناوَلُه .
٢- قَريب . نَسيب
relationship *n.* علاقة
relative *n.* قَريب . نَسيب
relax *v.* يَسْتَرِيح . يَسْتَرْخي
Muscles relax when they are massaged.
تَسْتَرْخي العَضَلات بالتَّدْليك .
relay race *n.* سِباق التَّناوُب
release *v.* يُطْلِق . يُفْرِج عن
reliable *adj.* يُعْتَمَد عليه
relief *n.* ١- فَرَج . ارْتِياح
٢- إغاثة (فى الطوارئ مثلاً)
relieve *v.* يُريح . يُفَرِّج
The ship's passengers were relieved when the storm ended.
انْتِهاء العاصِفة أراحَ رُكّاب السَّفينة .
religion *n.* دِين . دِيانة

religious *adj.* ١- دِينِيّ
٢- مُتَدَيِّن
relish *n.* خِيار مُخَلَّل . مُشَهِّيات
rely on *v.* يَعْتَمِد على
remain *v.* ١- يَبْقَى . يَظَلّ
٢- يَتَبَقَّى
After sugar cane is crushed for juice dry stalks remain.
بَعْدَ أنْ يُعْصَر قَصَب السُّكَّر تَتَبَقَّى عِيدانُه الجافّة .
remainder *n.* بَقيّة . باقٍ
remark *n.* تَعْليق . مُلاحَظة
remedy *n.* علاج
remember *v.* يَتَذَكَّر . يَفْتَكِر
remind *v.* يُذَكِّر . يُنَبِّه
reminder *n.* تَذْكِرة
remote *adj.* بَعيد . قاصٍ
Many Tibetans live in remote mountain villages.
كَثير مِنْ أهْل التِّيبت يَعيشون فى قُرًى بَعيدة فى الجِبال .
remote control *n.* التَّحَكُّم عن بُعْد
Scientists guide satellites by remote control.
يُوَجِّه العُلَماء الأقْمار الصِّناعيّة بِواسِطة التَّحَكُّم عن بُعْد .
remove *v.* يُزيل . يَنْزِع . يَنْقُل
Renaissance *n.* عَصْر النَّهْضة فى أوروبا
(الفَتْرة مِنْ سَنة ١٣٠٠ إلى ١٥٠٠ ميلادية)
renew *v.* يُجَدِّد
A driver must take an eye test to renew his driving license.
يَجِب على السّائِق أنْ يَقوم بِفَحْص نَظَره لِيُجَدِّد رُخْصة القِيادة .
renovate *v.* يُجَدِّد . يُرَمِّم
rent *n.* إيجار

rent v.	١- يَسْتَأْجِر
	٢- يُؤَجِّر
repair v.	يُصَلِّح
repay v.	يُسَدِّد
repeat v.	يُكَرِّر . يُعيد
replace v.	١- يَحُلُّ مَحَلَّه . يَأْخُذ مَكانَه

Stuntmen replace actors in dangerous scenes.

يَحُلُّ الدُّوبْلير مَحَلَّ المُمَثِّل فى اللَّقَطات الخَطِرة .

٢- يَسْتَبْدِل . يُعَوِّض

The paintings lost in the museum fire can never be replaced.

اللَّوْحات التى فُقِدَت فى حَريق المَتْحَف لا تُعَوَّض أَبَداً .

٣- يُعيد شَيْئاً إلى مَكانِه

replacement n.	بَدَل . بَديل
reply n.	رَدّ . إجابة
reply v.	يَرُدّ على . يُجيب
report n.	تَقْرير . بَحْث (مثلاً : بَحْث مَدْرَسِىّ)
report v.	١- يُبَلِّغ عن . يُخْبِر عن
	٢- يُقَدِّم تَقْريراً عن
reporter n.	صَحَفِىّ . مُراسِل
represent v.	يُمَثِّل

These lines on the map represent shipping routes across the sea.

تُمَثِّل هذه الخُطوط المَرْسومة على الخَريطة طُرُق إبْحار السُّفُن فى المُحيط .

٢- يَنوب عن

representative n.	نائِب . مُمَثِّل . مَنْدوب
reproduce v.	١- يَنْسَخ . يَسْتَخْرِج نُسْخة

The crown jewels were reproduced for display in the museum.

أُسْتُخْرِجَت نُسْخة مِن المُجَوْهَرات المَلَكِيّة لِعَرْضِها فى المَتْحَف .

٢- يَتَوالَد . يَتَكاثَر

Bacteria reproduce by splitting.

تَتَكاثَر البَكْتيرِيا بالانْقِسام .

reproduction n.	١- نُسْخة
	٢- تَوالُد
reptile n.	حَيَوان زاحِف (مثلاً: الثُّعْبان والتِّمْساح)
republic n.	جُمْهورِيّة
repulsive adj.	مُقْرِف . كَريه
reputation n.	سُمْعة
request n.	طَلَب . مَطْلَب
request v.	يَطْلُب
require v.	يَتَطَلَّب

Meditation requires total concentration.

يَتَطَلَّب التَّأَمُّل التَّرْكيز التّامّ .

requirement n.	مَتَطَلَّب . مُقْتَضَى

One of the requirements for singing opera is a strong voice.

الصَّوْت القَوِىّ مِن مُتَطَلَّبات الغِناء الأُوبرالِىّ .

rerun n.	إعادة (مُسَلْسَل فى التِّليفِزْيون مثلاً)
rerun v.	يُعيد عَرْض (مُسَلْسَل مثلاً)
rescue v.	يُنْقِذ . يُنَجِّى (مِن الخَطَر)
research n.	بَحْث
research v.	يَقوم بِبَحْث
resemble v.	يُشْبِه
resent v.	يَسْتاء . يَمْتَعِض
reservation n.	حَجْز
reserve v.	١- يَحْفَظ
	٢- يَحْجِز (حُجْرة فى فُنْدُق مثلاً)
reservoir n.	خَزّان مِياه
	بُحَيْرة صِناعِيّة (مثلاً: بُحَيْرة ناصِر)
residence n.	مَسْكَن
resident n.	مُقيم . ساكِن
resign v.	يَسْتَقيل (مِن وَظيفة)
resist v.	يُقاوِم

I couldn't resist a second piece of chocolate cake.

لَمْ أَسْتَطِعْ أَنْ أُقاوِم أَكْل قِطْعة ثانية مِنْ تُورْتة الشُّكولاتة .

resistance *n.* مُقاوَمة

resort *n.* مُنْتَجع ؛ مكان للإجازة

resource *n.* مَوْرِد . مَصْدَر

respect *n.* احْتِرام

respect *v.* يَحْتَرِم

respiration *n.* عَمَلِيّة التَّنَفُّس

respond *v.* ١- يَرُدّ . يُجِيب
٢- يَسْتَجِيب

A person in a coma doesn't respond to any stimulus.

لا يَسْتَجِيب الشَّخْص وهو فى غَيْبوبة إلى أىّ تَنْبيه .

response *n.* ١- رَدّ . إجابة
٢- رَدّ فِعْل . اسْتِجابة

responsibility *n.* مَسْئُولِيّة

responsible *adj.* ١- مَسْئُول

A ship's captain is responsible for the safety of his crew.

القُبْطان مَسْئُول عن سَلامة طاقَم السَّفينة .

٢- يُعْتَمَد عليه . مَوْثوق به

rest *n.* باقٍ . بَقِيّة

I ate the rest of the chocolate cake for breakfast.

أَكَلْتُ بَقِيّة تُورْتة الشُّكولاتة على الإفْطار .

rest *n.* ١- راحة
٢- اسْتِراحة
٣- مَسْنَد

A dentist's chair has a special head rest.

كُرْسِىّ طَبيب الأَسْنان له مَسْنَد خاصّ لِلرَّأْس .

rest *v.* يَرْتاح . يَسْتَرِيح

rest room *n.* دَوْرة المِياه

restaurant *n.* مَطْعَم

restless *adj.* مُضْطَرِب

restrict *v.* يُحَدِّد . يَحْصُر . يُقَيِّد

The law restricts fishing in the Red Sea to certain areas.

يُحَدِّد القانون مَناطِق مُعَيَّنة للصَّيْد فى البَحْر الأَحْمَر .

restriction *n.* تَقْيِيد . حَصْر . تحديد

result *n.* نَتِيجة

result *v.* يَنْتُج . يُؤَدِّى إلى

Many changes resulted from the French Revolution.

نَتَجَت عن الثَّوْرة الفرنسيّة تَغَيُّرات كَثِيرة .

French Revolution,
The Revolution that overthrew the corrupt monarchy and abolished the feudal system in France. The ideals of the French Revolution were expressed in the Declaration of the Rights of Man and of the citizen (1789), which asserts that "all men are born free and equal in rights." This declaration was an inspiration to later revolutionary movements.

retaliate *v.* يَنْتَقِم

Goha whipped his donkey so it retaliated by kicking him.

جَلَد جُحا حِمارَه فانْتَقَم الحِمار ورَفَسَهُ .

Please see: ***Goha****, page 29*

retarded *adj.* مُتَخَلِّف

retire *v.* يَتَقاعَد . يَعْتَزِل العَمَل

retort *v.* يَرُدّ رَدّاً سَرِيعاً وحاداً

retreat *n.* خَلْوة . مُنْتَجَع . مكان مُنْعَزِل

retreat *v.* يَنْسَحِب . يَتَقَهْقَر

retrieve *v.* يَسْتَعِيد . يَسْتَرْجِع

return *n.* — عَوْدة

return *v.* — ١- يَعُود . يَرْجِع

Marco Polo returned from China with many new ideas.

عادَ مارْكُو بُولو مِن الصِّين بِعِدّة أَفْكار جَديدة .

Please see: **Marco Polo,** *page 151*

٢- يَرُدّ . يُعيد

The police found the stolen painting and returned it to the museum.

وَجَدَت الشُّرْطة اللَّوْحة المَسروقة وأَعادَتْها إلى المَتْحَف .

reunion *n.* — الْتِقاء بَعْدَ فَتْرة انْفِصال

reveal *v.* — يُظْهِر . يَكْشِف عن

revenge *n.* — انْتِقام . ثَأْر

reverse *adj.* — مَعْكُوس . عَكْسيّ

What you see in a mirror is a reverse image.

ما تَراه فى المِرآة هو صورة مَعْكُوسة .

reverse *n.* — ١- عَكْس . ضِدّ

٢- ظَهْر . الجانِب العَكْسيّ (مثلاً: ظَهْر القُماش)

reverse *v.* — ١- يَعْكِس . يَقْلِب

The numbers 1 to 10 are reversed in a countdown.

تُعْكَس الأَرْقام مِنْ واحِد إلى عَشْرة فى العَدّ التَّنازُليّ .

٢- يَرْجِع إلى الوَراء (سيَّارة مثلاً)

review *n.* — مُراجعة

review *v.* — يُراجِع

revise *v.* — ١- يُصْلِح . يُنَقِّح

٢- يُراجِع

revolt *v.* — يَتَمَرَّد . يَثُور

revolution *n.* — ثَوْرة

revolve *v.* — يَدُور

The moon revolves around the earth.

يَدُورُ القَمَر حَوْلَ الأَرْض .

reward *n.* — مُكافَأة

reward *v.* — يُكافِئ

rhinoceros *n.* — خَرْتيت . وَحيد القَرْن

rhyme *n.* — ١- قافية . سَجْعة

٢- قَصيدة للأَطْفال

rhyme *v.* — يَتَوافَق فى القافية أو السَّجْعة

Cat rhymes with hat.

تَتَوافَق كلمة cat فى القافية مع كلمة hat

rhythm *n.* — إيقاع

rib *n.* — ضِلْع

ribbon *n.* — شَريط (مِن القُماش)

rice *n.* — أُرْز . رُزّ

rich *adj.* — غَنيّ . ثَريّ

rickety *adj.* — مُلَخْلَخ . غَيْر ثابِت

rid *v.* — يَتَخَلَّص مِنْ . يُخَلِّص

Dog catchers rid our neighbourhood of stray dogs.

صائدو الكِلاب خَلَّصوا حَيَّنا مِن الكِلاب الضّالّة .

riddle *n.* — فَزُّورة . لُغْز

ride *n.* — ١- جَوْلة

Sindbad took the princess for a ride on his flying carpet.

أَخَذَ السِّنْدباد الأَميرة فى جَوْلة على البِساط الطّائِر .

Please see **Sindbad,** *page 75*

٢- تَوْصيلة (فى سيَّارة مثلاً)

ride v.	يَرْكَب
ridge n.	حافَة مُرْتَفِعة
ridiculous adj.	سَخيف . مُضْحِك
rifle n.	بُنْدُقِيّة
rig up v.	يُجَهِّز . يُعِدّ
right adj.	١- على حَقٍّ . على صَواب

Copernicus was right when he said that the earth revolves around the sun.

كانَ كوبِرْنيكوس على حَقٍّ عِنْدَما قال إن الأرْض تَدورُ حَوْل الشَّمْس.

Copernicus (1473-1543)
Polish astronomer who studied mathematics and music at Cracow, he then became interested in calculating the position of the planets. From his calculations he realized that it was the earth that revolved around the sun and not the sun that revolved around the earth. His discovery upset the accepted belief that the earth was the centre of the universe.

٢- صَحيح . مَضْبوط

Only the right combination will open the safe.

لا تُفْتَح الخَزْنة إلا بِمَجْموعة الأرْقام الصَّحيحة.

٣- مُناسِب

The right time for bird watching is dawn.

الفَجْر هو الوَقْت المُناسِب لمُراقَبة الطُّيور.

right n.	حَقّ
right adj. ; n.	يَمين (عكْس يَسار)
right-handed adj.	أيْمَن
rigid adj.	مُتَصَلِّب . مُتَخَشِّب
rim n.	حافَة

The ball hit the rim of the basket and dropped in.

اصْطَدَمَت الكُرة بِحافّة السَّلّة ثم سَقَطَت داخِلَها.

rind n.	قِشْرة (مثلاً : قِشْرة بُرْتُقال)

ring n.	١- حَلْقة . دائرة
	٢- خاتَم . دِبْلة
ring n.	رَنين : صَوْت الجَرَس
ring v.	١- يَرِنّ
	٢- يَقْرَع (جَرَساً)
	٣- يَتَّصِل تليفونياً
ring off v.	يُنْهى مُكالَمة تليفونيّة
rink n.	حَلَقة للتّزَحْلُق على الجَليد

rinse v.	يَغْسِل بالماء . يَشْطُف
riot n.	شَغَب . صَخَب عَنيف
rip n.	مَزْق . شَقّ
rip v.	١- يَتَمَزَّق . يَنْشَقّ

The kite got caught in a tree and ripped.

تَعَلَّقَت الطّائرة الوَرَقيّة بالشَّجَرة فَتَمَزَّقَت.

٢- يُمَزِّق . يَشُقّ

The cat ripped the curtains with her claws.

مَزَّقَت القِطّة السَّتائر بمَخالِبها.

ripe adj.	مُسْتَوٍ . ناضِج (مثلاً : موزة ناضِجة)
ripple n.	مَوْجة صَغيرة
ripple v.	يَتَمَوَّج تَمَوُّجاً خَفيفاً
rise n.	١- ارْتِفاع . ازْدِياد
	٢- عَلاوة؛ زيادة فى الرّاتِب أو الماهيّة
rise v.	١- يَرْتَفِع

Let the ballon go and it will rise in the sky.

أطْلِقْ البالونة وسَوْف تَرْتَفِع فى السَّماء.

٢- يقُوم . ينْهَض
٣- تُشْرِق (الشَّمْس)

risk *n.* مُخاطَرة
risk *v.* يُخاطِر
rival *n.* مُنافِس
river *n.* نَهْر
roach *n.* صُرْصُور
road *n.* شارِع . طَريق
roam *v.* يتَجَوَّل

In the wilderness animals roam free.

تَتَجوَّل الحَيَوانات بِحُرِّيَّة فى البَرارِى .

roar *n.* زئير . زَمْجَرة
roar *v.* يزْأَر . يُزَمْجِر
roast *v.* يَشْوِى . يَطْهُو فى الفُرْن
rob *v.* يَسْرِق
robber *n.* حَرامِىّ . لِصّ
robe *n.* ١- رُوب . بُرْنُس
٢- ثَوْب طَويل
robin *n.* أبو الحِنّاء (طائِر صَدْرُه أحْمَر)
robot *n.* رُوبُوت . إنْسان آلِىّ

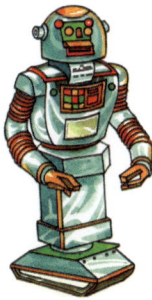

rock *n.* صَخْرة . حَجَر
rock *v.* ١- يَتَأرْجَح . يَهْتَزّ

As the cradle rocked the baby fell asleep.

بينما كان المَهْد يَهْتَزّ نام الرَّضيع .

٢- يَهُزّ

The waves rocked the boats moored by the pier.

هَزَّت الأمْواج المَراكِب المَرْبوطة عِنْد رَصيف الميناء .

rock-'n-roll *n.* موسيقَى الرُّوكْ آنْدْ رُول
rocket *n.* صاروخ
rocking chair *n.* كُرْسِىّ هَزّاز
rod *n.* قَضيب . عَصاً
rodent *n.* حَيَوان قارِض (مثلاً : الفأر والأرْنَب)
rodeo *n.* رُودْيُو : عَرْض يَتَسابَق فيه رُعاة البَقَر على رُكوب الخُيول البَرِّيَّة
role *n.* دَوْر
roll *n.* ١- لَفّة

Tape is sold in rolls

يُباع الشَّريط اللاصِق فى لَفّات

٢- قُرْص الخُبْز الإفْرَنْجِى
٣- قائِمة أسْماء (للطُّلاّب فى فَصْل مثلاً)

roll *v.* ١- يَتَدَحْرَج

Pebbles rolled down the sand dune.

تَدَحْرَج الزَّلَط إلى أسْفَل كَثِيب الرِّمال .

٢- يُدَحْرِج

The men rolled boulders into the river to make a dam.

دَحْرَج الرِّجال صُخوراً ضَخْمة فى النَّهْر لِيَصْنَعوا سَدّاً .

٣- يَلُفّ

The magician rolled the carpet without touching it.

لَفّ السّاحِر السَّجّادة دُون أنْ يَلْمِسَها .

roll call *n.* قِراءة قائِمة الأسْماء لِتَحْديد الحُضور والغِياب

roller coaster *n.* قِطار سَريع ومُرْعِب في مَدينة المَلاهي

roller-skate *n.* حذاء بِعَجَلات للتَّزَحْلُق أو الباتيناج

roller-skate *v.* يَتَزَحْلَق بِأَحْذية الباتيناج

rolling-pin *n.* شُوبَك لِتَرْقيق العَجين

romantic *adj.* رُومانْتيكيّ . رُومانْسيّ

roof *n.* ١- سَطْح (مثلاً : سَطْح البَيْت)

٢- سَقْف (مثلاً : سَقْف السَّيَّارة)

room *n.* ١- حُجْرة . غُرْفة

٢- مَكان . مُتَّسَع

There's room for two in the saddle on a camel's back.

يُوجَد مَكانٌ لِراكِبَيْن في السَّرْج الذي يُوضَع على ظَهْر الجَمَل .

room-mate *n.* رَفيق السَّكَن

rooster *n.* ديك

root *n.* ١- جِذْر

٢- أَصْل . مَصْدَر

Many folktales have their roots in ancient myths.

تُوجَد أُصول الكَثير مِن الحِكايات الشَّعْبيّة في الأَساطير القَديمة .

root for *v.* يُشَجِّع (فَريقاً رِياضياً مثلاً)

rope *n.* حَبْل

rose *n.* وَرْدة

rot *v.* يَتَعَفَّن . يَفْسُد

rotate *v.* يَدُور على مِحْوَر أو مَرْكَز

rotten *adj.* مُتَعَفِّن . فاسِد

rough *adj.* ١- خَشِن (عَكْس أَمْلَس)

Most kinds of tree bark have a rough surface.

مُعْظَم أَنْواع لِحاء الأَشْجار ذات مَلْمَس خَشِن .

٢- عَنيف . قاسٍ

Rugby is a rough sport.

الرَّجْبي رِياضة عَنيفة .

٣- عاصِف . هائِج

The overloaded ferry capsized in the rough sea.

انْقَلَبَت المُعَدِّية الزائِدة الحمولة في البَحْر العاصِف .

round *prep.* حَوْلَ

The planets move round the sun.

الكَواكِب تَدُور حَوْلَ الشَّمْس .

round *adj.* مُسْتَدير . كُرَويّ

round up *v.* يَجْمَع

roundabout *adj.* غَيْر مُباشِر . بِلَفٍّ و دَوَران

roundabout *n.* دَوَّارة الخَيْل في المَلاهي

route *n.* ١- طَريق . سِكّة

٢- خَطّ سَيْر

Mountaineers plan their route before they start to climb.

يُحَدِّد مُتَسَلِّقُو الجِبال خَطّ سَيْرِهِم قَبْل البِداية في الصُّعود .

routine *n.* رُوتين : طَريقة مُتَكَرِّرة (في العَمَل مثلاً)

row *n.* صَفّ

row *v.* يُجَذِّف بِمَجاذيف

row *n.* جِدال . مُشاجَرة

rowdy *adj.* مُشاغِب : تَصَرُّفه عَنيف وصاخِب

rowing-boat or rowboat *n.* قارِب تَجْديف

royal *adj.* مَلَكِىّ
royalty *n.* أَفْراد أُسْرة مَلَكِيّة
rub *v.* يَدْعَك
rub out *v.* يَمْحُو بِمِمْحاة
rubber *n.* ١- مَطّاط . كاوتْشُوك
٢- مِمْحاة . مَسّاحة . أَسْتيكة
rubber band *n.* شَريط أو رِباط مَطّاط . أَسْتِك
rubbish *n.* ١- قُمامة . نُفايات
٢- كَلام فارِغ
ruby *n.* ياقُوت أَحْمَر (حَجَر كَريم)
rucksack *n.* حَقيبة الظَّهْر
rudder *n.* دَفّة مَرْكَب
rude *adj.* قَليل الأَدَب . وَقِح
ruffle *n.* كَشْكَشة
rug *n.* سَجّادة . بِساط
rugby *n.* رِياضة الرَّجْبى
(نَوْع مِنْ كُرة القَدَم تُلْعَب بِكُرة بَيْضاوِيّة)
rugged *adj.* ١- وَعِر

Jeeps are made for driving on rugged roads.

صُنِعَت السَّيّارة الجيب لِتَسير على الطُّرُق الوَعْرة .

٢- قَوِىّ . قادِر على التَّحَمُّل

Bedouins have to be rugged to survive in the desert.

يَجِب أَنْ يَكُون البَدْو أَقْوِياء لِيَتَحَمَّلوا الحَياة فى الصَّحْراء .

ruin *v.* يُخَرِّب . يُفْسِد
ruins *n.pl.* أَطْلال . خَرائِب . أَنْقاض
rule *n.* قاعِدة . لائِحة
rule *v.* يَحْكُم
ruler *n.* ١- مِسْطَرة
٢- حاكِم
rumble *v.* يُدَوِّى (الرَّعْد مثلاً)
rumour *n.* إشاعة

Rumours that flying saucers had landed on earth caused panic.

تَسَبَّبَت إشاعات عن هُبوط أَطْباق طائِرة على الأَرْض فى حُدوث ذُعْر .

rumpus *n.* دَوْشة . ضَجيج
run *v.* ١- يَجْرِى . يَعْدُو
٢- يَشْتَغِل . يَدُور

Cars run on petrol.

السَّيّارات تَشْتَغِل بالبنزين .

٣- يُشَغِّل . يُدير

In the future robots will run the world!

الإِنْسان الآلِىّ سَوْف يُدير العالَم فى المُسْتَقْبَل !

run after *v.* يُطارِد . يَجْرِى وَراء
run along *v.* يَنْصَرِف
run away *v.* يَهْرُب
run into *v.* ١- يَصْطَدِم
٢- يَلْتَقِى بالصُّدْفة
run out *v.* يَنْتَهِى

Suddenly the pilot realized that the fuel was running out!

أَدْرَك الطَّيّار فَجْأةً أن الوَقود أَوْشَك على أَنْ يَنْتَهِى !

run out (of) *v.* يَنْفَد

Divers swim to the surface before they run out of air.

يَصْعَد الغَوّاصون إلى سَطْح الماء قَبْل أَنْ يَنْفَدَ الهَواء من الخَزّانات التى مَعَهُم .

run over *v.* يَدُوس . يَدْهَس

run-down *adj.* ١- مُخرَّب . مُتَهدِّم
٢- مُرْهَق . مُتْعَب

rung *n.* دَرَجة مِنْ دَرَجات السُّلَّم المُتَنَقِّل

runner-up *n.* الفائز الثّانى (فى مُسابَقة)

runt *n.* شَخْص أو حَيَوان ضَعيف وصَغير الحَجْم بالنِّسْبة لسِنِّه

runway *n.* مَمَرّ هُبُوط وإقْلاع الطّائرات

rural *adj.* ريفِىّ (عكس حَضَرِىّ)

rush *n.* عَجَلة . إسْراع

rush *v.* يَتَعَجَّل . يُسْرِع

rust *n.* صَدَأ

rustle *v.* يَحِفّ . يُحْدِث حفيفا

rut *n.* أُخْدُود . شَقّ (فى الأَرْض)

ruthless *adj.* عَديم الرَّحْمة . قاسٍ

rye *n.* جَوْدار : حَبّ يُصْنَع مِنْه نَوْعٌ مِن الدَّقيق

saxophone
snail

sack *n.* ١- كِيس
٢- شُوال . جُوال

sack *v.* يَفْصِل (مِن العمَل)

sacred *adj.* مُقَدَّس

sacrifice *n.* تَضْحية

sacrifice *v.* يُضَحِّى

sad *adj.* ١ - حَزِين
٢ - مُحْزِن

The story of Romeo and Juliet has a sad ending.

نِهاية قِصّة رُومْيُو وجُولْيِيت مُحْزِنة .

> ***Romeo and Juliet***
> *One of Shakespeare's first tragedies, it is a beautiful love story, where Romeo and Juliet, who are the son and daughter of two warring families, meet and fall in love. They get married but, soon after, through a series of miscommunications, they end up dying.*

saddle *n.* سَرْج : مَقْعَد يُوضَع على ظَهْر الحيَوان لرُكوبِه

safari *n.* رِحلة لصَيْد الحيَوانات البرِّيّة أو مُشاهَدَتِها وتُقام عادةً فى إفْرِيقْيا

safe *adj.* مأْمُون . سالِم

Somehow animals know which wild plants are safe to eat.

تَعْرِف الحَيَوانات بطَرِيقة ما ما هِىَ النَّباتات البَرِّيّة التى مِنْ المَأْمُون أَكْلُها .

safe *n.* خِزانة (لحِفْظ النُّقود أو المُجَوْهَرات مثلاً)

safety *n.* سَلامة . أمان

safety-belt *n.* حِزام الأمان (فى طائِرة أو سيّارة مثلاً)

safety-pin *n.* دَبّوس مِشْبَك . دَبّوس إنْجِليزِىّ

sag *v.* يَتَدَلَّى

The tree branch sagged with the weight of the heavy fruit.

تَدَلَّى فَرْع الشَّجَرة تَحْت حِمْل الثِّمار الثَّقيلة .

said *v.* ماضِى فِعْل to say

sail *n.* شِراع . قِلْع

sail *v.* يُبْحِر

sailing-boat or sailboat *n.* مَرْكَب شراعِىّ

sailor *n.* بَحّار . مَلاّح

saint *n.* قدّيس أو قدّيسة

sake *n.* مِنْ أَجْل . لأجْل . لِخاطر

Robin Hood didn't steal for his own sake.

لَمْ يَسْرِق رُوبين هُود مِنْ أَجْل نَفْسه .

Please see: **Robin Hood, page 88**

salad *n.* سَلَطة . سَلاطة

salad-dressing *n.* صَلْصة للسَّلَطة

salary *n.* مُرَتَّب . ماهِيّة

sale *n.* ١ - بَيْع

٢ - أُوكازيُون : بَيْع بأسْعار مُخَفَّضة

salesman or saleswoman *n.* مَنْدوب أو مَنْدوبة مَبيعات

saliva *n.* لُعاب . رِيق

salt *n.* مِلْح

salty *adj.* مالِح

salute *v.* يُحَيِّى : يُؤَدِّى التَّحيّة العَسْكَرِيّة

same *adj.* نَفْس . نَفْسه

Goha bought the same donkey twice.

اشْتَرَى جُحا نَفْسَ الحِمار مَرَّتَيْن .

Please see: **Goha, page 29**

sample *n.* عَيِّنة . نَمُوذَج

Geologists collect rock samples by drilling deep into the earth.

يَجْمَع عُلَماء الجيولوجيا عَيِّنات مِن الصُّخور بالحَفْر عَميقاً تَحْت الأَرْض .

sand *n.* رَمْل

sandal *n.* صَنْدَل (نوع من الأَحْذية)

sand box *n.* صُنْدوق مَلىء بالرَّمْل يَلْعَب فيه الأَطْفال

sandpaper *n.* وَرَق صَنْفَرة

sandwich *n.* سَنْدَوِيتْش

sanitary *adj.* ١ - نَظيف

The equipment in a hospital operating room must be sanitary.

يَجِب أَنْ تَكُون المُعَدّات الطِّبِّيّة فى حُجْرة العَمَلِيّات نَظيفة .

٢ - صِحِّىّ

Sanitary conditions in the refugee camp were bad because of overcrowding.

كانَتْ الحالة الصِّحِّيّة فى مُخَيَّم اللاّجِئين سَيِّئة بِسَبَب ازْدِحام المَكان .

Santa Claus *n.* بابا نُويل

sarcastic *adj* مُتَهَكِّم . تَهَكُّمِى

sari *n.* السّارِى (زِىّ للمَرْأة الهِنْدِيّة)

sash *n.* شَريط مِن القُماش يُلْبَس كَحِزام أو وِشاح

sassy *adj.* وَقِح . سَليط اللِّسان

sat *v.* to sit ماضى فعل

Satan *n.* إبْليس . الشَّيْطان

satchel *n.* حَقيبة للكُتُب

satellite *n.* ١ - قَمَر صِناعِىّ

٢ - كَوْكَب تابِع (يَدُور حَوْل كَوْكَب آخَر)

The moon is the earth's natural satellite.

القَمَر هو الكَوْكَب الطَّبيعِىّ التّابِع للأَرْض .

satin *n.* ساتان (نَوْعٌ مِن القُماش)

satisfactory *adj.* مُرْضٍ . مَقْبُول

satisfy *v.* يُرْضِي

Saturday *n.* يَوْم السَّبْت

Saturn *n.* كَوْكَب زُحَل

sauce *n.* صَلْصة

saucepan *n.*, حلّة صغيرة

saucer *n.* صَحْن فِنْجان

sausage *n.* سُجُقّ

savage *adj.* مُتَوَحِّش

save *v.* ١- يُوفِّر . يدَّخِر

Travelling by high-speed trains saves a lot of time.

السَّفَر بالقطار الشَّديد السُّرْعة يُوَفِّر كثيراً مِن الوَقْت .

٢- يُنْقِذ

The dog saved its owner's life in the fire.

أَنْقَذ ذلك الكَلْب حَياة صاحبه أَثْناء الحَريق .

savings account *n.* حساب تَوْفير (فى البَنْك)

saw *n.* مِنْشار

saw *v.* يَنْشُر . يَقْطَع بمِنْشار

saw *v.* to see ماضى فعل

sawdust *n.* نُشارة (الخَشَب)

saxophone *n.* ساكْسُفُون (مِنْ آلات النَّفْخ المُوسيقيّة)

say *v.* يَقُول

saying *n.* مَثَل

As the saying goes, Birds of a feather flock together.

كَما يَقول المَثَل : « الطُّيُور على أَشْكالِها تَقَع » .

scab *n.* قِشْرة الجُرْح

scaffolding *n.* سِقالات

scale *n.* ١- مِقْياس

The Richter scale is used to measure the strength of earthquakes.

يُسْتَخْدَم مِقْياس رِيخْتَر لِقِياس قُوَّة الزَّلازِل .

> ***Richter Scale***
> *A device for measuring the magnitude of an earthquake on a scale of 0 to 9. The scale was developed by C.F. Richter in 1935 in California and is now in use all over the world.*

٢- مِقْياس الرَّسْم (لِخَريطة مثلاً)

٣- سُلَّم مُوسِيقِىّ

scale *n.* حَرْشَفَة (على جِلْد السَّمَك)

scale or scales *n.* ميزان

scalp *n.* فَرْوة الرَّأْس

scamper *v.* يَجْرى بِسُرْعة . يُهَرْوِل

scan *v.* ١- يَفْحَص

٢- يَقْرأ بِطَرِيقةٍ عابِرةٍ

scandal *n.* فَضِيحة

Scandinavia *n.* إسْكَنْدِنافْيا : دُوَل النُّرْويج والدِنْمارْك والسُّوَيْد وآيسلَنْدا

scanty *adj.* ضَئِيل

scapegoat *n.* كَبْش الفِداء

scar *n.* نَدَبة . أَثَر الجُرْح على الجِلْد

scarce *adj.* نادِر. قَلِيل الوُجُود

scarcely *adv.* **لايَكادُ . بالكادِ**

There are **scarcely** any cedar trees left in Lebanon.

لا تَكادُ تَتَبَقَّى شَجَرَةٌ مِنْ أَشْجار الأَرْزِ فى لُبْنان .

scare *v.* **يُخَوِّف . يُفْزِع**

scarecrow *n.* **خَيال المَقاتة . فَزّاعة**

scarf *n.* **إيشارْب . مَنْديل الرَّأس . لِفاع العُنُق**

scary *adj.* **مُخيف**

scat *interj.* **ابْتَعِدْ ! هِشْ !**

scatter *v.* **١- يُبَعْثِر . يَنْثُر**

Wildflowers grow where the wind **scatters** their seeds.

تَنْمو الزُّهور البَرِّيّة حَيْث تُبَعْثِر الرِّياح بُذورَها .

٢- يَتَبَعْثَر . يَتَشَتَّت

The herd of zebras **scattered** when the lion attacked.

تَشَتَّت قَطيع الحِمار الوَحْشِيّ عِنْدَما هَجَم عليه الأَسَد .

scatterbrain *n.* **شَخْص مُشَتَّت التَّفْكير**

scene *n.* **١- مَوْقِع (حَدَث)**

Tiananmen Square in Peking was the **scene** of a great massacre in 1989.

كان ميدان تيان آن مين فى بِكين مَوْقِع مَذْبَحة فَظيعة سَنة ١٩٨٩ .

Tiananmen Square Massacre

٢- مَنْظَر

The writer described desert **scenes** in her travel diaries.

وَصَفَتْ الكاتِبة المَناظِر الصَّحْراوِيّة فى مُذَكِّرات رِحْلاتِها .

٣- مَشْهَد (فى مَسْرَحِيّة أو فيلْم)

scenery *n.* **١- مَنْظَر طَبيعِيّ**

٢- ديكور المَسْرَح

scent *n.* **رائِحة**

sceptre *n.* **صَوْلَجان: عَصا المَلِك أو المَلِكة**

schedule *n.* **الجَدْوَل**

The train **schedule** is posted next to the ticket window.

الجَدْوَل الزَّمَنِيّ للقِطارات مُعَلَّق بِجانِب شُبّاك التَّذاكِر .

scheme *n.* **خُطّة . مؤامرة**

The aliens had a grand **scheme** to take over the world!

أَعَدَّت المَخْلوقات الفَضائيّة خُطّةً رَهيبة للاسْتيلاءِ على العالَم !

scholar *n.* **١- عالِم . باحِث مُتَخَصِّص**

٢- طالِب

scholarship *n.* **مِنْحة دِراسِيّة**

school *n.* **مَدْرَسة**

school *n.* **سِرْب مِن السَّمَك**

science *n.* **عِلْم (مثلاً: عِلْم الفيزْياء)**

science fiction *n.* قِصص الخَيال العِلْمِىّ

scientist *n.* عالِم أو عالِمة

scissors *n.pl.* مِقَصّ

scold *v.* يُؤَنِّب . يُوَبِّخ

scoop *n.* ١- مِغْرَفة
٢- غَرْفة

scoop *v.* يَغْرِف . يَجْرِف

The spice merchant scooped a measure of cardamon from the sack.

غَرَف العَطّار مِكْيالاً من الحَبَّهان من الجُوال .

scoot *v.* يَتَحرَّك أو يَجْرِى مُهَرْوِلاً

scooter *n.* ١- دَرّاجة الرِّجْل
٢- مُوتُوسِيكْل صغير

scope *n.* نِطاق . مَجال

Space travel has broadened the scope of scientific knowledge.

وَسَّعَت الرِّحْلات الفَضائيّة نِطاق المَعْرِفة العِلْمِيّة .

score *n.* ١- عَدَد النُّقَط فى لُعْبة أو مُباراة
٢- مَجْمُوع (فى امْتِحان)
٣- نُوتة (مَقْطوعة مُوسيقِيّة)

score *v.* يُحْرِز نُقْطةً أو يُسَجِّل هَدَفاً فى لُعْبة أو مُباراة

scorn *n.* احْتِقار . اسْتِهْزاء

scorn *v.* يَحْتَقِر

scorpion *n.* عَقْرَب

scoundrel *n.* وَغْد

scout *n.* ١- رائد . مُسْتَكْشِف
٢- كَشّاف أو كَشّافة: عُضْوٌ فى الكَشّافة

scowl *v.* يُكَشِّر . يَتَجهَّم وَجْهُه

scram *v.* يَنْطَلِق أو يُغادِر مُسْرِعاً

scramble *v.* ١- يَخْلِط بِغَيْر تَرْتيب . يَمْزُج
٢- يَزْحَف أو يَتَسلَّق بِسُرْعة

The crabs scrambled over the rocks to escape the incoming tide.

زَحَفَت الكابُورْيا بِسُرْعة على الصُّخُور لِتَهْرُب مِنْ مَدّ البَحْر .

scrap *n.* قِطْعة صَغيرة . قُصاصة

scrapbook *n.* أَلْبُوم أو كَشْكُول تُلْصَق فيه صُوَر وقُصاصات جَرائِد أو مَجَلاّت

scrape *v.* يَكْحَت

scratch *n.* خَدْش . خَرْبَشة

scratch *v.* ١- يُخَرْبِش . يَخْدِش
٢- يَحُكّ

scrawny *adj.* نَحيل . هَزِيل

scream *n.* صَرْخة . صَيْحة

scream *v.* يَصْرُخ

screen *n.* ١- حاجِز . سِتار
٢- شاشة عَرْض (فى سينما مثلاً)
٣- سِلْك يُوضَع على الشُّبّاك لِمَنْع دُخول الحَشَرات

screw *n.* مِسْمار لَوْلَبِىّ

screw *v.* يَبْرُم . يَلْوِى

screwdriver *n.* مِفَكّ

scribble *v.* يُشَخْبِط

script *n.* ١- خَطّ (الكِتابة)
٢- نَصّ مَسْرَحِيّة أو فِيلْم

scroll *n.* لَفّة مِنْ مَخْطُوط وَرَقِىّ

scrub *v.* يَدْعَك لِلتَّنْظيف

scuba diving *n.* رِياضة الغَوْص: سِباحة تَحْتَ الماء باسْتِخْدام جِهاز التَّنَفُّس

sculptor *n.* نَحّات . مَثّال

sculpture *n.* ١- تِمْثال
٢- فَنّ النَّحْت

scum *n.* رَغْوة قَذِرة تَطْفُو على سَطْح الماء

sea *n.* بَحْر

seafood *n.* الأَسْماك والمَحار التى تُؤْكَل

seagull *n.* نَوْرَس

seahorse *n.* فَرَس البَحْر

seal *n.* عِجْل البَحْر

seal *n.* خَتْم

seal *v.* يُغْلِق تَماماً

seam *n.* خَطّ خِياطة

search *n.* بَحْث . تَفْتيش

search *v.* يَبْحَث عن . يُفَتِّش عن

searchlight *n.* ضَوْء كَشّاف

seashell *n.* صَدَفة . مَحارة

seashore *n.* شاطِئ أو ساحِل البَحْر

seaside *n.* شاطِئ البَحْر

season *n.* ١- مَوْسِم
٢- فَصْل (مثلاً: فَصْل الرَّبيع)

seasoning *n.* تَوابِل

seat *n.* مَقْعَد

seat-belt *n.* حِزام الأمان (فى طائرة أو سيّارة مثلاً)

seaweed *n.* عُشْب البَحْر

second *adj.* ثانٍ

second *n.* ثانية (الدَّقيقة = ٦٠ ثانية)

second-hand *adj.* مُسْتَعْمَل

secondary *adj.* ثانَوِيّ

secret *adj.* سِرِّيّ

secret *n.* سِرّ

secretary *n.* سِكْرِتير أو سِكْرِتيرة

section *n.* جُزْء . قِسْم

secure *adj.* ١- آمِن . مَأْمون
٢- ثابِت

security *n.* أمان . أَمْن

see *v.* يَرَى . يُشاهِد

see about *v.* ١- يَسْتَعْلِم عن
٢- يَعْتَنى بـ

see to *v.* ١- يَعْتَنى بـ

The theatre manager sees to all the preparations for opening night.

يَعْتَني مُدير المَسْرَح بشَتَّى التَّجْهيزات الخاصّة بيَوْم الافْتتاح.

٢- يَعْتَني بِ

The doctor saw to all his patients before leaving the hospital.

اعْتَنى الطَّبيب بكُلّ مَرْضاه قَبْل أنْ يُغادر المُسْتَشْفى.

seed *n.* بَذْرة . حَبّة

seek *v.* ١ - يَبْحَث عن
٢ - يَلْتَمِس . يَنْشُد

seem *v.* يَبْدو

seesaw *n.* أُرْجوحة

segment *n.* ١- قِسْم . جُزْء
٢- فَصّ (مثلاً: فَصّ بُرْتُقالة)

seize *v.* ١- يَسْتَوْلي على

Mohammed Ali seized the Egyptian throne in 1805.

اِسْتَوْلى مُحَمَّد عَليّ على عَرْش مِصر سَنة ١٨٠٥.

Please see: ***Mohammad Ali, page 26***

٢- يَقْبِض على . يُمْسِك

seldom *adv.* نادِراً

select *v.* يَخْتار . يَنْتَقي

selection *n.* ١- اِخْتِيار

Selection of the highest quality diamonds takes a trained eye.

يَحتاج اخْتيار أفْضَل أنْواع الماس إلى عَيْنٍ مُدَرَّبة.

٢- تَشْكيلة

The cookery book has a selection of the chef's favourite recipes.

يَحْتَوي كتاب الطَّهْي على تَشْكيلة مِنْ وَصَفات الطّاهي المُفَضَّلة.

self *n.* نَفْس . ذات

self-centred *adj.* أناني

self-confidence *n.* ثِقة بالنَّفْس

self-defence *n.* الدِّفاع عن النَّفْس

self-respect *n.* احْتِرام النَّفْس

self-service *adj.* بِنظام الخِدْمة الذّاتيّة
(مثلاً: سوبَرْمارْكِت بِنظام الخِدْمة الذّاتيّة)

selfish *adj.* أناني

sell *v.* يَبيع

semester *n.* نِصْف السَّنة الدِّراسيّة

semi-final *n.* مُباراة قَبْل نِهائيّة

senator *n.* عُضْو مَجْلِس الشُّيوخ

send *v.* يُرْسِل . يَبْعَث

send away *v.* يُبْعِد . يَطْرُد

send for *v.* ١- يَطْلُب
٢- يَسْتَدْعي

The sultan sent for his favourite singer to entertain his guests.

اسْتَدْعَى السُّلْطان مُغَنّيَه المُفَضَّل لتَسْلية ضُيوفه.

senile *adj.* خَرِف (بِسَبَب الشَّيْخوخة)

senior *adj.* أكْبَر سِنّاً أو مَرْكَزاً

sense *n.* ١- حاسّة (مثلاً: حاسّة الشَّمّ)
٢- عَقْل . إدْراك

sense *v.* يُحِسّ

Cats put out their claws when they sense danger.

تُخْرِج القِطّة مَخالِبَها عِنْدَما تُحِسّ بالخَطَر.

sensible *adj.* ١- عاقِل
٢- مَعْقول

sensitive *adj.* حَسّاس . سَريع التَّأثُّر

sent *v.* ماضي فعل to send

sentence *n.* ١- جُمْلة
٢- حُكْم (قَضائي)

sentry *n.* جُنْدي حِراسة

separate *adj.* ١- مُنْفَصِل

▸ The captain has separate quarters on the ship's upper deck.

القُبْطان له سَكَنٌ مُنْفَصِلٌ على سَطْح السَّفينة العُلْوىّ.

٢- مُسْتَقِلّ . مُنْفَرِد

Each mummy is displayed in a separate glass case.

تُعْرَض كلّ مُومياء فى صُنْدوقٍ مُسْتَقِلٍّ مَصْنوعٍ من الزُّجاج.

separate *v.* ١- يَفْصِل

When the dogs started fighting their owners had to separate them.

بَدَأ الكَلْبان الشِّجار فاضْطُرّ صاحِباهُما إلى أنْ يَفْصِلا بَيْنَهُما.

٢- يَنْفَصِل . يَفْتَرِق

Even if you stir oil and water together, they always separate

مَهْما خَلَطْتَ الزَّيْت بالماء فَهُما يَنْفَصِلان دائماً.

September *n.* سِبْتَمْبِر : الشَّهْر التّاسِع مِن السَّنة الميلاديّة

sequence *n.* تَتابُع

sequin *n.* تِرْتِر

serf *n.* قِنّ: الفَلاّح فى النِّظام الإقْطاعىّ

sergeant *n.* رَقيب (فى الجَيْش أوالشُّرْطة)

serial *n.* مُسَلْسَل : رِواية تُقَدَّم فى حَلَقات (فى مَجَلّة أو فى التِّليفِزْيُون)

series *n.pl.* ١- سِلْسِلة ٢- مُسَلْسَل

serious *adj.* ١- جادّ ٢- خَطير (مثلاً: حادِث خَطير)

sermon *n.* خُطْبة دينيّة

serpent *n.* حَيّة . ثُعْبان

servant *n.* خادِم أو خادِمة

serve *v.* ١- يَخْدِم (الزَّبائِن فى دُكّان مثلاً) ٢- يُقَدِّم (الشّاى مثلاً)

service *n.* خِدْمة

session *n.* جَلْسة

The prime minister opens the first session of parliament every year.

يَفْتَتِح رَئيس الوُزَراء جَلْسة البَرْلَمان الأُولَى كُلّ سَنة.

set *v.* ١- يَضَع ٢- يُحَدِّد . يُخَصِّص (مَوْعِداً مثلاً) ٣- تَغْرُب (الشَّمْس)

set back *v.* يُؤَخِّر . يُعَطِّل

set out *v.* ١- يَضَع ٢- يَعْرِض ٣- يَبْدَأ (رِحْلة مثلاً)

set up *v.* ١- يُؤَسِّس . يُقيم

Henry Ford set up his automobile company in 1903.

أَسَّس هنرى فورد شَرِكَته للسَّيّارات سَنة ١٩٠٣.

> *Henry Ford (1863-1947)*
> *American automobile manufacturer who set up the Ford Motor Company in 1903. In 1912 Ford introduced the assembly line system where a line of workers and machines is used to make the final product in separate consecutive steps.*

٢- يَنْصِب . يُشَيِّد

settle *v.* ١- يُسَوِّى . يُنْهِى ٢- يَسْتَقِرّ

Many Europeans settled in South Africa.

اسْتَقَرّ كَثير مِن الأُوروبيِّين فى جَنوب إفْريقْيا.

٣- يَتَرَسَّب

The tea leaves settled at the bottom of the pot.

تَرَسَّب الشّاى فى قاع الإبْريق.

settle down *v.* ١- يَهْدأ
٢- يَسْتَقِرّ
seven *adj.; n.* سَبْعة . سَبْع
seventeen *adj.; n.* سَبْعة عَشَرَ . سَبْع عَشْرَة
seventy *adj.; n.* سَبْعون
several *adj.; pron.* عِدّة . عَدَد مِنْ
severe *adj.* شَديد . صارِم
sew *v.* يُخَيِّط
sewer *n.* مَجارِي تَصْريف
sewing machine *n.* ماكينة الخِياطة
shabby *adj.* بالٍ . رَثّ
shack *n.* كُوخ . بَيْت صَغير وخَرِب

shade *n.* ظِلّ . فَيْء
The temperature in the shade is lower than in the sun.
دَرَجة الحَرارة فى الظِّلّ أَقَلّ مِنْها فى الشَّمْس.
shadow *n.* ظِلّ . خَيال
The palm tree casts a long shadow in the afternoon sun.
تُسْقط النَّخْلة ظِلاًّ طويلاً على الأَرْض فى ضَوْء الشَّمْس بَعْد الظُّهْر.
shaggy *adj.* طَويل وغَيْر مُسْتَوٍ أو مُرَتَّبٍ (الشَّعْر)
shake *v.* ١- يَهُزّ . يَرُجّ
٢- يَرْتَعِش . يَرْتَجِف
shake hands *v.* يُصافِح
shake up *v.* يَرُجّ . يَهُزّ
shall *v.* ١ - سَوْفَ . سَـ
(فِعْل مُساعِد يَدُلّ على المُسْتَقْبَل)
٢ - هَلْ
shallow *adj.* ضَحْل . غَيْر عَميق
shambles *n.* حُطام . فَوْضَى
shame *n.* ١- عَيْب
٢- عار
shampoo *n.* شامْبُو: صابُون سائِل لِغَسيل الشَّعْر
shamrock *n.* نَبْتة تُشْبِه البِرْسِيم
shape *n.* ١- شَكْل
٢- حالة
shape *v.* يُشَكِّل
shape up *v.* ١- يَتَصَرَّف بِطَريقة مُناسِبة
٢- يَتَطَوَّر بِشَكْل مُناسِب
share *v.* ١- يُشارِك . يَتَشارَك
٢- يَقْتَسِم
shark *n.* سَمَك القِرْش
sharp *adj.* ١- حادّ (مثلاً: سِكّينة حادّة)
٢- ذَكِيّ . نَبيه
sharpen *v.* ١- يَسُنّ (سِكّينة مثلاً)
٢- يَبْرِي (قَلَم رَصاص مثلاً)
shatter *v.* يُحَطِّم . يُهَشِّم
shave *v.* يَحْلِق (بِالمُوسَى)
shawl *n.* شال
shears *n.* مِقَصّ كَبير (لِجَزّ صُوف الخَروف مثلاً)
shed *n.* كُوخ صَغير
shed *v.* يُسْقِط (القِطّ شَعْرَه مثلاً)
sheep *n.* خَروف . غَنَم
sheepish *adj.* مَكْسوف . مُحْرَج
sheet *n.* ١- مِلاءة (لِلسَّرير)
٢- لَوْح (مثلاً: لَوْح زُجاج)
٣- فَرْخ وَرَق
shelf *n.* رَفّ

205

shell *n.* ١- صَدَفَة

٢- قِشْرَة (مثلاً: قِشْرَة البَيْض أو اللَّوْز)

shelter *n.* مأْوَى . مَلْجأ

shelter *v.* يَحْمِى . يَسْتُر

shepherd *n.* راعِى الغَنَم

sheriff *n.* مأْمُور

shield *n.* دِرْع

shield *v.* يَحْمِى

shift *n.* وَرْدِيّة . مُناوَبة

shift *v.* ١- يَتَحرَّك

٢- يُحرِّك . يَنْقُل

shilling *n.* شِلِن : عُمْلة مَعْدَنِيّة إنْجِليزِيّة

shin *n.* قَصَبة السّاق

shine *v.* ١- يَلْمَع . يَتألَّق

The moon shines by the light it reflects from the sun.

يَلْمَع القَمَر بِالضَّوْء الذى يَعْكِسُه مِن الشَّمْس.

٢ - يُلَمِّع

The soldier has to shine his shoes every morning.

يَجب أنْ يُلَمِّع الجُنْدِىّ حِذاءَه كُلّ صَباحٍ.

shingle *n.* لَوْح خَشَبِىّ لِلتَّسْقِيف

ship *n.* سَفِينة

ship *v.* يَشْحَن (فى طائِرة أو سَفِينة أو لُورى)

shipshape *adj.* مُرَتَّب على أكْمَل وَجْه

shipwreck *n.* حُطام سَفِينة

shirt *n.* قَمِيص

shiver *v.* يَرْتَعِش . يَرْتَجِف

shock *n.* صَدْمة

shock *v.* ١- يَصْدِم

٢- يَتَكَهْرَب . يُصاب بِصَدْمة كَهْرَبائِيّة

shocking *adj.* مُخْجِل . فَظِيع

shoe *n.* حِذاء

shoelace or shoestring *n.* رِباط الحِذاء

shoo *interj.* هُشّ ! ابْتَعِدْ !

shoot *v.* ١- يُطْلِق النّار

٢- يَدْفَع أو يَرْمِى نَحْوَ هَدَف

shooting star *n.* شِهاب . نَيْزَك

shop *n.* دُكّان . مَحَلّ تِجارِىّ

shop *v.* يَتَسوَّق

shop assistant *n.* الشَّخْص المَسْئُول عن الخِدْمة فى مَحَلّ تِجارِىّ

shopkeeper *n.* صاحِب أو صاحِبة مَحَلّ تِجارِىّ

shopping *n.* تَسوُّق . شِراء

shopping center *n.* مَرْكَز تِجارِىّ كَبِير . شُوبِنْج سِنْتَر

shore *n.* شاطِئ . ساحِل

short *adj.* قَصِير (عَكْس طَوِيل)

short cut *n.* طَرِيق مُخْتَصَر

shortage *n.* نَقْص

The drought caused a severe food shortage.

تَسَبَّب الجَفاف فى نَقْص حادٍّ فى المَواد الغِذائِيّة.

shortbread *n.* كَعك مُعَدّ بِزُبْد كَثِير ويُشْبِه الغُرَيِّبة

shorten *v.* يُقَصِّر

shorts *n.pl.* شُورْت

shot *n.* ١- طَلْقة . عِيار نارِىّ

٢- ضَرْبة . رَمْية

٣- حُقْنة

should *v.* ١- يَجِب أنْ . يَنْبَغى أنْ
٢- يُتَوقّع . مِنَ المُتَوَقّع

The antiques should bring a high price at the auction.

مِنَ المُتَوَقّع أن تُحَقّق هذه التُّحَف سِعْراً مُرْتَفِعاً فى المزاد .

٣- يُسْتَحْسَن أنْ . مِنَ الأفْضَل

shoulder *n.* كَتِف

shout *n.* صَيْحة . صَرْخة

shout *v.* يَصيح . يَصْرُخ

shove *v.* يَدْفَع بِقوّة

shovel *n.* مِجْرَفة

show *n.* ١- عَرْض . اِسْتِعْراض
٢- بَرْنامَج تِليفِزْيونىّ

show *v.* ١- يَظْهَر
٢- يَعْرِض . يُبَيِّن . يُوَضِّح

Picasso's painting, Guernica, shows the horrors of war.

تُبَيِّن لَوْحة بيكاسُّو « جِرْنيكا » فَظائِع الحَرْب .

Pablo Picasso (1881-1973)
Spanish artist, sculptor and potter. Picasso was widely regarded as the most inventive visual artist of the 20th century. From 1900, Picasso lived mainly in Paris, where with fellow painter Georges Braque, he founded the artistic movement known as cubism. One of his major works, Guernica is a horrific depiction of the destruction of the Basque capital during the Spanish civil war.

show off *v.* يَتَباهَى أو يَتَفاخَر
لِيَجْذِب انْتِباه الآخَرين

show-off *n.* شَخْص مُتَفاخِر أو مُتَباهٍ

show up *v.* ١- يَظْهَر
٢- يَصِل . يَحْضُر

The prince was bored at the ball until Cinderella showed up

كان الأَمير يَشْعُر بالمَلَل فى الحَفْلة الرّاقِصة حتى وَصَلَتْ سِنْدِريلاّ .

*Please see: **Cinderella**, page 185*

shower *n.* ١- دُشّ
٢- رَخّة مَطَر

shred *v.* يُمَزِّق . يُقَطِّع تَقْطيعاً

shrewd *adj.* ماكِر . داهية

shriek *n.* صَرْخة عالية

shriek *v.* يَصْرُخ

shrimp *n.* ١- جَمْبَرى
٢- شَخْص قَصير أو صَغير الحَجْم

shrink *v.* يَنْكَمِش . يَتَقَلَّص

shrivel up *v.* يَنْكَمِش ويَتَكَرْمَش

shrub *n.* شُجَيْرة

shrug *v.* يَهُزّ كَتِفَيْه لإظْهار
اللامُبالاة أو الجَهْل بالأمْر

shudder *v.* يَقْشَعِر . يَرْتَعِد

shuffle *v.* ١- يُجَرْجِر قَدَمَيْه و هو يَمْشى
٢- يَخْلِط وَرَق الكُوتْشينة

shut *adj.* مُغْلَق

shut *v.* ١- يَنْغَلِق
٢- يُغْلِق . يُقْفِل

shut down *v.* ١- يُوقِف العَمَل
٢- يُغْلِق . يُقْفِل

shut off *v.* يَفْصِل . يُوقِف . يُقْفِل

shut up *v.* ١- يُغْلِق
٢- يَسْكُت . يَصْمُت

shutter *n.* شيش : دَرْفة الشُّبّاك الخَشَبيّة

shy *adj.* خَجُول

sick *adj.* ١- مَريض
٢- زَهْقان . مُصاب بِسَأَم

side *n.* ١- جَنْب . جانِب

We can see only one side of the moon.

لا نَرى إلاّ جانِباً واحِداً مِن القَمَر .

٢- جِهة . ناحية

sideline *n.* خَطّ يُبَيِّن حُدود المَلْعَب

sidewalk *n.* رَصيف

sideways *adv.* جانِبيًا . بالعَرْض

Crabs walk sideways

تَمْشي الكابُورْيا بالعَرْض .

siesta *n.* تَعْسيلة: فَتْرة نَوْم أَثْناء النَّهار

sieve *n.* مُنْخُل . غِرْبال . مِصْفاة

sift *v.* يَنْخُل . يُغَرْبِل . يُصَفّي

sigh *v.* يَتَنَهَّد

sight *n.* ١- حاسّة البَصَر . النَّظَر

٢- مَنْظَر . مَشْهَد

sight-seeing *n.* مُشاهَدة مَعالِم سِياحِيّة

sign *n.* ١- لافِتة . يافِطة

٢- إشارة . عَلامة

sign *v.* يُمْضي . يُوَقِّع

sign up *v.* يُسَجِّل اِسْمَه

signal *n.* إشارة

signal *v.* يُبَلِّغ رِسالة بالإشارات

signature *n.* إمْضاء . تَوْقيع

silence *n.* صَمْت . سُكُوت

silent *adj.* صامِت . ساكِت

silhouette *n.* سِيلُويت . صورة ظِلِّيّة

silk *n.* حَرير

silky *adj.* ناعِم

sill *n.* حافّة الشُّبّاك

silly *adj.* سَخيف . عَبيط

silo *n.* صَوْمَعة : خَزّان كَبير للحُبوب

silver *adj.* فِضّيّ

silver *n.* ١- فِضّة

٢- اللَّوْن الفِضّيّ

silverware *n.* فِضِّيّات:

الشُّوَك و السَّكاكين والمَلاعِق

similar *adj.* شَبيه . مُماثِل

Mules are similar to donkeys but they're bigger and stronger.

البِغال شَبيهة بالحَمير لَكِنّها أَضْخَم وأَقْوى .

simple *adj.* ١- سَهْل

٢- بَسيط

A talented ballerina makes difficult movements look simple.

راقِصة الباليه المَوْهُوبة تَجْعَل الحَرَكات الصَّعْبة تَبْدُو بَسيطة .

sin *n.* إثْم . خَطيئة

since *prep.* مُنْذُ

since *conj.* ١- مُنْذ أنْ

٢- بِما أنَّ . لأَنَّ

sincere *adj.* مُخْلِص . صادِق

sing *v.* يُغَنّي

singer *n.* مُغَنٍّ أو مُغَنِّية

single *adj.* ١- فَريد . وَحيد
٢- أَعْزَب أو عازِبة

singular *n.* مُفْرَد (في قَواعِدِ النَّحْو)

sink *n.* حَوْض

sink *v.* ١- يَغْرَق

The Titanic sank after it hit an iceberg.

غَرِقَتْ سَفينة التَيْتانِك بَعْدَ أَنْ اصْطَدَمَتْ بِجَبَلٍ ثَلْجِيٍّ .

Please see: ***Titanic****, page 67*

٢ - يُغْرِق

sip *n.* شَفْطة . رَشْفة

sip *v.* يَرْشُف

sir *n.* ١- سَيِّد (لَقَب للرَّجُل)
٢- حَضْرَتُكَ (لَقَب احْتِرام لِرَجُل)

siren *n.* صَفّارة إِنْذار أو تَنْبيه (على سَيّارة الإِسْعاف مَثلاً)

sissy *n.* شَخْص جَبان وضَعيف

sister *n.* أُخْت . شَقيقة

sit *v.* يَجْلِس . يَقْعُد

sit about or sit around *v.* يَتَكاسَل . يَتَلَكَّأ

site *n.* مَوْقِع . مَكان

situation *n.* حالة . وَضْع

six *adj.; n.* سِتّة . سِتّ

sixteen *adj.; n.* سِتّةَ عَشَرَ . سِتّ عَشْرة

sixty *adj.; n.* سِتّون

size *n.* ١- حَجْم (مَثلاً: حَجْم الكَوْكَب)
٢- مَقاس (مَثلاً: مَقاس الحِذاء)

sizzle *v.* يَطِشّ : يُحْدِث صَوْتَ أَزيزٍ مِثْل صَوْت اللَّحْم عِنْدَ قَلْيِه

skate *n.* حِذاء الباتيناج . حِذاء التَزَحْلُق على الجَليد

skate *v.* يَتَزَحْلَق

skateboard *n.* لَوْح التَّزَحْلُق

skeleton *n.* هَيْكَل عَظْمِيّ

sketch *n.* رَسْم تَخْطيطِيّ

sketch *v.* يَرْسُم رَسْماً تَخْطيطياً

ski *n.* أَحَد لَوْحَيْنِ طَويلَيْنِ للانْزِلاق على الثَّلْج أو على الماء

ski *v.* يَنْزَلِق على الثَّلْج أو على الماء

skid *v.* يَنْزَلِق أَثْناءَ السَّيْر (سَيّارة أو دَرّاجة مَثلاً)

skiing *n.* رِياضة الانْزِلاق على الثَّلْج.

skill *n.* مَهارة

skillet *n.* طاسة . مِقْلاة

skin *n.* ١- جِلْد . بَشْرة
٢- قِشْرة

skindiving *n.* رِياضة الغَوْص : سِباحة تَحْتَ الماء باسْتِخْدام جِهاز التَّنَفُّس

skinny *adj.* نَحيف . هَزيل

skip *v.* ١- يَقْفِز . يَنُطّ
٢- يَتَخَطّى . يَتَجاهَل

skip over *v.* يَتَخَطّى . يَتَجاهَل

skipping-rope *n.* حَبْل النَّطّ

skirt *n.* جُونِلّة . تَنُّورة

skit *n.* إسْكِتْش . مَسْرَحِيّة قصيرة

skull *n.* جُمْجُمة

skunk *n.* ظَرِبان : حَيَوان مَعْروف بِرائِحَتِه الكريهة

sky *n.* سَماء

skydiving *n.* رِياضة القَفْز بِالمِظَلّات

skyscraper *n.* ناطحة سَحاب (عمارة عالية جداً)

slacks *n.pl.* بَنْطَلون

slam *v.* ١- يُغْلِق بعُنْف
٢- يَصْفِق . يَخْبِط بِقُوّة

slang *n.* لُغة الحَديث وهى تَعْتَمِد على كَلِمات وتَعْبيرات دارِجة

slant *v.* يَميل

The sides of the Great Pyramid slant at a 51 degree angle.

تَميل جَوانِب الهَرَم الأكْبَر بِزاوية قَدْرُها ٥١ درجة.

Please see: ***Cheops Pyramid, page 106***

slap *n.* صَفْعة

slap *v.* يَصْفَع : يَضْرِب بِكَفّ اليَد

slash *v.* يُقَطِّع . يَشُقّ

slate *n.* لَوح الإرْدواز (لِلكِتابة فى المَدْرَسة)

slaughter *v.* يَذْبَح

slave *n.* عَبْد . جارِية

slavery *n.* عُبودِيّة . رِقّ

sledge or sled *n.* زُحْلوقة (للانْزِلاق على الثَّلْج)

sleep *n.* نَوْم

sleep *v.* يَنام

sleepy *adj.* نَعْسان

sleeve *n.* كُمّ

sleigh *n.* عَرَبة كبيرة للانْزِلاق على الثَّلْج

slender *adj.* رَفيع . رَشيق

slice *n.* شَريحة رَفيعة (مثلاً: شَريحة جُبْن)

slice *v.* يُقَطِّع إلى شَرائح

slick *adj.* أمْلَس . زَلِق

slide *n.* زُحْلوقة أطْفال

slide *v.* ١ - يَتَزَحْلَق . يَنْزَلِق
٢ - يُزَحْلِق

slight *adj.* ١ - ضَئيل . طَفيف
٢ - نَحيف

slim *adj.* رَفيع

slimy *adj.* لَزِج و زَلِق

sling *n.* حَمّالة

sling *v.* يَقْذِف

slingshot *n.* مِقْلاع : أداة لِقَذْف حَجَر

slip *n.* ١- غَلْطة . هَفْوة
٢- ورَقة صغيرة
٣- كومْبينيزُون : قَميص داخلِيّ للنِّساء

slip *v.* ١- يتَزَحلَق . ينزلِق
٢- يُفْلت

slip up *v.* يزِلّ . يُخْطِئ

slipper *n.* شِبْشِب

slippery *adj.* أملَس . زَلِق

slit *n.* شَقّ طُولِيّ . فَتْحة بِالطُّول

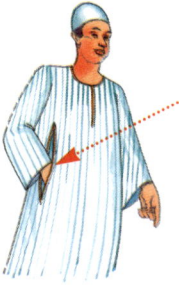

slit *v.* يُحْدث شَقّاً (بسكّينة مثلاً)

slob *n.* شَخْص غيْر مُرَتَّب أو غيْر مُهَنْدَم

slobber *v.* يُريِّل

slogan *n.* شعار: عِبارة للدِّعاية سَهْلة التَّرْديد

slope *n.* مُنْحَدَر

slope *v.* يَنْحَدِر

sloppy *adj.* مُهمِل . غيْر مُرَتَّب أو غيْر مُهَنْدَم

slot *n.* فَتْحة ضَيِّقة

slouch *v.* يَقِف أو يَجلِس مُسْتَرْخِيَ الجِسْم

slow *adj.* بَطِيء

slow down *v.* ١- يُبْطِئ
٢- يُبَطِّئ

slow motion *n.* تَصْوير بَطِيء

slowpoke *n.* شَخْص بَطِيء فى تَصَرُّفاته

slug *n.* بزّاقة (حيَوانٌ من الرَّخْويّات)

slug *v.* يلْكُم . يضْرِب بِقَبْضة اليَد

slum *n.* حَيّ سَكَنِيّ فَقير مُزْدحِم

slump *v.* يَسْتَرْخِي . يَهْبِط

sly *adj.* ماكِر

smack *v.* ١- يَضْرِب . يَصْفَع
٢- يُحْدث صَوْتاً بشَفَتَيْه وهو يأكُل

small *adj.* صَغير . قَليل . ضَئيل

smallpox *n.* مَرَض الجُدَرِيّ

smart *adj.* ١- أنيق
٢- ذَكِيّ . شاطِر

smart aleck *n.* شَخْص وَقِح ومُتَباهٍ

smash *v.* ١- يَصْطَدِم
٢- يُحَطِّم . يُهَشِّم

smear *v.* يَدْهُن . يَفْرِش مادّة على سَطْح

smell *n.* رائحة

smell *v.* ١- تَفُوح مِنْه رائحة (كَذا)
٢- يَشُمّ

smelly *adj.* رائحتُه نَفّاذة وكريهة

smile *n.* ابْتِسامة

smile *v.* يَبْتَسِم

smithereens *n.pl.* شَظايا . أشْتات

smoke *n.* دُخان

smoke *v.* يُدَخِّن

smooth *adj.* ١- ناعِم . مُنْبَسِط
Sanding makes wood smooth.
تَجعَل الصَّنْفَرة الخَشَب ناعِماً.
٢- سَلِس

smother *v.* يَخْنُق . يَكْتُم أنْفاسَه

smuggle *v.* يُهَرِّب

snack *n.* وَجْبة خَفيفة تُؤكَل بيْن الوَجَبات الأساسيّة

snail *n.* قَوْقَعة . حلَزونة (حيَوان من الرَّخْويّات)

211

snake *n.* ثُعْبان . حيّة

snake-charmer *n.* حاوِى الثَّعابين . رِفاعِى

snap *v.* ١- يَنْقَطِع فجْأة . يَنْقَصِف
٢- يُفَرْقِع . يَطِقّ

snap *n.* كَبْسُول (لِلْمَلابِس مثلاً)

snapshot *n.* صُورة فُوتُوغْرافيّة

snarl *v.* يُزَمْجِر

snatch *v.* يَنْتَش . يَخْتَطِف

sneak *v.* يَتسلَّل . يَسير مُتَخَفّيًا

sneaker *n.* حذاء رِياضِىّ

sneer *v.* يَسْتَهْزِئ . يَسْخَر

sneeze *v.* يَعْطِس

sniff *v.* يُشَمْشِم . يَتَشَمَّم

snip *v.* يَقُصّ (بالمقص)

snob *n.* شَخْص مُتَعالٍ

snobbish *adj.* مُتَعالٍ

snoop *v.* يَتَجَسَّس . يَسْتَطْلِع

snooze *v.* يَنام . يَغْفُو

snore *v.* يُشَخِّر أثْناء النَّوْم

snorkel *n.* أُنْبُوب التَّنَفُّس؛
يَسْتَخْدِمُه السَّبّاح للتَّنَفُّس تَحْتَ الماء

snort *v.* يَنْخِر . يُشَخِّر

snow *n.* ثَلْج (يَسْقُط مِن السَّماء)

snow *v.* تُثْلِج (السَّماء)

snowball *n.* كُرة ثَلْج

snowflake *n.* نُدْفة ثَلْج

snowman *n.* كَوْمة ثَلْج تَتَشَكَّل على هَيْئة إنْسان

so *conj.* فَ . وهكذا . ولذلك

so *adv.* ١- جِداً

Why is it so cold at the North Pole?

لماذا يكون الطَّقْس بارِداً جِدًّا فى القُطْب الشَّمالِىّ؟

٢- كَذَلِك . أيْضاً

so that *adv.* حَتَّى . لِكَىْ

so-and-so *n.* فُلان

so-so *adj.* بَيْنَ بَيْنَ

soak *v.* يَنْقَع

soap *n.* صابون

soap opera *n.* مُسَلْسَل تِلِيفِزْيونِىّ

soar *v.* يُحلِّق

sob *v.* يَبْكِى بِتَنَهُّدات

soccer *n.* رياضة كُرة القَدَم

social *adj.* اجْتِماعِىّ

socialism *n.* الاشْتِراكِيّة

society *n.* ١- مُجْتَمَع

In Apache society, children belong to their mother's clan.

فى مُجْتَمَع هُنود الأَباتشى يَنْتَمِى الأَطْفال إلى قَبيلة أُمِّهِمْ.

> ***Apache***
> *Native North American people from the continent's Southwest. They relied primarily on hunting and cultivating . By 1688, they had become guerillas fighting against the Spanish settlers. In 1981, their population was estimated at about 21,000, most of whom lived on reservations.*

٢- جَمْعِيّة

sock *n.* جَوْرَب قصير . شَراب

sock *v.* يَلْكُم

soda or soda pop *n.* ١ - مياه غازيّة
٢ - كازُوزة

sofa *n.* كَنَبَة

soft *adj.* ١- طَرِىّ . لَيِّن

The Moroccan prince wore slippers of soft red leather.

ارْتَدَى الأَمير المَغْرِبِىّ حِذاءً مِن الجِلد الأَحْمَر الطَّرِىّ .

٢- ناعم

٣- مُنْخَفِض الصَّوْت

software *n.* بَرامِج الكُومْبِيوتَر التَّطْبِيقِيَّة

soil *n.* تُرْبَة . أَرْض

sold *v.* ماضى فعل to sell

soldier *n.* جُنْدِىّ . عَسْكَرِىّ

sole *n.* ١- باطِن القَدَم

٢- نَعْل الحِذاء

solicitor *n.* مُحام

solid *adj.* ١- صُلْب . غَيْر سائِل أو غازِىّ

Ice is water in a solid state.

الثَّلْج هو الماء فى الحالة الصُّلْبة

٢- مُصْمَت (عَكْس مُجَوَّف)

٣- مَتِين . قَوِىّ

The bridge has a solid foundation of concrete and steel under water.

الجِسْر لَهُ أَساس مَتين من الحَديد والأَسْمَنْت تَحْتَ الماء .

solid *n.* صُلْب : مادّة غَيْر سائِلة أو غازِيّة

solitary *adj.* وَحِيد . مُنْفَرِد

solo *n.* قِطْعَة موسِيقَى يُؤَدِّيها مُغَنٍّ أو عازِف واحِد

solution *n.* ١- حَلّ

٢- مَحْلُول

solve *v.* يَحُلّ (مَسْأَلَة أو مُشْكِلة)

some *adj.; pron.* بَعْض

Some people are superstitious.

بَعْض النّاس يُؤْمِنون بالخُرافات .

somebody or someone *pron.* شَخْص

"Someone has been sitting in my chair", said Baby Bear.

قال الدُّبّ الصَّغير : « جَلَس شَخْصٌ ما على مَقْعَدِى . »

Please see: ***Goldilocks****, page 113*

somehow *adv.* بِشَكْل أو بِآخَر

somersault *n.* شَقْلَبَة (فى الهَواء)

something *pron.* شَىْء

sometimes *adv.* أَحْياناً

somewhere *adv.* فى مَكانٍ ما

son *n.* ابْن

song *n.* أُغْنِية

soon *adv.* قَرِيباً

sophisticated *adj.* رَفِيع المُسْتَوَى

soprano *n.* سُوبْرانُو : مُغَنِّية صَوْتُها مِنْ أَعْلَى طَبَقات الصَّوْت النِّسائِىّ

sorcerer *n.* ساحِر

sore *adj.* مُتَأَلِّم . مُتَوَجِّع

sore *n.* جُرْح بَسِيط على الجِلْد

sorrow *n.* حُزْن

sorry *adj.* ١- آسِف . مُتَأَسِّف

٢- نادِم

sort *n.* نَوْع . صِنْف

sort *v.* يَفْرِز . يُصَنِّف

sort out *v.* ١- يَفْرِز

٢- يَحُلّ أو يُصَفِّى مَسْأَلة

S.O.S. *n.* إِشارة اسْتِنْجاد بِشَفْرة مُورْس تُرْسِلُها السُّفُن أو الطّائِرات

soul *n.* رُوح . نَفْس

sound *n.* صَوْت

sound *v.* يَبْدُو أَنّ

soundproof *adj.* مَعْزول عن الصَّوْت

soup *n.* حَساء . شُورْبَة

sour *adj.* حامض (مثل طعم اللَّيْمون)
source *n.* مَصْدَر . أصْل
south *adj.* جَنُوبِىّ
south *n.* الجَنوب
South America *n.* أمْريكا الجَنوبيّة
South Pole *n.* القُطْب الجَنوبِىّ
southern *adj.* جَنُوبِىّ
souvenir *n.* تِذْكار
sow *v.* يَزْرَع . يَنْثُر (البَذْر)
space *n.* ١- مَكان

There's no space on the shelf for the champ's new trophy.

لَمْ يَعُدْ هُناك مَكان على الرَّفّ للكأس الجَديد الذى حَصَلَتْ عليه البَطَلَة .

٢- فَراغ
٣- الفَضاء

spaceship *n.* سَفينة الفَضاء
spade *n.* مِجْرَفة صَغيرة
spade *n.* البَسْتُونى (فى الكُوتْشينة)
spaghetti *n.* اسْباجتِّى : شَرائط مَكَرُونة رَفيعة وطَويلة
span *n.* امْتِداد . اتِّساع
spank *v.* يَضْرِب طِفْلاً على مُؤَخِّرَته
spanking *n.* عَلْقة
spanner *n.* مِفْتاح إنْجليزِىّ
spare *adj.* ١- زائِد عن الحاجة . فائض
٢- فارِغ . مِن الفَراغ (مثلاً: وَقْت فَراغ)
٣- احْتِياطِىّ (مثلاً: عَجَلة احْتِياطِيّة)
spare *v.* يَسْتَغْنى عن

Can you spare some books to give to the orphanage?

هل تَسْتَطيع أنْ تَسْتَغْنِى عن بَعْض الكُتُب لِتُرْسِلها إلى مَلْجأ الأيْتام؟

spark *n.* شَرارة

sparkle *v.* يَتَلأْلأ . يَبْرُق
sparrow *n.* عُصْفُور
spatula *n.* مِبْسَط (أداة مَطْبَخ)
speak *v.* يَتَكَلَّم . يَتَحَدَّث
speak up *v.* ١- يَرْفَع صَوْتَه
٢- يَتَحَدَّث بِجَراءة
speaker *n.* ١- مُتَكَلِّم . مُتَحَدِّث
٢- مُحاضِر . خَطيب
٣- سَمّاعة
spear *n.* رُمْح
special *adj.* ١ - خاص . مَخْصُوص

The calligrapher writes with a special pen cut from reed.

يَكْتُب الخَطّاط بِقَلَمٍ مَخْصُوصٍ مَصْنُوع مِن البَسْط .

٢- فَريد ومُتَمَيِّز

Billie Holiday was famous for her special style of singing sad songs.

كانَت بيلى هوليداى مَعْروفة بأُسْلوبها المُتَمَيِّز فى غِناء الأغانِى الحَزينة .

> ***Billie Holiday (1915-1959)***
> *American jazz and blues singer, known as Lady Day. She was discovered in Harlem in New York City and made her first recording in 1933. Extremely talented, she sang with famous bands and was a great figure in American jazz.*

specialty *n.* تَخَصُّص
species *n.* نَوْع . جِنْس

There are hundreds of species of birds in the Amazon rain forest.

هُناك مِئاتٌ مِنْ أنْواع الطُّيور فى أدْغال الأمازُون .

specific *adj.* مُعَيَّن . خاص
specimen *n.* عَيِّنة

speck *n.* ١- نُقْطة
٢- ذرّة . حبّة
speckled *adj.* مُنَقَّط
spectacle *n.* فُرْجة . عرْض كبير
spectacles *n.pl.* نَظّارة
spectacular *adj.* عَظيم . رائع
spectator *n.* مُتَفَرِّج
spectrum *n.* طَيْف الضَّوْء
speech *n.* ١- كَلام

Can animals understand human speech?

هل تَسْتَطيع الحَيَوانات فَهْم كَلام الإنْسان؟

٢- خِطاب . خُطْبة
speed *n.* سُرْعة
speed *v.* يُسْرِع
speed up *v.* ١- تَزْداد سُرْعَتُه
٢ - يَزيد سُرْعَتَه
spell *n.* كَلام سِحْر . تَعْويذة
spell *v.* يَتَهَجّى كلِمة
spelling *n.* تَهْجِئة
spend *v.* ١- يَصْرِف . يُنْفِق (النُّقود)
٢- يُمْضي (الوَقْت)
sphere *n.* شَكْل كُرَوِيّ
spice *n.* بَهار . تابِل
spick and span *adj.* نَظيف للغاية
spicy *adj.* ١- مُتَبَّل بكَثْرة
٢- حامي الطَّعْم
spider *n.* عَنْكَبوت

spike *n.* سِنّ مُدَبَّبة . شَوْكة
spill *v.* ١- يَنْسَكِب
٢- يَسْكُب . يَكُبّ
spin *v.* ١- يَدُور بِسُرْعة
٢- يُدَوِّر . يَلُفّ

Can you spin the ball on the tip of your finger?

هل يُمْكِن أنْ تَلُفّ الكُرة على طَرَف إصْبَعِك ؟

٣- يَغْزِل
spinach *n.* سَبانِخ
spine *n.* العَمود الفَقْرِيّ
spinning-wheel *n.* مِغْزَل
spiral *n.* شَكْل حَلَزُونِيّ

spirit *n.* ١- رُوح
٢- شَبَح
٣- حَماس . نَشاط وحَيَوِيّة

The cheering crowd showed a lot of spirit at the game.

أَظْهَر الجُمْهور الكثير مِن الحَماس بِالهُتاف أَثْناء المُباراة .

spit *n.* لُعاب . بُصاق
spit *v.* يَتْفُل . يَبْصُق
splash *n.* طَرْطَشة
splash *v.* يُطَرْطِش
splinter *n.* شَظِيّة : قِطْعة خَشَب حادّة وصَغيرة جِدًّا
split *v.* ١- يَنْفَصِل . يَنْشَقّ

The dam split and the water rushed out.

اِنْشَقّ الخَزّان واندَفَعَت المِياه مِن خَلْفِه .

٢- يفْصِل . يُمزِّق

٣- يقْسِم

spoil *v.* ١- يتعفَّن . يفْسُد

٢- يُفْسِد

٣- يُدلِّل (طفلاً)

spoilt *adj.* ١- فاسِد . تالِف

٢- مُدلَّل (مثلاً: طفل مُدلَّل)

spoke *n.* برْمَق . شُعاع العَجلَة

spoke *v.* ماضى فعل to speak

sponge *n.* ١- إسْفَنْجة للتَّنْظيف

٢- إسْفَنْج (حيَوان مائِىّ)

sponsor *v.* يتَكفَّل . يرْعَى

spooky *adj.* غامِض ومُخيف

spool *n.* بكَرة

spoon *n.* ملْعَقة

sport *n.* رياضة

spot *n.* ١- بُقْعة

٢- نُقْطة

Dalmatians have black **spots**.

الكَلْب الدَّلْماشيّ على جسْمه نُقَطٌ سوْداء.

٣- بَثْرة . حبّة (على الجلْد)

٤- مكان مُعيَّنٌ

spot *v.* يُميِّز بنَظره . يُلاحِظ . يكْتَشِف

spotlight *n.* ضَوْء كشّاف
(يُسلَّط على المُمثِّلين فى المَسرَح مثلاً)

spout *n.* ١- بلْبُل أو بزْبُوز (الإبْريق)

٢- صُنْبُور

sprain *v.* يلْوِى (المفْصِل مثلاً)

spray *v.* يبُخّ . يرُشّ

spread *v.* ١- ينْتَشِر . يمْتَدّ

٢- يفْرِد . ينْشُر . يمُدّ

The eagle **spread** its wings and flew away.

فَرَد النِّسْر جَناحَيْه ثُمّ طار.

٣- يفْرِش . يبْسُط

spread out *v.* ١- يتَمدَّد . يمْتَدّ . ينْتَشِر

The dancers formed a small circle and then **spread out** on stage.

كوَّن الرّاقِصُون دائِرة ضَيِّقة ثُمّ انْتَشَروا على خَشَبة المَسْرَح.

٢- يمُدّ . ينْشُر

٣- يفْرِش . يبْسُط

spring *n.* ١- ربيع . فَصْل الرَّبيع

٢- عيْن . نبْع

٣- زُنْبُرك . سُوسْتة

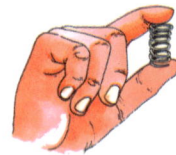

spring *v.* يقْفِز . ينُطّ

sprinkle *v.* يرُشّ

sprint *v.* يجْرِى مَسافة قصيرة بسُرْعة

sprout *n.* نَبْتة

sprout *v.* يبْدأ فى النُّموّ . يُبَرْعِم

spur *n.* مِهْماز

spurt *v.* يتَدفَّق . ينْبَثِق

spy *n.* جاسوس

spy *v.* يتَجسَّس

squabble *n.* شِجار . تَشاحُن

squabble *v.* يتَشاجَر . يتَشاحَن

squad *n.* فِرْقة

After the flood, squads of volunteers helped to clear the roads.

بَعْد الفَيْضان قامَتْ فِرَق مِن المُتطَوِّعين بإزالة الأَنْقاض مِن الطُّرُق .

square *adj.* مُربَّع

square *n.* ١- مُربَّع . شَكْل مُربَّع

٢- مَيْدان

square root *n.* جِذْر تَرْبيعِيّ

squash *n.* قَرْع

squash *n.* رِياضة الإسْكُواش

squash *v.* يَهْرُس

squat *adj.* قَصير وثَخين

squat *v.* يُقَرْفِص

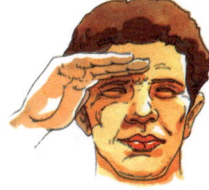

squaw *n.* امْرأة مِن الهُنُود الحُمْر

squawk *v.* يُوَقْوِق . يُصَوِّت

(يُوَقْوِق البَبْغاء أو الدَّجاج مثلاً)

squeak *n.* صَرير

squeak *v.* يَصِرّ

The rubber toy squeaks when the baby squeezes it.

تَصِرّ اللُّعْبة المَطّاطيّة عِنْدَما يَضْغَط الطِّفْل عليها .

squeal *n.* صَرْخَة حادّة

squeal *v.* ١- يَصْرُخ بصَوْتٍ حادٍّ

٢- يَفْتِن على

squeeze *v.* ١- يَضْغَط . يُضَيِّق على

٢- يَعْصِر

squint *v.* يُضَيِّق عَيْنَيْه

(بِسَبَب تَعَرُّضِهما لِضَوْء الشَّمْس مثلاً)

squirm *v.* يَتَلَوَّى

squirrel *n.* سِنْجاب

(حَيَوان صغير لَدَيْه ذَيْل فَرْوِيّ طَويل)

squirt *v.* يَبُخّ

stab *v.* يَطْعَن (بِسِكّينٍ مثلاً)

stable *adj.* ثابِت

stable *n.* إسْطَبْل الخَيْل

stack *n.* كَوْمة مُنْتَظِمة

stack *v.* يَرُصّ . يُكَوِّم بِطَريقةٍ مُنَظَّمة

stadium *n.* إسْتاد

staff *n.* ١- عَصا

٢- خَمْسَة سُطُور مُتَوازية لِكِتابة نُوتة المُوسيقَى

٣- مَجْموعة مُوَظَّفين يَشْتَغِلون مَعاً

stage *n.* ١- مَرْحَلة
٢- خَشَبة المَسْرَح

stagecoach *n.* عَرَبة رُكّاب بِغِطاء تَجُرُّها خُيُول

stagger *v.* يَتَرنَّح . يَمْشى مُتَعَثِّراً

stain *n.* بُقْعة

stain *v.* يُبقِّع

stained glass *n.* زُجاج مُعشَّق

stairs *n. pl.* سُلَّم . سَلالِم

stake *n.* وَتَد

stale *adj.* بائت . غَيْر طازَج

stalk *n.* ساق . عُود (النَّبات)

stalk *v.* يُطارِد

The tiger stalked its prey and then pounced.

طارَد النَّمر فَريسَتَه ثُمّ انْقضّ عليها .

stall *n.* ١- مَكان لِحِصانٍ واحِدٍ فى إسْطَبْل
٢- كُشْك فى سُوق
٣- مَقْعَد فى صالة المَسْرَح أو السِّينما

stall *v.* ١- يَتَوقَّف (المُوتُور)
٢- يَتَلَكَّأ . يَتَأَخَّر

stallion *n.* فَحل . ذَكَر الخَيْل

stammer *v.* يَتَلَعْثَم (فى الكلام)

stamp *n.* ١- طابِع بَرِيد . دَمْغة
٢- خَتْم

stamp *v.* ١- يَخْتِم . يَدْمَغ
٢ - يَدُوس . يَخْبِط على الأَرْض بِقَدَمِه

stamp out *v.* يُخْمِد . يُبْطِل

stand *n.* ١- حامِل . مَسْنَد
٢- كُشْك

stand *v.* ١- يَقِف
٢- يَتَحَمَّل . يُطيق

Polar bears have thick fur and can stand very cold weather.

الدُّبّ القُطْبىّ له فَرْو سَميك ولذلك يُمْكِنُه أَنْ يَتَحَمَّل الطَّقْس الشَّديد البُرُودة .

stand for *v.* ١- يُمَثِّل . يَرْمُز إلى

The letters A.R.E. stand for Arab Republic of Egypt.

أَحْرُف ج م ع تَرْمُز إلى جُمْهوريّة مِصْر العَرَبيّة .

٢- يَتَحَمَّل . يَقْبَل . يَسْمَح

The officer won't stand for laziness during drills.

لا يَقْبَل الضّابط التَّكاسُل أَثْناء التَّدْريب .

stand out *v.* يَبْرُز . يَتَمَيَّز

Professional basketball players stand out because they're so tall.

يَبْرُز لاعبو كُرة السَّلّة المُحْتَرِفون بِفَضْل طُولِهِمْ .

stand up *v.* يَقِف . يَقُوم واقِفاً

stand up for *v.* يُدافِع عن . يَنْتَصِر لِ

standard *adj.* عادِىّ . غَيْر خاصّ

standard *n.* ١- مِعْيار . مِقْياس
٢- مُسْتَوَى

stands *n.pl.* مَقاعِد على مُدَرَّج (فى إسْتاد مثلاً)

stanza *n.* مَقْطَع مِنْ قَصِيدة أو أُغْنية يَتَكَوَّن مِنْ سَطْرَيْن أو أَكْثَر

staple *v.* يُدَبِّس

stapler *n.* دَبّاسة

star *n.* نَجْم . نَجْمة

starch *n.* نَشاء . نَشاً

stare *v.* يُحَدِّق . يُحَمْلِق

starfish *n.* نَجْم البَحْر

start *n.* بِداية

start *v.* ١- يَبْتَدِئ . يَبْدأ بِـ
٢- يَبْدأ
٣- يُشَغِّل . يُدير (مُوتُوراً مثلاً)

startle *v.* يُفاجِئ . يُباغِت

starve *v.* ١- يَجُوع . يَمُوت جُوعاً
٢ - يُجَوِّع

state *n.* ١- حالة

The old deserted house is in a state of ruin.

البَيْت القَديم المَهْجور فى حالة خَرابٍ .

٢ - دَوْلة
٣ - وِلاية

The state of Punjab is divided between India and Pakistan.

وِلاية البُنْجاب مُقَسَّمة بَيْن الهِنْد والباكِسْتان .

> *Punjab*
> *An area in northwestern India and northeastern Pakistan below the Himalayas. Its weather is hot and dry and produces grain surpluses with irrigation. Following the partition of the Indian Union into India and Pakistan, the Punjab was divided between both countries.*

state *v.* يُصَرِّح . يَقول

statement *n.* تَصْريح . قَوْل

static *n.* تَشْويش (فى جِهاز الرّادْيُو مثلاً)

station *n.* ١- مَحَطّة (مثلاً: مَحَطّة قطار)
٢ - نُقْطة . مَرْكَز (مثلاً: نُقْطة شُرْطة)
٣- قَناة . مَحَطّة (مثلاً: قَناة تِليفِزْيونيّة)

stationary *adj.* ساكِن . غَيْر مُتَحَرِّك

stationery *n.* وَرَق وظُرُوف لكِتابة الخِطابات

statistics *n.pl.* إحْصائيّات . الإحْصاء

statue *n.* تِمْثال

status *n.* مَكانة . رُتْبة

stay *v.* يَبْقَى . يَظَلّ

stay up *v.* ١- يَبْقَى مُنْتَصِباً
٢- يَسْهَر

Grown-ups get to stay up when children are already in bed.

يَسْهَر الكِبار بَعْد أن يَنام الأَطْفال .

steady *adj.* ١- ثابِت . غَيْر مُهْتَزّ

A surgeon needs steady hands.

يَحْتاج الجَرّاح إلى أَيْدٍ ثابِتةٍ.

٢- مُنْتَظِم

The soldiers marched at a steady pace.

سار الجُنود بخَطْوة مُنْتَظِمة .

steak *n.* إسْتيك : شَريحة لَحْم

steal *v.* يَسْرِق . يَخْتَلِس

steam *n.* بُخار

steamboat or steamship *n.* سَفينة بُخاريّة

steamroller *n.* وابُور زَلَط

steel *n.* صُلْب . فُولاذ

steep *adj.* شَديد الانْحِدار

Inside the pyramid, a steep passageway leads up to the king's chamber.

يُوجَد داخِل الهَرَم مَمَرٌّ شَديد الانْحِدار يَصْعَد إلى حُجْرة المَلِك .

steeple *n.* بُرْج الكَنيسة العالى والمُدَبَّب

steer *v.* يُوَجِّه . يَقُود

steering wheel *n.* عَجَلَة القِيادة

stem *n.* ساق . عُود (النَّبات)

step *n.* ١- خُطْوَة
٢- دَرَجَة سُلَّم

step *v.* يَخْطو

Each woman stepped over the burning incense seven times.

خَطَتْ كُلّ سَيِّدةٍ فَوْق البَخُور المُشْتَعِل سَبْع خُطُواتٍ.

step on *v.* يَدُوس

stepfather *n.* زَوْج الأُمّ

stepmother *n.* زَوْجة الأب

stereo *n.* جِهاز اسْتِرْيُو

sterling *n.* اِسْتِرْلِينيّ (العُمْلة البريطانيّة)

stern *adj.* صارِم . جادّ

stethoscope *n.* سَمّاعة الطَّبيب

stew *n.* يَخْنِي : أَكْلة مُعَدّة من الخُضار واللَّحم المُسَبَّك

steward *n.* مُضِيف على طائِرة أو سَفِينة

stewardess *n.* مُضِيفة على طائِرة

stick *n.* عَصًا

stick *v.* ١- يَلْصَق . يَلْتَصِق
٢- يُلْصِق

stick around *v.* يَبْقَى فى مَكان . يُلازِم

stick out *v.* ١- يَنْتَأ . يَبْرُز
٢- يُبْرِز . يُخْرِج

The tortoise stuck its head out of its shell.

أَخْرَجَت السُّلَحْفاة رَأْسَها مِنْ داخِل غِطائها.

stick up for *v.* يُدافِع عن

sticker *n.* اِسْتِيكَر : بِطاقة أو صورة مُصَمَّغة

sticky *adj.* لَزِج . دَبِق

stiff *adj.* صُلْب . جامِد . ناشِف

still *adj.* هادِئ . ساكِت

still *adv.* ١- لا يَزال
٢- ومَعَ ذَلِك

stilts *n.pl.* طَوّالة : أَرْجُل خَشَبِيّة طَوِيلة (يَمْشِي بها لاعِب السِّيرك مثلاً)

stimulate *v.* يُنَبِّه . يَحُثّ . يُنَشِّط

sting *v.* يَلْدَغ (النَّحل أو العَقْرَب مثلاً)

stingy *adj.* بَخِيل

stink *v.* يُنْتِن . تَخْبُث رائِحَتُه

Some kinds of cheese stink but they taste good.

تَخْبُث رائِحة بَعْض أَنْواع الجُبْن لكن لها طَعْمًا طَيِّبًا.

stir *v.* يُقَلِّب أو يَمْزِج (بِمِلْعَقة مثلاً)

stirrup *n.* رِكاب (السَّرْج)

stitch *n.* غُرْزة

stock *n.* ساق . عُود (النَّبات)

stock *n.* بَضائِع أو سِلَع مَخْزُونة

stock exchange *n.* البُورْصة : سُوق الأَوْراق المالِيّة

stockings *n.pl.* جَوْرَب طَوِيل

stocky *adj.* قَصِير ومُمْتَلِئ الجِسْم

stolen *adj.* مَسْرُوق

stomach *n.* مَعِدة . بَطْن

stomach ache *n.*	مغَص . ألَم فى المَعِدة
stomp *v.*	يَدِبّ . يَخْطُو بعُنْف

The giant **stomped** through the village looking for Jack.

دَبّ العِمْلاق من أوّل القَرْية إلى آخِرها بَحْثاً عن جاك.

Jack and the beanstalk
A popular children's story in which Jack exchanges the family cow for five magic beans which take root and grow into a huge beanstalk. After climbing to the top of the beanstalk, Jack encounters a frightening giant.

stone *n.*	١- حجَر . صخْرة
	٢- وحْدة وزْن = ٦,٣٥ كيلوجرامات
stood *v.*	ماضى فعل to stand
stool *n.*	كُرسِىّ بِدون ذِراعَيْن أو مَسْنَد للظَّهْر

stoop *v.*	يَنْحَنِى
stop *v.*	١- يقِف . يَتَوَقَّف
	٢- يُوقِف
stoplight *n.*	إشارة المُرور
stopper *n.*	سِدادة
stopwatch *n.*	ساعة تَوْقيت (تُسْتَخْدَم فى السِّباق مثلاً)
store *n.*	مَحَلّ . دُكّان

store *v.*	يُخْزِّن
storey or story *n.*	دَوْر . طابِق (فى مَبْنىً)
stork *n.*	لَقْلَق . لَقْلاق (طائِر طَويل السّاق)
storm *n.*	عاصِفة . زَوْبَعة
story *n.*	قِصّة . حِكاية
storybook *n.*	كِتاب قصَص للأطْفال
storyteller *n.*	راوِى القصَص . قَصّاص
stout *adj.*	ثَخين وقَوِىّ
stove *n.*	١- مَوْقِد . بُوتاجاز (للطَّبْخ)
	٢- دَفّاية . مِدْفَأة
stowaway *n.*	شخْص يُسافِر خِلْسةً على سَفينة أو طائِرة هرَباً مِنْ دَفْع أجْرة السَّفَر
straggle *v.*	يَتَلَكّأ . يَتَخَلّف عن الآخرين
straight *adj.*	مُسْتَقيم . غير مُعْوَجّ (مثلاً: خطّ مُسْتَقيم)
straight *adv.*	مُباشَرة
straightaway *adv.*	فوْراً
straighten *v.*	١- يُنَظِّم . يُرَتِّب
	٢- يُقَوِّم . يُسَوِّى
straighten out *v.*	١- يُقَوِّم

He used pliers to **straighten out** the crooked wire.

استَخْدَم الزَّرَدية لِيُقَوِّم السِّلْك المُعْوَجّ.

٢- يَحِلّ مُشْكِلة . يُسَوِّى مَسْألة

The film star hired an accountant to **straighten out** his finances.

وظَّف المُمَثِّل السِّينمائِىّ مُحاسِباً لِيُسَوِّى أحْوالَه المالِيّة.

strain *n.*	إجْهاد . تَوَتُّر
strain *v.*	يُجْهِد . يَشُدّ
strait *n.*	مَضيق . بُوغاز
stranded *adj.*	مَتْروك بِلا عَوْن
strange *adj.*	غَريب . غير عادِىّ
stranger *n.*	غَريب

strangle *v.*	يَخْنُق
strap *n.*	١- شَرِيط ۔ حِزام
	٢- حَمَّالة
strategy *n.*	خُطَّة ۔ اسْتِراتيجِيَّة
straw *n.*	١- قَشّ : حَشائِش جافَّة
	٢- مَصاصة للشُّرْب
strawberry *n.*	فَراوْلة
stray *adj.*	ضالّ ۔ شارِد (مثلاً؛ كَلْب ضالّ)
stray *v.*	يَشْرُد ۔ يَضِلّ
streak *n.*	خَطّ ۔ شَرِيط
stream *n.*	١- نُهَيْر : نَهْرٌ صغير
	٢- جَدْوَل (ماء)
street *n.*	شارِع
streetlight *n.*	عَمود إنارة (لإضاءة الشّارِع)
strength *n.*	قُوَّة
stress *n.*	١- إجْهاد ۔ ضَغْط
	٢- تَشْدِيد ۔ نَبْرة (على أحَد مَقاطِع كَلِمة مثلاً)
stress *v.*	يُرَكِّز على ۔ يُؤَكِّد عَلى
stretch *v.*	١- يَتَمَدَّد ۔ يَتَمَطَّط

The old rubber bands were dry and wouldn't **stretch** without breaking.

كانَتْ أرْبِطة المَطّاط القَدِيمة ناشِفةً فلَمْ تَتَمَطَّطْ دُون أنْ تَنْقَصِف .

	٢- يَمُدّ ۔ يَمُطّ
stretcher *n.*	نَقّالة (لِحَمْل المَرِيض أو الجَرِيح)
strict *adj.*	صارِم ۔ شَدِيد
strike *n.*	إضْراب عن العَمَل
strike *v.*	١- يَضْرِب
	٢- يُضْرِب عن العَمَل
string *n.*	١- خَيْط ۔ دُوبارة
	٢- وَتَر (مثلاً ؛ أوْتار العُود)
String *v.*	يُرَكِّب وَتَراً أو خَيْطاً
strip *n.*	شَرِيط ۔ قِطْعة طَوِيلة و رَفِيعة

The mummy was wrapped with long **strips** of linen.

كانَتْ المُومِياء مَلْفوفةً بِشَرائِط طَوِيلة مِن التّيل .

stripe *n.*	خَطّ ۔ تَقْلِيم
striped *adj.*	مُخَطَّط ۔ مُقَلَّم
stroke *n.*	١- ضَرْبة
	٢- حَرَكة مُتَكَرِّرة مُتَتابِعة (فى السِّباحة مثلاً)
	٣- جَلْطة
stroke *v.*	يُداعِب
stroll *v.*	يَتَمَشّى ۔ يَتَنَزَّه
strong *adj.*	قَوِى ۔ مَتِين
structure *n.*	١- تَرْكِيب ۔ بِنْية
	٢- بِناء ۔ مَبْنى
struggle *n.*	كِفاح ۔ صِراع
struggle *v.*	يُكافِح ۔ يُصارِع
strut *v.*	يَتَبَخْتَر

The peacock spread his tail and **strutted** about the garden.

فَرَد الطّاووس ذَيْلَه وتَبَخْتَر هُنا وهُناك فى السّاحة .

stubborn *adj.*	عَنِيد
stuck *v.*	ماضى فِعل to stick
stuck-up *adj.*	مَغْرور ۔ مُتَكَبِّر
student *n.*	طالِب أو طالِبة
studio *n.*	١- مَرْسَم ۔ اسْتُودْيو فَنّان
	٢- اسْتُودْيو تَصْوِير أو إذاعة
study *v.*	يَدْرُس
stuff *n.*	أشْياء ۔ أمْتِعة

Get your **stuff** out of my room!

أخْرِجْ أشْياءَك مِنْ غُرْفَتى !

stuff *v.*	١- يَحْشُو (مِخَدّة مثلاً)
	٢- يَمْلأ تَماماً
stuffy *adj.*	خانِق ۔ سَيِّء التَّهْوِية
stumble *v.*	يَتَعَثَّر (فى المَشْى)

stump • sunburn

stump *n.* قُرْمة . أَرُومة (مثلاً: أَرُومة الشَّجَرة)

stunt *n.* ١- حرَكة خَطيرة ومُثيرة (يَقُوم بِها لاعِب السِّيرْك مثلاً)
٢- خُدْعة سينِمائيّة

stupid *adj.* غَبِىّ . عَبيط

sturdy *adj.* مَتين . قَوِىّ الاحْتِمال

stutter *v.* يُتَمْتِم . يُتَهْتِه (فى الكَلام)

style *n.* ١- أُسْلُوب

Each region of India has its own style of folk dancing.

لِكُلِّ مَنْطِقة فى الهِنْد أُسْلوب خاصّ فى الرَّقْص الشَّعْبِىّ.

٢- مُوضة

subject *n.* ١- مَوْضُوع (مثلاً: مَوْضُوع كِتاب)
٢- مادّة دِراسِيّة (مثلاً: مادّة الجُغْرافيا)
٣- المُسْنَد إليه (المُبْتَدأ أو الفاعِل أو نائب الفاعل أو اسم كان وكاد فى قَواعِد النَّحْو)

submarine *n.* غَوّاصة

substance *n.* ١- مادّة
٢- مَضْمون (عكس الشكل الظاهِرِىّ)

substitute *n.* بَديل

substitute *v.* ١ - يُبَدِّل . يَسْتَبْدِل
٢ - يحِلّ مَحَلّ

subtract *v.* يَطْرَح (فى الحِساب)

subtraction *n.* عَمَليّة الطَّرْح فى الحِساب

suburb *n.* ضاحِية (مثلاً: ضاحِية المَعادى فى مَدينة القاهِرة)

subway *n.* مِتْرو الأَنْفاق

succeed *v.* يَنْجَح

success *n.* نَجاح . تَوْفيق

successful *adj.* ناجِح

such *adj.* مِثْل

such *adv.* جِداً . بِمِثْل هذا القَدْر

suck *v.* يَمُصّ

sucker *n.* ١- مَصّاصة
٢- مُغَفَّل . شَخْص ساذِج

sudden *adj.* مُفاجِئ

suddenly *adv.* فَجْأَةً

suffer *v.* ١- يُعانِى . يُقاسِى
٢- يَشْعُر بِالأَلَم . يَتَعَذَّب

sufficient *adj.* كافٍ

suffocate *v.* ١- يَخْتَنِق
٢- يَخْنُق

sugar *n.* سُكَّر

suggest *v.* يَقْتَرِح

suggestion *n.* اقْتِراح

suit *n.* بَدْلة . طَقْم مَلابِس

suit *v.* يُناسِب . يُلائِم

Small cages don't suit big birds.

الأَقْفاص الصَّغيرة لا تُناسِب الطُّيور الكَبيرة.

suitcase *n.* حَقيبة أو شَنْطة السَّفَر

sulk *v.* يَبُوز . يُكَشِّر

sullen *adj.* مُتَجَهِّم . مُسْتاء

sulphur or sulfur *n.* الكِبْريت

sum *n.* ١- مَبْلَغ
٢- مَجْمُوع . حاصِل الجَمْع (فى الحِساب)
٣- مَسْأَلة حِسابِيّة

summary *n.* مُلَخَّص

summer *n.* صَيْف . فَصْل الصَّيْف

summit *n.* قِمّة

sun *n.* شَمْس

sunburn *n.* حَرْق الشَّمْس

sundae *n.* كُوب آيس كرِيمْ يُؤْكَل بالكريمة والشَّراب والمُكسَّرات

Sunday *n.* يَوْمُ الأحَد

sundial *n.* ساعة شَمْسِيَّة

sunflower *n.* زَهْرة عبَّاد الشَّمْس

sunglasses *n.pl.* نَظَّارة الشَّمْس

sunny *adj.* مُشْمِس

sunrise *n.* شُرُوق الشَّمْس

sunset *n.* غُروب الشَّمْس

sunshine *n.* ضَوْء الشَّمْس

suntan *n.* اِسْمِرار البَشْرة بِسَبَب التَّعَرُّض للشَّمْس

super *adj.* ١- هائل . رائع
٢- فَوْق العادِيّ

superb *adj.* رائع

superficial *adj.* سَطْحِيّ

superior *adj.* ١- مُتَفَوِّق
٢- أَحْسَن . أعْلَى

In the Ottoman government, the khedive was superior to the wali.

فى الدَّوْلة العُثْمانيّة كان مَنْصِب الخِديو أَعْلَى مِنْ مَنْصِب الوالى .

Please see: **Ottoman Empire, page 67**

superior *n.* شَخْص مَكانَتُه أعْلَى مِنْ غَيْرِه

supermarket *n.* سُوبَرْمارْكِتْ

supersonic *adj.* أَسْرَع من الصَّوْت

superstar *n.* أَشْهَر المَشاهِير

superstition *n.* خُرافة . مُعْتَقَد خُرافِيّ

supervise *v.* يُشْرِف على . يُراقِب

supper *n.* عَشاء

supply *n.* إمْداد . تَمْوين

The desert caravan set out with a large supply of water.

خَرَجَت القافلة إلى الصَّحْراء وهى تَحْمِل مَعَها إمْداداً كافيًا من الماء .

supply *v.* يُمَوِّن . يمُدّ

support *n.* ١- سَنَد
٢- تَأْيِيد . تَشْجِيع

support *v.* ١- يَسْنُد
٢- يُشَجِّع

suppose *v.* يَفْتَرِض

sure *adj.* ١- مُتَأَكِّد . واثِق
٢- مُؤَكَّد . أَكِيد

surely *adv.* بالتَّأْكِيد . مِن المُؤَكَّد

surf *n.* الأمْواج المُنْكَسِرة على الشَّاطِئ

surf *v.* يَرْكَب الأمْواج

surface *n.* ١- سَطْح

Lotus flowers floated on the surface of the pond.

طَفَتْ زُهُور اللُّوتس على سَطْح البِرْكة .

٢- مساحَة

Water covers three quarters of the earth's surface.

يُغَطِّى الماء ثَلاثة أَرْباع مَساحَة الكُرة الأرْضِيّة .

surfboard *n.* لَوْح خَشَبِيّ لرُكُوب الأمْواج

surgeon *n.* جَرّاح

surgery *n.* ١- جِراحة
٢- عِيادة طَبيب
surname *n.* اِسْم العائلة
surpass *v.* يَتَفَوّق على
surplus *n.* فائِض
surprise *n.* مُفاجأة
surprise *v.* ١- يُفاجِئ
٢- يُدْهِش
surrender *v.* يَسْتَسْلِم
surround *v.* يُحيط بِ . يُطَوِّق
surroundings *n.pl.* بيئة . المَكان المُحيط

Wild animals have to adjust to new surroundings in the zoo.

على الحَيَوانات المُفْتَرِسة أنْ تَتَكَيَّف مَعْ بيئَتِها الجَديدة في حَديقة الحَيَوان.

survey *n.* دِراسة مَيْدانيّة
survey *v.* يَفْحَص . يَقُوم بِمَسْحٍ شامِلٍ
survival *n.* البَقاء (على قَيْد الحَياة)
survive *v.* يَبْقَى على قَيْد الحَياة
suspect *n.* شَخْص مُشْتَبَه فيه
suspect *v.* يَشُكّ في . يَشْتَبِه في
suspend *v.* ١- يُعَلِّق
٢- يَفْصِل مُؤَقَّتاً (طالِباً من المَدْرَسة مثلاً)
suspenders *n.pl.* حَمّالة البَنْطَلون

suspense *n.* تَرَقُّب وإثارة
suspicious *adj.* ١- مُريب . مُثير للشَّكّ
٢- مُتَشَكِّك . مُرْتاب
swallow *n.* سُنُونُو (طائِر صَغير)
swallow *v.* يَبْلَع . يَجْرَع
swamp *n.* مُسْتَنْقَع

swan *n.* بَجَعة
swap *v.* يَتَبادَل
swarm *n.* مَجْموعة حَشَرات (خاصّةً النَّحْل)
swat *v.* يَضْرِب بِسُرْعةٍ وبِعُنْفٍ
sway *v.* يَتَمايَل
swear *v.* ١- يَحْلِف . يُقْسِم
٢- يَسُبّ
sweat *n.* عَرَق
sweat *v.* يَعْرَق
sweat-shirt *n.* بُلوفَر رياضيّ قُطْنيّ
sweater *n.* بُلوفَر صُوف
sweep *v.* يَكْنُس
sweet *adj.* ١- مُسَكَّر . حُلْو المَذاق
٢- لَطيف . طَيِّب
sweet *n.* ١- حَلْوَى . بُنْبُون
٢- حُلْو (مثلاً: كُنافة أو جِيلي)
sweetheart *n.* حَبيب أو حَبيبة
swell *adj.* مُمْتاز . هائِل

swell *v.* يَتَوَرَّم . يَنْتَفِخ
swift *adj.* سَرِيع
swim *v.* يَسْبَح
swimming *n.* سِباحة
swimming pool *n.* حَمّام سِباحة
swimsuit or swimming-costume *n.* مايُوه
swing *n.* أُرْجُوحة
swing *v.* يَتَأَرْجَح
swipe *v.* يَسْرِق . يَنْشُل
switch *n.* ١- مِفْتاح كَهْرَبائيّ
٢- تَغْيير . تَحَوُّل
switch *v.* يُحَوِّل
switch off *v.* يَقْفِل . يُطْفِئ
switch on *v.* ١- يُشْعِل (النُّور مثلاً)
٢- يُشَغِّل . يُدِير (ماكينة مثلاً)

swollen *adj.* مُتَوَرِّم . مُنْتَفِخ
swoop *v.* يَنْقَضّ
sword *n.* سَيْف
syllable *n.* مَقْطَع مِنْ كَلِمة
symbol *n.* رَمْز
sympathetic *adj.* ١- عَطُوف . حَنُون
٢- مُتَعاطِف
sympathy *n.* ١- عَطْف
٢- تَعاطُف
symphony *n.* سيمْفُونِيّة : مُؤَلَّف مُوسيقِيّ طَويل تَعْزِفه أُورْكِسْترا
synonym *n.* كَلِمة مُرادِفة
synthetic *adj.* صِناعِيّ . اصْطِناعِيّ
syrup *n.* شَرْبات . شَراب
system *n.* ١- جِهاز . شَبَكة
٢- نِظام

tiger

telescope

tab n.	لِسان صَغير
tabby n.	قِطّ رَمادِيّ مُخَطَّط
table n.	١- طاوِلة . مائِدة
	٢- جَدْوَل (مثلاً: جَدْوَل الضَّرْب)
table tennis n.	لُعْبة البِنْج بُونْج . تِنِس الطّاوِلة
tablecloth n.	مِفْرَش السُّفْرة
tablespoon n.	مِلْعَقة كَبيرة
tablet n.	١- قُرْص أو حَبّة دَواء
	٢ - بِلُوك نُوت
taboo adj.; n.	مُحَرَّم . تابُو
tack n.	مِسْمار مَكْتَب
tackle v.	يُسْقِط شَخْصاً على الأَرْض أَثْناء اللَّعِب
taco n.	التّاكُو (سَنْدوِتْش مِكْسيكيّ)
tact n.	لَباقة . كِياسة
tactics n.pl.	وَسيلة لِتَنْفيذ خُطّة
tadpole n.	شُرْغوف . أَبو ذُنَيْبة، فَرْخ الضُّفْدَع
tag n.	تِيكِيت . بِطاقة بَيانات

tag n.	لُعْبة المُطارَدة
tag along v.	يَمْشى وَراء
tail n.	ذَيْل . ذَنَب
tailgate n.	الباب الخَلْفيّ فى عَرَبة نَقْل
tailor n.	تَرْزِىّ . خَيّاط
tails n.pl.	وَجْه القِطْعة المَعْدِنيّة الذى عليه كِتابة
take v.	يَأْخُذ
take advantage of v.	١- يَسْتَفيد مِنْ
	٢- يَسْتَغِلّ
take after v.	يُشْبِه. يَحْذُو حَذْوَه

Two of J.S. Bach's sons took after him and
became composers.

حَذا اثْنان مِنْ أَبْناء باخ حَذْوَه وأَصْبَحا مُؤَلِّفَيْن
موسيقيَّيْن .

Johann Sebastian Bach (1685-1750)
German baroque composer and keyboard
player. A great musician, during his
lifetime Bach was better known as a skilled
organist than a composer. Among his
greatest works are the St John Passion
(1723) and St. Matthew Passion (1729) as
well as over 200 cantatas.

take apart v.	يَفُكّ

take away *v.* ١- يُزِيل . يُبْعِد . يَنْقُل

The rubbish collector took away the bundle of old newspapers.

نَقَلَ جامع القُمامة رِزْمة الجَرائِد القَديمة .

٢- يَطْرَح مِنْ

٣- يَشْتَرِى أَكْلةً جاهِزةً لتَناوُلِها فى المَنْزِل

take back *v.* ١- يُرْجِع . يُعيد

٢- يَسْتَرْجِع . يَسْتَعيد

٣- يَسْحَب (كَلامَه)

take care of *v.* يَعْتَنى بِـ . يَرْعَى

take off *v.* ١- يَقْلَع . يَخْلَع

٢- يُقْلِع . يَنْطَلِق

take out *v.* يَحْذِف . يَنْزِع

take over *v.* ١- يَتَوَلَّى

٢- يَسْتَوْلِى . يَحْتَلّ

take part *v.* يَشْتَرِك . يُشارِك

take place *v.* يَحْدُث . يَقَع

take up *v.* ١- يَسْتَغْرِق . يَشْغَل وَقْتاً

Caring for an infant takes up most of a mother's time.

العِناية بالرَّضيع تَشْغَل مُعْظَم وَقْت الأُمِّ .

٢- يَشْرَع فى . يَبْدأ فى (مُمارَسة هِواية مثلاً)

takeoff *n.* إقْلاع طائِرة

talcum powder *n.* بُودْرة تَلْك

tale *n.* ١- حِكاية . قِصّة

٢- كِذْبة

talent *n.* مَوْهِبة

talented *adj.* مَوْهوب

talk *n.* ١- كَلام . حَديث

٢- مُحاضَرة

talk *v.* يَتَكَلَّم . يَتَحَدَّث

talk back *v.* يَرُدّ بِوَقاحة

talk big *v.* يَفْشُر . يَتَفاخَر

talk into *v.* يُقْنِع

talk out of *v.* يُثْنِى عن . يُقْنِعه بتَغْيير الرَّأى

talk over *v.* يُناقِش

talkative *adj.* كَثير الكَلام . ثَرْثار

tall *adj.* عالٍ . طَويل

tally *v.* ١- يَحْسِب . يَجْمَع (العَدَد)

٢- يَتَطابَق (العَدَد)

tambourine *n.* رِقّ (آلة نَقْر موسيقيّة)

tame *adj.* أليف

tame *v.* يُرَوِّض

Only circus trainers can tame lions.

لا يَسْتَطيع أنْ يُرَوِّض الأُسُود إلا مُدَرِّبون فى السِّيرْك .

tan *adj.* بُنِّىّ فاتِح مُصْفَرّ

tan *n.* ١- اللَّوْن البُنِّىّ الفاتِح المُصْفَرّ

٢- اسْمِرار البَشْرة بِسَبَب التَّعَرُّض للشَّمْس

tan *v.* يَسْمَرّ (بِسَبَب التَّعَرُّض للشَّمْس)

tangerine *n.* يُوسُف أفَنْدى

tangle *v.* يُشَبِّك . يُعَقِّد

tangled *adj.* مُعَقَّد

The kites' strings got tangled when they collided in the air.

صارَتْ خُيوط الطّائِرات الوَرَقيّة مُعَقَّدة بَعْد أنْ تَصادَمَتْ فى الهَواء .

tango *n.* رَقْصة التّانْجو

tank *n.* ١- خَزّان . صِهْريج

٢- دَبّابة

tanker *n.* ناقِلة (سَفينة تَنقل البِتْرول مثلاً)

tanned *adj.* مُسْمَرّ بِسَبَب التَّعَرُّض للشَّمْس

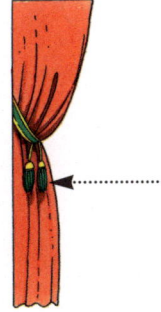

tantrum *n.* نَوبة غَضَب (خاصّة عِنْد الأطْفال)

tap *n.* حَنَفِيّة . صُنْبور

tap *n.* نَقْرة . خَبْطة خَفيفة

tap *v.* يَخْبِط خَبْطةً خَفيفةً

He tapped the watermelon to see if it was ripe.

خَبَط البِطّيخة خَبْطةً خَفيفةً لِيَتأكَّد مِنْ أنها ناضجة .

tap dancing *n.* الرَّقْص النَّقْرِىّ

tape *n.* ١- شَريط لاصِق . سيلُوتيب
٢- شَريط (مثلاً: شَريط كاسيت)

tape *v.* ١- يُلْصِق أو يُثَبِّت بِشَريط
٢- يُسَجِّل على شَريط

tape measure *n.* شَريط القِياس

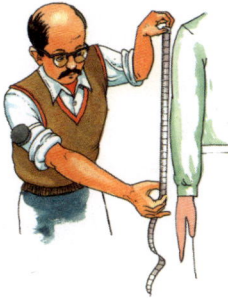

tape recorder *n.* جِهاز تَسْجيل . مُسَجِّل

tapestry *n.* لَوْحة مَنْسوجة أو مُطَرَّزة تُعَلَّق على الحائط

tar *n.* زِفْت . قَطْران (لِرَصْف الطُّرُق)

tarantula *n.* تَرانْتُولا . أبو شَبَت (عَنْكَبوت كَبير)

tardy *adj.* مُتَأَخِّر

All tardy students must report to the headmaster's office.

على كُلِّ التَّلاميذ المُتَأَخِّرين أنْ يَتَوَجَّهوا إلى مَكْتَب النّاظِر .

target *n.* هَدَف

tart *n.* فَطيرة بالفاكِهة أو المُرَبَّى

tartan *n.* نَقْش بِمُرَبَّعاتٍ وخُطوطٍ على قُماش

task *n.* مُهِمّة . عَمَل

tassel *n.* شُرّابة . زِرّ (مثلاً: زِرّ الطَّرْبوش)

taste *n.* ١- حاسّة الذَّوْق
٢- طَعْم . نَكْهة
٣- ذَوْق . تَذَوُّق

Teenagers usually have different taste in music than adults.

كثيراً ما يَكُون للمُراهقين ذَوْقٌ مُخْتَلِفٌ في الموسيقَى عن ذَوْق الكِبار .

taste *v.* يَذُوق . يَتَذَوَّق

tasty *adj.* لَذيذ الطَّعْم

tattered *adj.* رَثّ . مُهَلْهَل

tattle *v.* يُثَرْثِر . يَنِمّ . يَبوح بِأسرار الغير

tattletale *n.* فَتّان . واشٍ . نَمّام

tattoo *n.* وَشْم . دَقّ (على الجِلْد)

taught *v.* ماضى فعل to teach

tax *n.* ضَريبة

taxi or taxicab *n.* تاكْسي . سَيّارة أُجْرة

tea *n.* ١- شاى
٢- وَجْبة خَفيفة يُقَدَّم فيها الشّاى

teach *v.* يُعَلِّم . يُدَرِّس

teacher *n.* مُدَرِّس أو مُدَرِّسة . مُعَلِّم

teacup *n.* فِنْجان الشّاى

team *n.* فَريق

teamwork *n.* عَمَل جَماعِىّ

Football is a game that depends on teamwork.

تَعْتَمد رياضة كُرة القَدَم على العَمَل الجَماعِىّ.

teapot *n.* إبْريق الشّاى

tear *n.* دَمْعَة

tear *n.* مَزْق . تَمْزيق

tear *v.* ١- يَتَمَزَّق
٢- يُمَزِّق . يَشُقّ

tease *v.* يُعاكِس . يُداعِب

teaspoon *n.* مِلْعَقة الشّاى

technical *adj.* تِكْنيكِىّ . فَنِّىّ

technology *n.* تِكْنُولوجْيا . تِقْنية

teddy bear *n.* دُمْية على شَكْل دُبّ

teenager *n.* مُراهِق : شَخْص عُمْرُه بَيْنَ ١٣ و١٩ سَنَة

teens *n.pl.* سِنّ المُراهَقة

teeth *n.pl.* جمع كلمة tooth

telecommunications *n.pl.* وَسائِل الاتِّصال السِّلْكِيّة واللاسِلْكِيّة (الرّادْيُو والتّليفون مثلاً)

telegram *n.* بَرْقِيّة

telegraph *n.* بَرْق . تِلِغْراف

telephone *n.* تِلِيفُون . هاتِف

telescope *n.* تِلِسْكُوب . مِنْظار مُقَرِّب

television *n.* تليفِزْيون

tell *v.* ١- يُخْبِر . يُبْلِغ . يَقُول
٢- يُدْرِك . يُمَيِّز

tell off *v.* يُوَبِّخ . يُعَنِّف

tell on *v.* يَفْتِن على . يَشِى بِ

teller *n.* صَرّاف أو صَرّافة فى بَنْك

telly *n.* تليفِزْيُون

temper *n.* مِزاج . طَبْع

temperamental *adj.* مُتَقَلِّب المِزاج

temperature *n.* دَرَجة الحَرارة

temple *n.* مَعْبَد

temple *n.* صُدْغ

tempo *n.* سُرْعة الإيقاع

Samba is a kind of Brazilian music with a fast tempo.

السّامْبا نَوْعٌ مِن الموسيقَى البَرازيلِيّة التى تَتَمَيَّز بِسُرْعة الإيقاع.

temporary *adj.* مُؤَقَّت

The Egyptian army built temporary bridges to cross the Suez Canal in 1973.

بَنَى الجَيْش المِصْرِىّ جُسوراً مُؤَقَّتة لِعُبور قَناة السُّوَيْس سَنة ١٩٧٣.

Please see: ***Suez Canal****, page 62*

tempt *v.* يُغْرِى

The witch's candy house tempted Hansel and Gretel to stop and eat.

بَيْت السّاحرة المَصْنوع من الحَلْوَى أغْرَى هانْسيل وجِريتيل بأن يَتَوَقّفا ويَأْكُلا.

Hansel and Gretel
In the story by Grimm, Hansel and Gretel are abandoned deep in the dangerous forest by their mean stepmother. They come across a house all made of candy and sweets, and as

they start to eat they encounter its owner, the wicked witch who tries to make them part of her evening meal.

ten *adj.; n.* عَشْرَة . عشْر

tend *v.* يَعْتَنى بِ . يرْعى

tend *v.* يَميل إلى

tender *adj.* ١- حَنون

٢- طَرِىّ (مثلاً: لَحْم طَرِى)

tennis *n.* رياضة التِّنس

tenor *n.* تِينُور: مُغَنٍّ صَوْتُه

مِنْ أعْلَى طَبَقات الصَّوْت الرِّجالىّ

tense *n.* صيغة الفعْل التى تُبَيِّن

زَمَنَه (الماضى والمُضارع والمُسْتَقْبَل)

tense *adj.* مُتَوَتِّر

tension *n.* تَوَتُّر

tent *n.* خَيْمة

tepee *n.* خَيْمة على شَكْل مَخْروط

وتُصْنَع مِن الجلود ويَسْكُن فيها الهُنود الحُمْر

term *n.* ١- فَتْرة . فَصْل

٢- لَفْظ . مُصْطَلَح (مثلاً: لَفْظ عِلْمِى)

terminal *n.* ١- مَحطّة رَئيسِيّة

٢- نُقْطة أو مَوْضِع فى دائرة كَهْرَبائيّة

terminate *v.* يُنْهِى

terrace *n.* ١- تراس: شُرْفة واسعة بِدُون سقْف

٢- أرْض مائلة بِمساحات مُتَدَرِّجة (على جبَل مثلاً)

terrible *adj.* فَظيع . شَنيع

terrific *adj.* هائل . عَظيم . رائع

terrify *v.* يُرْعِب . يُفْزِع

territory *n.* ١- مَنْطِقة

A tomcat uses his scent to mark off its territory.

يَسْتَخْدِم القطّ رائحَتَه لِيُحَدِّد المَنْطِقة الخاصّة به .

٢- أرْض تابِعة لدَوْلة

terror *n.* فَزَع . رُعْب

terrorism *n.* إرْهاب

test *n.* ١- امْتِحان . اخْتِبار

٢- تَحْليل

test-tube *n.* أُنْبُوبة اخْتِبار

testify *v.* يَشْهَد

tetanus *n.* التِّيتانُوس . مَرَض الكُزاز

text *n.* نَصّ: مُؤلَّف نَثْر أو شِعْر

textbook *n.* كِتاب دِراسِىّ

textile *n.* نَسيج

texture *n.* مَلْمَس

than *conj.* مِنْ . عَنْ

A newborn blue whale is bigger than an adult elephant.

الحُوت الأزْرَق الوَليد أكْبَر حَجْماً مِن الفيل الكامل النُّمُوّ .

thank *v.* يَشْكُر

thank you or thanks *v.* شُكْراً

that *adj.; pron.* ذَلِكَ . تِلْكَ

That dog saved its owner's life in the fire.

أنْقَذ ذَلِك الكَلْب حَياة صاحِبه أثْناءَ الحَريق .

that *pron.* الَّذِى . الَّتِى . اللَّذانِ (اللَّذَيْنِ) . اللَّتانِ (اللَّتَيْنِ) . الَّذِين . اللائِى

that *conj.* أنْ . أنَّ

Pinocchio wished that he could be a real boy.

تَمَنَّى پِينُوكْيُو أنْ يَتَحَوَّل إلى وَلَدٍ حَقيقِىٍّ .

*Please see **Pinocchio, page 14***

thatch *n.* قَشّ التَّسْقيف

thaw *v.* ١- يَذُوب

٢- يُذِيب

theatre or theater *n.* مَسْرَح

theft *n.* سَرِقة

their *pron.* هُمْ . هُنَّ . هُما . ها

Crocodiles build nests of mud to lay their eggs in.

تَصْنَع التَّماسيح عِشَشاً مِن الطِّين لِتَضَع فيها بَيْضَها .

theirs *pron.* هُمْ . هُنَّ . هُما . ها

them *pron.* هُمْ . هُنَّ . هُما . ها

theme *n.* ١- مَوْضوع . الفِكْرة الرَّئيسِيّة (فى رِواية مثلاً)

٢- تيمة (فى مَقْطوعة موسيقيّة)

themselves *pron.* أنْفُسهُمْ . أنْفُسهُنَّ . نَفْسهُما . نَفْسها

Cats spend a lot of time cleaning themselves.

تُمْضى القِطَط وَقْتاً كَثيراً فى تَنْظيف نَفْسها

then *adv* ١- فى ذَلك الوَقْت

٢- ثُمَّ . بَعْدَ ذَلك

When water is heated, it boils then evaporates.

حين يُسَخَّن الماء فهو يَغْلى ثُمَّ يَتَبَخَّر.

٣- إذَنْ

If those lights in the sky aren't UFOs, then what are they?

إنْ لَمْ تَكُنْ هذه الأنْوار الغَريبة التى فى السَّماءِ أطْباقاً طائرة، فماذا تَكُون إذَنْ؟

theory *n.* نَظَرِيّة

therapy *n.* عِلاج

there *adv.* هُناك

therefore *adv.* لِذَلِكَ . إذَنْ

thermometer *n.* تِرمومِتْر . ميزان الحَرارة

thermos *n.* تِرْمُس : زُجاجة حافظة للحَرارة

these *adj.; pron.* هَؤُلاء . هَذان (هَذَيْن) . هاتان (هاتَيْن) . هَذِهِ

they *pron.* هُمْ . هُنَّ . هُما . هِىَ

thick *adj.* ١- سَميك . ثَخين

Polar bears have thick fur and can stand very cold weather.

الدُّبّ القُطْبىّ له فَرْوٌ سَميك ولذلك يُمْكِن أن يَتَحمَّل الطَّقْس الشَّديد البُرودة .

٢- كَثيف

thief *n.* لِصّ . حَرامِىّ

thigh *n.* فَخْذ

thimble *n.* كُسْتُبان (للخياطة)

thin *adj.* ١- رَفيع . نَحيف

٢- خَفيف . غَيْر كَثيف

thing *n.* شَىْء

think *v.* ١- يُفكِّر

٢- يَظُنّ . يَعْتَقِد

think of *v.* ١- يَتَذكَّر . يَفْتَكِر

Kassem tried but he couldn't think of the words, Open Sesame.

حاوَل قاسِمٌ كثيراً لكنّه لَمْ يَتَذَكَّرْ عِبارة « افْتَحْ يا سِمْسِم » .

Kassem, Ali Baba's brother
Kassem was jealous of Ali Baba's sudden wealth, so he spied on him and found out the secret of the 40 thieves' cave. He enterd the cave but got stuck inside because he forgot the password. While hiding he sneezed and was caught by the 40 thieves.

٢- يُفكِّر فى

think over *v.* يُفكِّر فى

think up *v.* يبتكر . يخترِع

The prisoner is always thinking up new ways to escape.

يَخترِع الأسير طُرُقاً جديدة لِلْهَرَب طَوال الوَقْت .

third *adj.* ثالث

third *n.* ثُلْث

thirsty *adj.* عطْشان

thirteen *adj.; n.* ثلاثة عشر . ثلاث عشْرَة

thirty *adj.; n.* ثلاثون

this *adj.; pron.* هذا . هذه

thistle *n.* نبات شائك له زهر بنفسجى

thorn *n.* شوْكة (مثلاً: شوْكة ورْدة)

thorough *adj.* ١- شامِل . كامِل
٢- دقيق (فى العمَل مثلاً)

thoroughbred *adj.* أصيل (مثلاً: خيْل أصيل)

those *adj.; pron.* أولئك . تلك

though *conj.* مع أنَّ . رغْم أنَّ

thought *n.* فِكْرة

thought *v.* ماضى فعل to think

thoughtful *adj.* مُراعٍ لِشعور الآخرين

thousand *adj.; n.* ألْف

thrashing *n.* علْقة . ضرْب

thread *n.* خيْط . فتْلة

threadbare *adj.* رثّ . منحول

threat *n.* تهْديد

threaten *v.* يُهدِّد

three *adj.; n.* ثلاث . ثلاثة

threshold *n.* عتَبة

thrifty *adj.* مُدبِّر . غيْر مُسْرِف

thrill *v.* يُثير مشاعر سعادة أو روْعة

thriller *n.* رواية أو فيلْم مُخيف ومُثير

thrilling *adj.* مُثير جداً

throat *n.* حلْق . زوْر

throb *v.* ينْبِض

throne *n.* عرْش

throttle *v.* يخْنُق

through *prep.* مِنْ . خلالَ . فى

The train goes through a long tunnel under the mountain.

يَعْبُر القطار فى نفقٍ طويلٍ تحْت الجبَل .

through *adj.* مُنْتهٍ . انْتهَى . تمّ

throughout *prep.* ١- طوال
(زمَن يستغرِقه شىءٌ ما)
٢- فى كُلّ أنْحاء . فى كُلّ مكان

The legend of Beni Hilal is known throughout the Arab world.

سيرة بَنى هِلال معْروفة فى كلّ أنْحاءِ العالَم العَرَبى .

> ***Beni Hilal***
> *Beni Hilal are nomadic people from the Najd desert. Their leader is Rizq Ibn Nayel who, after being childless for a long time, begets Salama, known as Abu Zeid el-Helaly. When his father sees Salama is black he denies his faherhood and sends him away to his mother's clan. As a man, Abu Zeid becomes an important figure in the clans' wars, and returns to claim his and his mother's rights.*

throw *v.* يرْمى . يقْذِف . يُلْقى

throw away *v.* يطْرح . يرْمى

throw out *v.* ١- يطْرح . يرْمى
٢- يطْرُد

throw up *v.* يتقيأ . يستفْرغ

thud *n.* صوْت ثقيل ومكْتوم تُحْدِثه خبْطة

thug *n.* وغْد

thumb *n.* إصْبع الإبْهام

thumbtack *n.* دبّوس رسْم . مِسْمار مكْتب

thump *n.* خبْطة مكْتومة الصوْت

thunder *n.* رعْد

thunder *v.*	يَرْعُد
thunderstorm *n.*	عاصفة رَعْدِيّة
Thursday *n.*	يَوْم الخَميس
tick *n.*	١- تَكّة . تَكْتَكة (صَوْت السّاعة)
	٢- عَلامة صَحّ . عَلامة المُراجَعة
tick *v.*	١- يَتِكّ . يُتَكْتِك
	٢- يَضَع عَلامة صَحّ
tick *n.*	قُرادة (حَشَرة صغيرة تَمَصّ الدَّم)
tick-tack-toe *n.*	لُعْبة مُرَبّعات بَيْن لاعِبَيْن
	يُعَلِّم أحَدُهُما بعَلامة "X" والآخَر بعَلامة "O"
tickle *v.*	يُدَغْدِغ . يُزَغْزِغ
ticklish *adj.*	سَريع التَّأثُّر بالدَّغْدَغة
tidal wave *n.*	مَوْجة بحريّة
	شاهقة يُحْدِثُها عادةً زلْزال
tide *n.*	المَدّ والجَزْر
tidy *adj.*	مُرَتَّب
tidy *v.*	يُرَتِّب . يُنَظِّف
tie *n.*	١ - رِباط . صِلة
	٢- كَرافَتّة . رِباط العُنُق
	٣- تَعادُل (فى مُباراة)
tie *v.*	يَرْبِط . يَعْقِد
tiger *n.*	نِمْر . نَمِر

tight *adj.*	ضَيِّق . مَشْدُود

tight-rope *n.*	حَبْل يَمْشى عليه لاعِب السِّيرْك

tight-wad *n.*	شَخْص بخيل
tights *n.pl.*	جَوْرَب طَويل (يَرْتَفِع إلى الوَسَط)
tile *n.*	بَلاطة (مثلاً، بَلاطة قيشانى)
till *prep.*	إلى . لِغاية
till *conj.*	حتَّى . إلى أَنْ
tilt *v.*	١- يَميل
	٢- يُمَيِّل
timber *n.*	١- أَلْواح خَشَب
	٢- شَجَر يَصْلُح خَشَبُه للبِناء
time *n.*	١- وَقْت . زَمَن
	٢- السّاعة . التَّوْقيت

You can estimate the **time** by the sun's position in the sky.

يُمْكِنُك أنْ تُقَدِّر السّاعة مِنْ مَوْقِع الشَّمْس فى السَّماء.

٣- مَرّة

Captain Cook saw Australia for the first **time** in 1770.

رَأى كابْتِن كُوك أُسْتُرالِيا لأَوَّل مَرّةٍ فى أَبْريل سَنة ١٧٧٠.

> **Captain James Cook (1728-1779)**
> British navigator who, in 1768, led an expedition to Tahiti to observe the movement of the planet Venus across the

sun. He then went on to discover New Zealand and the east coast of Australia and returned to England in 1771. This trip was remarkable because of the good health condition of the sailors, which was due to a diet high in vitamin C devised by captain Cook.

time *v.* يُسَجِّل الوَقْت
time-out *n.* وَقْت مُسْتَقْطَع (فى مُباراة مثلاً)
timid *adj.* خَوّاف و خَجول
timpani *n.pl.* طَقْم مِنْ أَرْبعَة طُبول كَبيرة مَصْنُوعة مِنَ النُّحاس (آلة نَقْر موسيقِيّة)
tin *n.* ١- صَفيح
٢- عُلْبة صَفيح
tingle *v.* يَشْعُر بِوَخْز خَفيف على الجِلْد . يتَدَغْدَغ
tinkle *v.* يَرِنّ رَنيناً خَفيفاً
tint *n.* لَوْن خَفيف
tiny *adj.* صَغير جداً (فى الحَجْم)
tip *n.* طَرَف مُدَبَّب
tip *v.* يُمَيِّل
tip *n.* إكْرامِيّة
tip *v.* يُعْطى إكْرامِيّةً
tip over *v.* ١- يَنْقَلِب
٢- يَقْلِب
tiptoe *v.* ١- يَمْشى على أَطْراف أصابِع القَدَمَيْن
٢- يَتَسَلَّل
tired *adj.* تَعْبان . مُتْعَب
tissue *n.* مَنْديل وَرَقى
titbit or tidbit *n.* ١- قِطْعة صَغيرة
٢- لُقْمة
title *n.* ١- عُنْوان . اسْم (كِتاب أو مَقالة مثلاً)
٢- لَقَب (مثلاً لَقَب لُورْد مِن أَلْقاب النُّبَلاء الإنْجِليز)
T.N.T. *n.* مادّة شَديدة الانْفِجار

to *prep.; adv.* ١- إلى
٢- نَحْوَ
٣- لِ
to *conj.* لِكَىْ . لأَجْل
toad *n.* عُلْجُوم (حيَوان يُشْبِه الضُّفْدَع)
toadstool *n.* نَوْع مِنْ عَيْش الغُراب السّامّ
toast *n.* خُبْز مُحَمَّص
toaster *n.* جِهاز كَهْرَبائِىّ لِتَحْميص الخُبْز
tobacco *n.* تَبْغ . دُخان
toboggan *n.* مِزْلَقة طَويلة (للانْزِلاق على الثَّلْج)

today *n.; adv.* اليَوْم
toddler *n.* طِفْل بَدَأ المَشْى مُنْذ وَقْتٍ قَريبٍ
toe *n.* إصْبَع القَدَم
toenail *n.* ظُفْر إصْبَع القَدَم
toffee *n.* طُوفى (حَلْوى يُشْبِه الكَراميل)
together *adv.* مَعاً . سَوِيّاً
toilet *n.* دَوْرة المِياه . تُواليت
token *n.* رَمْز . بَديل
told *v.* ماضى فعل to tell
tolerate *v.* يَحْتَمِل
toll *n.* رَسْم . ضَريبة
tomahawk *n.* فَأْس
tomato *n.* ثَمَرة طَماطِم
tomb *n.* قَبْر . ضَريح
tomboy *n.* بِنْت تُفَضِّل أن تَلْعَب أَلْعاب الصِّبْيان
tomcat *n.* ذَكَر القِطّ
tomorrow *adv.; n.* الغَد . غَداً

235

ton *n.* طُنّ : مقياس لِلوَزْن

tone *n.* ١- نَغْمة
٢- دَرَجة اللَّوْن

tongs *n.pl.* مِلْقاط

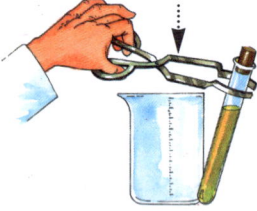

tongue *n.* لِسان

tongue-twister *n.* عِبارة أو جُمْلة يَصْعُب نُطْقُها بِسُرْعة (مثلاً: «خيطُ حَرير على حيطِ خلَيل»)

tonight *n.; adv.* اللَّيْلة

tonne *n.* طُنّ مِتْرِيّ : مقياس للوَزْن= ١٠٠٠ كيلوجرام

tonsils *n.pl.* اللَّوْزَتَان

too *adv.* ١- أيْضاً
٢- أكْثَر مِن اللاّزِم

We couldn't go swimming because the water was too cold.

لَمْ نَسْتَطِعْ السِّباحة لأن البَحْر كان بارِداً أكْثَر مِن اللاّزِم.

٣- جِداً . كَثيراً

took *v.* ماضى فعل to take

tool *n.* أداة

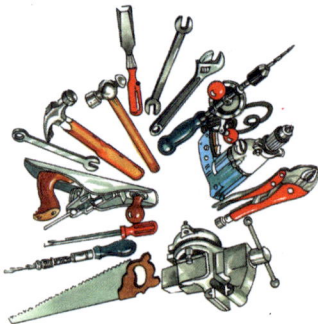

toot *v.* يُزَمِّر

tooth *n.* سِنّ . ضِرْس

toothache *n.* ألَم الأسْنان

toothbrush *n.* فُرْشاة الأسْنان

toothpaste *n.* مَعْجُون الأسْنان

toothpick *n.* خِلال (عُودٌ لإزالة فَضَلات الطَّعام مِن بَيْن الأسْنان)

top *n.* ١- قِمّة
٢- أعْلَى
٣- غِطاء (مثلاً: غطاء بَرْطَمان)

top *n.* دوّامة . نَحْلة . خُذْرُوف (لُعْبةٌ تَلُفّ وتَدُور)

top secret *adj.* سِرِّيّ لِلْغاية

topic *n.* مَوْضُوع

topping *n.* طَبَقة تُوضَع أو تُرَشّ على الحَلَوِيّات (مثلاً: كريمة أو مُكَسَّرات)

topsy-turvy *adj.* مَقْلوب رأساً على عَقِب . مُلَخْبَط

torch *n.* ١- بَطّارِيّة جَيْب
٢- شُعْلة

The Olympic torch is lit at the start of the games.

تُضاء الشُّعْلة الأوليمْبيّة فى افْتِتاح دَوْرة الألْعاب.

tore *v.* ماضى فعل to tear

torn *adj.* مُمَزَّق

tornado *n.* إعْصار : عاصِفة بِرياح دُوّامِيّة عَنيفة

torpedo *n.* طُورْبيد

torso *n.* جِذْع الإنْسان

tortoise *n.* سُلَحْفاة تَعيش على البَرّ و فى الماء العَذْب

torture *v.* يُعذِّب

toss *v.* ١- يرْمِى . يَقْذِف
٢- يُقلِّب (السلَّطة)

tot *n.* طِفْل صغير

total *adj.* تامّ . كامِل

total *n.* جَمْع . مَجْموع

totem-pole *n.* عمود خَشَبىّ مَنْحوت

touch *v.* يلْمِس . يمَسّ

touchy *adj.* حسّاس . سَريع الغضَب

tough *adj.* ١- قَوِىّ . شَديد التَّحَمُّل

Some desert lizards have extremely tough skin.

بَعْضُ سَحالِى الصَّحْراء لها جِلْدٌ شَديد التَّحَمُّل

٢- عَنيد . عَنيف
٣- صَعْب (مثلاً : امتحان صَعْب)
٤- شَديد . ناشِف (اللَّحْم)

toupee *n.* باروكة لتَغْطية الصَّلْعة (للرِّجال)

tour *n.* ١- جَوْلة (مثلاً: جَوْلة فى مَتْحف)
٢- رِحْلة سياحيّة

tourist *n.* سائح

tournament *n.* دَوْرة رياضيّة تَشْمَل عدّة مُباريات

tow *v.* يَسْحَب . يجُرّ . يقْطُر

toward or towards *prep.* نَحْوَ

towel *n.* فُوطة . مِنْشَفة

tower *n.* بُرْج

town *n.* بَلَد . مَدينة صغيرة

towtruck *n.* وِنْش (لِقَطْر السيّارات)

toy *n.* لُعْبة

trace *n.* أثَر . علامة

trace *v.* ١- يُتابِع
٢- يَشِفّ (رَسْماً مِنْ خلال ورَق شفّاف مثلاً)

track *n.* ١- طَريق
٢- أثَر على الأرْض
٣- حَلْبة السِّباق

track *v.* يتَعَقَّب . يقْتَفِى أثَراً

tractor *n.* جرّار

trade *n.* ١- تَبادُل
٢- تِجارة
٣- مِهْنة . حِرْفة

trade *v.* ١- يتَبادَل . يَسْتَبْدِل
٢- يُتاجِر

trademark *n.* علامة تِجاريّة

tradition *n.* تَقاليد : انْتِقال العادات مِنْ جيل إلى جيل

traditional *adj.* تَقْليدِىّ

The folkdancers perform in traditional costumes.

يرْتَدى أعْضاء فِرْقة الفُولْكُلور أزْياء تَقْليدِيّة أثْناء العُرُوض .

traffic *n.* مُرور

traffic jam *n.* زِحام المُرور

tragedy *n.* ١- مأساة . كارِثة
٢- تراچيدْيا : مَسْرحيّة تَنْتَهى نِهاية مأساويّة (مثلاً: روميو و چوليت)

trail *n.* ١- طَريق . ممَرّ (مدَقّ)
٢- أثَر

trail *v.* ١- يَسْحَب . يجُرّ
٢- يَتَتَبَّع . يَتعَقَّب

trailer *n.* عَرَبة مَقْطورة

train *n.* قطار

train *v.* ١- يَتَدَرَّب
٢- يُدَرِّب . يُمَرِّن

trainer *n.* ١- مُدَرِّب
٢- حذاء رياضىّ

training *n.* تَدْريب

trait *n.* صِفة . سِمة

traitor *n.* خائِن

tram *n.* التِّرام

tramp *n.* مُتَشَرِّد ؛ شَخْص مُتَجَوِّل لا مَسْكَن له

tramp *v.* يَمْشى

trample *v.* يَدُوس . يَسْحَق تَحْتَ قَدَمِه

trampoline *n.* تِرامْبُولين ؛
جِهاز مِنْ أَجْهِزة الجُمْباز

trance *n.* غَيْبوبة

transfer *v.* يُحَوِّل . يَنْقُل مِنْ مَكان إلى مَكان

transform *v.* يُحَوِّل . يُغَيِّر

transistor radio *n.* راديو تِرانْزِسْتور

translate *v.* يُتَرْجِم

translation *n.* تَرْجَمة

translator *n.* مُتَرْجِم أو مُتَرْجِمة

transmission *n.* إرْسال . عُلْبة نَقْل
أو غِيار السُّرعات (فى سَيّارة مثلاً)

transmit *v.* يُذيع . يُرْسِل

transparent *adj.* شَفّاف

transplant *v.* يَنْقُل ويَزْرَع

transport *v.* يَنْقُل . يُوَصِّل

transportation *n.* ١- نَقْل . انْتِقال
٢ - وَسائل النَّقْل . المُواصَلات

trap *n.* فَخّ . مَصْيَدة

trap *v.* يَحْبِس . يُوقِع فى فَخّ

trap-door *n.* باب مَسْحور فى الأَرْضيّة

trapeze *n.* التَّرابيز؛ أُرْجوحة مُعَلَّقة فى السِّيرْك

trash *n.* زِبالة . مُهْمَلات

travel *v.* يُسافِر

tray *n.* صينيّة (مثلاً ؛ صينيّة الشّاى)

tread *v.* ١- يَمْشى . يَخْطُو
٢- يَدُوس على

treason *n.* خِيانة

treasure *n.* كَنْز

treasury *n.* خِزانة . بَيْت المال

treat *n.* لَذّة . مُتْعة

treat *v.* ١- يُعامِل

٢- يُعالِج

٣- يَعْزِم . يَدْعو شَخْصاً

treatment *n.* ١- مُعامَلة

٢- عِلاج

treaty *n.* مُعاهَدة

tree *n.* شَجَرة

trek *n.* رِحْلة شاقّة وطَويلة

tremble *v.* يَرْتَعِش . يَرْتَجِف

tremendous *adj.* ١- ضَخْم

٢- عَظيم

trench *n.* خَنْدَق

trend *n.* اتِّجاه . تَيّار

trespass *v.* يَدْخُل أَرْضَ الغَيْر . يَتَجاوَز الحُدود

trial *n.* ١- مُحاكَمة

٢- تَجْرِبة . مُحاوَلة

triangle *n.* مُثَلَّث

triangular *adj.* مُثَلَّث الشَّكْل

tribe *n.* قَبيلة

tributary *n.* رافِد : نَهْر يَصُبّ فى نَهْرٍ أَكْبَر مِنْه

trick *n.* خُدْعة . حيلة

trick *v.* يَخْدَع . يُضَلِّل

tricky *adj.* صَعْب

tricycle *n.* دَرّاجة بِثَلاث عَجَلات

tried *v.* ماضى فعل to try

trifle *n.* ١- شَىْء طَفيف أو تافِه

٢- حَلْو مُعَدّ مِنْ كيك وكَسْتَرْد وفاكِهة

trigger *n.* زِناد البُنْدُقيّة

trillion *n.* مليون مِلْيار

trim *v.* ١- يَقُصّ أو يُسَوّى الأَطْراف

٢- يُزَيِّن (بِشَرائِط أو دَنْتيلا مثلاً)

trimming *n.* زينة

trinket *n.* حِلْية . دَلّاية صَغيرة

trio *n.* ثُلاثىّ : مَجْموعة مِنْ ثَلاثة

trip *n.* رِحْلة . سَفَر

trip *v.* يَتَعَثَّر

Babies often trip and fall when they're learning to walk.

كثيراً ما يَتَعَثَّر الأَطْفال و يَسْقُطون أَثْناء تَعَلُّمِهِم المَشْى .

triple *adj.* ثُلاثىّ

triplets *n.pl.* ثَلاثة تَوائِم

triumph *n.* نَصْر . انْتِصار

troll *n.* قَزَم خُرافىّ

trolley *n.* ١- عَرَبة صَغيرة تُدْفَع بِاليَد

٢- أُتوبيس كَهْرَبائىّ . تُرُولّى

trombone *n.* التُّرومْبون (آلة نَفْخ موسيقيّة)

troop *n.* فِرْقة (مثلاً: فِرْقة كَشّافة)

trophy *n.* كَأْس . جائزة فَوْز

Tropic of Cancer *n.* مَدار السَّرطان : خطّ يقع إلى شَمال خطّ الاسْتواء

Tropic of Capricorn *n.* مَدار الجَدْى : خطّ يقع إلى جَنوب خطّ الاسْتواء

tropical *adj.* خاصّ بالمَناطق الاسْتوائيّة

The weather in tropical regions is hot and humid.

الطَّقْس فى المَناطق الاسْتِوائيّة حارّ ورَطْب .

tropics *n.pl.* المَناطق الاسْتوائيّة

trot *v.* يَخُبّ : يَجْرى بِبُطْء

trouble *n.* مَتاعب . صُعوبات . مَشاكل

trough *n.* مِزْوَد . معْلَف : حوْض لِطَعام الماشية

troupe *n.* فِرْقة (مثلاً: فِرْقة الرَّقْص)

trousers *n. pl.* بَنْطَلُون

truce *n.* هُدْنة . توَقُّف عن المَعارك

truck *n.* لُورى . عَربة نَقْل

true *adj.* حَقيقىّ . صَحيح

trumpet *n.* بُوق . نَفير (آلة نَفْخ موسيقِيّة)

trunk *n.* ١- جِذْع (الشّجَرة مثلاً)

٢- زَلُّومة الفيل

٣- صُنْدوق مَعْدنِىّ أو خَشَبِىّ (للسَّفَر أو التَّخْزين)

trust *n.* ثقة

trust *v.* يَثِق فى

trusty *adj.* يُعْتَمَد عليه . مَوْثُوق فيه

truth *n.* الحَقيقة

truthful *adj.* صادِق

try *v.* ١- يُحاوِل ٢- يُجَرِّب . يَخْتَبِر

try on *v.* يَقيس (مَلابِس مثلاً)

T-shirt *n.* قَميص قُطْنِىّ بدون ياقة ولا أزْرار

tub *n.* ١- حَوْض . طَشْت ٢- بانْيُو

tuba *n.* التُّوبا (آلة نَفْخ موسيقِيّة)

tube *n.* ١- أُنْبُوبة . خُرْطوم ٢- مِتْرو الأنْفاق (فى لَنْدَن)

tuberculosis *n.* مَرَض السُّلّ

tuck *n.* ١- كَسْرة . ثَنْية ٢- أكْل خفيف (مثلاً: بَسْكَويت وبُونْبُون وتِشيبْس)

tuck in *v.* ١- يُدْخِل (طَرْف القَميص فى البَنْطَلون مثلاً) ٢- يُدْخِل فى السَّرير

Tuesday *n.* يَوْم الثُّلاثاء

tug *v.* شَدّة قَوِيّة

tug *n.* يَشُدّ بِقُوَّة

tug-boat *n.* مَرْكَب جَرّار: مَرْكَب صَغير وقَوِىّ يَجُرّ سَفينة

tug-of-war *n.* لُعْبة شَدّ الحَبْل

tulip *n.* زَهْرَة التُّوليب

tumble *v.* ١- يَقَع مُتَدَحْرِجاً ٢- يَتَشَقْلَب . يَقوم بِحَرَكات جُمْباز

tumbling *n.* حركات جُمْباز (مثلا: شَقْلَبة)
tummy *n.* بطْن . معدة
tuna or tuna-fish *n.* سَمك التُّونا
tune *n.* لحْن . نَغْمة
tune *v.* يَضْبط (آلة موسيقيّة مثلاً)
tunnel *n.* نفَق
turban *n.* عمامة

turf *n.* ١- مساحة أرْض مَزْروعة بِالعُشْب
٢- منْطَقة مُحدَّدة
turkey *n.* ديك رُوميّ
turn *n.* ١- دَوْر
Sorry, but it's your turn to clean the rabbit's cage.
إنّي آسف ولكنه دَوْرُك أَنْت فى تَنْظيف قَفَص الأَرْنَب .
٢- لَفّة
turn *v.* ١- يَدُور . يَلُفّ
٢- يَلْتَفت . يَسْتَدير
٣- يُدَوِّر
٤- يُحَوِّد (إلى اليَمين مثلاً)
turn back *v.* يَرْجِع
turn down *v.* ١- يَرْفُض
٢- يُخفِّض (الصَّوْت مثلاً)
turn into *v.* يَتَحوَّل إلى

Cinderella's carriage turned into a pumpkin at midnight.
تَحَوَّلَت عَرَبة سِنْدِريلاّ إلى قَرْعِ عَسَلٍ فى مُنْتَصَف اللَّيْل .

Please see: **Cinderella,** page 185

turn off *v.* ١- يُطْفِئ (النّور مثلاً)
٢- يُوقِف (ماكينة مثلاً)
٣- يُقْفِل (الصُّنْبور مثلاً)
turn on *v.* ١- يُشْعِل (النّور مثلاً)
٢- يُدير (ماكينة مثلاً)
٣- يَفْتَح (الصُّنْبور مثلاً)
turn out *v.* ١- يَتَبَيَّن أو يَتَّضِح أن
٢- يُطْفِئ (النّور مثلاً)
turn round *v.* يلْتَفت . يَسْتَدير
turn up *v.* ١- يَظْهَر
The maharaja's sister disappeared and didn't turn up for 20 years.
اخْتَفَت أُخْت المِهْراجا ثمّ ظَهَرَت مرّةً أُخْرَى بَعْد عِشْرين سَنة .
٢- يَعْثُر على . يَكْتَشِف
The police turned up new evidence in their investigation.
عَثَر البوليس على أدلّة جَديدة أَثْناء التَّحْقيق .
٣- يَرْفَع . يُعلِّى (الصَّوْت)
turnip *n.* لِفْت
turquoise *adj.* فَيْروزِيّ (أَزْرَق مُخْضَرّ)
turquoise *n.* ١- اللَّوْن الفَيْروزِيّ
٢- حَجَر الفَيْروز
turtle *n.* سُلَحْفاة . تِرْسة
turtleneck *n.* ١- ياقة عالِية
٢- بِلُوفَر بِياقة عالِية

tusk *n.* ناب

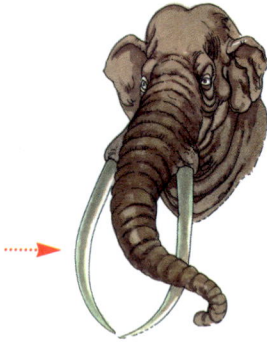

tutor *n.* مُدَرِّس خُصوصِيّ

TV *n.* اخْتِصار كلمة تليفزْيون

tweed *n.* نَوْع من القُماش الصُّوف

tweet *v.* يُسَقْسِق (العُصْفُور يُسَقْسِق)

tweezers *n.pl.* مِلْقاط صَغير

twelfth *adj.* الثّاني عَشَر

twelve *adj.; n.* اِثْنا عَشَر . اِثْنَتا عَشْرَة

twentieth *adj.* العِشْرون

twenty *adj.; n.* عِشْرون

twice *adv.* مَرَّتَيْن

twig *n.* غُصْن أو فَرْع شَجَرة صَغير

twilight *n.* شَفَق : الفَتْرة بَعْد غُروب الشَّمْس وقَبْل الظَّلام

twinkle *v.* يَتَلأْلأ

twins *n.pl.* تَوْأم . تَوْأمان

twirl *v.* يَدُور أو يَلُفّ بسُرْعة

twist *v.* ١- يَلْتَوِي

٢- يَلْوِي . يَلْتَوِي

The wrestler twisted his opponent's arm.

لَوَى المُصارِع ذِراع خَصْمِه .

٣- يَبْرُم . يَفْتِل

A spinning wheel twists cotton fibres together to make thread.

يَبْرُم المِغْزَل فَتَلاً رَفيعة من القُطْن لِصُنْع الخُيُوط .

twitch *v.* تَرِفّ (العَيْن) . تَرْتَعِش (العَضَلَة)

two *adj.; n.* اِثْنان . اِثْنَتان

type *n.* نَوْع . صِنْف

type *v.* يَكْتُب على آلة كاتِبة

typhoon *n.* تِيفُون : زَوْبَعة بِأمْطار شَديدة

typical *adj.* نَموذَجِيّ . عادِيّ

A typical Japanese breakfast consists of rice and bean soup.

الإفْطار اليابانِيّ النَّموذَجِيّ يَتَكَوَّن من الأُرْز وحَساء فول الصُّويا .

tyrant *n.* طاغِية . ظالِم

tyre or tire *n.* إطار العَجَلة المَطّاطِيّ

U.F.O. *n.* **اِخْتِصار لِعِبارة (طَبَق طائِر)**

ugly *adj.* **قَبيح . دَميم**

ukulele *n.* **آلة موسيقيّة وَتَرِيّة تُشْبِه جيتاراً صغيراً**

umbrella *n.* **شَمْسِيّة . مِظَلَّة**

umpire *n.* **حَكَم (فى مُباراة رِياضيّة)**

unable *adj.* **غَيْر قادِرٍ . عاجِز عن**

unbelievable *adj.* **لا يُصَدَّق . غَيْر مَعْقولٍ**

unbutton *v.* **يَفُكّ زِرّاً**

uncertain *adj.* **١- غَيْر أكيد . غَيْر مَضْمون**

The success of a heart transplant operation is always uncertain

عَمَليّات زَرْع القَلْب غَيْر مَضْمونة النَّجاح دائِماً.

٢- غَيْر مُتَأكِّد

The weatherman is uncertain when the storm will hit.

خَبير الأَحْوال الجَوِّيّة غَيْر مُتَأكِّدٍ مِنْ ساعة هُبُوب العاصفة.

uncle *n.* **عَمّ أو خال . زَوْج العَمّة أو الخالة**

uncomfortable *adj.* **١- غَيْر مُريح**

New shoes are often uncomfortable at first.

كَثيراً ما تَكون الأَحْذية الجديدة غَيْر مُريحةٍ فى البِداية.

٢- غَيْر مُرْتاح

unconscious *adj.* **فاقِد الوَعْي**

uncover *v.* **١- يَكْشِف أو يَرْفَع الغِطاء عن**

٢ - يَكْتَشِف

The spy uncovered the enemy's secret plan.

اكْتَشَفَ الجاسوس خُطّة العَدُوّ السِّرِّيّة.

under *prep.; adv.* **تَحْتَ . أَسْفَلَ**

undercover *adj.* **سِرِّيّ**

underground *adj.; adv.* **١- تَحْتَ الأَرْض**

٢- سِرِّيّ

underground *n.* **مِتْرو الأَنْفاق**

underline *v.* **يَضَع خَطّاً تَحْت (كَلِمة مثلاً)**

underneath *prep.; adv.* **تَحْتَ . أَسْفَلَ**

There was a lizard hiding underneath the stone.

كانَت هُناك سِحْلِيّة مُخْتَبِئة تَحْتَ الصَّخْرة.

underpants *n.* **لِباس . كِيلُوت**

understand *v.*   يَفْهَم

undertake *v.*   يَقُوم بِـ

undertaker *n.*   حانُوتي

underwater *adj.; adv.*   تَحْتَ الماء

underwear *n.*   مَلابِس داخِليّة

undo *v.*   يَفُكّ

undress *v.*   يَخْلَع المَلابِس

uneasy *adj.*   قَلِق . مُضْطَرِب

unemployed *adj.*   عاطِل عن العَمَل

unemployment *n.*   بَطالة

unequal *adj.*   غَيْر مُتَساوٍ

The inheritance was divided into unequal parts.

تَمّ تَقْسيم التَّرِكة إلى أَجْزاء غَيْر مُتَساوِية

uneven *adj.*   غَيْر مُسْتَوٍ أو غَيْر مُنْبَسِط

Only jeeps can travel easily on uneven desert roads.

سَيّارات الجيب فَقَط تَسْتَطيع السَّيْر بِسُهولة على الطُّرُق الصَّحْراويّة غَيْر المُنْبَسِطة

unexpected *adj.*   غَيْر مُتَوَقَّع . مُفاجئْ

unfair *adj.*   غَيْر عادِل . ظالِم

unfold *v.*   يَفْتَح شَيْئاً مَطْوِيّاً

unfortunate *adj.*   ١- سَيّء الحَظّ

٢- مُؤسِف

It is unfortunate that some species of whales have become extinct.

مِن المُؤسِف أَنّ بَعْض أَنْواع الحيتان قد انْقَرَضَتْ .

unfortunately *adv.*   لِلأَسَف

ungrateful *adj.*   ناكِر الجَميل . غَيْر شاكِر

unhappy *adj.*   غَيْر مَسْرور . غَيْر سَعيد . تَعيس

unhealthy *adj.*   ١- لا يَتَمَتَّع بِصِحّة جَيِّدة

٢- غَيْر صِحّيّ . ضارّ بالصِّحّة

Swimming in the canal is unhealthy

السِّباحة فى التُّرعة ضارّة بالصِّحّة

---

unicorn *n.*   أُحادِى القَرْن

(حيوانٌ خُرافىّ يُشْبِه الحِصان)

uniform *n.*   زِىّ رَسْمِىّ مُوَحَّد (مثلاً : زِىّ مَدْرَسِىّ)

union *n.*   ١- وَحْدة

The union of Egypt and Syria lasted four years.

دامَتْ الوَحْدة بَيْن مِصْر وسُوريا أَرْبَع سَنَوات .

٢- اتِّحاد

Poets are members of the writers' union.

الشُّعَراء أَعْضاء فى اتِّحاد الكُتّاب .

٣- نِقابة (مثلاً : نِقابة عُمّال)

unique *adj.*   فَريد ؛ لَيْس لَهُ مَثيل

unit *n.*   ١- وَحْدة

The metre is a unit of length.

المتْر وحْدةٌ لِقياس الطّول .

٢- جُزْء (مثلاً : جُزْء فى كِتاب دِراسِىّ)

unite *v.*   ١- يَتَّحِد

٢- يُوَحِّد

universal *adj.*   كُلِّىّ . عالَمِىّ . شامِل

universe *n.*   الكَوْن

university *n.*   جامِعة

Al-Azhar is the oldest university in the Middle East.

جامِعة الأَزْهَر أَقْدَم جامِعة فى الشَّرْق الأَوْسَط .

unkind *adj.*   غَيْر طَيِّب . غَيْر لَطيف

unknown *adj.*   مَجْهول . غَيْر مَعْروف

unless *conj.*   إلّا إذا

We won't see the sunrise unless we wake up early.

لَنْ نَرَى شُروق الشَّمْس إلاّ إذا اسْتَيْقَظْنا مُبَكِّرًا .

unlikely *adj.* **بَعيد الاحْتِمال . غَيْر مُتَوَقَّع**

A blizzard in Sudan is extremely unlikely!

حُدوث عاصفة ثَلْجيّة فى السّودان شَىْءٌ بَعيد الاحْتِمال تَماماً .

unload *v.* **يُفَرِّغ حُمولة**

unlock *v.* **يَفْتَح بِمِفْتاح**

unlucky *adj.* **١- سَيِّء الحَظّ**
٢- نَحْس

unnecessary *adj.* **غَيْر ضَرورِىّ**

unpleasant *adj.* **١- غَيْر لَطيف**
٢- مُزْعِج

unplug *v.* **يَنْزَع (السِّدادة أو القابِس الكَهْرَبائِىّ)**

unpopular *adj.* **غَيْر مَحْبوب**

unravel *v.* **١- يَفُكّ . يَحُلّ (شُغْل تريكو مثلاً)**
٢- يَكْشِف . يَحُلّ (غُموض جَريمة مثلاً)

unrealistic *adj.* **غَيْر واقِعِىّ**

unreasonable *adj.* **١- غَيْر عاقِل**
(مثلا : شَخْصٌ غَيْر عاقِل)
٢- غَيْر مَعْقول (مثلاً : تَصَرُّفاتٌ غَيْر مَعْقولة)

unreliable *adj.* **لا يُعْتَمَد عَلَيْه**

unsatisfactory *adj.* **غَيْر مَقْبول .**
غَيْر مُرْضٍ أو غَيْر كافٍ

unscrew *v.* **١- يَفُكّ (اللَّوْلَب أو الصّامولة)**
٢- يَفْتَح (غِطاء زُجاجة مثلاً)

unselfish *adj.* **غَيْر أَنانِىّ**

unsuccessful *adj.* **غَيْر ناجِح . فاشِل**

untidy *adj.* **غَيْر مُرَتَّب**

untie *v.* **يَفُكّ (رِباط الحِذاء مثلاً)**

until *prep.; conj.* **حَتَّى . إلى أَنْ**

We waited for Santa Claus until midnight.

انْتَظَرْنا بابا نُويل حَتَّى مُنْتَصَف اللَّيْل .

untrue *adj.* **غَيْر حَقيقِىّ**

unusual *adj.* **غَيْر عادِىّ . غَيْر اعْتِيادِىّ**

unwilling *adj.* **رافِض . غَيْر مُسْتَعِدّ لِ**

unwind *v.* **يَفُكّ . يَحُلّ**

unwrap *v.* **يَفُكّ الغِلاف عن (هَدِيّة مثلاً)**

up *prep.; adv.* **فَوْقَ . إلى فَوْق**

The dog trapped the cat up a tree.

حاصر الكَلْب القطة فوق الشجرة .

up-to-date *adj.* **حَديث . عَصْرِىّ**

upon *prep.; adv.* **على**

upper *adj.* **عُلْوِىّ**

upright *adj.* **قائِم . عَمودِىّ**

uproar *n.* **ضَجّة**

There was an uproar when the star refused to come on stage.

حَدَثَتْ ضَجّة عِنْدَما رَفَضَت النَّجْمة الصُّعود إلى خَشَبة المَسْرَح .

upset *adj.* **زَعْلان . مُتَضايِق**

upset *v.* **١- يُزْعِل . يُزْعِج**
٢- يَقْلِب

The cat upset the dish of milk with her tail.

قَلَبَت القِطّة طَبَق الحَليب بِذَيْلِها .

upside-down *adj.* **مَقْلوب (رَأْساً على عَقِب)**

upstairs *adj.; adv.* **فَوْقَ : فى طابِق أَعْلَى**

upward *adv.* **إلى فَوْق . إلى أَعْلَى**

uranium *n.* **مَعْدِن اليورانْيوم**

Uranium is used in generating nuclear energy.

يُسْتَخْدَم اليورانْيُوم فى تَوْليد الطّاقة النَّوَويّة .

Uranus *n.* **كَوْكَب أُورانُوس**

urban *adj.* **حَضَرِىّ . خاصّ بِالمَدينة**

urge *n.* **رَغْبة مُلِحّة**

urge *v.* **١ - يَحُثّ . يُشَجِّع**

The Red Crescent urged people to donate blood during the war.

حَثَّ الهِلال الأَحْمَر النّاس على التَّبَرُّع بالدَّم أَثْناء الحَرْب .

> ***Red Crescent***
> *Local non-political organisation, similar to the International Red Cross. In peacetime, the Egyptian Red Crescent and the Palestinian Red Crescent present valuable medical services. They also fulfill an important role by providing help and relief during wars and disasters.*

٢ - يُلِحّ على

urgent *adj.* **عاجِل**

urine *n.* **بَوْل**

us *pron.* **نا**

This map will lead us to the treasure.

سَوْفَ تُرْشِدُنا هذه الخَريطة إلى الكَنْز .

use *n.* **اسْتِعْمال . فائدة**

use *v.* **١ - يَسْتَعْمِل . يَسْتَخْدِم**

Penguins use their wings to swim, not to fly.

يَسْتَخْدِم طائِر البِطْريق جَناحَيْه فى السِّباحة وليس فى الطَّيران .

٢ - يَسْتَغِلّ

Mankind should use the earth's resources intelligently.

على الإنْسان أَنْ يَسْتَغِلّ مَوارِد الأَرْض الطَّبيعيّة بذكاء .

used *adj.* **مُسْتَعْمَل . غَيْر جَديد**

used to *adj.* **مُعْتاد على**

Eskimos are used to extremely cold weather.

الإسْكيمو مُعتادون على الجَوّ الشَّديد البُرودة .

used to *v.* **كانَ + الفِعْل المُضارِع**

Sailors used to navigate by the stars.

كانَ البَحّارة يَتَتَبَّعون النُّجوم لتَحْديد مَسارِهِمْ .

useful *adj.* **مُفيد . له فائدة**

useless *adj.* **١ - بِلا فائدة . بِلا مَنْفَعة**

٢ - فاشِل . غَيْر نافِع

Goha was useless as a merchant.

كان جُحا تاجِراً فاشِلاً .

Please see: ***Goha****, page 29*

usher *n.* **شَخْص يُرْشِد المُتَفَرِّجين إلى مَقاعِدِهِمْ فى مَسْرَح أو سينِما**

usual *adj.* **عادِىّ . مُعْتاد**

usually *adv.* **عادةً**

utensil *n.* **أداة نافِعة (مثلاً : إناء الطَّعام)**

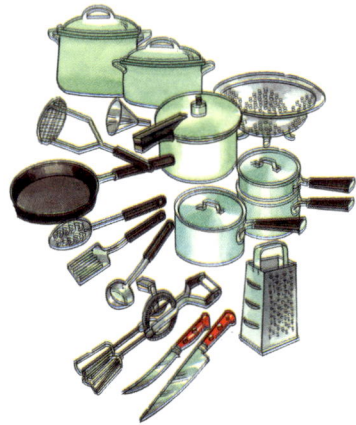

V

ventriloquist

vulture

vacant *adj.* خالٍ . فارغ

There wasn't a vacant seat in the theatre on opening night.

لَمْ يَكُنْ فى المَسْرَح مكانٌ خالٍ لَيْلَة الافْتتاح .

vacation *n.* عُطْلة . إجازة

vaccination *n.* تَطعيم . تَلْقيح

(ضدّ مَرض خَطر مثل شلَل الأطْفال)

vacuum *n.* فَراغ . مكان خالٍ من الهَواء

vacuum cleaner *n.* مكْنَسة كَهْرَبائيّة

vagabond *n.* شخْص مُتَجوّلٌ لا مَسْكَن لَهُ

vague *adj.* غَيْر واضح . مُبْهَم

vain *adj.* ١- مغْرُور

٢- فاشِل . بِلا فائِدة

The firemen made a vain effort to save the burning building.

قام رجال المَطافِئ بِمُحاوَلة فاشِلة لإنْقاذ المَبْنَى المُحْتَرق .

valentine *n.* بِطاقة أو هَديّة صغيرة تُرْسَل إلى الحَبيب فى عيد القِدّيس فالَنْتينوس (يوم ١٤ فَبْرايِر)

valid *adj.* ١- سارى المَفْعُول . صالح

The border police stop anyone without a valid passport.

يُوقِف حَرَس الحُدود أىّ شَخْص لا يَحْمِل جَواز سَفَرٍ صالحاً .

٢- سَليم . مَعْقول (مثلاً؛ تَفْسير مَعْقول)

valley *n.* وادٍ . مُنْخَفَض بَيْن جبال

valuable *adj.* قَيّم . ثَمين

value *n.* قيمة

valve *n.* صمّام . مِحْبَس (يَتَحكّم فى تَدَفُّق سَوائل أو غازات داخِل ماسورة)

vampire *n.* مَصّاص الدِّماء :

كائِن خُرافىّ يَمْتَصّ دَم الإنْسان

247

van *n.* عَربة مُغْلَقة لِنَقْل البَضائع

vandal *n.* مُخَرِّب

vanilla *n.* فانيلْيا . فانيلا

vanish *v.* يَخْتَفي . يَتَلاشَى

vanity *n.* ١- غُرُور

٢- تَسْريحة : قِطعة أثاث بِمِرآة لِلتَّزيُّن وتَسْريح الشَّعْر

vapour *n.* بُخار

variety *n.* عِدّة أنْواع . تَشْكيلة

There's a huge variety of insects in the Amazon rainforest.

تُوجَد عِدّة أنْواع مِن الحَشَرات فى أَدْغال الأمازُون .

various *adj.* مُتَنَوِّع . شَتَّى

varnish *n.* وَرْنيش . بَرْنيق (لِلخَشَب)

varsity *n.* مُنْتَخَب رِياضيّ يُمَثِّل مَدْرَسة أو جامعة

vary *v.* يَتَغَيَّر . يَتَنَوَّع

vase *n.* زَهْرِيّة

vast *adj.* ١- شاسِع . واسِع جداً

The Kalahari is a vast desert in southern Africa.

الكَلاهارِى صَحْراء شاسِعة فى جَنوب إفْريقْيا .

Kalahari Desert
A semiarid area in the south of Africa. It has few inhabitants, chiefly nomadic Bushmen. Its wildlife is protected and is concentrated in the game reserves which are found in the southern area of the desert.

٢- ضَخْم . كَبير جداً

An aircraft carrier is a vast ship.

حامِلة الطّائرات سَفينة ضَخْمة .

vat *n.* حَوْض كَبير

vault *n.* ١- خِزانة كَبيرة (فى بَنْك مَثلاً)

٢- قَبْو . سِرْداب

vault *v.* يَثِب . يَقْفِز

VCR *abbr.* اخْتِصار لِعِبارة videocassette recorder (جِهاز تَسْجيل فيدْيُو)

veal *n.* بِتلُو (لَحْم عِجْل)

vegetable *n.* أىّ نَوْع مِن الخُضار

vegetarian *n.* نَباتىّ : شَخْص لا يأكُل اللَّحْم

vehicle *n.* وَسيلة نَقْل (مَثلاً: سَيّارة أو كارُو أو لُورِى أو قِطار)

veil *n.* طَرْحة . حِجاب

vein *n.* وَرِيد . عِرْق

velocity *n.* سُرْعة السَّيْر

velvet *n.* قَطيفة (نوع مِن القُماش)

vending machine *n.* آلة بَيْع أُوتُوماتيكيّة

vendor *n.* بائع أو بائعة

vengeance *n.* انْتِقام . ثَأْر

venom *n.* سُمّ ثُعْبان أو عَنْكَبُوت أو عَقْرَب

vent *n.* فَتْحة لِلتَّهْوِية

ventilation *n.* تَهْوِية

ventriloquist *n.* فَنّان يَتَكَلَّم بِدُون تَحْريك شَفَتَيْه فَيَظْهَر وكأن صَوْتَه يَأْتِى مِنْ دُمْيَة يَحْمِلها

Venus *n.* كَوْكَب الزُّهَرة

veranda *n.* شُرْفة أو بَلْكُونة مَسْقوفة واسِعة

verb *n.* الفِعْل (فى قَواعِد النَّحْو)

verdict *n.* قَرار المُحَلَّفين فى مَحْكَمة

verse *n.* ١- شِعْر
٢- بَيْت شِعْرٍ
٣- آية (فى القُرْآن أو الإنْجيل)
٤- مَقْطَع أُغْنية يَتَكَوَّن مِنْ عِدَّة سُطور

version *n.* ١- صِيغَة

There are many versions of the story of Aladdin's Lamp.

هُناكَ أَكْثَر مِنْ صِيغَة لِقِصَّة مِصْباح علاء الدّين .

Please see: ***Aladdin's Lamp,*** *page 43*

٢- رِوايَة أَحْداث مِنْ وِجْهَة نَظَر مُعَيَّنة

versus *prep.* ضِدّ

The championship game will be Mozambique versus Nigeria.

سَوْف تَلْعَب مُوزَمْبيق ضِدّ نَيْجيرْيا فى مُباراة البُطولة .

vertical *adj.* عَمودِىّ . رَأْسِىّ

very *adv.* جِداً

vessel *n.* ١- سَفينة أو مَرْكَب
٢- وِعاء

vest *n.* ١- فانلّة . قَميص داخِلِىّ
٢- صُدْرِيّة

veteran *n.* مُحارِب قَديم

veterinarian *n.* طَبيب بَيْطَرِىّ أو طَبيبة بَيْطَرِيّة

veto *n.* نَقْض . اِعْتِراض . ڤيتو

via *prep.* عن طَريق

We flew to Moscow via Istanbul.

طِرْنا إلى مُوسْكُو عن طَريق إسْطانْبول .

vibrate *v.* يَتَذَبْذَب

When a guitar string is plucked it vibrates and produces sound.

عِنْدَما يُنْقَر وَتَر الجيتار يَتَذَبْذَب فيُحْدِث صَوْتاً .

vibration *n.* ذَبْذَبة

vicar *n.* قِسّيس : راعِى كَنيسة بُروتِسْتانْتِيّة

vice-president *n.* نائِب رَئيس

vice-versa *adv.* وَبِالعَكْس

vicious *adj.* شَرِس . شِرِّير

victim *n.* ضَحِيّة

victory *n.* نَصْر . اِنْتِصار

video *n.* ڤيدْيُو (جِهاز أو شَريط)

view *n.* ١- مَنْظَر
٢- رَأْى . وِجْهة نَظَر

People write letters to the editor to express their views.

يُرْسِل النّاس خِطابات إلى رَئيس تَحْرير الصَّحيفة لِيُعَبِّروا عن رَأْيِهِم .

view *v.* يَنْظُر إلى

Viking *n.* مُحارِب بَحْرِىّ إسْكَنْدِينافِىّ
(فى الفَتْرة من القَرْن التّاسِع إلى القَرْن الحادِى عَشَر)

villa *n.* بَيْت كَبير (عادةً فى الرّيف)

village *n.* قَرْيَة

villain *n.* ١- وَغْد
٢- الشِّرّير فى رِواية

vine *n.* ١- نَبات مُتَسَلِّق

٢- كَرْمة (مثلاً: كَرْمة العِنَب)

vinegar *n.* خَلّ

vineyard *n.* كَرْم : بُسْتان لزِراعة العِنَب

viola *n.* فيُولا . الكَمان الأوْسَط (آلة موسيقيّة وَتَريّة)

violence *n.* عُنْف

violent *adj.* عَنيف

violet *adj.* بَنَفْسَجي

violet *n.* ١- اللَّوْن البَنَفْسَجي
٢- زَهْرة البَنَفْسَج

violin *n.* الكَمان (آلة موسيقيّة وَتَريّة)

VIP *abbr.* اخْتِصار لعِبارة
very important person (شَخْص مُهِمٌّ أو مَشْهورٌ)

viper *n.* أفْعَى

virtue *n.* فَضيلة . صِفة حَسَنة (مثلاً: الأمانة أو الصَّبْر)

virus *n.* فَيْرُوس

The common cold is caused by a virus.

الزُّكام يُسَبِّبه فَيْرُوس .

visa *n.* تأشيرة . فيزا (لدُخول بَلَد أجْنَبِيّ)

visible *adj.* ظاهِر للعَيْن . يُمْكِن رُؤْيَتُه

vision *n.* ١- رُؤْيَة . بَصَر
٢- خَيال . طَيْف

Hamlet saw a vision of his father walking by the sea.

رأى هاملت طَيْف أبيه سائراً عِنْد شاطِئ البَحْر .

Hamlet
One of Shakespeare's best known tragedies. Hamlet, the prince of Denmark, tries to take revenge on his uncle for murdering his father and marrying his mother. The ghost of his father appears to him and urges him in the pursuit of his mission.

visit *n.* زِيارة

visit *v.* يَزُور

visitor *n.* زائِر . ضَيْف

visor *n.* ١- واقية مِن الشَّمْس على شَكْل حافّة الكاسْكيت

٢- واقية للوَجْه (الجُزْء الأمامِيّ من الخُوذة)

visual *adj.* مَرْئِيّ . بَصَرِيّ

Sculpture and film are visual arts.

النَّحْت والسّينما من الفُنون المَرْئية .

vitamin *n.* فيتامين

vivid *adj.* ١- ساطِع . فاقِع

This Brazilian parrot is a vivid green.

هذا البَبْغاء البَرازيليّ لَوْنُه أخْضَر فاقِع .

٢- شَديد الوُضُوح بَصَرِيّاً (مثلاً : حُلْم شَديد الوُضُوح)

vocabulary *n.* كَلِمات أو مُفْرَدات لُغة

vocal *adj.* صَوْتِيّ . مُتَعَلِّق بصَوْت الإنْسان

vocal cords *n.pl.* حِبال صَوْتِيّة

vocation *n.* مِهْنة

voice *n.* صَوْت الإنْسان

volcano *n.* بُرْكان

volleyball *n.* رِياضة الكُرة الطّائرة

volt *n.* فُولْت (وِحْدة كَهْرَبائيّة)

volume *n.* ١- دَرَجة ارْتِفاع الصَّوْت
٢- حَجْم . سَعة

A barrel has a greater volume than a bucket.

سَعة البِرْميل أكْبَر مِنْ سَعة الدَّلْو .

٣- كِتاب

٤- مُجلَّد : واحِد مِنْ مَجْموعة كُتُب (مثلاً : مُجلَّد مِنْ مَوْسوعة)

voluntary *adj.* اِخْتِيارِىّ . تَطَوُّعِىّ

volunteer *n.* مُتَطَوِّع

volunteer *v.* يَتَطَوَّع

vomit *v.* يَتَقَيَّأ . يَسْتَفْرِغ

voodoo *n.* الفُودُو : نَوْع مِن السِّحْر يُمارَس فى جُزُر الهِنْد الغَرْبِيّة

vote *n.* صَوْت (فى اِنْتِخاب مثلاً)

vote *v.* يُصَوِّت

vow *n.* نَذْر . وَعْد

vowel *n.* حَرْف مِنْ حُرُوف اللِّين أو الحَرَكة وهى فى اللُّغة الإنْجِلِيزِيّة a, e, i, o, u وأَحْيانًا y

voyage *n.* رِحْلة أو سَفَر طَوِيل

vulture *n.* رَخَمة : طائِر كَبِير يأكُل الحَيَوانات المَيِّتة

windmill
whale

wacky *adj.* مُضْحِك وفيه شَىْءٌ مِن الجُنون

wad *n.* قِطْعة أو كُتْلة مَكْبوسة

waddle *v.* يَمْشى مِثْل البَطّ

wade *v.* يَخُوض فى الماء ؛ يَمْشِى فى الماء

wafer *n.* بَسْكَويت رَقيق

waffle *n.* فَطيرة على شَكْل مُرَبَّع تُؤكَل فى وَجْبة الإفْطار

wag *v.* يَهُزّ

The dog wagged its tail when it saw its master.

هَزّ الكَلْب ذَيْلَه عِنْدَما رَأى صاحِبَه.

wages *n.pl.* راتِب . أجْر

wagon *n.* ١- عَرَبة صَغيرة بِأرْبَع عَجَلات

٢- عَرَبة بِضاعة أو شَحْن فى قِطار

waif *n.* طِفْل مُتَشَرِّد

wail *v.* يُوَلْوِل . يَبْكِى بِصَوْتٍ عالٍ

waist *n.* وَسَط . خَصْر

waistcoat *n.* صُدْرِيّة (تُلْبَس عادةً تَحْت جاكِيت البَدْلة)

wait on *v.* يَخْدِم

wait or wait for *v.* يَنْتَظِر

waiter or waitress *n.* شَخْص مَسْئُول عن الخِدْمة فى مَطْعَم

wake or wake up *v.* ١- يَسْتَيْقِظ . يَصْحُو ٢- يُوقِظ . يُصَحِّى

The rooster crows at dawn and wakes up the farmer.

يَصيح الدِّيك فى الفَجْر ويُوقِظ الفَلاّح.

walk *n.* تَمْشِية . نُزْهة (مَشْياً)

Let's go for a walk on the beach.

هَيّا نَذْهَب لِلتَّمْشِية على شاطِئ البَحْر.

walk *v.* يَمْشى

walkie-talkie *n.* جِهاز لاسِلْكِىّ مُتَنَقِّل (تَسْتَخْدِمه شُرْطة المُرور مَثلاً)

wall *n.* حائِط . سُور

wallaby *n.* نَوْع مِن الكانْجَرُو الصَّغير

wallet *n.* مَحْفَظة جَيْب

wallpaper *n.* وَرَق حائط

walnut *n.* جَوْزة . عَيْن الجمَل

walrus *n.* فيل البَحْر

waltz *n.* رَقْصة الفالْس

wand *n.* عَصا سِحْريّة

wander *v.* ١- يَطُوف . يَتَجوَّل بِدُون هَدَف مُحَدَّد

Senouhi wandered in the desert for years before settling in Syria.

طاف سِنُوحى عِدّة سَنَوات فى الصَّحْراء قَبْل أَنْ يَسْتَقِرّ فى سُوريا .

> ***Senouhi***
> *One of King Ammenemes' men, Senouhi did not want to be involved in political rivalries following the death of the king and so ran away from the court. He crossed the delta, was able to hide from the border patrols and reached Suez where he found himself in the desert. He could have died of thirst if it hadn't been for the nomads who saved his life.*

٢- يَتَرَحَّل مِنْ مَكان إلى مَكان

want *v.* ١- يُرِيد

٢- يَحْتاج إلى

Our garden fence wants painting.

يَحْتاج سُور حَدِيقَتِنا إلى دِهان .

war *n.* حَرْب

ward *n.* عَنْبَر فى مُسْتَشْفَى

wardrobe *n.* ١- دُولاب مَلابِس

٢- مَجْمُوعة مَلابِس

My sister sewed a complete wardrobe for her doll.

خَيَّطَت أُخْتى مَجْمُوعة مَلابِس كامِلةً لعَرُوسَتِها .

warehouse *n.* مُسْتَوْدَع بَضائِع . شادِر

warm *adj.* دافِئ

warmth *n.* دِفْء

warm up *v.* يُسَخِّن

warn *v.* يُنْذِر . يُحَذِّر

warning *n.* إنْذار . تَحْذِير

warp *v.* يَعْوَجّ . يُعَوِّج

warrior *n.* مُحارِب . مُقاتِل

wart *n.* ثُؤْلُول (على سَطْح الجِلْد)

wary *adj.* حَذِر

Be wary crossing that old wooden bridge.

كُنْ حَذِراً وأَنْت تَعْبُر ذلك الكُوبْرى الخَشَبىّ القَدِيم .

was *v.* ماضى فِعْل to be

wash *v.* يَغْسِل

washbasin *n.* حَوْض

washing *n.* غَسِيل

washing machine *n.* غَسّالة آليّة

washing-up *n.* غَسْل الأَطْباق والمَواعِين

washroom *n.* دَوْرة المِياه

wasp *n.* دَبُّور

253

waste *n.* ١- تَبْديد . خَسارة
٢- نُفايات . فَضَلات

Some industrial processes produce toxic waste.

تَنْتُج عن بَعْض العَمَليّات الصِّناعيّة نُفايات سامّةٌ خَطِرةٌ .

waste *v.* يُبَدِّد

A dripping tap wastes water.

الحَنَفِيّة التى تُنَقِّط تُبَدِّد الماء .

wastebasket or wastepaper basket *n.* سَلّة مُهْمَلات

watch *n.* ساعة يَد

watch *v.* ١- يُشاهِد . يَتفرَّج على
٢- يُراقِب

Watch the milk so that it doesn't boil over.

راقِب اللَّبَن حتى لا يَفُور .

٣- يَحْرُس

The female bird watches the nest while the male searches for food.

تَحْرُس أُنْثَى الطّائِر العُشّ بينما يَبْحَث الذَكَر عن الطَّعام .

watch out *v.* يَحْتَرِس

Watch out for whirlpools when you're swimming in the sea.

احْتَرِسُوا من الدَّوّامات المائِيّة وأَنْتُم تَسْبَحون فى البَحْر .

watchdog *n.* كَلْب الحِراسة

water *n.* ماء . مِياه

water *v.* يَسْقِى . يَرْوِى

water closet *n.* دَوْرة المِياه

water colour *n.* ١- لَوْن مائِىّ
٢- رَسْم بِأَلْوانٍ مائِيّة

waterfall *n.* شَلاّل . مَسْقَط ماء

watermelon *n.* بِطّيخة . بَطّيخة

waterproof *adj.* مُقاوِم لِتَسَرُّب الماء

Divers wear waterproof watches.

يَلْبَس الغَوّاصون ساعات يَدٍ مُقاوِمة لِتَسَرُّب الماء .

waterski *v.* يَنْزَلِق على الماء

watt *n.* واطْ (وِحْدة كَهْرَبائِيّة)

wave *n.* مَوْجة

wave *v.* ١- يُلَوِّح (بِيَدِه)
٢- يُرَفْرِف (عَلَم فى الهَواء مثلاً)

wavelength *n.* طُول المَوْجة

wavy *adj.* مُتَمَوِّج

wax *n.* شَمْع

way *n.* ١- طَرِيق . خَطّ سَيْر
٢- طَرِيقة . أُسْلُوب

Sailors tie knots in many different ways.

يَرْبُط البَحّارة العُقَد بِعِدّة طُرُقٍ مُخْتَلِفةٍ .

٣- مَسافة

Argentina is a long way from Syria.

تَقَع الأَرْجَنْتين على مَسافة بَعِيدة مِنْ سُورِيا .

٤- اتِّجاه

Stop! you're going the wrong way.

قِفْ! أَنْتَ تَسير فى اتِّجاه خاطِئ .

way out *adj.* عَجِيب ومُدْهِش

way out *adj.* مَخْرَج . باب الخُروج

WC *abbr.* اخْتِصار لِعِبارة water closet (دَوْرة مِياه)

we *pron.* نَحْنُ

weak *adj.* ضَعِيف

weakling *n.* شَخْص أو حَيَوان ضَعِيف التَّكْوين

wealth *n.* ثَرْوة . غِنًى

wealthy *adj.* غَنِىّ . ثَرِىّ

weapon *n.* سِلاح

wear *v.* يَلْبَس . يَرْتَدِى

wear out *v.* ١- يَبْلَى

Racing car tyres wear out quickly.

تَبْلَى إطارات سَيّارات السِّباق بِسُرْعة .

٢- يُبْلِى (الأحْذية مثلاً)

weasel *n.* عِرْسة . ابْن عِرْس

weather *n.* طَقْس . جَوّ

weatherman *n.* مُذيع نَشْرة الأرْصاد الجَوِّيّة (يَتَنَبأ بالأحْوال الجَوِّيّة)

weave *v.* يَنْسُج

web *n.* نَسيج العَنْكَبُوت

wedding *n.* عُرْس . زِفاف

wedge *n.* قِطْعة على شَكْل إسْفين

Wednesday *n.* يَوْم الأرْبِعاء

wee *adj.* صَغير جداً

Some Irish fairy stories are about wee men called leprechauns.

بَعْض القصَص الخَياليّة الآيَرْلَنْديّة تَدُور حَوْل رِجالٍ صغارٍ يُسَمَّوْن « اللّيبريكُون » .

weed *n.* عُشْبة بَرِّيّة وضارّة

week *n.* أُسْبوع

weekday *n.* يَوْم عَمَل (أيّ يَوْم ماعدا يَوْم الإجازة الأُسْبُوعِيّة)

weekend *n.* عُطْلة نِهاية الأُسْبوع (السَّبْت والأحَد)

weep *v.* يَبْكِى

weigh *v.* يَزِن

The champion Sumo wrestler weighs 190 kg.

يَزِن بَطَل مُصارَعة السُّومُو ١٩٠ كيلوجرامٍ .

weight *n.* ١- وَزْن . ثِقْل

٢- مِثْقال (يُوضَع لِلمُوازَنة بَيْن كِفَّتَى المِيزان)

weightless *adj.* عَديم الوَزْن

Humans are weightless in space because there is no gravity.

يَكُون الإنْسان عَديم الوَزْن فى الفَضاء حَيْث لا تُوجَد جاذِبيّة .

weightlifter *n.* رافِع الأثْقال

weird *adj.* غَريب . شاذّ

It's weird when a cat has one blue and one brown eye.

من الغَريب أنْ يَكُون للقِطّ عَيْنٌ لَوْنُها أزْرَق والعَيْن الأُخْرَى لَوْنُها بُنِّىّ .

weirdo *n.* شَخْص غَريب أو شاذّ

welcome *interj.* مَرْحَباً . أهْلاً وسَهْلاً

welcome *v.* يُرَحِّب بِ

well *adj.* بِصِحّة جَيِّدة . بِخَيْر

well *adv.* جَيِّداً . حَسَناً

well-off *adj.* غَنِىّ

well *n.* بِئْر

well-known *adj.* مَعْروف

wellingtons *n.pl.* حِذاء مَطّاط طَويل للمَطَر

went *v.* ماضى فعل to go

were *v.* ماضى فعل to be

we're = we are

werewolf *n.* شَخْص خُرافِيّ يَتَحوَّل إلى ذِئْب

west *adj.* غَرْبِيّ

west *n.* الغَرْب

western *adj.* غَرْبِيّ

western *n.* فيلْم عن رُعاة البَقَر فى أَمْريكا

wet *adj.* مَبْلول . مُبَلَّل

wet *v.* يُبَلِّل

wet suit *n.* زِىّ الغَوّاص

we've = we have

whack *n.* ضَرْبَة قَوِيّة

whack *v.* يَضْرِب بِقوة

whale *n.* حُوت

wham *n.* صَوْت ضَرْبَة أو صَدْمَة قَوِيّة

wharf *n.* رَصيف فى الميناء (لِتَحْميل السُّفُن أو لتَفْريغها)

what *pron.* ما . ماذا

What did the magician pull out of the hat ?

ماذا أَخْرَجَ السّاحِر مِن القُبَّعة ؟

what *adj.* أَىّ

What kind of stone was used to build the Pyramids?

أَىّ نَوْعٍ مِن الحَجَر اُسْتُخْدِم فى بِناء أَهْرام الجيزة؟

whatever *pron.* ما . مهما

During the holiday you can do whatever you want.

يُمْكِنُك أن تَفْعَل ما تُريد أَثْناء الإجازة .

whatever *adj.* أىّ

You can look up whatever information you need in the encyclopedia.

يُمْكِن أَنْ تَكْشِف فى المَوْسوعة عن أَيّة مَعْلومة تَحْتاج إليها .

wheat *n.* قَمْح

wheel *n.* عَجَلَة

wheelbarrow *n.* عَرَبة يَد بِعَجَلة واحِدة

wheelchair *n.* كُرْسِىّ مُتَحَرِّك

when *adv.* مَتَى

When was milk chocolate first made?

مَتَى صُنِعَتْ الشُّكولاتة بِاللَّبَن لأَوَّل مَرّة؟

when *conj.* عِنْدَما

Columbus knew land was near when he saw flocks of birds.

عَرَف كُولُومْبُوسْ أن الأَرْض قَريبة عِنْدَما شاهَدَ أَسْراب طُيور .

Please see: ***Christopher Columbus, page 57***

where *adv.; conj.* أَيْن . حَيْثُ

No-one knows where Alexander the Great is buried.

لا يَعْرِف أَحَدٌ أَيْنَ دُفِن الإسْكَنْدَر الأكْبَر .

Please see: ***Alexander the Great, page 51***

whether *conj.* **إذا . سَواء . ما إذا**

I like to play chess whether I win or lose.

أُحبّ أنْ ألْعَب الشّطَرَنْج سَواءٌ فُزْت أو خَسِرْت .

which *pron.* **١- أىّ**

Which nut is a member of the bean family?

أىٌّ من المُكَسَّرات مِنْ فَصيلة البُقول ؟

٢- الذى . التى . اللّذان (اللّذَيْن) . اللّتان (اللّتَيْن) . الذينَ . اللائى

while *conj.* **أثْناء . بَيْنَما**

The diplomat learned Chinese while she was living in Peking.

تَعَلَّمَتْ الدبْلوماسِيّة اللُّغة الصّينيّة أثْناء إقامَتِها فى بكين .

while *n.* **فَتْرة . مُدّة**

Oil paint takes a while to dry.

يَحْتاج دهان الزّيْت إلى فَتْرةٍ لِيَجِفّ .

whimper *v.* **يَبْكى بِصَوْت خافِت**

whine *v.* **يَشْكو أو يَزِنّ باكِياً**

whinny *v.* **يَصْهَل بِصَوْت خافِت**

whip *n.* **كُرْباج**

whip *v.* **يَضْرِب بالكُرْباج . يَجْلِد**

whipped cream *n.* **كريم شانْتى**

whirl *v.* **يَدور أو يَلُفّ بِسُرْعة**

whirligig *n.* **دُوّارة كبيرة يَرْكَب عليها الأطْفال**

whirlpool *n.* **دُوّامة مائيّة**

whirlwind *n.* **رياح دوّاميّة**

whiskers *n.pl.* **١- شَوارِب حَيَوان (قِطّة أو فأْر مثلاً)**

٢- الشّعْر على وَجْه الرّجُل

whisper *v.* **يُوَشْوِش . يَهْمِس**

whistle *n.* **صَفّارة**

whistle *v.* **يُصَفِّر**

white *adj.* **أبْيَض**

white *n.* **اللّوْن الأبْيَض**

whittle *v.* **يَنْحَت الخَشَب بِمِطْواة**

whiz *n.* **شَخْص بارِع**

The chess champion was a whiz at maths as a child.

كان بَطَل الشّطَرَنْج بارِعاً فى الرِّياضِيّات وهو طِفْل .

whiz *v.* **يَنْطَلِق بِسُرْعة مُحْدِثاً أزيزاً**

The fireworks whizzed up in the sky and burst into colours.

انْطَلَقَت الألْعاب النّاريّة فى السّماء ثُمَّ انْفَجَرَت ألْواناً .

who *pron.* **١- مَنْ**

Who invented the telescope?

مَنْ اخْتَرَع التِّلسْكوب ؟

٢- الذى . التى . اللّذان (اللّذَيْن) . اللّتان (اللّتَيْن) . الذينَ . اللائى

Galileo was the 17th century scientist who invented the telescope.

جاليلْيو هو عالِم القَرْن السّابِع عَشَر الذى اخْتَرَع التِّلِسْكوب .

Italian mathematician, physicist and astronomer who is the founder of experimental science. In 1609, Galileo heard of the invention of a simple telescope, so he designed one himself and used it to study the sky. He became convinced that the earth turns around the sun, yet was forced to change his statements during the inquisition in 1633.

whole *adj.* **تامّ . كامِل . بأكْمَلِه**

We spent a whole day at the museum.

أمْضَيْنا يَوْماً كامِلاً في المَتْحَف .

whose *pron.* **١- لِمَنْ**

٢- الذي . التي . اللّذان (اللّذَيْن) . اللّتان (اللّتَيْن) . الذينَ . اللائي

why *adv.* **لماذا**

wick *n.* **فَتيلة (الشَّمْعة)**

wicked *adj.* **شِرِّير**

The wicked witch locks children up in a secret room.

تَحْبِس السّاحِرة الشِّرِّيرة أطْفالاً في غُرْفة سِرِّيّة .

wide *adj.* **عَريض . واسِع**

widespread *adj.* **مُنْتَشِر**

widow *n.* **أرْمَلة**

widower *n.* **أرْمَل**

width *n.* **عَرْض**

The width of the Mississippi River increases during the flood season.

يَزْداد عَرْض نَهْر الميسيسيبي في مَوْسِم الفَيَضان .

Mississippi River
A river in central U.S.A. With its principal tributary, the Missouri river, it forms the third longest river in the world, at 6050 km. Because of the danger of flooding, the course of the river has high artificial embankments.

wife *n.* **زَوْجة . قَرينة**

wig *n.* **باروكة . شَعْر مُسْتَعار**

wiggle *v.* **١- يَهْتَزّ . يَتَرَجْرَج**

The worm wiggled on the fishing hook.

اهْتَزّت الدّودة المُعَلّقة في صِنّارة الصَّيْد .

٢- يَهُزّ

The clown wiggled his ears while walking on his hands.

هَزّ المُهَرِّج أُذُنَيْه وهو يَمْشي على يَدَيْه .

wigwam *n.* **بَيْت يُصْنَع مِن الجُلود أو لِحاء الشَّجَر ويَسْكُن فيه الهُنود الحُمْر**

wild *adj.* **١- وَحْشِيّ . بَرِّيّ**

Some wild mushrooms are poisonous.

بَعْض أنْواع الفُطْر البَرِّيّة سامّة .

٢- هائِج . جُنونيّ

wilderness *n.* **بَرِّيّة . بَراري . بيئة طَبيعيّة**

wildlife *n.* **حَيَوانات بَرِّيّة (في بيئَتِها الطَّبيعيّة)**

wilful or willful *adj.* **عَنيد**

will *n.* **١- إرادة**

٢- وَصِيّة

will *v.* **سَـ . سَوْفَ (الكَلِمة الإنْجِليزيّة فِعْل مُساعِد يَدُلّ على المُسْتَقْبَل)**

Our mango tree will bear fruit in two years.

سَوْفَ تُثْمِر شجرة المانْجو التي عِنْدَنا بَعْد سَنَتَيْن .

willing *adj.* **مُسْتَعِدّ**

Would you be willing to go up in a hot air balloon?

هل أنْتَ مُسْتَعِدّ لِلرُّكوب في مِنْطاد ؟

willow *n.* **شَجَرة الصَّفْصاف**

will-power *n.* **قُوّة الإرادة**

wilt *v.* **يَذْبُل**

Flowers wilt without water.

تَذْبُل الزُّهور بِدون ماء .

wimp *n.* ١- شَخْص ضَعيف التَّكْوين

٢- جَبان

win *v.* يَفُوز . يَكْسِب

wind *n.* رِيح . رِياح

wind instrument *n.* آلة مِنْ آلات النَّفْخ

المُوسيقِيّة (مثلاً : الفلُوت أو البُوق)

wind *v.* ١- يَتَلَوَّى

The map shows a river winding through the mountains.

تُظْهِر الخَريطة نَهْرًا يَتَلَوَّى فى الجِبال .

٢- يَلْوِى . يَلُفّ

Textile factory machines wind thread on spools at high speed.

ماكينات مَصْنَع النَّسيج تَلُفّ الخُيوط على بَكَر بِسُرْعة فائقة .

٣- يَمْلأ (سَاعة اليَد مثلاً)

windbreaker or windcheater *n.* جاكيت خَفيف بِسُوسْتة

winding *adj.* مُلْتَو . مُعْوَج

windmill *n.* طاحونة هَوائِيّة

(لِسَحْب الماء أو طَحْن الحَبّ)

window *n.* شُبّاك . نافذة

windpipe *n.* قَصَبة هَوائِيّة

windscreen or windshield *n.* الزُّجاج

الأمامِىّ (فى سَيّارة مثلاً)

wind up *v.* ١- يَمْلأ (زُنْبُرُك لُعْبة مثلاً)

٢ - يَنْتَهِى . يُنْهِى

The Olympic games always wind up with a special ceremony.

تَنْتَهِى الألْعاب الأولِيمْبِيّة دائِماً باحْتِفالٍ خاصٍّ .

Please see: ***Olympic games,*** *page 162*

windy *adj.* شَدِيد الرِّياح

wine *n.* نَبِيذ

wing *n.* جَناح

wink *n.* غَمْزة

wink *v.* يَغْمِز (بِعَيْنِه)

winter *n.* شِتاء . فَصْل الشِّتاء

wipe *v.* يَمْسَح

wipe out *v.* ١- يُهْلِك . يُدَمِّر

The storm wiped out all the houses on the beach.

دَمَّرَت العاصفة كُلّ البُيوت القَريبة مِن الشّاطِئ .

٢- يَمْحُو . يُزيل

The government is working to wipe out illiteracy.

تَبْذُل الحُكومة جُهوداً لِتَمْحُو الأُمِّيّة .

wire *n.* سِلْك

wisdom *n.* حِكْمة

wisdom tooth *n.* ضِرْس العَقْل

wise *adj.* حَكِيم . عاقِل

wish *n.* أُمْنِية . رَغْبة

wish *v.* يَتَمَنَّى

wishbone *n.* عَظْمُ التَّرْقُوَة (فى الدَّجاج مثلاً)

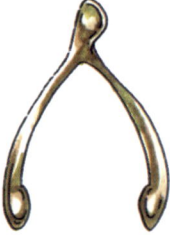

wishy-washy *adj.* مُتَرَدِّد

witch *n.* ساحِرَة

witch doctor *n.* طَبِيب ساحِر . حَكِيم القَبِيلَة

with *prep.* ١- مَعَ . مَعْ

٢- بِـ

The gladiator fought **with** courage but he was still killed.

قاتَل المُصارِع الرّومانِىّ بِشَجاعة لكنه قُتِل .

withdraw *v.* ١- يَنْسَحِب

٢- يَسْحَب

wither *v.* يَذْبُل . يَجِفّ

without *prep.* بِدُون . بِلا . مِنْ غَيْر

witness *n.* شاهِد

The police questioned all the **witnesses** about the accident.

اسْتَجْوَب البوليس كُلّ الشُّهود عن الحادث .

witty *adj.* ذَكِىّ وسَرِيع البَدِيهَة

wizard *n.* ساحِر

wobble *v.* يَتَرَنَّح . يَتَمايَل

The cart is **wobbling** because it has a loose wheel.

تَتَمايَل الكارِيتّة لأن إحْدَى عَجَلاتِها مَفْكوكة .

woke *v.* ماضى فعل to wake

wolf *n.* ذِئْب

woman *n.* امْرَأة

wonder *n.* ١- تَعَجُّب . دَهْشَة

٢- عَجِيبَة

The Pharos of Alexandria was one of the Seven **Wonders** of the World.

فَنار الإسْكَنْدَرِيّة إحْدَى عَجائِب الدُّنْيا السَّبْع .

wonder *v.* ١- يَتَساءَل . تُرَى

I **wonder** how many feathers a peacock has.

تُرَى كَمْ رِيشَة لِلطّاوُوس ؟

٢- يَتَعَجَّب

wonderful *adj.* هائِل . عَجِيب

wood *n.* ١- خَشَب

٢- غابَة

woodcutter *n.* حَطّاب

wooden *adj.* خَشَبِىّ . مَصْنُوع مِن الخَشَب

woodpecker *n.* نَقّار الخَشَب (طائِر صَغِير)

woods *n.pl.* غابَة

woodwind *n.* آلَة مِنْ آلات النَّفْخ الخَشَبِيّة (مثلاً : الكلارِينِيت أو الأُوبُوا)

wool *n.* صُوف

word *n.* كَلِمَة

wore *v.* ماضى فعل to wear

work *n.* عَمَل . شُغْل

work *v.* يَعْمَل . يَشْتَغِل

work out *v.* ١- يَحُلّ (مَسْألَة أو مُشْكِلَة)

٢- يَفْهَم

I can't **work out** why dogs hate cats.

لا أَفْهَم لِماذا تَكْرَه الكِلاب القِطَط .

٣- يَنْتَهِي

Everything worked out all right in the end.

أخيراً انْتَهَى كُلّ شيْءٍ على خَيْرٍ.

٤ - يَقوم بِتَمْرينات رِياضِيّة

workbook *n.* كِتاب دِراسِيّ فيه تَمْرينات أو أَسْئِلة

worker *n.* عامِل أو عامِلة

workout *n.* تَمْرينات رِياضِيّة

workshop *n.* وَرْشة

world *n.* عالَم . دُنْيا

worm *n.* دُودة

worn-out *adj.* ١- رَثّ . بالٍ

The old beggar's shoes were completely worn-out.

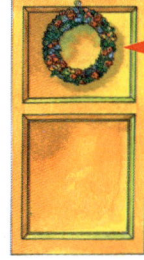

كان حذاء الشَّحّاذ العَجوز بالِياً تَماماً.

٢- مُرْهَق . مُتْعَب

The marathon runner was worn-out when he crossed the finishing line.

كان عَدّاء المَسافات الطَّويلة مُرْهَقاً عِنْدَما وَصَل إلى خَطّ النِّهاية.

worried *adj.* قَلِق

worry *v.* يَقْلَق

worse *adj.* أَسْوَأ (مِنْ) . أَرْدَأ (مِنْ)

worship *v.* يَعْبُد . يَتَعَبَّد

worst *adj.; n.* الأَسْوَأ . الأَرْدَأ

worth *adj.* ١- يُساوِي (فى القِيمة)

٢- يَسْتَحِقّ

worth *n.* قِيمة

wound *n.* جُرْح . إصابة

wounded *adj.* مَجْروح . مُصاب

woven *adj.* مَنْسوج

wow *interj.* ياسَلام !

wrap or wrap up *v.* يُغَلِّف . يَلُفّ

wrapper *n.* غِلاف

wreath *n.* إكْليل : حَلْقة مِن الزُّهور أو أَوْراق الشَّجَر

wreck *n.* حُطام (مثلاً : حُطام سَفينة)

wreck *v.* يُحَطِّم . يُخَرِّب

wren *n.* صَعْو (طائِر صَغير جِداً)

wrench *n.* مِفْتاح إنْجِليزِيّ

wrestle *v.* يُصارِع . يَتَصارَع مع

wrestling *n.* مُصارَعة

wring *v.* يَعْصُر

wrinkle *n.* ١- كَرْمَشة (فى القُماش مثلاً)

٢- تَجَعُّد (فى البَشَرة مثلاً)

wrinkle *v.* ١- يَتَجَعَّد . يَتَكَرْمَش

٢- يُجَعِّد . يُكَرْمِش

wrinkled *adj.* مُكَرْمَش . مُتَجَعِّد

wrist *n.* مِعْصَم . رُسْغ اليَد

wrist-watch *n.* ساعة يَد

write *v.* ١- يَكْتُب

٢- يُؤَلِّف

Shakespeare wrote poetry as well as plays.

أَلَّف شِكِسْبير الشِّعْر بالإضافة إلى المَسْرَحِيّات.

William Shakespeare (1564-1616)
English playright, recognised as the greatest English writer. He started his career in London in 1589. His famous Sonnets (1609) are mostly about love and friendship and among his numerous famous plays are Hamlet, Romeo and Juliet, and Macbeth.

writer *n.* **كاتِب . مؤَلِّف**

wrong *adj.* **١- غَلَط . خاطِئ**

The mad scientist pressed the wrong button and found himself in 2132.

ضَغَط العالِم المَجْنون على الزِّرّ الغَلَط فَوَجَد نَفْسَه في سَنة ٢١٣٢ .

٢- خَطأ . عَيْب

It's wrong to throw rubbish in the street.

رَمْيُ القُمامة في الشّارِع عَيْبٌ .

٣- مُخْطِئ . غَلْطان

Ancient scientists were wrong to believe that the earth was flat.

كانَ العُلَماء القُدَماء مُخْطِئِين عِنْدَما ظَنّوا أن كَوْكَب الأَرْض مُسَطَّح .

wrote *v.* to write **ماضي فعل**

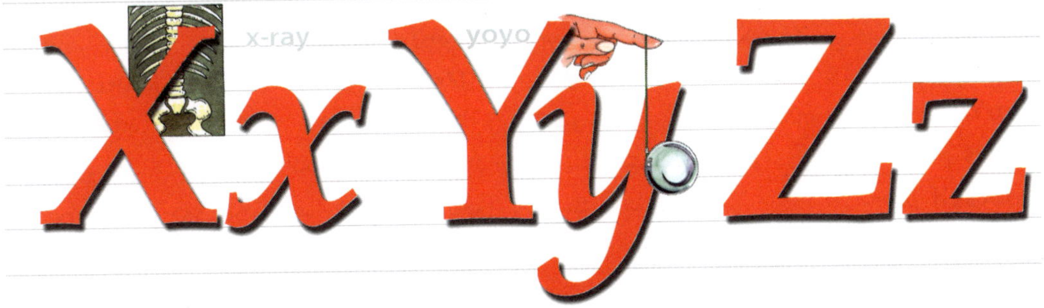

Xx Yy Zz

xerox *v.* يَنْسَخ ؛ يُصوِّر ورَقاً بآلة تَصْوير

Xmas *n.* اخْتِصار لكَلِمة Christmas (عيد الميلاد)

x-ray *n.* أَشِعّة إكْس

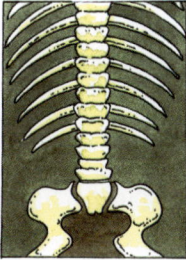

xylophone *n.* اكْسيلُوفُون (آلة موسيقيّة)

yacht *n.* يَخْت

yank *v.* يَشُدّ فَجْأةً

yard *n.* يارْدة: مقْياس للطّول = ٩١،٤ سَنْتيمِتْراً

yard *n.* ١- أَرْض مَرْصوفة حَوْلَها سورٌ

٢- جُنَيْنة بَيْت مَزْروعة بالعُشْب

yardstick *n.* عَصا اليارْدة لقِياس الطّول

yarn *n.* ١- خَيْط . غَزْل (مثلاً ؛ خَيْط التّريكو)

٢ - حِكاية

The old sailor spun fantastic yarns about his adventures at sea.

حَكَى البَحّار العَجوز حِكايات عَجيبة عن مُغامَراته في البَحْر.

yawn *v.* يَتَثاءَب

year *n.* سَنَة

yearbook *n.* أَلْبُوم سَنَوِيّ يَعْرِض صُوَر الطَّلَبة وأَحْداث العام الدِّراسيّ

yeast *n.* خَميرة (للخُبْز)

yell *v.* يَصيح . يَصْرُخ

yellow *adj.* أَصْفَر

yellow *n.* اللَّوْن الأَصْفَر

yelp *v.* يَعْوي بِصَوْتٍ حادّ

yesterday *adv.* أَمْس . البارِحة

yet *adv.* بَعْدُ . حَتَّى الآن

We don't know yet which came first, the chicken or the egg.

لَمْ نَعْرِف بَعْدُ أَيُّهما كانَت الأُولَى الدَّجاجة أم البَيْضة.

yoghurt or yogurt *n.* لَبَن زَبادي

yolk *n.* صَفار البَيْض

you *pron.* ١- أَنْتَ . أَنْتِ . أَنْتُم . أَنْتُنَّ . أَنْتُما

٢- كَ . كِ . كُم . كُنَّ . كُما

I didn't recognise you in that disguise!

لَمْ أَعْرِفْكَ في زِيّ التَنَكُّر هذا!

young *adj.* ١- صَغير السِّنّ

٢- شَبابِيّ

263

your *pron.* لكَ . لكِ . كُمْ . كُنَّ . كُما

Your grandmother tells funny stories.

جدَّتُكُمْ تَحْكي حِكايات مُضْحِكة .

you're = you are

you're welcome *interj.* العفْو . عفْواً

yours *pron.* لكَ . لكِ . كُمْ . كُنَّ . كُما

yourself *pron.* نَفْسكَ . نَفْسكِ

Do your homework by yourself!

اعْمَلْ الواجبَ المَنْزلىّ بنَفْسك !

yourselves *pron.* نَفْسكُمْ . نَفْسكُنَّ . نَفْسكُما

youth *n.* ١- فَتْرة الصِبا أو الشَّباب
٢- شابّ . فَتاة

yoyo *n.* لُعْبة اليُويُو

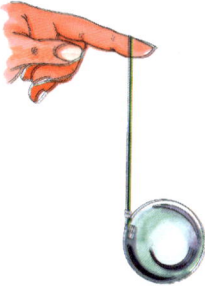

yummy *adj.* شَهِىّ . لَذيذ الطَّعْم

zap *v.* يَضْرِب فَجْأةً بقُوّة شَديدة

zebra *n.* حمار وَحْشِىّ مُخَطَّط

zero *n.* صِفْر

zigzag *adj.* مُتَعَرِّج

zigzag *v.* يُعَرِّج (أثْناء السَّيْر مثلاً)

The dog zigzagged through the carrot patch following the rabbit's scent.

عَرَّجَ الكَلْب عبر حَقْل الجزَر وهو يَقْتَفى أَثَر رائِحة الأَرْنَب .

zinc *n.* مَعْدِن الزِّنْك

zip *v.* يُغْلِق السُّوسْتة

zipper or zip *n.* سُوسْتَة . سَحاب

zodiac *n.* أَبْراج الحظّ

zombie *n.* شَخْص مَذْهُول أو غَيْر مُنْتَبِه

zone *n.* مَنْطِقة . مِنْطَقة

There are no customs in a duty free zone.

لا تُوجَد جَمارك داخل المِنْطَقة الحُرّة .

zoo *n.* حَديقة الحَيَوانات

zoom *v.* يَسير بسُرْعة شَديدة جِداً

The racing cars zoomed around the track.

سارَت السَّيّارات بِسُرْعة شَديدة جداًّ حَوْلَ حَلْبة السِّباق .

zoom lens *n.* زُووم : عَدَسة كاميرا تُقَرِّب ما يُصَوَّر

zucchini *n.* كُوسة

Zulu *n.* زُولُو: أحَد أَفْراد قَبيلة الزُّولُو الإفْريقيّة

Irregular Verbs

الأفعال الشـــاذة

verb	past tense	past participle	الفــــعل
be (am ; is ; are)	was; were	been	يَكُون
bear	bore	borne	يَتَحَمَّل
beat	beat	beaten	يَضْرِب ، يَغْلِب
become	became	become	يُصْبِح
begin	began	begun	يَبْدَأ ، يَبْتَدِئ
bend	bent	bent	يَلْوِى ، يَثْنِى
bet	bet	bet	يُرَاهِن
bind	bound	bound	يَرْبُط ، يُجَلِّد
bite	bit	bitten or bit	يَعُضّ
bleed	bled	bled	يَنْزِف
bless	blessed or blest	blessed or blest	يُبَارِك
blow	blew	blown	يَهُبّ ، يَنْفُخ
break	broke	broken	يَكْسِر ، يَنْكَسِر
breed	bred	bred	يُرَبِّى حيوانات
bring	brought	brought	يُحْضِر ، يَجْلِب
build	built	built	يَبْنِى
burn	burnt or burned	burnt or burned	يُحْرِق ، يَحْتَرِق
burst	burst	burst	يَنْفَجِر ، يُفَرْقِع
buy	bought	bought	يَشْتَرِى
cast	cast	cast	يَرْمِى ، يَقْذِف
catch	caught	caught	يَمْسِك ، يَصْطاد
choose	chose	chosen	يَخْتَار
cling	clung	clung	يَتَمَسَّك بِـ
come	came	come	يَأْتِى ، يَجِئ
cost	cost	cost	يُكَلِّف
creep	crept	crept	يَتَسَلَّل ، يَزْحَف
cut	cut	cut	يَقْطَع ، يَقُصّ
deal	dealt	dealt	يُوَزِّع الكوتْشينة
dig	dug	dug	يَحْفِر
dive	dived or dove	dived or dove	يَغْطِس ، يَغُوص
do	did	done	يَعْمَل ، يَفْعَل
draw	drew	drawn	يَرْسُم ، يَسْحَب

verb	past tense	past participle	الفـــعل
dream	dreamt or dreamed	dreamt or dreamed	يَحْلُم
drink	drank	drunk	يَشْرَب
drive	drove	driven	يقود ، يَسُوق
eat	ate	eaten	يأكُل
fall	fell	fallen	يَسْقُط ، يقَع
feed	fed	fed	يُطعِم ، يُؤكِّل
feel	felt	felt	يَشْعُر ، يتَلَمَّس
fight	fought	fought	يتَشاجَر ، يُحارِب
find	found	found	يَجِد ، يَعْثُر على
fit	fitted or fit	fitted or fit	يُناسِب (فى المقاس)
flee	fled	fled	يَهْرُب ، يَفِرّ
fling	flung	flung	يَقْذِف بِقُوّة
fly	flew	flown	يَطِير
forbid	forbade	forbidden	يُحَرِّم ، يَمْنَع
forecast	forecast or forecasted	forecast or forecasted	يَتَنَبأ بِـ
forget	forgot	forgotten	يَنْسَى
forgive	forgave	forgiven	يُسامِح ، يَعْذُر
freeze	froze	frozen	يَتَجمَّد ، يُثلِّج
get	got	got or gotten	يَحْصُل على ، يُحْضِر
give	gave	given	يُعْطِى ، يُهْدِى
go	went	gone	يَذْهَب إلى ، يَمُرّ
grind	ground	ground	يَطْحَن
grow	grew	grown	يَنْمُو ، يَزْرَع
hang	hung or hanged	hung or hanged	يُعلِّق ، يَشْنُق
have (has ; have)	had	had	يَمْلك (عنده)
hear	heard	heard	يَسْمَع
hide	hid	hidden	يَخْتَفِى ، يُخْفِى
hit	hit	hit	يَضْرِب
hold	held	held	يَمْسِك ، يَحْتَوِى
hurt	hurt	hurt	يُؤلِم ، يَجْرَح

verb	past tense	past participle	الفعــــل
keep	kept	kept	يَحْتَفِظ بِـ ، يُواصِل
kneel	knelt	knelt	يَرْكَع
knit	knitted or knit	knitted or knit	يَشْتَغِل التِّريكو
know	knew	known	يَعْرِف ، يُدْرِك
lay	laid	laid	يَضَع ، تَبِيض
lead	led	led	يَقُود ، يُرْشِد
lean	leant or leaned	leant or leaned	يَمِيل ، يَسْتَنِد
leap	leapt or leaped	leapt or leaped	يَقفِز
learn	learnt or learned	learnt or learned	يَتَعلَّم
leave	left	left	يُغادِر ، يَتْرُك
lend	lent	lent	يُسَلِّف
let	let	let	يَسْمَح لِـ ، يَدَع
lie	lay	lain	يَرْقُد ، يَكْذِب
light	lit or lighted	lit or lighted	يُشْعِل ، يُضِئ
lose	lost	lost	يَفْقِد ، يَخْسَر
make	made	made	يَعْمَل ، يَصْنَع
mean	meant	meant	يَعْنِى ، يَقْصِد
meet	met	met	يُقابِل
misspell	misspelt or misspelled	misspelt or misspelled	يُخْطِئ فى الهِجاء
misunderstand	misunderstood	misunderstood	يُسِئ الفَهْمَ
outgrow	outgrew	outgrown	يَكْبُر على (المقاس)
overcome	overcame	overcome	يَتَغَلَّب على
overhear	overheard	overheard	يَسْمَع بدون قَصْد
oversleep	overslept	overslept	يَسْتَيقِظ مُتَأَخِرًا
overtake	overtook	overtaken	يَتَخَطَّى ، يَتَجاوَز
pay	paid	paid	يَدْفَع
prove	proved	proved or proven	يُثْبِت
put	put	put	يَضَع
quit	quit	quit	يَتَوَقَّف ، يَنْسَحِب
redo	redid	redone	يُعِيد عَمَل شَىْء
repay	repaid	repaid	يُسَدِّد

verb	past tense	past participle	الفــــعل
rerun	reran	rerun	يُعِيد (عَرْضَ مُسَلْسَلٍ)
rid	rid or ridded	rid or ridded	يَتَخَلَّص من
ride	rode	ridden	يَرْكَب
ring	rang	rung	يَرِنّ
rise	rose	risen	يَرْتَفِع ، يَنْهَض ، تُشْرِق (الشَّمْسُ)
run	ran	run	يَجْرِى ، يُشَغِّل
saw	sawed	sawed or sawn	يَقْطَع بِمِنْشَار
say	said	said	يَقُول
see	saw	seen	يَرَى ، يُشَاهِد
seek	sought	sought	يَبْحَث عن
sell	sold	sold	يَبِيع
send	sent	sent	يُرْسِل ، يَبْعَث
set	set	set	يَضَع ، يُحَدِّد ، تَغْرُب (الشَّمْسُ)
sew	sewed	sewn or sewed	يُخَيِّط
shake	shook	shaken	يَهُزّ ، يَرْتَعِش
shave	shaved	shaved or shaven	يَحْلِق (بالمُوسَى)
shed	shed	shed	يُسْقِط (دُمُوعاً)
shine	shone	shone	يَلْمَع ، يُلَمِّع
shoot	shot	shot	يُطْلِق النّارَ على
show	showed	shown	يَظْهَر ، يَعْرِض
shrink	shrank	shrunk	يَنْكَمِش
shut	shut	shut	يُغْلِق ، يَنْغَلِق
sing	sang	sung	يُغَنِّى
sink	sank	sunk	يَغْرَق ، يُغْرِق
sit	sat	sat	يَجْلِس ، يَقْعُد
sleep	slept	slept	يَنَام
slide	slid	slid	يَتَزَحْلَق
slit	slit	slit	يَشُقّ (بِسِكِّينة)
smell	smelt or smelled	smelt or smelled	يَشُمّ ، تَفُوح منه رائحة

verb	past tense	past participle	الفـــــعل
sow	sowed	sown or sowed	يَزْرَع ، يَبْذُر
speak	spoke	spoken	يَتَكَلَّم ، يَتَحَدَّث
speed	sped	sped	يُسْرِع
spell	spelt or spelled	spelt or spelled	يَتَهَجَّى كَلِمَةً
spend	spent	spent	يَصْرِف ، يُنْفِق
spill	spilt or spilled	spilt or spilled	يَنْسَكِبَ ، يَسْكُب
spin	spun	spun	يَدُور ، يَغْزِل
spit	spat	spat	يَبْصُق ، يَتُفّ
split	split	split	يَنْفَصِل ، يَفْصِل
spoil	spoilt or spoiled	spoilt or spoiled	يَفْسُد ، يُدَلِّل
spread	spread	spread	يَفْرِد ، يَبْسُط
spring	sprang	sprung	يَقْفِز ، يَنُطّ
stand	stood	stood	يَقِف ، يَتَحَمَّل
steal	stole	stolen	يَسْرِق ، يَخْتَلِس
stick	stuck	stuck	يَلْتَصِق ، يُلْصِق
sting	stung	stung	يَلْدَغ
stink	stank or stunk	stunk	يُنْتِن
strike	struck	struck	يَضْرِب ، يُضْرِب
string	strung	strung	يُرَكِّب وَتَراً
swear	swore	sworn	يَحْلِف ، يَسُبّ
sweep	swept	swept	يَكْنُس
swell	swelled	swollen or swelled	يَتَوَرَّم ، يَنْتَفِخ
swim	swam	swum	يَسْبَح
swing	swung	swung	يَتَأَرْجَح
take	took	taken	يَأْخُذ
teach	taught	taught	يُعَلِّم ، يُدَرِّس
tear	tore	torn	يَتَمَزَّق ، يُمَزِّق
tell	told	told	يُخْبِر ، يُدْرِك
think	thought	thought	يُفَكِّر ، يَعْتَقِد
throw	threw	thrown	يَرْمِى ، يَقْذِف
tread	trod	trod or trodden	يَمْشِى ، يَدُوس
understand	understood	understood	يَفْهَم

verb	past tense	past participle	الفـــعل
undertake	undertook	undertaken	يَقُوم بِـ
undo	undid	undone	يَفُكّ
unwind	unwound	unwound	يَفُكّ ، يَحلّ
upset	upset	upset	يُزْعِج ، يَقْلِب
wake	woke or waked	woken or waked	يَسْتَيْقِظ ، يُوقِظ
wear	wore	worn	يَلْبَس ، يَرْتَدِي
weave	wove	woven	يَنْسُج
weep	wept	wept	يَبْكِي
wet	wetted or wet	wetted or wet	يُبَلِّل
win	won	won	يَفُوز ، يَكْسِب
wind	wound	wound	يَتَلَوَّى ، يَلْوِي
withdraw	withdrew	withdrawn	يَنْسَحِب ، يَسْحَب
wring	wrung	wrung	يَعْصُر
write	wrote	written	يَكْتُب ، يُؤَلِّف

Encyclopedic Information

معلومات موسوعية

p. 1 **Herodotus (484-420 B.C.)**

هيرودوت (٤٨٤ - ٤٢٠ ق.م.)

مؤرخ ورحّالة يونانى معروف بأنه أبو التاريخ. ويُعَدّ كتابه الموسوعى "تاريخ" أحد المراجع الكلاسيكية عن الحضارات القديمة.

p. 2 **Alexander Fleming (1881-1955)**

إسكندر فليمنج (١٨٨١ - ١٩٥٥)

عالم بريطانى اكتشف، فى ١٩٢٨، البنسلين المضاد الحيوى المنقذ للحياة، عندما ترك بالصدفة طبقا مكشوفا يحتوى على بكتريا (جراثيم)، ولاحظ أن بعض جراثيم مزرعة البكتريا قتلها التلوث من فُطْر حدّده بأنه من نوع "بنسيليوم نوتاتوم".

p. 2 **Admiral Byrd (1888-1957)**

أدميرال بيرد (١٨٨٨ - ١٩٥٧)

مستكشف أمريكى قام بأول طيران فى العالم فوق القطب الشمالى فى ٩ مايو ١٩٢٦. ثم صار مهتما بالقطب الجنوبى، فقام ببعثته الأولى فى ١٩٢٨، وفى ١٩٢٩ طار فوق القطب الجنوبى. وخلال بعثة أخرى من ١٩٣٣ إلى ١٩٣٥، قضى خمسة أشهر وحده فى محطة طقس ووصف تجربته فى كتاب بعنوان "وحدى" (١٩٣٨).

p. 5 **The Stone Age**

العصر الحجرى

أقدم فترة للثقافة البشرية، اعتمد الإنسان خلالها على الحجر كمادة يصنع منها الأسلحة والأدوات.

p. 5 **World War II (1939-1945)**

الحرب العالمية الثانية (١٩٣٩ - ١٩٤٥)

حرب بين قوات الحلفاء (بريطانيا العظمى والكومنولث، وفرنسا، والاتحاد السوفييتى، والولايات المتحدة الأمريكية، والصين) من جهة وقوات المحور (ألمانيا، وإيطاليا، واليابان) من جهة أخرى. وكان قد أدّى إلى الحرب فشل مؤتمر السلام بباريس بعد الحرب العالمية الأولى فى توفير الأمن الدولى وكذلك المطامع الإقليمية لألمانيا النازية.

p. 9 **Sayed Darwish (1892-1923)**

سيد درويش (١٨٩٢ - ١٩٢٣)

كان سيد درويش مجدِّداً للموسيقى والأغانى العربية. وقد تناول فى أغانيه دائرة واسعة من الموضوعات، تمتد من الأغانى الوطنية والحماسية، إلى الأغانى الاجتماعية والساخرة. وكانت أغانيه شعبية جدا لأنها عكست المشاعر الحقيقية للشعب. قام بتلحين ٢٦ مسرحية موسيقية، وحوالى ٢٦٠ أغنية. والواقع أن كلمات النشيد الوطنى لمصر كانت مأخوذة من خطبة شهيرة للزعيم الوطنى مصطفى كامل، ولحّنه سيد درويش.

p. 14 **Pinocchio**

پينوكيو

شخصية فى قصة أطفال إيطالية يقوم فيها صانع لعب أطفال منعزل بصنع دمية خشبية لصبى يبدأ فى الكلام والحركة وينتهى إلى أن يصير صبيّاً حقيقيا. وپينوكيو شهير بأن له أنفاً يزداد طولا كلما قال كذبة.

p. 19 **Cleopatra (69-30 B.C.)**

كليوباترا (٦٩ - ٣٠ ق.م.)

كانت كليوباترا السابعة إحدى ملكات البطالمة فى مصر حكمت أسرتها البلاد طوال ثلاثة قرون. وكانت شهيرة بجمالها وذكائها. أحبها يوليوس قيصر ثم ماركوس أنطونيوس. وانتحرت فى نفس الوقت الذى انتحر فيه ماركوس أنطونيوس عند هزيمتهما فى معركة بحرية.

p. 20 **Harry Houdini (1874-1926)**

هارى هودينى (١٨٧٤ - ١٩٢٦)

ساحر وفنان الهروب. مولود فى المجر. سافر إلى نيويورك، وصار شهيرا بهروبه الكثير الذى لا يُصَدَّق من الكلبشات، وقمصان التكتيف، والصناديق المغلقة، حتى عندما يكون تحت الماء.

p. 25 **Oliver Twist**

أوليڤر تويست

اليتيم القصصى الذى منح اسمه للرواية الكلاسيكية للروائى الإنجليزى فى القرن التاسع عشر تشارلز ديكنز. ويعجّل بمغامرات أوليڤر طلبُه حصة أخرى من الطعام، "من فضلك يا سيدى، هل يمكن أن أحصل على المزيد؟"، وهو أحد أشهر السطور فى الأدب الإنجليزى.

p. 26 **Mohammed Ali (1769-1849)**

محمد على الكبير (١٧٦٩ - ١٨٤٩)

محمد على الكبير معروف بأنه مؤسس مصر الحديثة، وقد صار حاكما فى ١٩٠٥، وهزم البريطانيين فى ١٨٠٧ وقضى على حكم المماليك فى ١٨١١، حيث دعاهم إلى مائدة بالقلعة وذبحهم جميعا. وفى ظل حكمه تطورت صناعات كثيرة ومظاهر أخرى للتحديث.

p. 28 **The Sphinx**

أبو الهول

كائن أسطورى بجسم أسد ورأس إنسان، يظهر فى فنون وأساطير الحضارات القديمة فى الشرقين الأدنى والأوسط. وأشهر مثال هو أبو الهول الكبير عند سفح أهرامات الجيزة فى مصر، والذى يرجع تاريخه إلى الألف الثالثة قبل الميلاد.

p. 28 **Wolfgang Amadeus Mozart (1756-1791)**

ڤولفجانج أماديوس موتسارت (١٧٥٦ - ١٧٩١)

مؤلف موسيقى نمساوىّ ظهرت عليه أمارات الموهبة الموسيقية النادرة فى الرابعة من عمره. قام بتأليف سوناتات بيانو وسيمفونيات وروائع مثل "زواج فيجارو" و"الناى السحرى" و"دون جيوڤانى".

p. 29 **Goha**

جحا

ينظر كل العرب إلى جحا، الأحمق وحماره، على أنه جزء من تراثهم. وحكايات جحا مسلية، لأن حماقته تنطوى فى كثير من الأحيان، بطريقة ما، على شىء حكيم.

p. 31 **The Great Fire of London in 1666.**

حريق لندن الكبير فى ١٦٦٦

حريق كبير بدأ فى مخبز فى زقاق "پودنج لين"، واستمر أربعة أيام. دمّر الحريق أكثر من ١٣٠٠٠ مبنى فى لندن.

p. 31 **Venice**

البندقية

مدينة فى شمال إيطاليا أقيمت فوق أكثر من ١٠٠ جزيرة. والنقل فى المدينة يتم عن طريق الأتوبيسات المائية والجندولات على ١٧٠ من القنوات تشكل الممرات المائية التى تربط بين الجزر.

p. 37 **Sherlock Holmes**

شارلوك هولمز

أشهر مخبر سرى فى العالم. كافح، مع صديقه وزميله دكتور واطسون، ضد الجريمة فى ٥٦ قصة قصيرة و٤ روايات كتبها سير آرثر كونان دويل.

p. 37 **Halley's comet**

مُذَنَّب هالى

هو المذنَّب الذى يظهر كل ٧٦ سنة، قام بتحديده أول الأمر إدموند هالى (١٦٥٦ – ١٧٤٢)، وهو عالم فلك بريطانى وسُمِّى باسمه. وقد ظهر آخر مرة فى ١٩٨٦ ومن المتوقع أن يظهر مرة أخرى فى سنة ٢٠٦٢.

p. 37 **Mohandas Karamchand Gandhi [aka Mahatma] (1869-1948)**

موهانداس كارامشاند غاندى (أكا مهاتما) (١٨٦٩ - ١٩٤٨)

الزعيم الوطنى الهندى الذى قام بدور كبير فى تحقيق استقلال الهند من الحكم البريطانى عن طريق حملة من اللا عنف والعصيان المدنى. وقد انتهج غاندى طريقة متقشفة بسيطة فى الحياة، واعتبره كثير من أتباعه قدّيساً.

p. 40 **Tibet**

التبت

يقع التبت شمال الهمالايا، وهو أكثر بلد ارتفاعا فى العالم. وقد أعلن التبت استقلاله فى ١٩١١، غير أنه وقع من جديد تحت السيطرة الصينية فى ١٩٥٠. وناضل شعبه، الذى يتميز بدينه الخاص ولغته الخاصة، فى سبيل استقلاله طوال القرن العشرين.

p. 43 **Aladdin's Lamp**

مصباح علاء الدين

حكاية عن صبى فقير يعثر على مصباح سحرى بداخله جنى، وتتغير حياته تماما، وبعد مغامرات كثيرة يصير غنيا ويتزوج أميرة.

p. 43 **Al-Ahram newspaper**

جريدة الأهرام

أسسها فى القاهرة، فى ٢٧ ديسمبر ١٨٧٥، الأخوان تقلا، وكانا من أصل لبنانى، وصدر العدد الأول منها فى ٥ أغسطس ١٨٧٦. وقد ظلت جريدة الأهرام معروفة بجدية تقاريرها الإخبارية وتوزيعها الواسع النطاق. و هى اليوم من الجرائد المصرية الرئيسية.

p. 44 **Dr. Doolittle**

دكتور دوليتل

قصة تم تحويلها إلى فيلم شهير، بطولة ركس هاريسون فى دور دكتور دوليتل، الذى يستطيع أن يتحدث مع كل الحيوانات مثل الفقمة، أو البط، أو البقر، أو الشيمبانزى، ويفهم ما تقوله. وهو يبحر مع رفاقه فى رحلة للعثور على الفقمة الوردية اللون.

p. 44 **Frédéric Chopin (1810-1849)**

فريدريك شوپان (١٨١٠ - ١٨٤٩)

مؤلف موسيقىّ وعازف بيانو بولندى من أصل فرنسى. درس فى وارسو واستقر فيما بعد فى باريس. وقد تأثر الكثير من مؤلفاته الموسيقية بالموسيقى الشعبية البولندية، وطوّر أسلوبا مميزا للقطع الموسيقية المؤلفة للبيانو.

p. 46 **Um Kalthoum (1898-1975)**

أم كلثوم (١٨٩٨ - ١٩٧٥)

مطربة مصرية شهيرة بدأت حياتها الفنية فى القاهرة فى أوائل القرن العشرين، وحققت شهرة وصلت إلى كل أنحاء العالم. كانت أم كلثوم تلقى الترحيب فى كل أنحاء العالم العربى حيث كان الناس يحتشدون ليستمعوا إليها وهى تغنى. وقد ترك موتها فى ١٩٧٥ فراغا كبيرا فى مشهد الفن؛ وإلى اليوم، تُذاع أغانيها فى مصر على قناة إذاعية خاصة تحمل اسمها وتبدأ فى الساعة الخامسة بعد الظهر يوميا.

p. 47 **Elvis Presley (1935-1977)**

إلڤيس پريسلى (١٩٣٥ - ١٩٧٧)

ساعد نجم أغانى البوب الشهير، إلڤيس "الملك"، فى خلق الأسلوب الذى صار معروفا باسم روك آن رول. ومن أشهر أغانيه الأوسع نجاحا : "أحبينى بحنان" و"هل تشعرين الليلة بوحشة ".

p. 50 **Hoda Shaarawi (1879-1947)**

هدى شعراوى (١٨٧٩ - ١٩٤٧)

إحدى مناضلات الحركة النسائية المصرية الأوليات. قامت، مع صديقتها سيزا نبراوى، بكسر التقاليد المدنية ورفع الحجاب على الملأ فى محطة السكك الحديدية بالقاهرة، عند عودتهما من مؤتمر نسائى دولى فى روما. وواصلت تكريس حياتها لتحرير المرأة فى الشرق الأوسط.

p. 51 **Alexander the Great**

الإسكندر الأكبر

بعد أن تعلم على يد أرسطو، صار ملك مقدونيا فى العشرين من عمره. كان الإسكندر فاتحا طموحا وقد فتح اليونان، وغرب آسيا، ومصر. انهارت إمبراطوريته بعد وفاته، غير أن اسمه أُطلق على مدن فى كل أنحاء العالم، منها الإسكندرية، ثانى مدينة رئيسية فى مصر، على البحر الأبيض المتوسط.

p. 51 **Alice in Wonderland**

أليس فى بلاد العجائب

الشخصية الرئيسية فى روايتىْ الأطفال الكلاسيكيتين "أليس فى بلاد العجائب" و"من خلال المرآة"، اللتين كتبهما لويس كارول، عالم الرياضيات اللامع. وكثير من شخصيات هذه القصص اللامعقولة، التى لها منطقها الخاص الرائع، هى أسماء شائعة الاستعمال فى العالم الناطق بالإنجليزية.

p. 55 **The Trojan War**

حرب طروادة

تروى الأساطير أن پاريس، الأمير الطروادى، أشعل الحرب عندما خطف هيلين، زوجة مينيلاوس الجميلة، ملك إسبرطة فى اليونان. وبعد تسع سنوات من الحرب وموت أروع أبطالهم، أخيل، فاجأ اليونانيون مدينة طروادة ببناء حصان خشبى ضخم، خبأوا بداخله أفضل محاربيهم ثم خدعوا الطرواديين بجعلهم يُدخلونه فى المدينة.

p. 55 **Mother Teresa (1910-1997)**

الأم تريزا (١٩١٠ - ١٩٩٧)

راهبة أوروبية المولد من الروم الكاثوليك ذهبت إلى كالكوتا ووهبت حياتها لمساعدة الفقراء فيما كانت تعيش بينهم. وفى ١٩٥٠ أنشأت أخويتها الخاصة : "إرساليات المحبة"، وواصلت جهودها لتؤسس مراكز، ومستشفيات، ومدارس، وملاجىء أيتام، فى كل أنحاء العالم. ومُنحت جائزة نوبل للسلام فى ١٩٧٩.

p. 56 **Orville Wright (1871-1948) and Wilbur Wright (1867-1912)**

أورڤيل رايت (١٨٧١ - ١٩٤٨) وويلبور رايت (١٨٦٧ - ١٩١٢)

قام أورڤيل وويلبور رايت، رائدا بناء الطائرات، بأول طيران آلى فى العالم فى ١٩٠٣. وقد حققت لهما رحلاتهما التى ضربت أرقاما قياسية فى الطيران فى الولايات المتحدة وفرنسا شهرة عالمية.

p. 57 **Christopher Colombus (1446-1506)**

كريستوفر كولومبس (١٤٤٦ - ١٥٠٦)

الملاح الإيطالى الذى اكتشف، وهو فى خدمة الإسبان، أمريكا، القارة الجديدة، فى ١٤٩٢.

p. 58 **Helen Keller (1880-1968)**

هيلين كيلر (١٨٨٠ - ١٩٦٨)

فقدت هيلين كيلر سمعها وبصرها وهى فى الشهر الثامن عشر من عمرها، واستطاعت مع ذلك أن تتعلم الكلام والنسخ والقراءة بطريقة برايل. وقد ذهبت إلى الجامعة وتخرجت بمرتبة الشرف، ثم واصلت لتؤلف كتبا، وتحاضر فى كل أنحاء العالم، وتصير مصدر إلهام لكل من التقوا بها، وفى المقام الأول للمعاقين الذين ظلت تؤيد قضيتهم.

p. 58 **Avicenna [Ibn Sina] (980-1037)**

ابن سينا (٩٨٠ - ١٠٣٧)

الطبيب والفيلسوف العربى الذى قضى وقتا طويلا من عمره فى الأندلس. وقد أثرت موسوعته الطبية وكتاباته الفلسفية تأثيرا عميقا فى الفكر العربى والغربى.

p. 59 **Charles Lindbergh (1902-1974)**

تشارلز ليندبرج (١٩٠٢ - ١٩٧٤)

الطيار الأمريكى الشهير الذى قام بأول طيران منفرد دون توقف عبر المحيط الأطلنطى، حيث طار من مدينة نيويورك إلى باريس، فى طائرته المصممة خصيصا "روح القديس لويس".

p. 62 **Suez Canal**

قناة السويس

تعد قناة السويس، التى تقع عند ملتقى طرق آسيا، وأوروبا، وإفريقيا، أهم طريق مائى فى العالم. وقناة السويس، التى تم افتتاحها باحتفال رسمى فى غاية الأبهة والفخامة فى ١٨٦٩، تعبر برزخ السويس الضيق الذى يصل بين إفريقيا وآسيا والذى يسمح للبواخر المتجهة إلى المحيط بالسفر بين البحر الأبيض المتوسط والمحيط الهندى عبر خليج السويس والبحر الأحمر. وفى تعبير عظيم عن الوطنية المصرية، أعلن عبد الناصر ملكية مصر للقناة فى ٢٦ يوليو ١٩٥٦.

p. 67 **Ottoman Empire**

الإمبراطورية العثمانية

إمبراطورية تركية إسلامية عاصمتها إستامبول حكمت أجزاء شاسعة من الشرق الأوسط وشمال إفريقيا وكذلك مناطق فى أوروبا، من القرن الرابع عشر إلى أوائل القرن العشرين. وبعد فترة طويلة من التدهور، هُزمت فى الحرب العالمية الأولى، عندما انحازت إلى ألمانيا. وقد استعمرت دول أوروبا الغربية المناطق التى فقدتها هذه الإمبراطورية.

p. 67 **The Russian Revolution**

الثورة الروسية

الثورة التى قامت فى مرحلتها الأولى، مرحلة الثورة الديمقراطية، فبراير (مارس) ١٩١٧، بالإطاحة بالنظام القيصرى و تسليم السلطة إلى الحكومة المؤقتة. و فى مرحلتها الثانية، مرحلة الثورة الاشتراكية، أكتوبر (نوفمبر) ١٩١٧، قامت الثورة بالإطاحة بالحكومة المؤقتة و تأسيس الدولة السوفييتية، أول دولة اشتراكية فى التاريخ.

p. 67 **The Titanic**

التايتانيك

التايتانيك، أضخم وأفخم باخرة عابرة للمحيطات فى زمانها، وكانت قد بُذلت جهود هائلة لجعلها غير قابلة للغرق. وفى أول رحلة لها، اصطدمت بجبل جليدى عائم وغرقت وغرق أكثر من نصف ركابها الـ ٢٢٠٠. وقد تم اكتشاف حطام السفينة فى ١٩٨٥، حيث ظلت ترقد على مسافة ١٢٥٠٠ قدم تحت سطح المحيط الأطلنطى.

p. 68 **Pompeii**

پومپی

مدينة رومانية بالقرب من نابولى فى جنوب إيطاليا . وقد دمرتها تماما ثورة بركان ڤيزوڤ فى عام ٧٩. وفى القرن الثامن عشر، تم اكتشاف المدينة، التى حافظ عليها الرماد البركانى بصورة مدهشة.

p. 70 **Sleeping Beauty**

الحسناء النائمة

حكاية خرافية يقوم فيها جنى حاقد بوخز إصبع الأميرة ليجعلها هى وكل مَنْ فى قصرها ينامون مائة عام. وينجح أمير وسيم فى الدخول عبر الشجيرات الشوكية الكثيفة التى نمت حول القصر. ويقع الأمير فى حب الحسناء النائمة ويقبّلها فتصحو الأميرة.

p. 71 **Napoleon Bonaparte (1769-1821)**

ناپليون بوناپرت (١٧٦٩ - ١٨٢١)

بدأ ناپليون بوناپرت، الذى وُلد فى جزيرة كورسيكا، خدمته العسكرية كضابط مدفعية وفى ١٧٩٦ كان يقود الجيش الفرنسى فى إيطاليا. ونادى بنفسه إمبراطورا فى ١٨٠٢. وهو مشهور بانتصاره فى آوسترليتس، وحملته على مصر، والمجموعة القانونية التى لا تزال أساس القانون فى بلدان كثيرة. هزمه ولينجتون فى معركة واترلو، وعاش فى المنفى فى جزيرة سانت هيلانة حتى وفاته.

p. 74 **Wimbledon Tennis Championship**

بطولة ويمبلدون للتنس

بدأت هذه البطولة، التى تقام فى ضاحية من ضواحى لندن تسمى ويمبلدون، كمسابقة لتحصيل المال لنادى لعبة التنس الجديدة فى ١٨٧٧. ولا تزال المباريات تقام على الساحات المغطاة بالحشائش، وتعتبر واحدة من أشهر بطولات التنس الدولية.

p. 74 **Batman and Penguin**

باتمان (الرجل الوطواط) وپنجوين (البطريق)

باتمان بطل كتاب أمريكى كوميدى تم ابتكاره فى ١٩٣٩. ومرتدياً بذلته السوداء وعباءته الفضفاضة الشبيهة بالوطواط، حارب عالم الجريمة، مسلّحا بذكائه فقط، وبدراسة فى العلوم وعلم الإجرام. ويعتبر پنجوين أحد ألدّ أعدائه.

p. 75 **Sindbad**

السندباد

كان السندباد، وهو شخصية من شخصيات " ألف ليلة وليلة"، مغامراً جريئا جدا، وقد أقلع باحثا عن الحقيقة خلال رحلاته السبع، والتقى بمخلوقات لا يمكن تصورها، وزار أغرب الأماكن.

p. 75 **Rembrandt van Rijn (1606-1669)**

رمبرانت ڤان رين (١٦٠٦ - ١٦٦٩)

مصور هولندى شهير بلوحات الوجوه (بورتريهات) التى رسمها. وهو معروف باستخدامه الدرامى للضوء وباهتمامه بإظهار الحياة الداخلية للشخصيات التى رسمها.

سير إسحق نيوتون (١٦٤٢ - ١٧٢٧)

عالم رياضيات وفيزياء وفلك إنجليزى اكتشف قانون الجاذبية وقام بتثوير فهم الإنسان للفيزياء. ويقال إنه فكر فى مفهوم الجاذبية ذات يوم عندما سقطت تفاحة من شجرة كان جالسا تحتها فضربته على رأسه.

على بابا و"الأربعين حرامى"

يكتشف على بابا، وهو بطل إحدى حكايات "ألف ليلة وليلة"، وكان قاطع أخشاب فقيرا، أين يوجد كنز "الأربعين حرامى"، وأن قول عبارة "افتحْ يا سمسم" سيفتح باب كهفهم السرى. ويأخذ من هذا المال ويعيش حياة الأثرياء.

إيسوب

مؤلف مجموعة من حكايات الحيوان الخرافية الإغريقية. وهذه الحكايات الخرافية، ذات المنشأ الفولكلورى، قصص يتم فيها استخدام شخصيات الحيوانات لتصوير غاية أخلاقية بالأمثلة.

سيزيف

ملك كورنثة الأسطورى الذى حكم عليه بالمعاناة الأبدية لقاء خطاياه على الأرض. وقد تمثل عقابه فى أن يدحرج صخرة ضخمة إلى قمة تل وأن يراقبها وهى تتدحرج ساقطة إلى السفح حيث يكون عليه أن يبدأ كل هذا من جديد.

آتون

الاسم الذى يطلق على إله الشمس المصرى القديم، الذى يصوره الفن فى هيئة قرص شمس له أرجل. وخلال عهد الفرعون أخناتون، صار آتون الإله الوحيد، غير أن هذه العبادة لم تدم بعد نهاية حكم أخناتون.

روبن هود

كان روبن هود، الشخصية الأسطورية، إنجليزيا طريدا للعدالة. ويقال إنه كان يحمى الفقراء والضعفاء الذين عاشوا معه فى غابة شيروود وحارب المأمور الشرير نوتنجهام.

لوريل وهاردى

كان لوريل (١٨٩٠ – ١٩٦٥) إنجليزيا، وهاردى (١٨٩٢ – ١٩٥٧) أمريكياً؛ وفى ١٩٢٦ بدآ العمل معا كفريق وكان أداؤهما الكوميدى الثنائى ناجحا جدا. وقد قاما بأداء أكثر من ٣٠ فيلماً قصيرا صامتا بالإضافة إلى أفلام رئيسية وفازا بجائزة أوسكار على فيلمهما "كشك الموسيقى" فى ١٩٣٢.

p. 94 The Beatles

الخنافس

مجموعة روك كانت شعبية جدا فى الستينات وحتى اليوم. والأعضاء الأربعة چون لينون، وپول ماكارتنى، وچورچ هاريسون، ورينجو ستار، من ليڤرپول فى إنجلترا. وإلى جانب أسلوبهم الخاص والمبتكر فى الموسيقى كان لهم أيضاً تسريحة شعر خاصة وأسلوب خاص فى الملبس.

p. 97 Ann Boleyn (1507-1536)

آن بولين (١٥٠٧ - ١٥٣٦)

الزوجة الثانية لهنرى الثامن، ملك إنجلترا، وأم الملكة إليزابيث الأولى. أُتهمت بعدم الإخلاص لزوجها ويعتقد أنها أُعدمت ظلما.

p. 98 Gulliver

جليڤر

بطل "رحلات جليڤر" وهى رواية لجوناثان سويفت يزور فيها جليڤر عالما عجيبا يقطنه ناس صغار الحجم جدا فى أرض ليليپوت ثم عالماً آخر هو عالم العمالقة فى أرض بروبدنجناج.

p. 105 Bruce Lee (1940-1973)

بروس لى (١٩٤٠ - ١٩٧٣)

ممثل شهير وخبير كونج فو. كان له أسلوبه الخاص فى القتال وهو معروف باسم چيت كيون دو (طريقة القبضة المعترضة). وتشمل أفلامه "دخول التنين"، و"طريق التنين"، و"قبضة الغضب". توفى خلال تصوير فيلم تم إكماله بدونه.

p. 106 Cheops Pyramid

هرم خوفو

بُنى لخوفو، ملك مصر (٢٦٠٠ ق.م.)، وهو أضخم الأهرامات الثلاثة على هضبة الجيزة. ويقال إن بناءه استغرق ٢٠ سنة.

p. 109 Superman

سوپرمان

بطل أول كتاب كوميدى. تم ابتكاره فى ١٩٣٨، وحارب الشر مستخدما قواه الخارقة التى شملت قدرة على الطيران، ورؤية بالأشعة السينية (إكس)، وقوة هائلة. وكلارك كلينت، شخصيته البشرية، مراسل صحفى هادىء و لكنه عندما يأتى الشر ويظهر الخطر يتحول مرتديا بذلته الزرقاء وعباءته الحمراء إلى سوپرمان.

p. 112 Cary Grant (1904-1986)

كارى جرانت (١٩٠٤ - ١٩٨٦)

ممثل أمريكى وُلد فى إنجلترا. مثَّل فى أكثر من ٧٠ فيلما وصار واحدا من أكثر نجوم السينما شعبية فى القرن العشرين. ومن أشهر أفلامه السينمائية "قصة فيلاديلفيا"، و"شمالا من الشمال الغربى".

p. 113 **Goldilocks**

جولديلوكس ("ذات الشعر الذهبى")

بطلة قصة أطفال أوروبية : "جولديلوكس والدببة الثلاثة". تتجول الفتاة الصغيرة ذات الشعر الذهبى وتدخل بيت أسرة الدب وتأكل من عصيدتها وتجلس على مقاعدها وأخيرا تذهب إلى فراشها، حيث تجدها الدببة التى تعود إلى بيتها وتتتبع آثار الفتاة.

p. 117 **Berlin Wall**

سور برلين

السور الذى كان يقسم برلين الشرقية والغربية من ١٩٦١ إلى ٨٩ - ١٩٩٠. كان رمزا للحرب الباردة ولانقسام ألمانيا. وفى أعقاب الاضطرابات والمظاهرات فى ألمانيا الشرقية فى ١٩٨٩، تم السماح بالسفر بين كلا الألمانياتين، وتسلق شعب برلين السور وفى احتفال ضخم بدأوا يهدمونه.

p. 121 **The Arab League**

الجامعة العربية

كان الهدف من هذه المنظمة، التى أُنشئت فى ١٩٤٥، خلق صوت سياسى موحَّد. وهى تلعب دورا مهما فى تنسيق الشئون السياسية والاقتصادية بين ٢١ من الدول الأعضاء.

p. 121 **Tower of Pisa**

برج پيزا

أشهر مبنى فى مدينة پيزا الإيطالية. يصل ارتفاعه إلى ٥٥ مترا ويُسمَّى برج پيزا المائل لأنه يخرج عن الخط العمودى بحوالى خمسة أمتار. ويجعل البرج وأبنية أثرية أخرى مدينة پيزا مركزا سياحيا شعبيا.

p. 128 **Alaska**

ألاسكا

هى الولاية الأمريكية الأضخم ولكن الأقل سكانا. وهذه المنطقة، التى كان يقطنها أصلا الإسكيمو، والأليوت، والأثاباسكان، زارها الأوروبيون لأول مرة فى أوائل القرن الثامن عشر وكانت تحت سيطرة الشركة الروسية الأمريكية حتى ١٨٦٧ عندما اشترتها الولايات المتحدة الأمريكية. وصارت ولاية أمريكية فى ١٩٥٩.

p. 128 **Siberia**

سيبيريا

جغرافيّاً جزء من شمال آسيا، وسياسيا ينتمى معظم سيبيريا إلى جمهورية روسيا. ظلت سيبيريا لفترة طويلة مكانا مرعبا للنفى والسجن السياسى، حيث أدت قسوة الطقس وأوضاع المعيشة إلى موت الكثيرين من السجناء الذين تم نفيهم إلى معسكرات العمل هناك.

p. 133 **Zorro**

زورو

المنتقم الأسطورى ذو القناع الذى كان نصيرا للمضطهدين، والذى كان يترك دائما علامة "Z" ("ز") لتدل على أعماله البطولية. و زورو هو بطل العديد من أفلام المغامرة ، و منها "قناع زورو" و "زورو يُهاجم من جديد"، و "انتقام زورو"

p. 134 **Michelangelo Buonarroti (1475-1564)** **ميكل أنجلو بوناروتى (١٤٧٥ - ١٥٦٤)**

تعلم ميكل أنجلو المثّال، والمصور، والمعمارى، والشاعر، الإيطالى فى فلورنسا. وتشمل أعماله "پييتا"، و"ديڤيد"، ومجموعة "العبيد". ومن ١٥٠٨ إلى ١٥١٢ ظل يعمل فى سقف كنيسة سيكستينا فى الڤاتيكان وأنجز تحفة فنية وطدت مكانته باعتباره المصور الأعظم فى زمنه.

p. 134 **The Mona Lisa** **موناليزا**

أشهر لوحة صوَّرها ليوناردو داڤينشى، وربما كانت أشهر لوحة فى العالم. وهى لوحة وجه (بورتريه) لامرأة ذات ابتسامة غامضة.

p. 135 **David Livingstone (1813-1873)** **ديڤيد ليڤنجستون (١٨١٣ - ١٨٧٣)**

درس ليڤنجستون، المولود فى اسكتلندا، الطب فى جلاسجو، وصار مبشِّرا دينيا وذهب إلى إفريقيا فى ١٨٤٠. استكشف واكتشف بحيرة نجامى، وشلالات ڤيكتوريا، وبحيرة نياسا التى تسمى الآن مالاوى. ومن ١٨٦٦ إلى ١٨٧٣ واصل محاولة العثور على منبع النيل.

p. 135 **The Blue Nile and the White Nile** **النيل الأزرق والنيل الأبيض**

نهر النيل هو أطول نهر فى العالم، وهو يتكون من التقاء رافدين هما النيل الأبيض الذى يبدأ فى بوروندى والنيل الأزرق الذى يبدأ فى إثيوبيا. ويلتقى النيل الأزرق والنيل الأبيض عند الخرطوم فى السودان ويواصل تقدمه إلى مصر ويقوم بتكوين الدلتا قبل الوصول إلى البحر الأبيض المتوسط.

p. 136 **Mount Everest** **جبل إڤرست**

أعلى جبل فى العالم، ويصل ارتفاعه إلى ٨٨٤٨ متر، ويقع عند حدود نيبال - التبت فى الهمالايا. وقد بدأت محاولات التسلق إلى أعلاه فى ١٩٢٠. وفى ٢٩ مايو ١٩٥٣، وصل إدموند هيلارى وشيربا تينزنج نورجاى إلى قمته.

p. 139 **Robinson Crusoe** **روبنسون كروزو**

بطل رواية كتبها فى ١٧١٩ الكاتب الإنجليزى دانيال ديفو. وهى قصة الناجى الوحيد من غرق سفينة حيث عاش فى جزيرة.

p. 143 **Isis and Osiris** **إيزيس وأوزيريس**

أوزيريس إله مصرى قديم للموتى وأيضا للتجدد والبعث. قتله ست، أخوه الغيور الشرير، ومزّقه إلى أشلاء. وقامت إيزيس، زوجة أوزيريس وأم حورس، والتى كانت معروفة بأنها آلهة الحماية ذات القدرات السحرية على العلاج الشافى للمرضى، بجمع ودفن الأشلاء فأعادته إلى الحياة.

p. 144 Scheherazade

شهرزاد

الأميرة الشابة التى نجحت فى تفادى المصير الذى لقيته سابقاتها عندما تزوجها الملك شهريار، الذى كان يأمر بقطع رؤوس زوجاته بعد ليلة زفاف كل منهن. وكانت شهر زاد تروى لزوجها حكاية كل ليلة على مدى ألف ليلة وليلة، متوقفة كل ليلة عند لحظة حاسمة حتى يرغب فى الاستماع إلى بقية الحكاية فى الليلة التالية. وفى نهاية الأمر انصرف تفكيره عن الأمر بقتل ملكته.

p. 149 Apollo 11

أپولو ١١

كان الهدف من برنامج أپولو هو هبوط الإنسان على القمر. وبعد تجارب طيران عديدة، حقق أپولو ١١ أول هبوط للإنسان على القمر فى يوليو ١٩٦٩. وكانت هذه الرحلة ورحلات أخرى تالية لأپولو ناجحة فى جمع معلومات علمية ثمينة.

p. 150 Tutankhamen (circa 1351 B.C.)

توت عنخ آمون حوالى ١٣٥١ ق.م.

صار توت عنخ آمون ملك مصر فى الحادية عشرة من عمره. وقد أعقب عهده القصير جدا عهد أخناتون. رفض عبادة آتون، إله الشمس، وأعاد عبادة آمون. وفى ١٩٢٢، اكتشف هاوارد كارتر مقبرته التى وُجدت سليمة لم يلمسها لصوص المقابر.

p. 151 Marco Polo (1254-1324)

ماركو پولو (١٢٥٤-١٣٢٤)

مغامر إيطالى سافر إلى آسيا. قضى ستة عشر عاما فى البلاط المغولى للصين مستشارا للإمبراطور. ظلت مذكرات ماركو پولو لفترة طويلة المصدر الوحيد لمعلومات الغرب عن الصين وجزر الهند الغربية.

p. 153 Leonardo da Vinci (1452-1519)

ليوناردو داڤينشى (١٤٥٢ - ١٥١٩)

ولد فى إيطاليا فى عصر النهضة، وكان عبقريا فى العلوم والفن. كان مخترعا صمم آلات، ومهندسا عسكريا، ومهندسا معماريا. وتُبيِّن دفاتره كم كانت اهتماماته واسعة ومتنوعة. وكان بالغ الاهتمام بالتشريح ونحاتا ومصورا لامعا. ولوحته الشهيرة، موناليزا، معروضة فى متحف اللوڤر بباريس.

p. 155 The Plague

الطاعون

فى مايو ١٣٤٨، تفشَّى فى أوروبا وإنجلترا وباء الطاعون، الذى سُمِّىَ بالموت الأسود، آتيا من الشرق الأقصى. وقد قتل هذا الطاعون كثيرا من الناس وكان له تأثير كبير على المجتمع والاقتصاد بوجه عام.

p. 162 Olympic Games

الألعاب الأوليمپية

مسابقة رياضية للهواة يتم إجراؤها فى مدينة مختلفة كل أربع سنوات. وفكرة الألعاب الأوليمپية مأخوذة من مهرجان للألعاب الرياضية كان يقام فى اليونان منذ القرن الرابع عشر قبل الميلاد. وقد تم بدء الألعاب الأوليمپية الحديثة فى أثينا فى ١٨٩٦ ورغم أنها مسابقة بين أفراد إلا أنه يُنظر إليها أحيانا على أنها مسابقة بين بلدان.

p. 163 Concorde

كونكورد

أول طائرة ركاب تجارية تفوق سرعتها سرعة الصوت. تعاون فى بنائها الفرنسيون والإنجليز، وبدأت رحلاتها فى ١٩٧٦.

p. 163 Dr. Zhivago

الدكتور زيڤاجو

الرواية التى كتبها الشاعر والروائى الروسى بوريس باسترناك. وهى تروى قصة الدكتور زيڤاجو فى روسيا فى فترة ما بعد الثورة. نُشر الكتاب فى إيطاليا فى ١٩٥٧، وظل محظورا فى روسيا حتى ١٩٨٧. وفى ١٩٦٥، تم تحويل الرواية إلى فيلم سينمائى قام ببطولته الممثل المصرى عمر الشريف.

p. 164 Socrates (469-399 B.C.)

سقراط (٤٦٩ - ٣٩٩ ق. م.)

الفيلسوف اليونانى القديم الذى نعرف إنتاجه من كتابات تلميذه، أفلاطون. حاول سقراط أن يكتشف الأخطاء فى الأفكار المألوفة فى زمانه، وتمثَّل منهجه فى إثارة الشكوك فى صحة التأكيدات وإظهار نقاط الضعف فى أية حجة. وقد وقف ضد الطغيان، وفى نهاية المطاف تم إعدامه بسبب معتقداته.

p. 167 Ferdinand de Lesseps (1805-1894)

فرديناند ديليسپس (١٨٠٥ - ١٨٩٤)

الدبلوماسى والمهندس الفرنسى الذى أشرف على أعمال حفر قناة السويس. وبعد إنجاز هذا المشروع فى ١٨٦٩، بدأ فى حفر قناة بنما.

p. 176 Hyde Park

هايد پارك

حديقة ضخمة فى لندن، قريبة من حدائق كنسنجتون، تُقسِّمها السيرپنتين، وهى بحيرة يقبل عليها الجمهور للقيام بنزهات بالقوارب. وركن الخطباء فى الحديقة مكان يمكن أن ينظم فيه الناس لقاءات فى الهواء الطلق يقدمون فيها أفكارهم أو شكاواهم على الملأ.

p. 180 Rose el Yussef (1898-1958)

روز اليوسف (١٨٩٨ - ١٩٥٨)

ممثلة ناجحة فى أشهر الفرق المسرحية فى القاهرة حتى ١٩٢٥. تركت خشبة المسرح وبدأت عملا جديدا فأصدرت مجلة أسبوعية تحمل اسمها. وما تزال هذه المجلة، إلى يومنا هذا، واحدة من أوسع المجلات الأسبوعية انتشارا فى مصر والعالم العربى. ولم تكن روز اليوسف رائدة فى الصحافة والتمثيل فقط، بل كانت أيضا إحدى القيادات النشطة للحركة النسائية الناشئة.

ثورة ١٩١٩

فى ٩ مارس ١٩١٩، ثار الشعب المصرى احتجاجا على الاحتلال البريطانى والحكم الملكى. وقد بدأت الثورة عندما نُفى الزعيم المصرى سعد زغلول. وفى سياق الثورة، قادت زوجته صفية زغلول، والقيادات النسائية الأخرى مثل هدى شعراوى، ما يعتبر أول مظاهرة نسائية فى مصر.

بيتى ديفيز (١٩٠٨ - ١٩٨٩)

نجمة أفلام هوليوود السينمائية الأمريكية. مثَّلت أكثر من ٨٠ فيلما خلال حياتها الفنية، وهى معروفة بأدائها الدرامى الحار. كسبت جائزة أفضل ممثلة مرتين عن دورها فى كل من "امرأة خطرة" (١٩٣٥) و"امرأة خليعة" (١٩٣٨).

تشارلز ديكنز (١٨١٢ - ١٨٧٠)

أحد كبار الكتاب الإنجليز فى القرن التاسع عشر. صدم ديكنز قراءه بوصفه الحى لأفقر فقراء إنجلترا وبنقده للظلم الاجتماعى. وقد بدأ مسيرته الأدبية بالكتابة لمجلات شعبية وحقق شهرة بروايته، "مذكرات پيكويك". ومن رواياته الشهيرة الأخرى "أوليفر تويست" (١٨٣٨) و"ديڤيد كوپرفيلد" (٤٩-١٨٥٠).

صوت العرب

أُنشئت إذاعة صوت العرب من القاهرة فى أواخر الخمسينات، فى أعقاب الوحدة بين مصر وسوريا. وكانت تعكس نهوض القومية العربية وتهدف إلى خلق صلة ثقافية بين البلدان العربية.

نجيب محفوظ (١٩١١ -   )

روائى مصرى وُلد فى ١٩١١. تدور رواياته "التاريخية" الثلاث الأولى فى إطار مصرى قديم. ثم اتجه إلى مصر المعاصرة وإلى الواقعية فى رواياته التى تقدم تصويرا حيا وحافلا بالتفاصيل المحلية للحياة المصرية والمجتمع المصرى. وقد تحولت أغلب رواياته إلى أفلام، وتظل أشهر رواياته "الثلاثية": "بين القصرين"، و"قصر الشوق"، و"السكرية". وفى ١٩٨٨، حصل نجيب محفوظ على جائزة نوبل للآدب فكان أول كاتب عربى حائز على هذه الجائزة.

سيندريلا

بطلة حكاية شعبية عن فتاة تعاملها زوجة أبيها معاملة سيئة. وتساعدها جنِّية على حضور حفلة راقصة فى قصر الأمير بشرط أن تنصرف قبل منتصف الليل، عندما تتحول عربتها إلى قرعة. وأثناء اندفاعها للانصراف من الحفلة الراقصة تفقد أحد حذاءيها وعن طريقه يتمكن الأمير من العثور عليها. ويتزوجان ويعيشان سعيدين بعد ذلك.

الزعيم الوطنى الجنوب - إفريقى الأسود الذى سُجن ٢٥ سنة. ومع إلغاء حكم الأقلية البيضاء والانتخاب الديمقراطى لحكومة الوحدة الوطنية، صار مانديلا أول رئيس جمهورية أسود لجنوب إفريقيا.

p. 190 **French Revolution** **الثورة الفرنسية**

الثورة التى أطاحت بالملكية الفاسدة وألغت النظام الإقطاعى فى فرنسا. وقد تم التعبير عن المثل العليا للثورة الفرنسية فى إعلان حقوق الإنسان والمواطن (١٧٨٩)، الذى يؤكد أن "كل البشر وُلدوا أحرارا ومتساوين فى الحقوق". وكان هذا الإعلان مصدر إلهام لحركات ثورية لاحقة.

عالم فلك بولندى درس الرياضيات والموسيقى فى وارسو، ثم صار مهتما بحساب مواقع الكواكب. وباستخدام نموذج تدور فيه الكواكب حول الشمس، توصَّل إلى أن مركز الكون ليس الأرض بل الشمس.

إحدى مآسى (تراچيديات) شكسبير الأولى. وهى قصة حب جميلة، يلتقى فيها روميو وچولييت، اللذان كانا ابن وابنة عائلتين متعاديتين، ويقع كل منهما فى حب الآخر. ويتزوجان ولكنهما، بعد ذلك مباشرة، ومن خلال مجموعة من الاتصالات غير الموفقة، ينتهيان إلى الموت.

جهاز لقياس قوة الزلازل على مقياس يتدرج من الصفر إلى ٩. وقد قام سى.ف. ريختر فى ١٩٣٥ فى كاليفورنيا بتطوير هذا المقياس الذى يُستخدم الآن فى كل أنحاء العالم.

القمع العسكرى الذى وقع فى ٣ - ٤ يونيو ١٩٨٩، فى ميدان تيان آن مين (ميدان السلام السماوى) الضخم فى قلب بكين، فى جمهورية الصين الشعبية، ضد مظاهرة سلمية للطلبة والعمال المنخرطين فى حركة الديمقراطية، وشوهد البث الحى له فى التليفزيون فى مختلف أنحاء العالم.

صاحب مصنع سيارات أمريكى أنشأ شركة سيارات فورد فى ١٩٠٣، وفى ١٩١٢ أدخل فورد نظام خط التجميع حيث يتم استخدام خط من العمال والآلات لصنع الناتج النهائى فى خطوات متعاقبة منفصلة.

p. 207 **Pablo Picasso (1881-1973)**

پابلو پيكاسو (١٨٨١ - ١٩٧٣)

مصور ونحات وخزّاف إسبانى. ويُنظر إلى پيكاسو على نطاق واسع باعتباره الفنان البصرى الأعظم ابتكارا فى القرن العشرين. ومنذ ١٩٠٠، عاش پيكاسو بصفة رئيسية فى باريس، حيث أسس، بالاشتراك مع زميله المصور جورج براك، الحركة الفنية المعروفة باسم التكعيبية. وأحد أعماله الرئيسية، "جرنيكا"، تصوير مرعب لتدمير عاصمة الباسك خلال الحرب الأهلية الإسبانية.

p. 212 **Apache**

الأپاتشى

شعب أصلى فى شمال أمريكا موطنه جنوب غرب القارة. كانوا يعتمدون بصورة رئيسية على الصيد والفلاحة. وفى ١٦٨٨، صاروا مقاتلى حرب عصابات يقاتلون ضد المستوطنين الإسبان. وفى ١٩٨١، كان تقدير السكان ذوى الأصل الأپاتشى حوالى ٢١٠٠٠ نسمة، كان معظمهم يعيشون فى أراض مخصصة لهم.

p. 214 **Billie Holiday (1915-1959)**

بيلى هوليداى (١٩١٥ - ١٩٥٩)

مغنية چاز وبلوز أمريكية، معروفة بلقب ليدى داى. تم اكتشافها فى حى هارلم فى مدينة نيويورك وقامت بأول تسجيل لها فى ١٩٣٣. وقد غنت هذه المغنية ذات الموهبة الهائلة مع فرق شهيرة وكانت شخصية بارزة فى الچاز الأمريكى.

p. 219 **Punjab**

البنجاب

منطقة فى شمال غرب الهند وشمال شرق باكستان عند سفوح الهمالايا. طقسها حارّ وجاف، وهى تنتج فوائض من الغلال اعتمادا على الرى. وفى أعقاب تقسيم الاتحاد الهندى إلى الهند وباكستان، تم تقسيم البنجاب بين البلدين.

p. 221 **Jack and the beanstalk**

چاك وعود الفاصوليا

يقايض چاك بقرة الأسرة بخمسة حبوب فاصوليا سحرية تمدّ جذورها وتنمو لتصير عود فاصوليا بالغ الضخامة. وبعد أن يتسلق چاك إلى قمة عود الفاصوليا يلتقى بعملاق مرعب.

p. 227 **Johann Sebastian Bach (1685-1750)**

يوهان سباستيان باخ (١٦٨٥ - ١٧٥٠)

مؤلف موسيقى وعازف أرغن ألمانى. ومع أنه موسيقى عظيم، كان باخ معروفا أكثر خلال حياته كعازف أرغن ماهر أكثر منه كمؤلف موسيقى. وبين أعظم أعماله "آلام القديس يوحنا" (١٧٢٣) و"آلام القديس ماثيو" (١٧٢٩) بالإضافة إلى أكثر من ٢٠٠ كانتاتا (أنشودة دينية مصحوبة بالأوركسترا).

p. 230 **Hansel and Gretel** — **هانسيل وجريتيل**

فى قصة جريم، تقوم زوجة الأب بترك هانسيل وجريتيل فى أعماق الغابة الخطرة. ويعثران على منزل كله مصنوع من الكاراميلة والحلويات، وعندما يبدآن فى أكله يجدان أمامهما صاحبته الساحرة الشريرة التى تحاول أن تجعلهما جزءاً من وجبتها المسائية.

p. 232 **Kassem, Ali Baba's brother** — **قاسم، أخو على بابا**

كان قاسم يحسد على بابا على ثروته المفاجئة، ولهذا تجسَّس عليه واكتشف سر كهف "الأربعين حرامى". ويدخل قاسم الكهف غير أنه يبقى بداخله عندما ينسى كلمة السر، وأثناء اختبائه يعطس ويقبض عليه "الأربعين حرامى".

p. 233 **Beni Hilal** — **بنو هلال (فى "سيرة بنى هلال")**

بنو هلال شعب مترحل من صحراء نجد، وزعيمهم هو رزق بن نايل الذى ينجب، بعد أن عاش وقتا طويلا بلا ولد، سلامة، المعروف بلقب أبو زيد الهلالى. وعندما يرى رزق أن ابنه سلامة أسود يُنكر أبوته له ويُبعده إلى عشيرة أمه. وعندما يكبر ويصير رجلا، يغدو أبو زيد شخصية بارزة فى الحروب العشائرية، ويعود ليطالب بحقه وحق أمه.

p. 234 **Captain James Cook (1728-1779)** — **القبطان چيمس كوك (١٧٢٨ - ١٧٧٩)**

الملاح البريطانى الذى قاد، فى ١٧٦٨، بعثة علمية إلى تاهيتى لرصد حركة كوكب ڤينوس حول الشمس. واصل رحلته فاكتشف نيوزيلندا والساحل الشرقى لأستراليا وعاد إلى إنجلترا فى ١٧٧١. وكانت هذه الرحلة لافتة للنظر بسبب الحالة الصحية الجيدة للبحارة والتى كانت ترجع إلى نظام غذائى غنى بڤيتامين ج ابتكره القبطان كوك.

p. 246 **Red Crescent** — **الهلال الأحمر**

منظمة محلية غير سياسية، مماثلة للصليب الأحمر الدولى. وفى وقت السلام، يقدم الهلال الأحمر المصرى والهلال الأحمر الفلسطينى خدمات طبية ثمينة بالإضافة إلى القيام بدور هام يتمثل فى تقديم المساعدة والعون أثناء الحروب والكوارث.

p. 248 **Kalahari Desert** — **صحراء كالاهارى**

منطقة شبه قاحلة فى جنوب أفريقيا. يقطنها قليل من السكان، وهم بصفة رئيسية من البوشمان الرُّحَّل. وحياة الحيوانات والطيور البرية محمية وهى تتركز فى مناطق حظر الصيد التى تقع فى المنطقة الجنوبية من الصحراء.

p. 250 **Hamlet**

هاملت

إحدى أشهر مآسى (تراچيديات) شكسبير. ويحاول هاملت، أمير الدنمارك، أن ينتقم من عمه على قتله لأبيه وزواجه من أمه. ويظهر له شبح أبيه ويحثه على مواصلة مهمته.

p. 253 **Senouhi**

سنوحى

لم يرغب سنوحى، وهو أحد رجال الملك أمنمحات، فى أن يتورط فى الخصومات السياسية فى أعقاب وفاة الملك ولهذا هرب من البلاط. عبر الدلتا، واستطاع أن يختبىء من دوريات الحدود ووصل إلى السويس حيث وجد نفسه فى الصحراء. وكاد يموت من العطش إلا أن البدو الرُّحَّل أنقذوا حياته.

p. 258 **Galileo Galilei (1564-1642)**

جاليليو جاليلى (١٥٦٤ - ١٦٤٢)

عالم الرياضيات والفيزياء والفلك الإيطالى الذى يُعَدّ مؤسس العلم التجريبى. فى ١٦٠٩، سمع جاليليو عن اختراع تليسكوب بسيط وبالتالى صمم بنفسه تليسكوبا كهذا واستخدمه فى دراسة السماء. وصار مقتنعا بأن الأرض تدور حول الشمس، غير أنه تم إجباره على تغيير تصريحاته خلال استجوابه فى محكمة التفتيش فى ١٦٣٣.

p. 258 **Mississippi River**

نهر الميسيسيبى

نهر فى وسط الولايات المتحدة الأمريكية. وهو يشكِّل، مع رافده الرئيسى وهو نهر ميزورى، ثالث أطول نهر فى العالم، إذ يصل طوله إلى ٦٠٥٠ كيلو متر. وبسبب خطر الفيضان، أقيمت أرصفة صناعية مرتفعة على طول مجرى النهر.

p. 261 **William Shakespeare (1564-1616)**

وليام شكسپير (١٥٦٤ - ١٦١٦)

الكاتب المسرحى الإنجليزى المعترف به باعتباره أعظم كاتب إنجليزى. بدأ مسيرة حياته العملية فى لندن فى ١٥٨٩. وتدور معظم سونيتاته الشهيرة (١٦٠٩) حول الحب والصداقة، وبين مسرحياته الشهيرة العديدة مسرحيات: "هاملت"، و"روميو وچولييت"، و"ماكبث".

computer *n.* كمبيوتر . حاسب آلى .
حاسوب: جهاز إلكترونى قابل للبرمجة يعالج البيانات والمعلومات ويقوم بالعمليات الحسابية وغيرها من مهام معالجة الرموز

computer graphics *n.* استخدام أجهزة الكمبيوتر فى عرض ومعالجة المعلومات فى شكل صور ورسومات

computer language *n.* لغة البرمجة:
مجموعة خاصة من الرموز تتضمن تعليمات للتحكم فى الكمبيوتر

computer literacy *n.* القدرة على فهم كيفية عمل الكمبيوتر وعلى استخدام إمكانياته

computer science *n.* علم الكمبيوتر

control *n.* تحكُّم . توجيه

CPU (central processing unit) *abbr.*
وحدة التشغيل المركزية: المكون الرئيسى للكمبيوتر وهو الجزء الذى ينفذ تعليمات البرنامج ويتحكم فى عمل الأجزاء الأخرى

copy *v.* ينسخ

cursor *n.* مؤشر الإدخال على شاشة الكمبيوتر

cut *v.* يقطع . يقُصّ

data *n.* بيانات . معلومات . معطيات

data accumulation *n.* تراكم المعلومات

data acquisition *n.* جمع المعلومات أو البيانات

data bank *n.* بنك المعلومات

data base *n.* قاعدة معلومات أو بيانات

data entry *n.* إدخال المعلومات أو البيانات

data file *n.* ملف معلومات

data processing *n.* معالجة المعلومات بالكمبيوتر

default *n.* قيمة مفترضة (يفترضها الكمبيوتر عندما لا يحددها المستعمل)

delete *v.* يحذف

acronym *n.* اختصار بالأحرف الأولى (قابل للنطق وكأنه كلمة مثل RAM)

application *n.* برنامج تطبيقى (مثلا برنامج معالجة النُّصوص)

artificial intelligence *n.* ذكاء صناعى:
فرع من علم الكمبيوتر يهتم بتطوير برامج كمبيوتر يصل أداؤها إلى مستوى أداء الإنسان الذكى

attachment *n.* مرفق :
ملف يرفق برسالة بريد إلكترونى

backup *n.* نسخة احتياطية من برنامج أو ملف أو وثيقة تحفظ للاستعمال أو للرجوع إليها فى حالة تلف البرنامج أو الملف الأصلى

bold *adj.* مكتوب بحرف طباعى أسود

bookmark *n.* علامة الصفحة : لتسجيل عنوان موقع على الإنترنيت للرجوع إليه بسهولة

browse *v.* يستعرض بسرعة

browser *n.* برنامج يسمح لمستعمل الكمبيوتر بأن يستعرض بسرعة معلومات الإنترنيت أو الشبكة العالمية للمعلومات www

bug *n.* خطأ فى برنامج كمبيوتر

byte *n.* بايت: مجموعة أرقام ثنائية

cache memory *n.* ذاكرة مُخَبّأة:
منطقة محجوزة من ذاكرة الاستعمال المباشر يتم استعمالها لزيادة سرعة برنامج كمبيوتر

CD-ROM *abbr.*
(compact-disc read-only memory)
قرص مضغوط تتم قراءة بياناته بتمرير أشعة الليزر عليه

clear *v.* يُزيل أو يمسح

close *v.* يُغلق

code *n.* شفرة

command *n.* طَلَب . أمْر

description *n.* توصيف
design *v.* يُصمم
desktop *n.* سطح المكتب: عرض بيانى لنظم الملفات حيث يتم تمثيل البرامج التطبيقية والملفات المتاحة للمستعمل بصور (أيقونات)
desktop publishisng *n.* النشر المكتبى: استعمال أجهزة الكمبيوتر الشخصية لإعداد الكتب أو المجلات للطبع
dialog box *n.* نافذة الحوار: نافذة صغيرة على الشاشة بها خانات لمدخلات (معلومات) المستعمل
directory *n.* دليل الملفات
disc or disk *n.* قُرْص . ديسك
disk drive *n.* وحدة تشغيل أقراص
diskette or floppy disk *n.* قُرْص ممغنط صغير ومرن
display *n.* عَرْض أوامر ونتائج التشغيل
document *n.* وثيقة
download *v.* ينقل ملفا به معلومات أو برنامجًا من كمبيوتر بعيد إلى كمبيوتر خاص
eject *v.* يقذِف أو يُخرج القُرص
e-mail *n.* البريد الإلكترونى
e-mail address *n.* عنوان البريد الإلكترونى
error *n.* خطأ
escape *v.* يترك برنامجاً على الشاشة
exit *v.* يخرج
export *v.* يُرسل ملفاً إلى مكان آخر فى الكمبيوتر
file *n.* ملف
find *v.* يبحث
font *n.* مجموعة حروف الطباعة . فُنْط
format *n.* تصميم أو شكل المادة المطبوعة
hardware *n.* مجموع المكونات الميكانيكية والكهربائية والإلكترونية لأجهزة الكمبيوتر
help *n.* مساعدة
home page *n.* صفحة البيت: صفحة البداية على موقع محدد على الشبكة العالمية للمعلومات
icon *n.* أيقونة: رمز على الشاشة يبين محتويات ملف أو وثيقة
import *v.* يُحْضر ملفاً ما من مكان آخر فى الكمبيوتر
input *n.* مُدْخَل . مُدْخَلات
Internet *n.* الإنترنيت: الشبكة العالمية للكمبيوتر التى تربط بين الحكومات والشركات والجامعات وشبكات كثيرة أخرى ومستعملين آخرين
internet service provider *n.* شركة توصيل بالإنترنيت
italic *n.* حَرْف طباعى مائل
keyboard *n.* لوحة المفاتيح
key word *n.* الكلمة المفتاح
laptop computer *n.* كمبيوتر صغير محمول
laser printer *n.* آلة طباعة بالليزر
link *n.* وصلة: رمز أو نص فى وثيقة فى الشبكة العالمية للمعلومات يوصل إلى صفحة أخرى أو ملف آخر فى الشبكة على الإنترنيت
load *v.* يقوم بتحميل الكمبيوتر
log off *v.* يُغلق برنامج الكمبيوتر
log on *v.* يفتح برنامج الكمبيوتر
lower case *n.* حرف طباعى صغير
manual *n.* دليل استعمال
memory *n.* ذاكرة
menu *n.* قائمة أوامر الكمبيوتر
modem *n.* مودم: جهاز يتيح نقل المعلومات على مسافات بعيدة
mother board *n.* اللوحة الأم
multitasking *n.* نظام تقوم فيه وحدة المعالجة الأساسية بتشغيل أكثر من برنامج فى نفس الوقت
network *n.* شبكة (معلومات)

new record *n.* سجلّ أو بند جديد يضاف إلى الكمبيوتر
open *v.* يفتح
operating system *n.* برنامج تشغيل الكمبيوتر
options *n.pl.* خيارات
page break *n.* إنهاء صفحة وبدء أخرى
paste *v.* يُلصق مادة منقولة من مكان آخر
PC (personal computer) *abbr.* كمبيوتر شخصى
print *v.* يطبع
printer *n.* طابعة . وحدة طباعة
print setup *n.* مواصفات الطبع
program *v.* برنامج: سلسلة تعليمات توجه الكمبيوتر فى القيام بعمل معين
RAM (random-access memory) *abbr.* ذاكرة خزن مباشر
ROM (read-only memory) *abbr.* ذاكرة فى شكل مجموعة شرائح متكاملة للحفظ الدائم لمعلومات حيوية للقراءة فقط ولا يمكن الكتابة عليها
restart *v.* يُعيد التشغيل
retrieve *v.* يستعيد أو يسترجع بيانات
run *v.* يُشَغّل . يقوم بتشغيل
save *v.* يحفظ
scan *v.* يفحص بدقة . يمسح
screen *n.* شاشة
select *v.* يختار
search *v.* يبحث فى الإنترنيت عن مادة محددة من بين قدر هائل من البيانات والمعلومات
search catalog *n.* فهرس للبحث عن معلومات على الإنترنيت
shareware *n.* برامج يتم توزيعها مجانًا عن طريق الإنترنيت أو مع المجلات
software *n.* برامج كمبيوتر جاهزة
sort *v.* يُصنّف . يُرتّب
spell-checker *n.* جهاز تدقيق هجاء الكلمات
surf (the net) *v.* يبحث ويستكشف بسرعة على الإنترنيت
system analysis *n.* تحليل الأنظمة
system design *n.* تصميم الأنظمة
underline *v.* يضع خطا تحت كلمة أو أكثر للتوكيد
undo *v.* يُعيد وضعاً إلى ماكان عليه
update *v.* يقوم بتحديث سجلات الملف
upgrade *v.* يُحدّث . يُجَدّد
upper case *n.* حرف طباعى استهلالى (كبير)
URL (uniform resource locator) *abbr.* مجموعة حروف أو أرقام تحدد موقع وثيقة على شبكة المعلومات العالمية
user name or user ID *n.* اسم مستعمِل الكمبيوتر
user friendly *adj.* سَهْل الاستعمال (عن نظام كمبيوتر)
utility program *n.* برنامج نُظم مصمم لأداء مهام مثل الطباعة أو النسخ أو التصنيف
view *v.* يستعرض
virus *n.* فيروس الكمبيوتر: شفرة فى برنامج يمكن أن تتضاعف بنسخ نفسها وأن تنتقل من كمبيوتر إلى آخر دون أن يدرى المستعمل وبعض فيروسات الكمبيوتر يمكن أن تُتلف أو تدمر البيانات والمعلومات
web site *n.* موقع على الشبكة العالمية للمعلومات
word-processing *n.* معالجة النصوص آلياً
world wide web (www) *n.* الشبكة العالمية للمعلومات: نظام لنشر المعلومات وتخزينها على الإنترنيت

Flags and Countries

أعلام وبلاد

Capital = العاصمة

Language = اللغة

Money = العملة

Afghanistan أفغانستان

Capital: Kabul كابول
Language: Afghani الأفغانية
Money: Afghani أفغاني

Albania ألبانيا

Capital: Tirana تيرانا
Language: Albanian الألبانية
Money: Lek ليك

Algeria الجزائر

Capital: Algiers الجزائر
Language: Arabic العربية
Money: Dinar دينار

Angola أنجولا

Capital: Luanda لواندا
Language: Portuguese البرتغالية
Money: Kwanza كوانزا

Argentina الأرجنتين

Capital:
Buenos Aires بوينوس آيرس
Language: Spanish الإسبانية
Money: Austral أوسترال

Armenia أرمينيا

Capital: Yerevan يريفان
Language: Armenian الأرمنية
Money: Dram درام

Australia أستراليا

Capital: Canberra كانبيرا
Language: English الإنجليزية
Money: Dollar دولار أسترالي

Austria النمسا

Capital: Vienna فيينا
Language: German الألمانية
Money: Shilling شلن

Azerbaijan أذربيجان

Capital: Baku باكو
Language: Azeri الأزيرية
Money: Manat مانات

Bahamas جزر البهاما

Capital: Nassau ناساو
Language: English الإنجليزية
Money: Dollar دولار

Bahrain البحريـــن

Capital: Manama المنامة
Language: Arabic العربية
Money: Dinar دينار

Bangladesh بنجلاديـــش

Capital: Dhaka داكا
Language: Bengali البنغالية
Money: Taka تاكا

Belarus روسيــا البيضـــاء

Capital: Minsk منسك
Language:
Belarussian البلاروسية
Money:
Belarussian ruble روبل

Belgium بلچيـــكا

Capital: Brussels بروكسل
Language:
Flemish, الفلامنكية،
French الفرنسية
Money:
Belgian Franc فرنك بلچيكى

Belize بليــز

Capital: Belmopan بلموپان
Language: English الإنجليزية
Money: Dallar دولار

Benin بنيـــن

Capital: Porto-Novo بورتو نوڤو
Language: French الفرنسية
Money: Franc فرنك

Bhutan بوتــان

Capital: Timphu پوناخا / تيمبو
Language: Bhutanese البوتانية
Money: Ngultrum نجولتروم

Bolivia بوليڤيــا

Capital:
Sucre / lapaz سوكره/لاپاث
Language: Spanish الإسپانية
Money: Peso پيسو

Botswana بوتسوانـــا

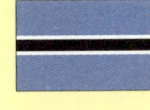

Capital: Gaborone جابورون
Language: English الإنجليزية
Money: Pula پولا

Brazil البرازيــل

Capital: Brazilia برازيليا
Language: Portuguese البرتغالية
Money: Real ريال

Brunei

بروناى

Capital: Bandar Seri   بندر سرى
Language: Malay   المالايية
Money: Dollar   دولار

Bulgaria

بلغاريا

Capital: Sofia   صوفيا
Language: Bulgarian   البلغارية
Money: Lev   ليڤ

Burkina Faso

بوركينا فاسو

Capital:
Ouagadougou   أواجادوجو
Language: French   الفرنسية
Money: Franc   فرنك

Burundi

بوروندى

Capital: Bujumbura   بوجومبورا
Language: French   الفرنسية
Money: Franc   فرنك

Cambodia

كمبوديا

Capital: Phnom Penh   بنوم بنه
Language: Khmer   الخميرية
Money: Rieel   رييل

Cameroon

الكاميرون

Capital: Yaoundé   ياونده
Language:
English,   الإنجليزية،
French   الفرنسية
Money: Franc   فرنك

Canada

كندا

Capital: Ottawa   أوتاوا
Language:
English,   الإنجليزية،
French   الفرنسية
Money: Dollar   دولار

Central African Republic

جمهورية إفريقيا الوسطى

Capital: Bangui   بانجى
Language:
French,   الفرنسية،
Sango   السانجو
Money: Franc   فرنك

Chad

تشاد

Capital: N' Djamena   نجامينا
Language:
French,   الفرنسية،
Arabic   العربية
Money: Franc   فرنك

Chile

تشيلى

Capital: Santiago   سنتياجو
Language: Spanish   الإسبانية
Money: Peso   بيسو

China **الصيـــن**

Capital: بيچنج (بكين)
Beijing (Peking)
Language: Chinese الصينية
Money: Yuan يوان

Colombia **كولومبيـــا**

Capital: Bogota بوجوتا
Language: Spanish الإسبانية
Money: Peso پيسو

Comoros **جزر القمـــر**

Capital: Moroni مورونى
Language:
Fench, الفرنسية،
Comorian الكومورية
Money: Franc فرنك

Congo **الكونجـــو**

Capital: Brazzaville برازاڤيل
Language: French الفرنسية
Money: Franc فرنك

Côte D'voire (Ivory Coast) **كوت ديڤـــوار (ساحل العاج)**

Capital:
Yamoussoukro ياموسوكرو
Language: French الفرنسية
Money: Franc فرنك

Cuba **كوبـــا**

Capital: Havana هاڤانا
Language: Spanish الإسپانية
Money: Peso پيسو

Cyprus **قبـــرص**

Capital: Nicosia نيقوسيا
Language:
Greek, اليونانية،
Turkish التركية
Money: Pound جنيه

Czech Republic **تشيكوسلوڤاكيـــا**

Capital: Prague براج
Language: Czech التشيكية
Money: Koruna كورونا

Denmark **الدنمـــارك**

Capital: Copenhagen كوبنهاجن
Language: Danish الدنماركية
Money: Krone كرون

Djibouti **چيبوتـــى**

Capital: Djibouti چيبوتى
Language:
Arabic, العربية،
French الفرنسية
Money: Franc فرنك

Dominica دومينيكا

Capital: Roseau روزو
Language:
English, الإنجليزية،
French, الفرنسية،
Creole الكريولية
Money: Dollar دولار

Ecuador إكـــوادور

Capital: Quito كيتو
Language: Spanish الإسپانية
Money: Sucre سوكره

Egypt مصـــر

Capital: Cairo القاهرة
Language: Arabic العربية
Money: Pound جنيه

El Salvador السلفـــادور

Capital:
San Salvador سان سلڤادور
Language: Spanish الإسپانية
Money: Colon كولون

Equatorial Guinea غينيـــا الاستوائيـــة

Capital: Malabo مالابو
Language: Spanish الإسپانية
Money: Ekuele إكويلى

Eritrea إريتريـــا

Capital: Asmara أسمرة
Language:
Tigrinya, التيجرنيية
Arabic العربية
Money: Birr بر

Estonia إستونيـــا

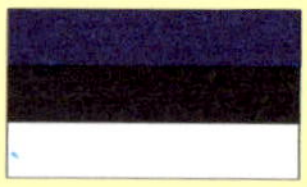

Capital: Tallinn تالين
Language: Estonian الإستونية
Money: Kroon كروون

Ethiopia إثيوبيـــا

Capital: Addis Ababa أديس أبابا
Language: Amharic الأمهرية
Money: Birr بر

Fiji (islands) جزر فيجـــى

Capital: Suva سوڤا
Language: English الإنجليزية
Money: Dollar دولار

Finland فنلنـــدا

Capital: Helsinki هلسنكى
Language:
Finnish, الفنلندية،
Swedish السويدية
Money: Markka ماركا

France فرنســـا

Capital: Paris باريس
Language: French الفرنسية
Money: Franc فرنك

Gabon الجابـــون

Capital: Libreville ليبرفيل
Language: French الفرنسية
Money: Franc فرنك

Gambia جامبيــا

Capital: Banjul بنجول
Language: English الإنجليزية
Money: Dalasi دالاسى

Georgia چورچيـــا

Capital: Tbilisi تبليسى
Language:
Georgian, الچورچية،
Russian الروسية
Money: Lari لارى

Germany ألمانيــا

Capital: Berlin برلين
Language: German الألمانية
Money: Deutche Mark مارك

Ghana غانـــا

Capital: Accra أكرا
Language: English الإنجليزية
Money: Cedi سيدى

Greece اليونـــان

Capital: Athens أثينا
Language: Greek اليونانية
Money: Drachma دراخما

Guatemala جواتيمـــالا

Capital:
Guatemala City جواتيمالا (مدينة)
Language: Spanish الإسپانية
Money: Quetzal كيتثال

Guinea غينيـــا

Capital: Conakry كوناكرى
Language: French الفرنسية
Money: Franc فرنك

Guinea-Bissau غينيا بيســـاو

Capital: Bissau بيساو
Language: Portuguese البرتغالية
Money: Franc فرنك

Guyana
جيانـــا

Capital: Georgetown
Language: English
Money: Dollar

چورجتاون
الإنجليزية
دولار

Haïti
هايتـــى

Capital:
Port-au-Prince
Language: French
Money: gourde

بورت أو برانس
الفرنسية
جوردى

Honduras
هنـــدوراس

Capital:
Tegucigalpa
Language: Spanish
Money: Lempira

تيجوسيجالبا
الإسبانية
ليمبيرا

Hungary
المجــــر

Capital: Budapest
Language: Hungarian
Money: Forint

بودابست
المجرية
فورينت

Iceland
آيسلنـــدا

Capital: Reykjavik
Language: Icelandic
Money: Króna

ريكيافيك
الآيسلندية
كرونا

India
الهنـــد

Capital: New Delhi
Language:
Hindi,
English
Money: Rupee

نيودلهى
الهندية،
الإنجليزية
روبية

Indonesia
إندونيسيــا

Capital: Jakarta
Language:
Indonesian
Money: Rupiah

چاكرتا
الإندونيسية
روبيا

Iran
إيــران

Capital: Teheran
Language: Persian
Money: Rial

طهران
الفارسية
ريال

Iraq
العــراق

Capital: Baghdad
Language: Arabic
Money: Dinar

بغداد
العربية
دينار

Ireland
آيــرلندا

Capital: Dublin
Language:
Irish,
English
Money: Pound

دبلن
الآيرلندية،
الإنجليزية
جنيه

Italy إيطاليـــا

Capital: Rome روما
Language: Italian الإيطالية
Money:Lira ليرة

Jamaica چامايـــكا

Capital: Kingston كنجستون
Language: English الإنجليزية
Money: Dollar دولار

Japan اليابـــان

Capital: Tokyo طوكيو
Language: Japanese اليابانية
Money: Yen ين

Jordan الأردن

Capital: Amman عمان
Language: Arabic العربية
Money: Dinar دينار

Kazakhstan كازاخستـــان

Capital: Alma Ata ألماآتا
Language:
Kazkh, الكازاخية،
Russian الروسية
Money: Tenge تنجيه

Kenya كينيـــا

Capital: Nairobi نيروبى
Language:
Swahili, السواحيلية،
English الإنجليزية
Money: Shilling شلن

Korea,North كوريـــا الشماليـــة

Capital: Pyongyang بيونجيانج
Language: Korean الكورية
Money: Won وون

Korea, South كوريـــا الجنوبيـــة

Capital: Seoul سيول
Language: Korean الكورية
Money: Won وون

Kuwait الكويـــت

Capital: Kuwait الكويت
Language: Arabic العربية
Money: Dinar دينار

Kyrgyzstan قيرغيزستـــان

Capital: Bishkek بشكيك
Language: Kyrgyz القيرغيزية
Money: Som سوم

Laos لاوس

Capital: Vientiane فيينتيان
Language: lao اللاوية
Money: Kip كيب

Latvia لاتفيا

Capital: Riga ريجا
Language: Latvian اللاتفية
Money: Lat لات

Lebanon لبنان

Capital: Beirut بيروت
Language: Arabic العربية
Money: Lira ليرة

Lesotho ليسوتو

Capital: Maseru ماسيرو
Language: English, الإنجليزية،
Sesotho السيسوتو
Money: Loti لوتى

Liberia ليبيريا

Capital: Monrovia مونروفيا
Language: English الإنجليزية
Money: Dollar دولار

Libya ليبيا

Capital: Tripoli طرابلس
Language: Arabic العربية
Money: Dinar دينار

Liechtenstein ليشتنشتاين

Capital: Vaduz فادوتس
Language: German الألمانية
Money: Swiss Franc فرنك

Lithuania ليتوانيا

Capital: Vilnius فلنيوس
Language: Lithuanian الليتوانية
Money: Litas ليتاس

Luxembourg لوكسمبورج

Capital: Luxembourg لوكسمبورج
Language:
French, الفرنسية،
German الألمانية
Money: Franc فرنك

Madagascar مدغشقر

Capital:
Antananarivo أنتاناناريفو
Language:
Malagasy, المالاجاشية،
French الفرنسية
Money: Franc فرنك

Malawi مــــلاوى

Capital: Lilongwe ليلونجوى
Language:
Chichewa , الشيشوا،
English الإنجليزية
Money: Kwacha كواتشا

Malaysia ماليزيــــا

Capital:
kuala Lumpur كوالا لمبور
Language: Malaysian الماليزية
Money:
Dollar, Ringgit دولار، رينجيت

Maldives المــــالديف

Capital: Malé ماليه
Language: Divehi الديفيهية
Money: Rufiyaa روفيا

Mali مالــــى

Capital: Bamako باماكو
Language: French الفرنسية
Money: Franc فرنك

Malta مالطــــا

Capital: Valetta ڤاليتا
Language:
English, الإنجليزية،
Maltese المالطية
Money: Lira ليرة

Mauritania موريتانيــــا

Capital: Nouakchott نواكشوط
Language: Arabic العربية
Money: Ouguiya أوقية

Mauritius موريشـــــيوس

Capital: Port Louis بورت لويس
Language: English الإنجليزية
Money: Rupee روبية

Mexico المكسيـــك

Capital: Mexico City مكسيكو
Language: Spanish الإسپانية
Money: Peso پيسو

Monaco موناــــكو

Capital: Monaco موناكو
Language: French الفرنسية
Money: Franc فرنك

Morocco المغـــرب

Capital: Rabat الرباط
Language: Arabic العربية
Money: Dirham درهم

Mozambique
موزمبيـــق

Capital: Maputo — مابوتو
Language: Portuguese — البرتغالية
Money: Metical — ميتيكال

Namibia
ناميبيـــا

Capital: Windhock — وندهوك
Language: English — الإنجليزية
Money: Dollar — دولار

Nepal
نيبـــال

Capital: Katmandu — كاتمندو
Language: Nepali — النيبالية
Money: Rupee — روبية

Netherlands
هولنـــدا

Capital: Amsterdam — أمستردام
Language: Dutch — الهولندية
Money: Guilder, Florin — جيلدر، فلورين

New Zealand
نيوزيلنـــدا

Capital: Wellington — ويلنجتون
Language: English — الإنجليزية
Money: Dollar — دولار

Nicaragua
نيـكاراجـوا

Capital: Managua — ماناجوا
Language: Spanish — الإسبانية
Money: Cordoba — كوردوبا

Niger
النيجـــر

Capital: Niamey — نيامى
Language: French — الفرنسية
Money: Franc — فرنك

Nigeria
نيجيـــريا

Capital: Abuja — أبوجا
Language: English, French — الإنجليزية، الفرنسية
Money: Naira — نيرا

Norway
النرويـــج

Capital: Oslo — أوسلو
Language: Norwegian — النرويجية
Money: Krone — كرون

Oman
عمـــان

Capital: Muscat — مسقط
Language: Arabic — العربية
Money: Rial — ريال

Pakistan باكستـــــان

Capital: Islamabad إسلام أباد
Language: Urdu, الأوردو،
English الإنجليزية
Money: Rupee روبية

Palestine فلسطيـــن

Capital: (Al-Quds) (القدس)
Language: Arabic العربية
Money: Pound جنيه

Panama پنمــــا

Capital: Panama City بنما
Language: Spanish الإسپانية
Money: Balboa بالبوا

Paraguay باراجـــواى

Capital: Asuncion أسونثيون
Language: Spanish الإسبانية
Money: Guarani جارانى

Peru بيـــرو

Capital: Lima ليما
Language: Spanish الإسبانية
Money: Nuvo Sol سول

Philippines الفلبيـــن

Capital: Manila مانيلا
Language: Tagal التاجالية
Money: Peso پيسو

Poland بولنـــدا

Capital: Warsaw وارسو
Language: Polish البولندية
Money: Zloty زلوتى

Portugal البرتغـــال

Capital: Lisbon لشبونة
Language: Portuguese البرتغالية
Money: Escudo إسكودو

Qatar قطـــر

Capital: Doha الدوحة
Language:Arabic العربية
Money: Riyal ريال

Romania رومانيـــا

Capital: Bucharest بوخارست
Language: Romanian الرومانية
Money: Lei ليى

Russia روسيـــا

Capital: Moscow	موسكو
Language: Russian	الروسية
Money: Ruble	روبل

Rwanda روانـــدا

Capital: Kigali	كيجالي
Language:	
Rwanda,	الرواندية،
English,	الإنجليزية،
French	الفرنسية
Money: Franc	فرنك

Saudi Arabia السعوديـــة

Capital: Riyadh	الرياض
Language: Arabic	العربية
Money: Riyal	ريال

Senegal السنغـــال

Capital: Dakar	دكار
Language: French	الفرنسية،
Money:Franc	فرنك

Seychelles سيشـــيل

Capital: Victoria	فكتوريا
Language:	
Creole French,	الفرنسية الكريولية،
English,	الإنجليزية،
French	الفرنسية
Money: Rupee	روبية

Sierra Leone سيـــراليون

Capital: Freetown	فريتاون
Language: English	الإنجليزية
Money: Leone	ليون

Singapore سنغافـــورة

Capital: Singapore	سنغافورة
Language:	
Chinese,	الصينية،
English	الإنجليزية
Money:Dollar	دولار

Slovenia سلوفينيـــا

Capital: Ljubljana	ليوبليانا
Language: Slovene	السلوفينية
Money: Tolar	تولار

Somalia الصومـــال

Capital: Mogadishu	مقديشيو
Language:	
Arabic,	العربية،
Somali	الصومالية
Money: Shilling	شلن

South Africa جنوب إفريقيـــا

Capital: Pretoria,	بريتوريا،
Cape Town	كيب تاون
Language:	
English,	الإنجليزية،
Afrikaans	الأفريكانز
Money: Rand	راند

Spain إسبانيـــا

Capital: Madrid مدريد
Language: Spanish الإسبانية
Money: Peseta پيسيتا

Sri Lanka ســـرى لانكا

Capital: Colombo كولومبو
Language:
Sinhalese, السنهالية،
Tamil التاميلية
Money: Rupee روبية

Sudan الســـودان

Capital: Khartoum الخرطوم
Language: Arabic العربية
Money: Pound جنيه

Suriname ســـوريـنام

Capital: Paramaribo باراماريبو
Language: Dutch الهولندية
Money: Guilder جيلدر

Swaziland سوازيلنـــدا

Capital: Mbabane مباباں
Language: Swazi, السوازية،
English الإنجليزية
Money: Lilangeni ليلانجينى

Sweden الســـويد

Capital: Stockholm ستوكهولم
Language: Swedish السويدية
Money: Krona كرونا

Switzerland سويســـرا

Capital:
Bern / Lausanne برن / لوزان
Lauguage:
French, الفرنسية،
German, Italian الألمانية،الإيطالية
Money: Franc فرنك

Syria ســـوريا

Capital: Damascus دمشق
Language: Arabic العربية
Money: Lira ليرة

Taiwan تايـــوان

Capital: Taipel تايبيه
Language: Chinese الصينية
Money: Dollar دولار

Tagikistan تاچيكســـتان

Capital: Dushanbe دوشانبى
Language: Tajik التاچيكية
Money: Rouble روبل

Tanzania — تنزانيـــا

Capital: Dar es Salam دار السلام
Language:
Swahili, السواحيلية،
English الإنجليزية
Money: Shilling شلن

Thailand — تايلنـــدا

Capital: Bangkok بانكوك
Language: Thai التايلندية
Money: Baht باهت

Togo — توجـــو

Capital: Lome لومى
Language: French الفرنسية
Money: Franc فرنك

Trinidad and Tobago — ترينيداد وتوباجـــو

Capital:
Port-of-Spain بورت– أوف–سبين
Language: English الإنجليزية
Money: Dollar دولار

Tunisia — تونـــس

Capital: Tunis تونس
Language:
Arabic, العربية،
French الفرنسية
Money: Dinar دينار

Turkey — تركيـــا

Capital: Ankara أنقرة
Language: Turkish التركية
Money: Lira ليرة

Uganda — أوغنـــدا

Capital: Kampala كمبالا
Language:
English, الإنجليزية،
Kiswahili السواحيلية
Money: Shilling شلن

Ukrainia — أوكرانيـــا

Capital: Kiev كييف
Language:
Ukranian, الأوكرانية،
Russian الروسية
Money: Hryvna هريفنا

United Arab Emirates — الإمارات العربيـــة المتحدة

Capital: Abu Dhabi أبوظبى
Language: Arabic العربية
Money: Dirham درهم

United Kingdom (England) — المملكةالمتحدة (إنجلتـــرا)

Capital: London لندن
Language:
English الإنجليزية
Money:
Pound Sterling جنيه إسترلينى

United States of America — الولايات المتحدة الأمريكيـــة

Capital:
Washington DC واشنطن دى سى
Language: English الإنجليزية
Money: Dollar دولار

Uruguay — أوروجـــواى

Capital: Montevideo مونتيفيديو
Language: Spanish الإسبانية
Money: Peso بيسو

Uzbekistan — أوزبكستـــان

Capital: Tashkent طشقند
Language: Uzbek الأوزبكية
Money: Sum سوم

Venezuela — ڤينزويـــلا

Capital: Caracas كراكاس
Language: Spanish الإسبانية
Money: Bolivar بوليبار

Vietnam — ڤيتنـــام

Capital: Hanoi هانوى
Language:
Vietnamese الڤيتنامية
Money: Dông دونج

Yemen — اليمـــن

Capital: Sanaa صنعاء
Language: Arabic العربية
Money: Riyal ريال

Yugoslavia — يوغسلاڤيـــا

Capital: Belgrade بلجراد
Language:
Serbo-Croat الصربية الكرواتية
Money: Dinar دينار

Zambia — زامبيـــا

Capital: Lusaka لوساكا
Language: English الإنجليزية
Money: Kwacha كواتشا

Zimbabwe — زيمبابـــوى

Capital: Harare هرارى
Language: English الإنجليزية
Money: Dollar دولار